Aquele que não nascer de novo não pode ver o reino de Deus.

(Jesus)

Interpretação de Textos

Teoria e 815 questões comentadas

Interpretação de Textos

Teoria e 815 questões comentadas

17ª edição, revista e atualizada
2ª tiragem

Renato Aquino

Editora Impetus

Niterói, RJ
2022

Editora Impetus Ltda.
Rua Alexandre Moura, 51 – Gragoatá – Niterói – RJ
CEP: 24210-200 – Telefax: (21) 2621-7007

Projeto e Editoração Eletrônica: Editora Impetus Ltda.
Capa: Wilson Cotrim
Impressão e encadernação: Vozes Editora e Gráfica Ltda.

2ª tiragem

A669i

Aquino, Renato Monteiro.
Interpretação de textos: teoria e 815 questões comentadas / Renato Aquino. – 17ª. ed. rev. – Niterói, RJ: Impetus, 2022.
536p. ; 17x24cm.

Inclui bibliografia.

ISBN 978-85-7626-987-8

1. Serviço público – Brasil - Concursos. 2. Língua portuguesa – Problemas, questões, exercícios. I. Título.

CDD- 354.81003

www.impetus.com.br

Agradecimentos

À família querida, sempre a meu lado, incentivo primeiro da minha jornada terrena; a todos que, de uma forma ou de outra, me ajudam a caminhar pelo mundo; a Jesus, irmão maior, "caminho, verdade e vida", que não me deixa perder o rumo; mas, acima de tudo e de todos, a Deus, nosso Pai amado, que nos concedeu a maravilha da vida.

O Autor

Renato Monteiro de Aquino

- Mestre em Letras (Filologia Românica) pela UFRJ
- Ex-professor de Língua Portuguesa e Literatura Brasileira do Colégio Militar do Rio de Janeiro
- Ex-professor de Língua Portuguesa da Secretaria de Estado de Educação do Rio de Janeiro
- Ex-professor de Língua Portuguesa da Secretaria Municipal de Educação do Rio de Janeiro
- Fiscal de atividades econômicas aposentado do município do Rio de Janeiro
- Professor de cursos preparatórios para concursos públicos

Outras obras do autor

- Redação para Concursos. 15ª ed. Editora Impetus
- Português para Concursos. 30ª ed. Editora Impetus
- Gramática Objetiva da Língua Portuguesa. 5ª ed. Editora Campus/Elsevier
- Dicionário de Gramática. 3ª ed. Editora Impetus
- Manual de Português e Redação Jurídica (em parceria com William Douglas). 6ª ed. Editora Impetus
- Português – Questões Comentadas. 3ª ed. Editora Impetus
- Amor e Luz (poesias). Editora Pongetti
- Espelho da Alma (sonetos, trovas e outros poemas). Editora Impetus

Apresentação

NÃO DEIXE DE LER!

A interpretação de textos, tão comum em provas de Português, sempre foi um martírio para os alunos ou candidatos a concursos públicos ou vestibulares. A dificuldade é geral e, com certeza, oriunda da falta de treinamento. As pessoas têm pouca disposição de mergulhar no texto; elas conseguem, obviamente, lê-lo, mas não aprofundam a leitura, não extraem dele aquelas informações que uma leitura superficial, apressada, não permite.

Ao tentar resolver o problema, as pessoas buscam os materiais que julgam poder ajudá-las. Caem, então, no velho vício de ler teoria em excesso, estudar coisas que nem sempre dizem respeito à compreensão e interpretação dos textos. Cansadas, não fazem o essencial: ler uma grande quantidade de textos e tentar interpretá-los.

Este livro que chega às suas mãos é extremamente prático. A teoria apresentada é pequena, mas deve ser estudada com boa vontade e disposição de aprender. Depois, você vai encontrar uma enorme quantidade de textos, 112, para ser preciso. São 815 questões, mais de 4000 itens, todos comentados. Fundamental é que você os leia na ordem em que são apresentados, resolvendo com atenção máxima as questões propostas. Começa-se por textos muito curtos, uma ou duas linhas, e vai-se aumentando, tanto em tamanho quanto em dificuldade. Cabe ainda ressaltar que não tivemos a preocupação de distinguir interpretação de compreensão. Levando-se em conta o objetivo da obra, isso seria absolutamente inútil.

Não tenha medo da interpretação de textos. Como qualquer outra atividade intelectual, ela pede paciência e boa vontade. Não tente fazer apressadamente, pois isso prejudicará o seu estudo. Talvez o mais difícil seja começar. Depois, acredite, vem o progresso, objetivo maior de todos nós.

O Autor

Sumário

PARTE 1

GENERALIDADES

Capítulo 1

Explicações preliminares

I) Para interpretar bem

Todos têm dificuldades com interpretação de textos. Encare isso como algo normal, inevitável. Importante é enfrentar o problema e, com segurança, progredir. Aliás, progredir muito. Leia com atenção os itens abaixo.

1) Desenvolva o gosto pela leitura. Leia de tudo: jornais, revistas, livros, textos publicitários, listas telefônicas, bulas de remédios etc. Enfim, tudo o que estiver ao seu alcance. Mas leia com atenção, tentando, pacientemente, apreender o sentido. O mal é "ler por ler", para se livrar.

2) Aumente o seu vocabulário. Os dicionários são amigos que precisamos consultar. Faça exercícios de sinônimos e antônimos. (Consulte o nosso Redação para Concursos, que tem uma seção dedicada a isso.)

3) Não se deixe levar pela primeira impressão. Há textos que metem medo. Na realidade, eles nos oferecem um mundo de informações que nos fornecerão grande prazer interior. Abra sua mente e seu coração para o que o texto lhe transmite, na qualidade de um amigo silencioso.

4) Ao fazer uma prova qualquer, leia o texto duas ou três vezes, atentamente, antes de tentar responder a qualquer pergunta. Primeiro, é preciso captar sua mensagem, entendê-lo como um todo, e isso não pode ser alcançado com uma simples leitura. Dessa forma, leia-o algumas vezes. A cada leitura, novas ideias serão assimiladas. Tenha a paciência necessária para agir assim. Só depois tente resolver as questões propostas.

5) As questões de interpretação podem ser localizadas (por exemplo, voltadas só para um determinado trecho) ou referir-se ao conjunto, às ideias gerais do texto. No primeiro caso, leia não apenas o trecho (às vezes uma linha) referido, mas todo o parágrafo em que ele se

situa. Lembre-se: quanto mais você ler, mais entenderá o texto. Tudo é uma questão de costume, e você vai acostumar-se a agir dessa forma. Então – acredite nisso – alcançará seu objetivo.

6) Há questões que pedem conhecimento fora do texto. Por exemplo, ele pode aludir a uma determinada personalidade da história ou da atualidade, e ser cobrado do aluno ou candidato o nome dessa pessoa ou algo que ela tenha feito. Por isso, é importante desenvolver o hábito da leitura, como já foi dito. Procure estar atualizado, lendo jornais e revistas especializadas.

II) Paráfrase

Chama-se paráfrase a reescritura de um texto sem alteração de sentido. Questões de interpretação com frequência se baseiam nesse conhecimento, nessa técnica. Vários recursos podem ser utilizados para parafrasear um texto.

1) Emprego de sinônimos.

   Ex.: Embora voltasse cedo, deixava os pais preocupados.
   Conquanto retornasse cedo, deixava os genitores preocupados.

2) Emprego de antônimos, com apoio de uma palavra negativa.

   Ex.: Ele era fraco.
   Ele não era forte.

3) Utilização de termos anafóricos, isto é, que remetem a outros já citados no texto.

   Ex.: Paulo e Antônio já saíram. Paulo foi ao colégio; Antônio, ao cinema.
   Paulo e Antônio já saíram. Aquele foi ao colégio; este, ao cinema.
   Aquele = Paulo
   este = Antônio

4) Troca de termo verbal por nominal, e vice-versa.

   Ex.: É necessário que todos colaborem.
   É necessária a colaboração de todos.
   Quero o respeito do grupo.
   Quero que o grupo me respeite.

5) Omissão de termos facilmente subentendidos.

Ex.: Nós desejávamos uma missão mais delicada, mais importante.
Desejávamos missão mais delicada e importante.

6) Mudança de ordem dos termos no período.

Ex.: Lendo o jornal, cheguei à conclusão de que tudo aquilo seria esquecido após três ou quatro meses de investigação.
Cheguei à conclusão, lendo o jornal, de que tudo aquilo, após três ou quatro meses de pesquisa, seria esquecido.

7) Mudança de voz verbal

Ex.: A mulher plantou uma roseira em seu jardim. (voz ativa)
Uma roseira foi plantada pela mulher em seu jardim. (voz passiva analítica)

Obs.: Se o sujeito for indeterminado (verbo na 3ª pessoa do plural sem o sujeito expresso na frase), haverá duas mudanças possíveis.

Ex.: Plantaram um roseira. (voz ativa)
Uma roseira foi plantada. (voz passiva analítica)
Plantou-se uma roseira. (voz passiva sintética)

8) Troca de discurso

Ex.: Naquela tarde, Pedro dirigiu-se ao pai dizendo: – Cortarei a grama sozinho. (discurso direto)
Naquela tarde, Pedro dirigiu-se ao pai dizendo que cortaria a grama sozinho. (discurso indireto)

9) Troca de palavras por expressões perifrásticas (vide perífrase, no capítulo seguinte) e vice-versa

Ex.: Castro Alves visitou Paris naquele ano.
O poeta dos escravos visitou a cidade luz naquele ano.

10) Troca de locuções por palavras e vice-versa

Ex.: O homem da cidade não conhece a linguagem do céu.
O homem urbano não conhece a linguagem celeste.

> **Da cidade** e **do céu** são locuções adjetivas e correspondem aos adjetivos **urbano** e **celeste**. É importante conhecer um bom número de locuções adjetivas. Consulte o assunto em nosso livro Redação para Concursos.

Numa paráfrase, vários desses recursos podem ser utilizados concomitantemente, além de outros que não foram aqui referidos, mas que a prática nos apresenta. O importante é ler com extrema atenção o trecho e suas possíveis paráfrases. Se perceber mudança de sentido, a reescritura não pode ser considerada uma paráfrase. Há muitas questões de provas baseadas nisso.

Vamos então fazer um exercício. Leia com atenção o trecho abaixo e anote a alternativa em que não ocorre uma paráfrase.

O homem caminha pela vida muitas vezes desnorteado, por não reconhecer no seu íntimo a importância de todos os instantes, de todas as coisas, simples ou grandiosas.

a) Frequentemente sem rumo, segue o homem pela vida, por não reconhecer no seu íntimo o valor de todos os instantes, de todas as coisas, sejam simples ou grandiosas.

b) Não reconhecendo em seu âmago a importância de todos os momentos, de todas as coisas, simples ou grandiosas, o homem caminha pela vida muitas vezes desnorteado.

c) Como não reconhece no seu íntimo o valor de todos os momentos, de todas as coisas, sejam elas simples ou não, o homem vai pela vida frequentemente desnorteado.

d) O ser humano segue, com frequência, vida afora, sem rumo, porquanto não reconhece, em seu interior, a importância de todos os instantes, de todas as coisas, simples ou grandiosas.

e) O homem caminha pela vida sempre desnorteado, por não reconhecer, em seu mundo íntimo, o valor de cada momento, de cada coisa, seja ela simples ou grandiosa.

O trecho foi reescrito cinco vezes. Utilizaram-se vários recursos. Em quatro opções, o sentido é rigorosamente o mesmo. Tal fato não se dá, porém, na letra e, que seria o gabarito. O texto original diz que "o homem caminha pela vida muitas vezes desnorteado...", contudo a reescritura nos diz "sempre desnorteado". Ora, **muitas vezes** é uma coisa, **sempre** é outra, bem diferente.

Observações

a) Tenha cuidado com a mudança de posição dos termos dentro da frase. Palavras ou expressões podem alterar profundamente o sentido de um texto.

Ex.: Encontrei determinadas pessoas naquela cidade.
Encontrei pessoas determinadas naquela cidade.

Na primeira frase, **determinadas** é um pronome indefinido, equivalente a certas, umas, algumas; na segunda, é um adjetivo e significa decididas.

b) Cuidado também com a pontuação, que costuma passar despercebida.

Ex.: A criança agitada corria pelo quintal.
A criança, agitada, corria pelo quintal.

Na primeira frase, o adjetivo **agitada** indica uma característica da criança, algo inerente a ela, isto é, trata-se de uma pessoa sempre agitada. Na segunda, as vírgulas indicam que a criança está agitada naquele momento, sem que necessariamente ela o seja no seu dia a dia.

Capítulo 2

Denotação e conotação. Figuras

I) Denotação

Consultando o dicionário Houaiss, encontramos para a palavra **joia** as seguintes definições:

1 objeto de metal precioso finamente trabalhado, em que muitas vezes se engastam pedras preciosas, pérolas etc. ou a que é aplicado esmalte, us. como acessório de vestuário, adorno de cabeça, pescoço, orelhas, braços, dedos etc.

2 Pedra preciosa de grande valor.

3 p. ext. qualquer objeto caro e trabalhado com arte (estatueta, relógio, cofre, vaso etc.).

As definições são claras, precisas. Todas giram em torno de um objeto de valor. A partir dessas definições, podemos criar frases com muita segurança.

Ex.: Essa joia em seu pescoço está há várias gerações em nossa família.

O rubi é um joia que encanta meus olhos.

Aquele vaso, provavelmente chinês, é uma joia de raro acabamento.

A palavra **joia**, presente nas três frases citadas, foi empregada em seus sentidos reais, primitivos. A isso se dá o nome de **denotação**.

II) Conotação

Voltando ao dicionário citado, encontramos na sequência da leitura o seguinte:

4 fig. pessoa ou coisa muito boa e querida (sua sobrinha é uma j.)

O próprio dicionarista nos dá um exemplo. Vejamos outras frases abaixo.

Ela é uma joia de menina.
Que joia esse cachorrinho!
Minha irmã se tornou uma joia muito especial.

Observe que, em todas as frases, a palavra joia extrapolou o sentido original de objeto caro. Ela está se referindo a pessoas e animais, que, na realidade, não podem ser joias, se levarmos em conta o sentido denotativo do termo. Há uma comparação implícita em cada frase: bonito ou bonita como uma joia. Dizemos então que se trata de conotação.

Vamos comparar as duas frases abaixo:
Comi uma fruta deliciosa.
Ela escreveu uma frase deliciosa.

Na primeira, o adjetivo **deliciosa** está empregado denotativamente, pois indica o gosto agradável da fruta; trata-se do sentido real do termo. Na segunda, o adjetivo não pode ser entendido "ao pé da letra", uma vez que frase não tem gosto, não tem sabor. É um emprego especial, estilístico da palavra **deliciosa**. Assim, ela está usada conotativamente.

Muitas vezes, as perguntas de interpretação se voltam para o emprego denotativo ou conotativo dos vocábulos. E mais: o entendimento global do texto pode depender disso. Leia-o, pois, com atenção. A leitura atenta é tudo.

III) Figuras de linguagem

As figuras constituem um recurso especial de construção, valorizando e embelezando o texto. Há questões de provas, inclusive em concursos públicos, que cobram, direta ou indiretamente, o emprego adequado da linguagem figurada. Vejamos as mais importantes, que você não pode desconhecer. Elas não serão, aqui, agrupadas de acordo com sua natureza: de palavras, de pensamento e de sintaxe. Não há importância nessa distinção, para interpretarmos um texto.

1) Comparação ou símile

Consiste, como o próprio nome indica, em comparar dois seres, fazendo uso de conectivos apropriados.

Ex.: Esse líquido é azedo como limão.
A jovem estava branca qual uma vela.

2) Metáfora

Tipo de comparação em que não aparecem o conectivo nem o elemento comum aos seres comparados.

Ex.: "Minha vida era um palco iluminado..."
(Minha vida era alegre, bonita etc. como um palco iluminado.)
Tuas mãos são de veludo.
(Entenda-se: mãos macias como o veludo)
"A vida, manso lago azul..." (Júlio Salusse)
(Neste exemplo, nem o verbo aparece, mas é clara a ideia da comparação: a vida é suave, calma como um manso lago azul.)

3) Metonímia

Troca de uma palavra por outra, havendo entre elas um relação real, concreta, objetiva. Há vários tipos de metonímia.

Ex.: Sempre li Érico Veríssimo. (o autor pela obra)
Ele nunca teve o seu próprio teto. (a parte pelo todo)
Cuidemos da infância. (o abstrato pelo concreto: infância / crianças)
Comerei mais um prato. (o continente pelo conteúdo)
Ganho a vida com meu suor. (o efeito pela causa)

4) Hipérbole

Consiste em exagerar as coisas, extrapolando a realidade.

Ex.: Tenho milhares de coisas para fazer.
Estava quase estourando de tanto rir.
Vive inundado de lágrimas.

5) Eufemismo

É a suavização de uma ideia desagradável. Chamado de linguagem diplomática.

Ex.: Minha avozinha descansou. (morreu)
Ele tem aquela doença. (câncer)
Você não foi feliz com suas palavras. (foi estúpido, grosseiro)

6) Prosopopeia ou personificação

Consiste em se atribuir a um ser inanimado ou a um animal ações próprias dos seres humanos.

Ex. A areia chorava por causa do calor.
As flores sorriam para ela.

7) Pleonasmo

Repetição enfática de um termo ou de uma ideia.

Ex.: O pátio, ninguém pensou em lavá-lo. (lo = O pátio)
Vi o acidente com olhos bem atentos. (Ver só pode ser com os olhos.)

8) Anacoluto

É a quebra da estruturação sintática, de que resulta ficar um termo sem função sintática no período. É parecido com um dos tipos de pleonasmo.

Ex.: O jovem, alguém precisa falar com ele.
Observe que o termo **O jovem** pode ser retirado do texto. Ele não se encaixa sintaticamente no período. Caso disséssemos **Com o jovem**, teríamos um pleonasmo: com o jovem = com ele.

9) Antítese

Emprego de palavras ou expressões de sentido oposto.

Ex.: Era cedo para alguns e tarde para outros.
"Não és bom, nem és mau: és triste e humano." (Olavo Bilac)

10) Sinestesia

Consiste numa fusão de sentidos.

Ex.: Despertou-me um som colorido. (audição e visão)
Era uma beleza fria. (visão e tato)

11) Catacrese

É a extensão de sentido que sofrem determinadas palavras na falta ou desconhecimento do termo apropriado. Essa extensão ocorre com base na analogia. Por isso, ela é uma variação da metáfora.

Ex.: Leito do rio. Dente de alho. Barriga da perna. Céu da boca.

Curiosas são as catacreses constituídas por verbos: embarcar num trem, enterrar uma agulha no dedo etc. Embarcar é entrar no barco, não no trem; enterrar é entrar na terra, não no dedo.

12) Hipálage

Adjetivação de um termo em vez de outro.

Ex.: O nado branco dos cisnes o fascinou. (brancos são os cisnes)
Acompanhava o voo negro dos urubus. (negros são os urubus)

13) Quiasmo

Ao mesmo tempo repetição e inversão de termos, podendo haver algumas alterações.

Ex.: "No meio do caminho tinha uma pedra
tinha uma pedra no meio do caminho "(C. D. Andrade)
"Vinhas fatigada
e triste, e triste e fatigado eu vinha." (Olavo Bilac)

14) Silepse

Concordância anormal feita com a ideia que se faz do termo e não com o próprio termo. Pode ser:

a) de gênero

Ex.: V. Sª é bondoso.

A concordância normal seria **bondosa**, já que **V. Sª** é do gênero feminino. Fez-se a concordância com a ideia que se possui, ou seja, trata-se de um homem.

b) de número

Ex.: O grupo chegou apressado e conversavam em voz alta.

O segundo verbo do período deveria concordar com **grupo**. Mas a ideia de plural contida no coletivo leva o falante a botar o verbo no plural: conversavam. Tal concordância anormal não deve ser feita com o primeiro verbo.

c) de pessoa

Ex.: Os brasileiros somos otimistas.

Em princípio, dir-se-ia **são**, pois o sujeito é de terceira pessoa do plural. Mas, por estar incluído entre os brasileiros, é possível colocar o verbo na primeira pessoa: somos.

15) Perífrase

Emprego de várias palavras no lugar de poucas ou de uma só.

Ex.: "Se lá no assento etéreo onde subiste..." (Camões)
assento etéreo = céu.
Morei na Veneza brasileira.
Veneza brasileira = Recife
Não provoque o rei dos animais.
rei dos animais = leão.

Obs.: Questões que envolvem perífrase pedem, frequentemente, conhecimento independente do texto.

16) Assíndeto

Ausência de conectivo. É um tipo especial de elipse, que é a omissão de qualquer termo.

Ex.: Entrei, peguei o livro, fui para a rede.

Ligando as duas últimas orações, deveria aparecer a conjunção **e**.

17) Polissíndeto

Repetição da conjunção, geralmente **e**.

Ex.: "Trejeita, e canta, e ri nervosamente." (Padre Antônio Tomás)
"E treme, e cresce, e brilha, e afia o ouvido, e escuta." (Olavo Bilac)

18) Zeugma

Omissão de um termo, geralmente verbo, empregado anteriormente. Variação da elipse.

Ex.: "A moral legisla para o homem; o direito, para o cidadão." (Tomás Ribeiro)
"São estas as tradições das nossas linhagens; estes os exemplos de nossos avós." ((Herculano)

Obs.: Na primeira frase, está subentendida a forma verbal **legisla**; na segunda, **são**.

19) Apóstrofe

Chamamento, invocação de alguém ou algo, presente ou ausente. Corresponde ao vocativo da análise sintática.

Ex.: "Deus! ó Deus! onde estás que não respondes?!" (Castro Alves)
"Erguei-vos, menestréis, das púrpuras do leito!" (Guerra Junqueiro)

20) Ironia

Consiste em dizer-se o contrário do que se quer. É figura muito importante para a interpretação de textos.

Ex.: "Moça linda bem tratada,
três séculos de família,
burra como uma porta:
um amor." (Mário de Andrade)

Observe que, após chamar a moça de burra, o poeta encerra a estrofe com um **aparente** elogio: um amor.

21) Hipérbato

É a inversão da ordem dos termos na oração ou das orações no período.

Ex.: "Aberta em par estava a porta." (Almeida Garrett)
"Essas que ao vento vêm
Belas chuvas de junho!" (Joaquim Cardozo)

22) Anástrofe

Variante do hipérbato. Consiste em se inverter a ordem natural existente entre o termo determinado (principal) e o determinante (acessório).

Ex.: Sentimos do vento a carícia.
Determinado: a carícia
Determinante: do vento

Obs.: Nem sempre é simples a distinção entre hipérbato e anástrofe. Há certa discordância entre os especialistas do assunto.

23) Onomatopeia

Palavra que imita sons da natureza.

Ex.: O ribombar dos canhões nos assustava.
Não aguentava mais aquele tique-taque insistente.

"Não se ouvia mais que o plic-plic-plic-plic da agulha no pano." (Machado de Assis)

24) Aliteração

Repetição de fonemas consonantais.

Ex.: Nem toda tarefa é tão tranquila.
"Ruem por terra as emperradas portas." (Bocage)
"Os teus grilhões estrídulos estalam." (Raimundo Correia)

Obs.: Nos dois últimos exemplos, as aliterações procuram reproduzir, sons naturais, constituindo-se também em onomatopeias.

25) Enálage

Troca de tempos verbais.

Ex.: Se você viesse, ganhava minha vida mais entusiasmo.
"Agora que murcharam teus loureiros
Fora doce em teu seio amar de novo." (Álvares de Azevedo)

Obs.: Na primeira frase, **ganhava** está no lugar de **ganharia**; na segunda, **fora** substitui **seria**.

26) Anáfora

Repetição de palavra ou expressão no começo de cada verso, frase ou membro de frase.

Ex.: "Onde, o lábio para cantá-la?
Onde, o tempo de ser ouvida?" (Cecília Meireles)

27) Epíteto de natureza

Também chamado apenas de epíteto, consiste em atribuir a um substantivo qualidade inerente a ele. É um caso especial de pleonasmo.

Ex.: A fria neve cobriu todo o caminho.
"Em duro granito repousa o gigante..." (Gonçalves Dias)

Capítulo 3

Coesão e coerência. Conectores

I) Coesão e coerência

O texto é um conjunto harmônico de elementos, associados entre si por processos de coordenação ou subordinação. Os fonemas (sons da fala), representados graficamente pelas letras, se unem constituindo as palavras. Estas, por sua vez, ligam-se para formar as orações, que passam a se agrupar constituindo os períodos. A reunião de períodos dá origem aos parágrafos. Estes também se unem, e temos então o conjunto final, que é o texto.

No meio de tudo isso, há certos elementos que permitem que o texto seja inteligível, com suas partes devidamente relacionadas. Se a ligação entre as partes do texto não for bem feita, o sentido lógico será prejudicado. Observe atentamente o trecho seguinte.

> Levantamos muito cedo. Fazia frio e a água havia congelado nas torneiras. Até os animais, acostumados com baixas temperaturas, permaneciam, preguiçosamente, em suas tocas. Apesar disso, deixamos de fazer nossa caminhada matinal com as crianças.

O trecho é composto por vários períodos, agrupados em dois segmentos distintos. No primeiro, fala-se do frio intenso e suas consequências; no segundo, a decisão de não fazer a caminhada matinal. O que aparece para fazer a ligação entre esses dois segmentos? A locução **apesar disso**. Ora, esse termo tem valor concessivo, liga duas coisas contraditórias, opostas; mas o que segue a ele é uma consequência do frio que fazia naquela manhã. Dessa forma, no lugar de **apesar disso**, deveríamos usar **por isso**, **por causa disso**, **em virtude disso** etc.

Conclui-se o seguinte: as partes do texto não estavam devidamente ligadas. Diz-se então que faltou coesão textual. Consequentemente, o trecho ficou sem coerência, isto é, sem sentido lógico.

Resumindo, podemos dizer que a coesão é a ligação, a união entre partes de um texto; coerência é o sentido lógico, o nexo.

II) Elementos conectores

É extremamente importante, para que se penetre no texto, uma noção segura dos recursos de que a língua dispõe para estabelecer a coesão textual. Aliás, esse termo é ainda mais amplo: qualquer vínculo estabelecido entre as palavras, as orações, os períodos ou os parágrafos podemos chamar de coesão. Toda palavra ou expressão que se refere a coisas passadas no texto, ou mesmo às que ainda virão, são elementos conectores. Os termos a que eles se referem podem ser chamados de referentes. Muita atenção, pois, com os conectores. Eis os mais importantes:

1) Pronomes pessoais, retos ou oblíquos

Ex.: Meu filho está na escola. **Ele** tem uma prova hoje.
Ele = meu filho (referente)

Carlos trouxe o memorando e **o** entregou ao chefe.
O = memorando (referente)

2) Pronomes possessivos

Ex.: Pedro, chegou a **sua** maior oportunidade.
Sua = Pedro (de Pedro)

3) Pronomes demonstrativos

Os demonstrativos estão entre os mais importantes conectores da língua portuguesa. Frequentemente se criam questões de interpretação ou compreensão com base em seu emprego. Veja os casos seguintes.

a) O filho está demorando, e **isso** preocupa a mãe.
Isso = O filho está demorando.
b) **Isto** preocupa a mãe: o filho está demorando.
Isto = o filho está demorando.

Parecidos, não é mesmo? A diferença é que **isso** (esse, esses, essa, essas) é usado para fazer referência a coisas ou fatos passados no texto. **Isto** (este, estes, esta, estas) refere-se a coisas ou fatos que ainda aparecerão. Embora se faça uma certa confusão hoje em dia, o seu emprego adequado é exatamente o que acabamos de expor.

c) O homem e a mulher estavam sorrindo. **Aquele** porque foi promovido; **esta** por ter recebido um presente.

Aquele = homem
esta = mulher

Temos aqui uma situação especial de coesão: evitar a repetição de termos por meio do emprego de este (estes, esta, estas) e aquele (aqueles, aquela, aquelas). Não se usa, aqui, o pronome esse (esses, essa, essas). Com relação ao exemplo, a palavra **aquele** refere-se ao termo mais afastado (homem), enquanto **esta**, ao mais próximo (mulher). Semelhante correlação também pode ser feita com numerais (primeiro e segundo) ou com pronomes indefinidos (um e outro).

4) Pronomes indefinidos

Ex.: Naquela época, os homens, as mulheres, as crianças, **todos** acreditavam na vitória.

todos = homens, mulheres, crianças

5) Pronomes relativos

Ex.: Havia ali pessoas **que** me ajudavam.

que = pessoas

No caso do pronome relativo, o seu referente costuma ser chamado de antecedente.

6) Pronomes interrogativos

Ex.: **Quem** será responsabilizado? O rapaz do almoxarifado, por não ter conferido os materiais.

Quem = rapaz do almoxarifado

7) Substantivos

Ex.: José e Helena chegaram de férias. **Crianças** ainda, não entendem o que aconteceu com o professor.

Crianças = José e Helena

8) Advérbios

Ex.: A faculdade ensinou-o a viver. **Lá** se tornou um homem.

Lá = faculdade

9) Preposições

As preposições ligam palavras dentro de uma mesma oração. Em casos excepcionais, ligam duas orações. Elas não possuem referentes no texto, simplesmente estabelecem vínculos.

Ex.: Preciso de ajuda.
Morreu de frio.

Nas duas frases, a preposição liga um verbo a um substantivo. Na primeira, em que introduz um objeto indireto (complemento verbal com preposição exigida pelo verbo), ela é destituída de significado. Diz-se que tem apenas valor relacional. Na segunda, em que introduz um adjunto adverbial, ela possui valor semântico ou nocional, uma vez que a expressão que ela inicia tem um valor de causa. Veja, a seguir, os principais valores semânticos das preposições.

- De causa

Ex.: Perdemos tudo **com** a seca.

- De matéria

Ex.: Trouxe copos **de** papel.

- De assunto

Ex.: Falavam **de** política.

- De fim ou finalidade

Ex.: Vivia **para** o estudo.

- De meio

Ex.: Falaram **por** telefone.

- De instrumento

Ex.: Feriu-se **com** a tesoura.

- De condição

Ex.: Ele não vive **sem** feijão.

- De posse

Ex.: Achei o livro **de** André.

- De modo

Ex.: Agiu **com** tranquilidade.

- De tempo

Ex.: Retornaram **de** manhã.

- De companhia

Ex.: Passeou **com** a irmã.

- De afirmação

Ex.: Irei **com** certeza.

- De lugar

Ex.: Ele veio **de** casa.

10) Conjunções e locuções conjuntivas

Conjunção é a palavra que liga duas orações ou, em poucos casos, dois elementos de mesma natureza. Pode-se entender também como a palavra que introduz uma oração, que pode ser coordenada ou subordinada. Não vai nos interessar aqui essa distinção. Se desejar, consulte o nosso livro Português para Concursos.

É sumamente importante para a interpretação e a compreensão de textos o conhecimento das conjunções e locuções correspondentes. Chamaremos a todas, simplesmente, conjunções.

Da mesma forma que as preposições, as conjunções não têm referentes propriamente ditos. Cumpre reconhecer o valor de cada uma, para que se entenda o sentido das orações em português e, consequentemente, do texto em que elas aparecem.

Conjunções coordenativas

São as que iniciam orações coordenadas. Podem ser:

1) Aditivas: estabelecem uma adição, somam coisas ou orações de mesmo valor.

Principais conjunções: e, nem, mas também, como também, senão também, como, bem como, quanto.

Ex.: Fechou a porta **e** foi tomar café.
Não trabalha **nem** estuda.
Tanto lê **como** escreve.
Não só pintava, **mas também** fazia versos.
Não somente lavou, **como também** escovou os cães.

2) Adversativas: estabelecem ideias opostas, contrastantes.

Principais conjunções: mas, porém, contudo, todavia, entretanto, no entanto, não obstante, senão, que.

Ex.: Correu muito, **mas** não se cansou.
As árvores cresceram, **porém** não estão bonitas.
Falou alto, **todavia** ninguém escutou.
Chegamos com os alimentos, **no entanto** não estavam com fome.
Não o culpo, **senão** a você.
Peça isso a outra pessoa, **que** não a mim.

Observações

a) Em todas as frases há ideia de oposição. Se a pessoa corre muito, deve ficar cansada. A palavra **mas** introduz uma oração que contraria isso. O mesmo ocorre com as outra conjunções e suas respectivas orações.

b) Às vezes, a palavra **e**, normalmente aditiva, assume valor adversativo.
Ex.: Fiz muito esforço **e** nada consegui. (**mas** nada consegui)

3) Conclusivas: estabelecem conclusões a partir do que foi dito inicialmente.

Principais conjunções: logo, portanto, por conseguinte, pois (colocada depois do verbo), por isso, então, assim, em vista disso.

Ex.: Chegou muito cedo, **logo** não perdeu o início do espetáculo.
Todos foram avisados, **portanto** não procedem as reclamações.
É bastante cuidadoso; consegue, **pois**, bons resultados.
Estava desanimado, por **conseguinte** deixou a empresa.
É trabalhador, **então** só pode ser honesto.

4) Alternativas: ligam ideias que se alternam ou mesmo se excluem.

Principais conjunções: ou, ou... ou, ora... ora, já... já, quer... quer.

Ex.: Faça sua parte, **ou** procure outro emprego.
Ora narrava, **ora** comentava.
"**Já** atravessa as florestas, **já** chega aos campos do Ipu." (José de Alencar)

5) Explicativas: explicam ou justificam o que se diz na primeira oração.

Principais conjunções: porque, pois, que, porquanto.

Ex.: Chorou muito, **porque** os olhos estão inchados.
Choveu durante a madrugada, **pois** o chão está alagado.
Volte logo, **que** vai chover.
Era uma criança estudiosa, **porquanto** sempre tirava boas notas.

Observações

a) Essas conjunções também podem iniciar orações subordinadas causais, como veremos adiante.

b) Depois de imperativo, elas só podem ser coordenativas explicativas, como no terceiro exemplo.

Conjunções subordinativas

São as que iniciam as orações subordinadas. Podem ser:

1) Causais: iniciam orações que indicam a causa do que está expresso na oração principal.

Principais conjunções: porque, pois, que, porquanto, já que, uma vez que, como, visto que, visto como.

Ex.: O gato miou **porque** pisei seu rabo.
Estava feliz **pois** encontrou a bola.
Triste **que** estava, não quis passear.
Já que me pediram, vou continuar.
Visto que vai chover, sairemos agora mesmo.
Como fazia frio, pegou o agasalho.

2) Condicionais: introduzem orações que estabelecem uma condição para que ocorra o que está expresso na oração principal.

Principais conjunções: se, caso, desde que, a menos que, salvo se, sem que, contanto que, dado que, uma vez que.

Ex.: Explicarei a situação, **se** isso for importante para todos.
Caso me solicitem, escreverei uma nova carta.
Você será aprovado, **desde que** se esforce mais.
Sem que digas a verdade, não poderemos prosseguir.
Contanto que todos participem da reunião, os projetos serão apresentados.
Uma vez que ele tente, poderá alcançar o objetivo.

3) Concessivas: começam orações com valor de concessão, isto é, ideia contrária à da oração principal. Cuidado especial com essas conjunções! Elas são bastante cobradas em questões de provas.

Principais conjunções: embora, ainda que, mesmo que, conquanto, posto que, se bem que, por mais que, por menos que, suposto que, apesar de que, sem que, que, nem que.

Ex.: **Embora** gritasse, não foi atendido.
Perderia a condução **mesmo que** acordasse cedo.
Conquanto estivesse com dores, esperou pacientemente.
Posto que me tenham convidado com insistência, não quis participar.
Por mais que tentem explicar, o caso continua confuso.
Sem que tenha grandes virtudes, é adorado por todos.
Doente **que** estivesse, participaria da maratona.
Fale, **nem que** seja por um minuto apenas.

4) Comparativas: introduzem orações com valor de comparação.

Principais conjunções: como, (do) que, qual, quanto, feito, que nem.

Ex.: Ele sempre foi ágil **como** o pai.
Maria estuda mais **que** a irmã. (ou do que)
Nada o entristecia tanto **quanto** o sofrimento de seu povo.
Estava parado **feito** uma estátua.
Rastejávamos **que nem** serpentes.
Ele agiu tal **qual** eu lhe pedira.

Observações

a) Geralmente o verbo da oração comparativa é o mesmo da principal e fica subentendido. É o que ocorre nos cinco primeiros exemplos.
b) As conjunções **feito** e **que nem** são de emprego coloquial.

5) Conformativas: principiam orações com valor de acordo em relação à principal.

Principais conjunções: conforme, segundo, consoante, como.

Ex.: Fiz tudo **conforme** me solicitaram.
Segundo nos contaram, o jogo foi anulado.
Pedro tomou uma decisão **consoante** determinava a sua consciência.
Carlos é inteligente **como** os pais sempre afirmaram.

6) Consecutivas: iniciam orações com valor de consequência.

Principais conjunções: que (depois de tão, tal, tanto, tamanho, claros ou ocultos), de sorte que, de maneira que, de modo que, de forma que.

Ex.: Falou tão alto **que** acordou o vizinho.
Gritava **que** era uma barbaridade. (Gritava tanto...)
Eu lhe expliquei tudo, **de modo que** não há motivos para discussão.

7) Proporcionais: começam orações que estabelecem uma proporção.

Principais conjunções: à proporção que, à medida que, ao passo que, quanto (em correlações do tipo quanto mais... mais, quanto menos... menos, quanto mais... menos, quanto menos... mais, quanto maior... maior, quanto menor... menor).

Ex.: Seremos todos felizes à **proporção que** amarmos.
À medida que o tempo passava, crescia a nossa expectativa.
O ar se tornava rarefeito **ao passo que** subíamos a montanha.
Quanto mais nos preocuparmos, mais ficaremos nervosos.
Quanto menos estudamos, menos progredimos.
Quanto maior for o preparo, maior será a oportunidade.

8) Finais: introduzem orações com valor de finalidade.

Principais conjunções: para que, a fim de que, que, porque.

Ex.: Fechou a porta **para que** os animais não entrassem.
Trarei minhas anotações **a fim de que** você me ajude.
Faço votos **que** sejas feliz. (= para que)
Esforcei-me **porque** tudo desse certo. (= para que)

9) Temporais: introduzem orações com valor de tempo.

Principais conjunções: quando, assim que, logo que, antes que, depois que, mal, apenas, que, desde que, enquanto.

Ex.: Cheguei **quando** eles estavam saindo.
Assim que anoiteceu, fomos para casa.
Sentiu-se aliviado **depois que** tomou o remédio.
Mal a casa foi reformada, a família se mudou.
Hoje, **que** não tenho tempo, chegaram as propostas.
Estávamos lá **desde que** ele começou a lecionar.
Enquanto o filho estudava, a mãe fazia comida.

10) Integrantes: são as únicas desprovidas de valor semântico; iniciam orações que completam o sentido da outra; tais orações são chamadas de subordinadas substantivas.

São apenas duas: que e se

Ex.: É bom **que** o problema seja logo resolvido..
Veja **se** ele já chegou.

Obs.: As palavras **que** e **se**, nos exemplos acima, iniciam orações que funcionam, respectivamente, como sujeito e objeto direto da oração principal.

Observações finais

a) **Apesar de** e **em que pese a** são locuções prepositivas com valor de concessão. Ligam palavras dentro de uma mesma oração ou introduzem orações reduzidas de infinitivo.
Ex.: **Apesar do** aviso de perigo, ele resolveu escalar a montanha.
Apesar de ventar muito, fomos para a pracinha.
Em que pese a vários pedidos do gerente, o caixa não fez serão.
Em que pese a ter treinado bem, foi colocado na reserva.

b) Algumas conjunções coordenativas às vezes ligam palavras dentro de uma mesma oração.
Ex. Carlos **e** Rodrigo são irmãos.
Não encontrei Sérgio **nem** Regina.
Comprarei uma casa **ou** um apartamento.

Casos especiais

Você deve ter percebido que algumas conjunções têm valores semânticos diversos. Vamos destacar algumas abaixo. A classificação de suas orações depende disso, porém **o mais importante é o sentido da frase**.

Mas

a) Coordenativa adversativa

Ex.: Pediu, **mas** ninguém atendeu.

b) Coordenativa aditiva (seguida de **também**; equivale a **como**)

Ex.: Não só dá aulas, **mas** também escreve. (= Dá aulas e escreve)

E

a) Coordenativa aditiva

Ex.: Voltou **e** brincou com o cachorro.

b) Coordenativa adversativa

Ex.: Leu o livro, **e** não entendeu nada. (= mas)

Pois

a) Coordenativa conclusiva

Ex.: Trabalhou a tarde inteira; estava, **pois**, esgotado. (= portanto)

b) Coordenativa explicativa

Ex.: Traga o jornal, **pois** eu quero ler.

c) Subordinativa causal

Ex.: A planta secou **pois** não foi regada.

Como

a) Coordenativa aditiva

Ex.: Tanto ria **como** chorava. (= Ria e chorava)

b) Subordinativa causal

Ex.: **Como** passou mal, desistiu do passeio. (= Porque)

c) Subordinativa comparativa

Ex.: Era alto **como** um poste. (= que nem)

d) Subordinativa conformativa

Ex.: Alterei a programação, **como** o chefe determinara. (= conforme)

Porque

a) Coordenativa explicativa

Ex.: Não faça perguntas, **porque** ele ficará zangado.

b) Subordinativa causal

Ex.: As frutas caíram **porque** estavam maduras.

c) Subordinativa final

Ex.: **Porque** meu filho fosse feliz, fui para outra cidade. (= para que)

Uma vez que

a) Subordinativa causal

Ex.: Fiz aquela declaração **uma vez que** estava sendo pressionado. (= porque)

b) Subordinativa condicional

Ex.: **Uma vez que** mude de hábitos, poderá ser aceito no grupo. (= Se mudar de hábitos)

Se

a) Subordinativa condicional

Ex.: **Se** forem discretos, agradarão a todos. (= Caso sejam discretos)

b) Subordinativa integrante

Ex.: Diga-me **se** está na hora.

Desde que

a) Subordinativa condicional

Ex.: **Desde que** digam a verdade, não haverá problemas.

b) Subordinativa temporal

Ex.: Conheço aquela jovem **desde que** ela era um bebê.

Sem que

a) Subordinativa condicional

Ex.: Não será possível o acordo, **sem que** haja um debate equilibrado. (= se não houver...)

b) Subordinativa concessiva

Ex.: **Sem que** fizesse muito esforço, foi aprovado no concurso. (= Embora não fizesse...)

Porquanto

a) Coordenativa explicativa

Ex.: Ele deve ter chorado, **porquanto** seus olhos estão vermelhos.

b) Subordinativa causal

Ex.: Ficamos animados **porquanto** houve progresso no tratamento.

Quanto

a) Coordenativa aditiva

Ex.: Eles tanto criticam **quanto** incentivam. (= Eles criticam e incentivam)

b) Subordinativa comparativa

Ex.: Ele se preocupa tanto **quanto** o médico.

Que

a) Coordenativa adversativa

Ex.: Diga tal coisa a outro, **que** não a ele. (= mas não a ele)

b) Coordenativa explicativa

Ex.: Faça as anotações, **que** você estudará melhor.

c) Subordinativa causal

Ex.: Nervoso **que** se encontrava, não conseguiu assinar o documento. (= porque)

d) Subordinativa concessiva

Ex.: Sujo **que** estivesse, deitaria na poltrona. (= embora)

e) Subordinativa comparativa

Ex.: É mais trabalhador **que** o tio.

f) Subordinativa consecutiva

Ex.: Era tal seu medo **que** fugiu.

g) Subordinativa final

Ex.: Ele me fez um sinal **que** eu não dissesse nada. (= para que)

h) Subordinativa temporal

Ex.: Agora, **que** já tomaste o remédio, sairemos. (= quando)

I) Subordinativa integrante

Ex.: Queria **que** todos fossem felizes.

Capítulo 4

Tipologia Textual

Veremos neste capítulo apenas o essencial da tipologia, aquilo que, de uma forma ou de outra, costuma ser cobrado em questões de interpretação ou compreensão de textos. São, portanto, noções que podem ajudá-lo a acertar determinados tipos de testes.

I) Descrição

Um texto se diz descritivo quando tem por base o objeto, a coisa, a pessoa. Mostra detalhes, que podem ser físicos, morais, emocionais, espirituais. Nota-se que a intenção é realmente descrever, daí a palavra descrição. Veja o exemplo abaixo:

> "Diante dela e todo a contemplá-la, está um guerreiro estranho, se é guerreiro e não algum mau espírito da floresta. Tem nas faces o branco das areias que bordam o mar, nos olhos o azul triste das águas profundas. Ignotas armas e tecidos ignotos cobrem-lhe o corpo." (José de Alencar, Iracema)

Uma característica marcante da descrição é a forte adjetivação que leva o leitor a visualizar o ser descrito. No trecho em estudo, o homem visto por Iracema é branco, tem olhos tristes (veja que bela hipálage criou o autor: azul triste em vez de olhos tristes); as águas são profundas, e os tecidos e armas, ignotos, ou seja, desconhecidos. Observe como a palavra **todo** revela a perplexidade do guerreiro, extático a observar a jovem índia à sua frente.

Veja, agora, outro exemplo de trecho descritivo, na realidade uma autodescrição.

> "Meus cabelos eram muito bonitos, dum negro quente, acastanhado nos reflexos. Caíam pelos meus ombros em cachos gordos, com ritmos pesados de molas de espiral." (Mário de Andrade, Tempo da Camisolinha)

II) Narração

Quando o texto está centrado no fato, no acontecimento, diz-se que se trata de uma narração. Palavra derivada do verbo **narrar**, narração é o ato de contar alguma coisa. Novelas, romances, contos são textos basicamente narrativos.

São os seguintes os elementos de uma narração:

1) Narrador

É aquele que narra, conta o que se passa supostamente aos seus olhos. Quando participa da história, é chamado de narrador-personagem. Então a narrativa fica, normalmente, em 1ª pessoa.

2) Personagens

São os elementos, usualmente pessoas, que participam da história. Mas os personagens podem ser coisas ou animais, como no romance O Trigo e o Joio, de Fernando Namora, em que o personagem principal, isto é, protagonista, é uma burra.

3) Enredo

É a história propriamente dita, a trama desenvolvida em torno dos personagens.

4) Tempo

O momento em que a história se passa. Pode ser presente, passado ou futuro.

5) Ambiente

O lugar em que a trama se desenvolve. Pode, naturalmente, variar muito, no desenrolar da narrativa.

Eis, a seguir, um bom exemplo de texto narrativo, em que todos os elementos se fazem presentes.

> "Muitos anos mais tarde, Ana Terra costumava sentar-se na frente de sua casa para pensar no passado. E no seu pensamento como que ouvia o vento de outros tempos e sentia o tempo passar, escutava vozes, via caras e lembrava-se de coisas... O ano de 81 trouxera um acontecimento triste para o velho Maneco: Horácio deixara a fazenda, a contragosto do pai, e fora para o Rio Pardo, onde se casara com a filha dum tanoeiro e se estabelecera com uma pequena venda." (Érico Veríssimo, O Tempo e o Vento)

O trecho do grande romance de Érico Veríssimo está situado no tempo (81), faz menção a lugares onde a trama se desenvolve e apresenta personagens, como Ana Terra e Seu Maneco. E, é claro, alguém está contando: é o narrador da história.

Veja mais um exemplo de narração, agora com o narrador-personagem.

> "Hoje estive na loja de Seu Chamun, uma tristeza. Poeira e cisco por toda parte, qualquer dia vira monturo. Os dois empregados do meu tempo foram embora, não sei se dispensados, e o dono não tem disposição para limpar." (José J. Veiga, Sombras de Reis Barbudos)

Discurso

Os personagens que participam da história evidentemente falam. É o que se conhece como discurso, que pode ser:

1) Direto

O narrador apresenta a fala do personagem, integral, palavra por palavra. Geralmente se usam dois-pontos e travessão.

Ex.: O funcionário disse ao patrão: – Espero voltar no final do expediente.
Rui perguntou ao amigo: – Posso chegar mais tarde?

2) Indireto

O narrador incorpora à sua fala a fala do personagem. O sentido é o mesmo do discurso direto, porém é utilizada uma conjunção integrante (**que** ou **se**) para fazer a ligação.

Ex.: O funcionário disse ao patrão que esperava voltar no final do expediente.
Rui perguntou ao amigo se poderia chegar mais tarde.

Obs.: O conhecimento desse assunto é muito importante para as questões que envolvem as paráfrases. Cuidado, pois, com o sentido. Procure ver se está sendo respeitada a correlação entre os tempos verbais e entre determinados pronomes. Abaixo, outro exemplo, bem elucidativo.

Minha colega me afirmou: – Estarei aqui, se você precisar de mim.

Minha colega me afirmou que estaria lá se eu precisasse dela.

O sentido é, rigorosamente, o mesmo. Foi necessário fazer inúmeras adaptações.

3) Indireto livre

É praticamente uma fusão dos dois anteriores. Percebe-se a fala do personagem, porém sem os recursos do discurso direto (dois-pontos e travessão) e do discurso indireto (conjunções **que** ou **se**).

Ex.: Ele caminhava preocupado pela avenida deserta. Será que vai chover, logo hoje, com todos esses compromissos!?

III) Dissertação

Um texto é dissertativo quando tem como centro a ideia. É, pois, argumentativo, opinativo. Geralmente é o que se cobra em concursos públicos, tanto em interpretação de textos quanto na elaboração de redações. Divide-se em:

1) Introdução

Período de pouca extensão em que se apresenta uma ideia, uma afirmação que será desenvolvida nos parágrafos seguintes. É nele que se localiza o chamado tópico frasal, aquele período-chave em que se baseia todo o texto.

2) Desenvolvimento

Um ou mais parágrafos de extensão variada, de acordo com a necessidade da composição. É nele que se argumenta, discute, opina, rebate. É o corpo da redação.

3) Conclusão

Parágrafo curto com que se encerra a dissertação. É também chamado de fecho. Há várias modalidades de conclusão: resumo da redação, citação de alguém famoso, opinião final contundente etc.

Veja exemplo de trechos dissertativos.

"De muitas maneiras, o emprego de alto funcionário público é um sacerdócio, porém pior, pois é exercido sob os olhares atentos da imprensa. O cidadão comum, tornado autoridade, transforma-se, do dia para a noite, numa espécie de âncora de noticiário. Não deve gaguejar, improvisar nem correr riscos em temas polêmicos." (Gustavo Franco, na Veja 1782)

"Entende-se por *juízo* um pensamento por meio do qual se afirma ou nega alguma coisa, se enuncia algo; serve para estabelecer relação entre duas ideias. Emitir um juízo é o mesmo que julgar. A inteligência opera por meio de juízos; raciocinar consiste em encadear juízos para tirar uma conclusão." (Carlos Toledo Rizzini, Evolução para o Terceiro Milênio)

"Insistamos sobre esta verdade: a guerra de Canudos foi um refluxo em nossa história. Tivemos, inopinadamente, ressurreta e em armas em nossa frente, uma sociedade velha, uma sociedade morta, galvanizada por um doido." (Euclides da Cunha, Os Sertões)

Observações

a) Um texto, às vezes, apresenta tipologia mista. Uma narração, por exemplo, pode conter traços dissertativos ou descritivos. Aliás, isso é frequente. Não há rigor absoluto.

b) Se destacamos apenas um trecho de uma determinada obra, compreensivelmente todos os elementos que caracterizam sua tipologia podem não estar presentes. Por exemplo, os três trechos dissertativos apresentados, sendo parágrafos isolados, não contêm introdução, desenvolvimento e conclusão, o que não impede que os classifiquemos daquela forma.

c) O tema costuma sugerir uma determinada tipologia, mas também aqui não há nada de absoluto. Digamos que se queira escrever sobre um passeio. A princípio, pensa-se numa narração. Porém, o autor pode prender-se a detalhes do lugar, das pessoas, do transporte utilizado etc. Teríamos então uma descrição. Por outro lado, ele pode falar da importância do lazer na vida das pessoas, para a sua saúde física ou mental etc. Dessa forma, desenvolvendo ideias, cairíamos em uma dissertação.

Capítulo 5

Significação das palavras

Veremos, neste capítulo, coisas importantes sobre a significação de palavras e expressões, que podem influir, direta ou indiretamente, na interpretação de um texto. Trata-se, em verdade, da semântica, à qual podemos somar a denotação e a conotação, vistas em outra parte da obra.

I) Campos semânticos

As palavras podem associar-se de várias maneiras. Quando se relacionam pelo sentido, temos um campo semântico. Não se trata de sinônimos ou antônimos, mas de aproximação de sentido num dado contexto.

Ex.: perna, braço, cabeça, olhos, cabelos, nariz → partes do corpo humano
azul, verde, amarelo, cinza, marrom, lilás → cores
martelo, serrote, alicate, torno, enxada → ferramentas
batata, abóbora, aipim, berinjela, beterraba → legumes

Observações

a) Também constituem campos semânticos palavras como flor, jardim, perfume, terra, espinho, embora não pertençam a um grupo delimitado; mas a associação entre elas é evidente.

b) As palavras podem pertencer a campos semânticos diferentes. Veja o caso de **abóbora**, citada há pouco. Ela também serve para indicar cor, o que a colocaria no segundo grupo de palavras.

II) Polissemia

É a capacidade que as palavras têm de assumir significados variados de acordo com o contexto. Não se trata de homonímia, que estudaremos adiante.

Ex.: Ele anda muito. Mário anda doente. Aquele executivo só anda de avião. Meu relógio não anda mais.

O verbo **andar** tem origem no latim *ambulare*. Possui inúmeros significados em português, dos quais destacamos apenas quatro. Trata-se, pois, de uma mesma palavra, de uso diverso na língua. Nas frases do exemplo, significa, respectivamente, caminhar, estar, viajar e funcionar.

III) Sinonímia

Outro item de suma importância para a interpretação de textos. Há sinonímia quando duas ou mais palavras têm o mesmo significado em determinado contexto. Diz-se, então, que são sinônimos.

Ex.: O comprimento da sala é de oito metros.
A extensão da sala é de oito metros.

A substituição de **comprimento** por **extensão** não altera o sentido da frase, pois os termos são sinônimos.

Em verdade, as palavras são sinônimas em certas situações, mas podem não ser em outras. É a riqueza da língua portuguesa falando mais alto. Pode-se dizer, em princípio, que face e rosto são dois sinônimos: ela tem um belo rosto, ela tem uma bela face. Mas não se consegue fazer a troca de face por rosto numa frase do tipo: em face do exposto, aceitarei.

IV) Antonímia

Requer os mesmos cuidados da sinonímia. Na realidade, tudo é uma questão de bom vocabulário. Antonímia é o emprego de palavras de sentido contrário, oposto.

Ex.: É um menino corajoso.
É um menino medroso.

V) Homonímia

Diz-se que há homonímia quando duas ou mais palavras possuem identidade de pronúncia (homônimos homófonos) ou de grafia (homônimos homógrafos). Em alguns casos, as palavras possuem iguais a pronúncia e a grafia (homônimos perfeitos). A classificação em si não é importante, mas sim o significado das palavras.

Ex.: ceda – seda → homônimos homófonos
peso (^) → peso (´) → homônimos homógrafos
pena – pena → homônimos perfeitos (ou homófonos e homógrafos)

Homônimos homófonos mais importantes

acender – pôr fogo a	ascender – elevar-se
acento – inflexão da voz	assento – objeto onde se senta
asado – com asas	azado – oportuno
caçar – perseguir	cassar – anular
cegar – tirar a visão	segar – ceifar, cortar
cela – cômodo pequeno	sela – arreio
censo – recenseamento	senso – juízo
cerração – nevoeiro	serração – ato de serrar
cheque – ordem de pagamento	xeque – lance do jogo de xadrez
cidra – certa fruta	sidra – um tipo de bebida
conserto – reparo	concerto – harmonia
estático – firme, parado	extático – em êxtase
espiar – olhar	expiar – sofrer
estrato – camada; tipo de nuvem	extrato – que se extraiu
incerto – duvidoso	inserto – inserido
incipiente – que está no início	insipiente – que não sabe
lasso – cansado	laço – tipo de nó
passo – marcha	paço – palácio imperial
remissão – perdão	remição – resgate
seda – tipo de tecido	ceda – flexão do verbo ceder
taxa – imposto	tacha – tipo de prego
viagem – jornada	viajem – flexão do verbo viajar

VI) Paronímia

Emprego de parônimos, palavras muito parecidas e que confundem as pessoas.

Ex.: O tráfego era intenso naquela estrada.
O tráfico de escravos é uma nódoa em nossa história.

As palavras **tráfego** e **tráfico** são parecidas, mas não se trata de homônimos, pois a pronúncia e a grafia são diferentes. Tráfego é movimento de veículo; tráfico, comércio.

Parônimos mais importantes

amoral – sem o senso da moral	imoral – contrário à moral
apóstrofe – chamamento	apóstrofo – tipo de sinal gráfico
arrear – pôr arreios; enfeitar	arriar – abaixar
astral – dos astros	austral – que fica no sul
cavaleiro – que anda a cavalo	cavalheiro – gentil
comprimento – extensão	cumprimento – saudação
conjetura – hipótese	conjuntura – situação
delatar – denunciar	dilatar – alargar
descrição – ato de descrever	discrição – qualidade de discreto
descriminar – inocentar	discriminar – separar
despercebido – sem ser notado	desapercebido – desprevenido
destratar – insultar	distratar – desfazer
docente – professor	discente – estudante
emergir – vir à tona, sair	imergir – mergulhar
emigrar – sair de um país	imigrar – entrar em um país
eminente – importante	iminente – que está para ocorrer
esbaforido – ofegante	espavorido – apavorado
estada – permanência de alguém	estadia – permanência de veículo
facundo – eloquente	fecundo – fértil; criador
flagrante – evidente	fragrante – aromático
fluir – correr; manar	fruir – desfrutar
inerme – desarmado	inerte – parado
inflação – desvalorização	infração – transgressão
infligir – aplicar pena	infringir – transgredir
intemerato – puro	intimorato – corajoso
lactante – que amamenta	lactente – que mama
lista – relação	listra – linha, risco
locador – proprietário	locatário – inquilino
lustre – candelabro	lustro – cinco anos; brilho
mandado – ordem judicial	mandato – procuração
pleito – disputa	preito – homenagem
preeminente – nobre, distinto	proeminente – saliente
prescrever – receitar; expirar (prazo)	proscrever – afastar, desterrar
ratificar – confirmar	retificar – corrigir
sortir – abastecer	surtir – resultar
sustar – suspender	suster – sustentar
tráfego – movimento de veículo	tráfico – comércio
usuário – aquele que usa	usurário – avarento; agiota
vultoso – grande	vultuoso – vermelho e inchado

7) Palavras e expressões latinas

Em português, frequentemente aparecem termos emprestados do latim, e isso pode dificultar o entendimento do texto. Veja os mais importantes.

ab initio – desde o princípio

ad hoc – para isso

ad referendum – sujeito à aprovação

ad usum – segundo o costume

a priori – antes de qualquer argumento

a posteriori – após argumentação

apud – junto de

curriculum vitae – correr de vida, conjunto de informações pessoais

data venia – com a devida permissão

errata – especificação dos erros de impressão

et alii – e outros

ex abrupto – de súbito

ex cathedra – em virtude de autoridade decorrente do título

ex consensu – com o consentimento

ex jure – segundo o direito, por justiça

ex officio – por obrigação de lei, por dever do cargo

exempli gratia – por exemplo

ex lege – de acordo com a lei

fac-simile – cópia

habeas-corpus – liberdade de locomoção

hic et nunc – aqui e agora

honoris causa – por motivo de honra

ibidem – no mesmo lugar

idem – igualmente, também

in limine – preliminarmente

in loco – no lugar

in totum – totalmente

ipsis litteris – pelas mesmas letras, textualmente

ipsis verbis – pelas mesmas palavras, textualmente

ipso facto – por isso mesmo, pelo próprio fato

ipso jure – de acordo com o direito

lato sensu – em sentido amplo

mutatis mutandis – mudando o que deve ser mudado

opus – obra musical classificada e numerada

pari passu – simultaneamente

passim – aqui e ali, em toda parte

prima facie – à primeira vista, sem maior exame

pro labore – pagamento por serviço prestado

sic – assim mesmo, escrito desta maneira

sine die – sem data fixa

sine jure – sem direito

sine qua non – indispensável

sub judice – sob apreciação judicial

sui generis – peculiar, sem igual

stricto sensu – em sentido restrito

urb et orbi – em toda a parte

verbi gratia – por exemplo

verbo ad verbum – palavra por palavra

Capítulo 6

A prática

Neste capítulo, vamos treinar um pouco, mostrando variados tipos de questões de interpretação e compreensão de texto.

Texto I

Salustiano era um bom garfo. Mas o jantar que lhe haviam oferecido nada teve de abundante.

– Quando voltará a jantar conosco? – perguntou-lhe a dona da casa.

– Agora mesmo, se quiser.

(Barão de Itararé, *in* Máximas e Mínimas do Barão de Itararé)

1) A figura de linguagem presente no primeiro período do texto é:

a) hipérbole
b) eufemismo
c) prosopopeia
d) metonímia
e) antítese

2) Deduz-se do texto que Salustiano:

a) come pouco.
b) é uma pessoa educada.
c) não ficou satisfeito com o jantar.
d) é um grande amigo da dona da casa.
e) decidiu que não mais comeria naquela casa.

3) O adjetivo que não substitui sem alteração de sentido a palavra "abundante" é:

a) copiosa
b) frugal
c) opípara
d) lauta
e) abundosa

Respostas

1) O gabarito é a letra **d**. Temos aqui um tipo de metonímia. Há uma troca: ser um bom garfo / comer bem. Há muitas questões hoje em dia envolvendo as figuras de linguagem. Estude bem o segundo capítulo, onde elas aparecem. Note que este tipo de metonímia não é fácil, porém, conhecendo bem as outras figuras, dá para fazer por eliminação.

2) A resposta é a letra **c**. A letra a é eliminada, pois ser um bom garfo é comer muito. A letra **b** é errada, pois, se ele fosse realmente educado, não teria dado aquela resposta no final do texto, evidenciando a sua insatisfação. Nada no texto sugere que ele seja um grande amigo da dona da casa, o que descarta a alternativa **d**. A opção **e** pode ser desconsiderada, uma vez que, embora insatisfeito, ele não diz que jamais comerá naquela casa; aliás, chega mesmo a aceitar o novo convite. O gabarito só pode ser a letra **c**, pois ele era um bom garfo e a comida era pouca, o que o levou a querer repeti-la, aceitando o convite.

3) Questão de sinonímia. A palavra **frugal** é o oposto de **abundante**. As outras quatro são sinônimas de **abundante**. Daí o gabarito ser a letra **b**.

Texto II

A mulher foi passear na capital. Dias depois o marido dela recebeu um telegrama:

"Envie quinhentos cruzeiros. Preciso comprar uma capa de chuva. Aqui está chovendo sem parar".

E ele respondeu:

"Regresse. Aqui chove mais barato".

(Ziraldo, *in* As Anedotas do Pasquim)

1) A resposta do homem se deu por razões:

a) econômicas
b) sentimentais
c) lúdicas
d) de segurança
e) de machismo

2) Com relação à tipologia textual, pode-se afirmar que:

a) se trata de uma dissertação.
b) se trata de uma descrição com alguns traços narrativos.
c) o autor preferiu o discurso direto.
d) o segundo período é exemplo de discurso indireto livre.
e) não se detecta a presença de personagens.

3) Com relação aos elementos conectores do texto, não se pode dizer que:

a) **dela** tem como referente **mulher**.
b) o referente do pronome **ele** é **marido**.
c) a preposição **de** tem valor semântico de finalidade.
d) A oração "Aqui está chovendo sem parar" poderia ligar-se à anterior, sem alteração de sentido, pela conjunção **conquanto**.
e) O advérbio **aqui**, em seus dois empregos, não possui os mesmos referentes.

Respostas

1) Letra **a**. Ao pedir à mulher que regresse logo, ele pensava que não precisaria comprar uma capa de chuva porque eles já possuem uma, ou que gastaria menos, já que em sua cidade a capa é mais barata. O risco da questão é a presença do adjetivo **lúdicas**, menos conhecido. É necessário melhorar o vocabulário. **Lúdicas** quer dizer "relativas a jogos, brinquedos, divertimentos".

2) A resposta só pode ser a letra **c**. As duas primeiras estão eliminadas, pois o texto é narrativo. Tanto a fala da mulher quanto a do marido são integrais, ou seja, exemplificam o que se conhece como discurso direto. O autor não usou o travessão, mais comum, preferindo as aspas. A letra **d** não tem cabimento, para quem conhece o discurso indireto livre. Não poderia ser a opção **e**, uma vez que o homem e a mulher são as personagens do texto.

3) Gabarito: letra **d**. As duas primeiras alternativas são evidentes, dispensam comentários. A letra **c** está perfeita, pois se trata de uma capa para chuva, ou seja, com a finalidade de proteger a pessoa da chuva. A última alternativa também está correta, pois o primeiro "aqui" refere-se à "capital", onde ela está passeando, e o segundo à cidade do interior, onde se encontra o marido. A resposta só pode ser a letra **d** porque o relacionamento entre as duas orações é de causa e efeito, pedindo conjunções como **pois**, **porque**, **porquanto** etc. **Conquanto** significa **embora**, tem valor concessivo, de oposição. Além disso, seu emprego acarretaria erro de flexão verbal, pois o verbo deveria estar no subjuntivo (esteja), o que não ocorre no texto original.

Texto III

"Uma nação já não é bárbara quando tem historiadores."
(Marquês de Maricá, *in* Máximas)

1) O texto é:

a) uma apologia à barbárie
b) um tributo ao desenvolvimento das nações
c) uma valorização dos historiadores
d) uma reprovação da selvageria
e) um canto de louvor à liberdade

2) Só não constitui paráfrase do texto:

a) Um país já não é bárbaro, desde que nele existem historiadores.
b) Quando tem historiadores, uma nação já é civilizada.
c) Uma nação deixa de ser bárbara quando há nela historiadores.
d) Quando possui historiadores, uma nação não mais pode ser considerada bárbara.
e) Desde que tenha historiadores, uma nação já não é mais bárbara.

Respostas

1) O gabarito é a letra **c**. A opção **a** é absurda por si mesma. A letra **b** não cabe, pois o texto não fala de homenagem à nação. Não pode ser a letra **d**, porque nada no texto reprova a barbárie (o leitor precisa ater-se ao texto). A última opção é totalmente sem propósito. Na realidade, o autor valoriza os historiadores, uma vez que é a sua presença que garante estar a nação livre da barbárie.

2) Letra **e**. O que responde à questão é o valor dos conectivos. A palavra **quando** introduz uma oração temporal. O mesmo ocorre com o **desde que** da letra **a**. (observe que o verbo se encontra no modo indicativo: existem.) Na letra **e**, a conjunção **desde que** (o verbo da oração está no subjuntivo: tenha) inicia oração com valor de condição, havendo, pois, alteração de sentido.

Texto IV

"A maior alegria do brasileiro é hospedar alguém, mesmo um desconhecido que lhe peça pouso, numa noite de chuva."

(Cassiano Ricardo, *in* O Homem Cordial)

1) Segundo as ideias contidas no texto, o brasileiro:

a) põe a hospitalidade acima da prudência.
b) hospeda qualquer um, mas somente em noites chuvosas.
c) dá preferência a hospedar pessoas desconhecidas.
d) não tem outra alegria senão a de hospedar pessoas, conhecidas ou não.
e) não é prudente, por aceitar hóspedes no período da noite.

2) A palavra mesmo **pode ser trocada no texto, sem alteração de sentido, por:**

a) certamente
b) até
c) talvez
d) como
e) não

3) A expressão "A maior alegria do brasileiro" pode ser entendida como:

a) uma personificação
d) uma hipérbole
b) uma ironiae) uma catacrese
c) uma metáfora

4) O trecho que poderia dar sequência lógica e coesa ao texto é:

a) Não obstante isso, ele é uma pessoa gentil.
b) Dessa forma, qualquer um que o procurar será atendido.
c) A solidariedade, pois, ainda precisa ser conquistada.
d) E o brasileiro ganhou fama de intolerante.
e) Por conseguinte, se chover, ele dará hospedagem aos desconhecidos.

Respostas

1) Letra **a**. Na ânsia de ser hospitaleiro, o brasileiro hospeda, imprudentemente, em sua casa, pessoas desconhecidas. A letra **b** condiciona a hospedagem às noites chuvosas. A opção **c** não tem nenhum apoio no texto, que não fala em preferências. A letra **d** não cabe como resposta, pois o texto nos fala de "maior alegria", ou seja, há outras, menores. A letra **e** poderia realmente confundir. Na verdade a falta de prudência não existe por aceitar hóspedes durante a noite, mas aceitá-los sendo eles desconhecidos.

2) A resposta é a letra **b**. **Mesmo** é palavra denotativa de inclusão, da mesma forma que **até**.

3) O gabarito é a letra **d**. Trata-se de um evidente exagero do autor. A figura do exagero chama-se hipérbole.

4) Letra **b**. Na opção **a**, **não obstante isso** tem valor concessivo. Deveria ser **por isso** ou semelhantes. Na letra **c**, a conjunção **pois** é conclusiva, não pode estar seguida de **ainda precisa**, pois o texto diz que o brasileiro já conquistou a solidariedade. A alternativa **d** contraria inteiramente o texto. A letra **e** não dá sequência ao texto, pois este não condiciona a hospedagem à chuva.

PARTE 2

INTERPRETAÇÃO I

TEXTO I

Não existe essa coisa de um ano sem Senna, dois anos sem Senna... Não há calendário para a saudade.

(Adriane Galisteu, no Jornal do Brasil)

1) Segundo o texto, a saudade:

a) aumenta a cada ano.
b) é maior no primeiro ano.
c) é maior na data do falecimento.
d) é constante.
e) incomoda muito.

2) A segunda oração do texto tem um claro valor:

a) concessivo
b) temporal
c) causal
d) condicional
e) proporcional

3) A repetição da palavra não exprime:

a) dúvida
b) convicção
c) tristeza
d) confiança
e) esperança

4) A figura que consiste na repetição de uma palavra no início de cada membro da frase, como no caso da palavra não, chama-se:

a) anáfora
b) silepse
c) sinestesia
d) pleonasmo
e) metonímia

TEXTO II

Passei a vida atrás de eleitores e agora busco os leitores.

(José Sarney, na Veja, dez/97)

5) **Deduz-se pelo texto uma mudança na vida:**

a) esportiva
b) intelectual
c) profissional
d) sentimental
e) religiosa

6) **O autor do texto sugere estar passando de:**

a) escritor a político
b) político a jornalista
c) político a romancista
d) senador a escritor
e) político a escritor

7) **Infere-se do texto que a atividade inicial do autor foi:**

a) agradável
b) duradoura
c) simples
d) honesta
e) coerente

8) **O trecho que justifica a resposta ao item anterior é:**

a) e agora
b) os leitores
c) passei a vida
d) atrás de eleitores
e) busco

9) **A palavra ou expressão que não pode substituir o termo agora é:**

a) no momento
b) ora
c) presentemente
d) neste instante
e) recentemente

TEXTO III

Os animais que eu treino não são obrigados a fazer o que vai contra a natureza deles.

(Gilberto Miranda, na Folha de São Paulo, 23/2/96)

10) O sentimento que melhor define a posição do autor perante os animais é:

a) fé
b) respeito
c) solidariedade
d) amor
e) tolerância

11) O autor do texto é:

a) um treinador atento
b) um adestrador frio
c) um treinador qualificado
d) um adestrador consciente
e) um adestrador filantropo

12) Segundo o texto, os animais:

a) são obrigados a todo tipo de treinamento.
b) fazem o que não lhes permite a natureza.
c) não fazem o que lhes permite a natureza.
d) não são objeto de qualquer preocupação para o autor.
e) são treinados dentro de determinados limites.

TEXTO IV

Estou com saudade de ficar bom. Escrever é consequência natural.

(Jorge Amado, na Folha de São Paulo, 22/10/96)

13) Segundo o texto:

a) o autor esteve doente e voltou a escrever.
b) o autor está doente e continua escrevendo.
c) O autor não escreve porque está doente.
d) o autor está doente porque não escreve.
e) o autor ficou bom, mas não voltou a escrever.

14) O autor na verdade tem saudade:

a) de trabalhar
b) da saúde
c) de conversar
d) de escrever
e) da doença

15) "Escrever é consequência natural." Consequência de:

a) voltar a trabalhar.
b) recuperar a saúde.
c) ter ficado muito tempo doente.
d) estar enfermo.
e) ter saúde.

TEXTO V

A mente de Deus é como a Internet: ela pode ser acessada por qualquer um, no mundo todo.

(Américo Barbosa, na Folha de São Paulo)

16) No texto, o autor compara:

a) Deus e internet
b) Deus e mundo todo
c) internet e qualquer um
d) mente e internet
e) mente e qualquer um

17) O que justifica a comparação do texto é:

a) a modernidade da informática
b) a bondade de Deus
c) a acessibilidade da mente de Deus e da internet
d) a globalização das comunicações
e) O desejo que todos têm de se comunicar com o mundo.

18) O conectivo comparativo presente no texto só não pode ser substituído por:

a) tal qual
b) que nem
c) qual
d) para
e) feito

19) Só não constitui paráfrase do texto:

a) A mente de Deus, bem como a internet, pode ser acessada por qualquer um, no mundo todo.
b) No mundo todo, qualquer um pode acessar a mente de Deus e a internet.
c) A mente de Deus pode ser acessada, no mundo todo, por qualquer um, da mesma forma que a internet.
d) Tanto a internet quanto a mente de Deus podem ser acessadas, no mundo todo, por qualquer um.
e) A mente de Deus pode acessar, como qualquer um, no mundo todo, a internet.

TEXTO VI

Marx disse que Deus é o ópio do povo. Já sabemos que não entendia nem de Deus nem de ópio. Deus é uma experiência de fé. Impossível defini-lo.

(Paulo Coelho, em O Globo, 25/2/96)

20) Segundo o período inicial do texto, para Marx Deus:

a) traz imensa alegria ao povo.
b) esclarece o povo.
c) deixa o povo frustrado.
d) conduz com segurança o povo.
e) tira do povo a condição de raciocinar.

21) Segundo o autor, Marx:

a) mentiu deliberadamente.
b) foi feliz com suas palavras.
c) falou sobre o que não sabia.
d) equivocou-se em parte.
e) estava coberto de razão, mas não foi compreendido.

22) O sentimento que Marx teria demonstrado e que justifica a resposta ao item anterior é:

a) leviandade
b) orgulho
c) maldade
d) ganância
e) egoísmo

23) Infere-se do texto que Deus deve ser:

a) amado
b) conceituado
c) admirado
d) sentido
e) estudado

24) A palavra que justifica o item anterior é:

a) ópio
b) lo
c) fé
d) povo
e) experiência

25) A figura de linguagem presente no primeiro período é:

a) metáfora
b) metonímia
c) prosopopeia
d) pleonasmo
e) hipérbole

26) A palavra que poderia ter sido grafada com letra maiúscula é:

a) ópio
b) povo
c) experiência
d) fé
e) lo

TEXTO VII

Quando vim da minha terra,
não vim, perdi-me no espaço,
na ilusão de ter saído.
Ai de mim, nunca saí.

(Carlos D. de Andrade, no poema A Ilusão do Migrante)

27) O sentimento predominante no texto é:

a) orgulho
b) saudade
c) fé
d) esperança
e) ansiedade

28) Infere-se do texto que o autor:

a) não saiu de sua terra.
b) não queria sair de sua terra, mas foi obrigado.
c) logo esqueceu sua terra.
d) saiu de sua terra apenas fisicamente.
e) pretende voltar logo para sua terra.

29) Por "perdi-me no espaço" pode-se entender que o autor:

a) ficou perdido na nova terra.
b) ficou confuso.
c) não gostou da nova terra.
d) perdeu, momentaneamente, o sentimento por sua terra natal.
e) aborreceu-se com a nova situação.

30) Pelo último período do texto, deduz-se que:

a) ele continuou ligado à sua terra.
b) ele vai voltar à sua terra.
c) ele gostaria de deixar sua cidade, mas nunca conseguiu.
d) ele se alegra por não ter saído.
e) ele nunca saiu da terra onde vive atualmente.

31) A expressão "ai de mim" só não sugere, no poema:

a) amargura
b) decepção
c) tristeza
d) vergonha
e) nostalgia

TEXTO VIII

Enquanto o Titanic ainda flutua, tentemos o impossível para mudar o seu curso. Afinal, quem faz a história são as pessoas e não o contrário.

(Herbert de Souza, na Folha de São Paulo, 17/11/96)

32) Infere-se do texto que o Titanic:

a) é um navio real.
b) simboliza algo que vai mal.
c) é um navio imaginário.
d) simboliza esperança de salvação.
e) sintetiza todas as tragédias humanas.

33) Pelo visto, o autor não acredita em:

a) transformação
b) elogio
c) desgraça
d) favorecimento
e) determinismo

34) A palavra "afinal" pode ser substituída, sem alteração de sentido, por:

a) conquanto
b) porquanto
c) malgrado
d) enquanto
e) apenas

35) Infere-se do texto que:

a) há coisas que não podem ser mudadas.
b) se tentarmos, conseguiremos.
c) o que parece impossível sempre o é.
d) jamais podemos desistir.
e) alguns têm a capacidade de modificar as coisas, outros não.

36) Para o autor, as pessoas não devem:

a) exagerar
b) falhar
c) desanimar
d) lamentar-se
e) fugir

TEXTO IX

A função do artista é esta, meter a mão nessa coisa essencial do ser humano, que é o sonho e a esperança. Preciso ter essa ilusão: a de que estou resgatando esses valores.

(Marieta Severo, na Folha de São Paulo)

37) Segundo o texto, o artista:

a) leva alegria às pessoas.
b) valoriza o sonho das pessoas pobres.
c) desperta as pessoas para a realidade da vida.
d) não tem qualquer influência na vida das pessoas.
e) trabalha o íntimo das pessoas.

38) Segundo o texto:

a) o sonho vale mais que a esperança.
b) o sonho vale menos que a esperança.
c) sonho e esperança têm relativa importância para as pessoas.
d) não se vive sem sonho e esperança.
e) têm importância capital para as pessoas tanto o sonho quanto a esperança.

39) A palavra ou expressão que justifica a resposta do item anterior é:

a) ilusão
b) meter a mão
c) essencial
d) ser humano
e) valores

40) A expressão "meter a mão":

a) pertence ao linguajar culto.
b) pode ser substituída, sem alteração de sentido, por intrometer-se.
c) tem valor pejorativo.
d) é coloquial e significa, no texto, tocar.
e) é um erro que deveria ter sido evitado.

41) Só não se encontra no texto:

a) a influência dos artistas
b) a necessidade da autora
c) a recuperação de coisas importantes
d) a conquista da paz
e) a carência de sentimentos das pessoas

42) A palavra "esses" poderia ser substituída, sem alteração de sentido, por:

a) bons
b) certos
c) tais
d) outros
e) muitos

TEXTO X

Um prêmio chamado Sharp, ou Shell, Deus me livre! Não quero. Acho esses nomes feios. Não recebo prêmios de empresas ligadas a grupos multinacionais. Não sou traidor do meu povo nem estou à venda.

(Ariano Suassuna, na Veja, 3/7/96)

43) A palavra que melhor define o autor do texto é:

a) megalomaníaco
b) revoltado
c) narcisista
d) nacionalista
e) decepcionado

44) Se aceitasse algum tipo de prêmio de empresas multinacionais, o autor, além de traidor, se sentiria:

a) infiel
b) venal
c) pusilânime
d) ingrato
e) ímprobo

45) O autor não recebe prêmios de empresas multinacionais porque:

a) seus nomes são feios.
b) estaria prestando um desserviço ao Brasil.
c) detesta qualquer empresa que não seja brasileira
d) esses prêmios não têm valor algum.
e) não quer ficar devendo favores a esse tipo de empresa.

46) O último período do texto tem claro valor:

a) causal
b) temporal
c) condicional
d) comparativo
e) proporcional

47) A expressão "Deus me livre!" demonstra, antes de tudo:

a) revolta
b) desprezo
c) ironia
d) certeza
e) ira

TEXTO XI

Inserto entre o 16º e o 18º, o século XVII permanece em meia-luz, quase apagado, nos fastos do Rio de Janeiro, sem que sobre esse período se detenha a atenção dos historiadores, sem que o distingam os que se deixam fascinar pelos aspectos brilhantes da história.

(Vivaldo Coaracy, *in* O Rio de Janeiro)

48) Segundo o texto, o século XVII:

a) chamou a atenção dos historiadores por ser meio apagado.
b) foi uma parte brilhante da história do Rio de Janeiro.
c) assemelha-se aos séculos XVI e XVIII.
d) foi importante, culturalmente, para o Rio de Janeiro.
e) transcorreu sem brilho, para o Rio de Janeiro.

49) A palavra ou expressão que pode substituir sem prejuízo do sentido a palavra "fastos" é:

a) anais
b) círculos culturais
c) círculos políticos
d) administração
e) imprensa

50) A expressão "quase apagada":

a) retifica a palavra meia-luz.
b) complementa a palavra meia-luz.
c) reforça a palavra meia-luz.
d) explica a palavra meia-luz.
e) amplia a palavra meia-luz.

51) Infere-se do texto que:

a) os historiadores detestaram o século XVII.
b) os mais belos momentos da história encantam certas pessoas.
c) o século XVI foi tão importante quanto o século XVIII.
d) a história do Rio de Janeiro está repleta de coisas interessantes.
e) os historiadores se interessam menos pelos séculos XVI e XVIII do que pelo século XVII.

TEXTO XII

Acho que foi uma premonição, uma vez que ele já tinha declarado que "A Fraternidade é Vermelha" seria seu último filme. Foi o cineasta contemporâneo que conseguiu chegar mais perto do conceito de Deus. Poderia ter feito muito mais filmes, mas foi vítima do totalitarismo socialista.

(Leon Cakoff, no Jornal da Tarde, 14/13/96)

52) O totalitarismo socialista:

a) atrapalhou a carreira do cineasta.
b) manteve-se alheio à carreira do cineasta.
c) interrompeu a carreira do cineasta.
d) incentivou a carreira do cineasta.
e) fiscalizou a carreira do cineasta.

53) "A Fraternidade é Vermelha":

a) foi um filme de repercussão nos meios religiosos.
b) foi o primeiro filme de sucesso do cineasta.
c) não abordava o assunto Deus.
d) foi o melhor filme do cineasta.
e) foi o último filme do cineasta.

54) Provavelmente, o cineasta:

a) agradou, por ser materialista.
b) agradou por falar de Deus.
c) desagradou por falar de Deus.
d) desagradou por não falar de Deus.
e) não sabia nada sobre Deus.

55) Levando-se em conta o caráter materialista usualmente atribuído aos socialistas, o título do filme seria, em princípio:

a) uma redundância
b) uma ambiguidade
c) um paradoxo
d) uma qualificação
e) uma incoerência

56) A palavra "premonição" se justifica porque:

a) seu filme foi um sucesso.
b) o cineasta falava de Deus.
c) o cineasta não quis fazer mais filmes.
d) a "Fraternidade é Vermelha" foi seu último filme.
e) o cineasta foi vítima do totalitarismo socialista.

57) A palavra "Vermelha" equivale no texto a:

a) totalitária
b) comunista
c) socialista
d) materialista
e) espiritualista

58) O conectivo que não poderia substituir "uma vez que" no texto é:

a) porque
b) pois
c) já que
d) porquanto
e) se bem que

TEXTO XIII

Nem todas as plantas hortícolas se dão bem durante todo o ano; por isso é preciso fazer uma estruturação dos canteiros a fim de manter-se o equilíbrio das plantações. Com o sistema indicado, não faltarão verduras durante todo ano, sejam folhas, legumes ou tubérculos.

(Irineu Fabichak, *in* Horticultura ao Alcance de Todos)

59) Segundo o texto:

a) todas as plantas hortícolas não se dão bem durante todo o ano.
b) todas as plantas hortícolas se dão bem durante todo o ano.
c) todas as plantas hortícolas se dão mal durante todo o ano.
d) algumas plantas hortícolas se dão bem durante todo o ano.
e) nenhuma planta hortícola se dá mal durante todo o ano.

60) Para manter o equilíbrio das plantações é necessário:

a) estruturar de maneira mais lógica e racional os canteiros.
b) fazer mais canteiros, mas ordenando-os de maneira lógica e racional.
c) fazer o plantio em épocas diferentes.
d) construir canteiros emparelhados.
e) manter sempre limpos os canteiros

61) A conjunção "por isso" só não pode ser substituída por:

a) portanto
b) logo
c) então
d) porque
e) assim

62) Segundo o último parágrafo do texto:

a) tubérculos não são verduras.
b) legumes são o mesmo que tubérculos.
c) folhas, legumes e tubérculos são a mesma coisa.
d) haverá verduras o ano todo, inclusive folhas, legumes e tubérculos.
e) haverá folhas, legumes e tubérculos o ano todo.

TEXTO XIV

Aquisição à vista. A Bauducco, maior fabricante de panetones do país, está negociando a compra de sua maior concorrente, a Visconti, subsidiária brasileira da italiana Visagis. O negócio vem sendo mantido sob sigilo pelas duas empresas em razão da proximidade do Natal. Seus controladores temem que o anúncio dessa união – resultando numa espécie de AmBev dos panetones – melindre os varejistas.

(Cláudia Vassallo, na Exame, dez./99)

63) As duas empresas (*l.* 4) de que fala o texto são:

a) Bauducco e Visagis
b) Visconti e Visagis
c) AmBev e Bauducco
d) Bauducco e Visconti
e) Visagis e AmBev

64) A aproximação do Natal é a causa:

a) da compra da Visconti
b) do sigilo do negócio
c) do negócio da Bauducco
d) do melindre dos varejistas
e) do anúncio da união

65) Uma outra causa para esse fato seria:

a) a primeira colocação da Bauducco na fabricação de panetones
b) o fato de a Visconti ser uma multinacional
c) o fato de a AmBev entrar no mercado de panetones
d) o possível melindre dos varejistas
e) o fato de a Visconti ser concorrente da Bauducco

66) Por "aquisição à vista" entende-se, no texto:

a) que a negociação é provável.
b) que a negociação está distante, mas vai acontecer.
c) que o pagamento da negociação será feito em uma única parcela.
d) que a negociação dificilmente ocorrerá.
e) que a negociação está próxima.

TEXTO XV

Um anjo dorme aqui; na aurora apenas,
disse adeus ao brilhar das açucenas
sem ter da vida alevantado o véu.
– Rosa tocada do cruel granizo –
Cedo finou-se e no infantil sorriso
passou do berço pra brincar no céu!

(Casimiro de Abreu, *in* Primaveras)

67) O tema do texto é:

a) a inocência de uma criança
b) o nascimento de uma criança
c) o sofrimento pela morte de uma criança
d) o apego do autor por uma certa criança
e) a morte de uma criança

68) O tema se desenvolve com base em uma figura de linguagem conhecida como:

a) prosopopeia
b) hipérbole
c) pleonasmo
d) metonímia
e) eufemismo

69) No âmbito do poema, podemos dizer que pertencem ao mesmo campo semântico as palavras:

a) aurora e véu
b) anjo e rosa
c) granizo e sorriso
d) berço e céu
e) cruel e infantil

70) As palavras que respondem ao item anterior são:

a) uma antítese em relação à vida
b) hipérboles referentes ao destino
c) personificações alusivas à morte
d) metáforas relativas à criança
e) pleonasmos com relação à dor.

71) Por "sem ter da vida alevantado o véu" entende-se:

a) sem ter nascido
b) sem ter morrido cedo
c) sem ter conhecido bem a vida
d) sem viver misteriosamente
e) sem poder relacionar-se com as outras pessoas

72) "Na aurora apenas" é o mesmo **que:**

a) somente pela manhã
b) no limiar somente
c) apenas na alegria
d) só na tristeza
e) só no final

TEXTO XVI

Julgo que os homens que fazem a política externa do Brasil, no Itamaraty, são excessivamente pragmáticos. Tiveram sempre vida fácil, vêm da elite brasileira e nunca participaram, eles próprios, em combates contra a ditadura, contra o colonialismo. Obviamente não têm a sensibilidade de muitos outros países ou diplomatas que conheço.

(José Ramos-Horta, na Folha de São Paulo, 21/10/96)

73) Só não caracteriza os homens do Itamaraty:

a) o pragmatismo
b) a falta de sensibilidade
c) a luta contra a ditadura
d) a tranquilidade da vida
e) as raízes na elite do Brasil

74) A palavra que não se liga semanticamente aos homens do Itamaraty é:

a) o segundo *que* (*l.* 1)
b) tiveram (*l.* 2)
c) vêm (*l.* 2)
d) eles (*l.* 3)
e) o terceiro *que* (*l.* 5)

75) Pelo visto, o autor gostaria de que os homens do Itamaraty tivessem mais:

a) inteligência
b) patriotismo
c) vivência
d) coerência
e) grandeza

76) A oração iniciada por "obviamente" tem um claro valor de:

a) consequência
b) causa
c) comparação
d) condição
e) tempo

77) A palavra que pode substituir, sem prejuízo do sentido, a palavra "obviamente" (*l.* 4), é:

a) necessariamente
b) realmente
c) justificadamente
d) evidentemente
e) comprovadamente

78) Só não pode ser inferido do texto:

a) nem todo diplomata é excessivamente pragmático.
b) ter lutado contra o colonialismo é importante para a carreira de diplomata.
c) nem todo diplomata vem da elite brasileira.
d) ter vida fácil é característica comum a todo tipo de diplomata.
e) há diplomatas mais sensíveis que outros.

TEXTO XVII

Se essa ainda é a situação de Portugal e era, até bem pouco, a do Brasil, havemos de convir em que no Brasil-colônia, essencialmente rural, com a ojeriza que lhe notaram os nossos historiadores pela vida das cidades – simples pontos de comércio ou de festividades religiosas –, estas não podiam exercer maior influência sobre a evolução da língua falada, que, sem nenhum controle normativo, por séculos "voou com as suas próprias asas".

(Celso Cunha, *in* A Língua Portuguesa e a Realidade Brasileira)

79) Segundo o texto, os historiadores:

a) tinham ojeriza pelo Brasil-colônia.
b) consideram as cidades do Brasil-colônia como simples pontos de comércio ou de festividades religiosas.
c) consideram o Brasil-colônia essencialmente rural.
d) observaram a ojeriza que a vida nas cidades causava.
e) consideram o campo mais importante que as cidades.

80) Para o autor:

a) as festas religiosas têm importância para a evolução da língua falada.
b) No Brasil-colônia, havia a prevalência da vida do campo sobre a das cidades.
c) a evolução da língua falada dependia em parte dos pontos de comércio.
d) a evolução da língua falada independe da condição de Brasil-colônia.
e) a situação do Brasil na época impedia a evolução da língua falada.

81) A palavra "ojeriza" (*l.* 3) significa, no texto:

a) medo
b) admiração
c) aversão
d) dificuldade
e) angústia

82) A língua falada “voou com as suas próprias asas” porque:

a) as cidades eram pontos de festividades religiosas.
b) o Brasil se distanciava linguisticamente de Portugal.
c) faltavam universidades nos centros urbanos.
d) não se seguiam normas linguísticas.
e) durante séculos, o controle normativo foi relaxado, por ser o Brasil uma colônia portuguesa.

83) Segundo o texto, a população do Brasil-colônia:

a) à vida do campo preferia a da cidade.
b) à vida da cidade preferia a do campo.
c) não tinha preferência quanto à vida do campo ou à da cidade.
d) preferia a vida em Portugal, mas procurava adaptar-se à situação.
e) preferia a vida no Brasil, fosse na cidade ou no campo.

TEXTO XVIII

Ainda falta um bom tempo para a aposentadoria da maior parte deles, mas a Andrade Gutierrez já tem pronto um estudo sobre a sucessão de 20 de seus principais executivos, quase todos na faixa entre 58 e 62 anos. Seus substitutos serão escolhidos entre 200 integrantes de um time de aspirantes. Eduardo Andrade, o atual superintendente, que já integra o conselho de administração da empreiteira mineira, deverá ir se afastando aos poucos do dia a dia dos negócios. Para os outros executivos, que deverão ser aproveitados como consultores, a aposentadoria chegará a médio prazo.

(José Maria Furtado, na Exame, dez./99)

84) Se começarmos o primeiro período do texto por "A Andrade Gutierrez já tem pronto...", teremos, como sequência coesa e coerente:

a) visto que ainda falta um bom tempo para a aposentadoria da maior parte deles.

b) por ainda faltar um bom tempo para a aposentadoria da maior parte deles.

c) se ainda faltar um bom tempo para a aposentadoria da maior parte deles.

d) embora ainda falte um bom tempo para a aposentadoria da maior parte deles.

e) à medida que ainda falta um bom tempo para a aposentadoria da maior parte deles.

85) Segundo o texto:

a) 20 grandes executivos da empresa se aposentarão em médio prazo.

b) 20 grandes executivos da empresa acham-se na faixa entre 58 e 62 anos.

c) nenhum dos 20 grandes executivos se aposentará em curto prazo.

d) Eduardo Andrade é um executivo na faixa dos 58 a 62 anos.

e) a empresa vai substituir seus vinte principais executivos em curto e médio prazos.

86) A empresa, no que toca à aposentadoria de seus executivos, mostra-se:

a) precipitada
b) cautelosa
c) previdente
d) rígida
e) inflexível

87) Sobre o executivo Eduardo Andrade, não se pode afirmar:

a) ocupa, no momento, a superintendência.
b) é um dos conselheiros.
c) será substituído por um dos 200 aspirantes.
d) está se afastando dos negócios da empresa.
e) será o primeiro dos 20 grandes executivos a se aposentar.

88) Sobre a Andrade Gutierrez, não é correto afirmar:

a) é empresa de obras.
b) é do estado de Minas Gerais.
c) preocupa-se com seus funcionários.
d) mantém-se alheia a qualquer tipo de renovação.
e) procura manter vínculo com executivos aposentados.

TEXTO XIX

Toda saudade é a presença da ausência
de alguém, de algum lugar, de algo enfim.
Súbito o não toma forma de sim
como se a escuridão se pusesse a luzir.
Da própria ausência de luz
o clarão se produz,
o sol na solidão.
Toda saudade é um capuz transparente
que veda e ao mesmo tempo traz a visão
do que não se pode ver
porque se deixou pra trás
mas que se guardou no coração.

(Gilberto Gil)

89) Por "presença da ausência" pode-se entender:

a) ausência difícil
b) ausência amarga
c) ausência sentida
d) ausência indiferente
e) ausência enriquecedora

90) Para o autor, a saudade é algo:

a) que leva ao desespero.
b) que só se suporta com fé.
c) que ninguém deseja.
d) que transmite coisas boas.
e) que ilude as pessoas.

91) O texto se estrutura a partir de antíteses, ou seja, emprego de palavras ou expressões de sentido contrário. O par de palavras ou expressões que não apresentam no texto essa propriedade antitética é:

a) presença (*l.* 1) / ausência (*l.* 1)
b) não (*l.* 3) / sim (*l.* 3)
c) ausência de luz (*l.* 5) / clarão (*l.* 6)
d) sol (*l.* 7) / solidão (*l.* 7)
e) que veda (*l.* 9) / traz a visão (*l.* 9)

92) Segundo o texto:

a) sente-se saudade de pessoas, e não de coisas.
b) as coisas ruins podem transformar-se em coisas boas.
c) as coisas boas podem transformar-se em coisas ruins.
d) a saudade, como um capuz, não nos permite ver com clareza a situação que vivemos.
e) a saudade, como um capuz, não nos deixa perceber coisas que ficaram em nosso passado.

93) O que se guarda no coração é:

a) a saudade
b) o clarão
c) o que se deixou para traz
d) a visão
e) o que não se pode ver

TEXTO XX

Algum tempo hesitei se devia abrir estas memórias pelo princípio ou pelo fim, isto é, se poria em primeiro lugar o meu nascimento ou a minha morte. Suposto o uso vulgar seja começar pelo nascimento, duas considerações me levaram a adotar diferente método: a primeira é que eu não sou propriamente um autor defunto, mas um defunto autor, para quem a campa foi outro berço; a segunda é que o escrito ficaria assim mais galante e mais novo. Moisés, que também contou a sua morte, não a pôs no introito, mas no cabo: diferença radical entre este livro e o Pentateuco.

(Machado de Assis, *in* Memórias Póstumas de Brás Cubas)

94) Pode-se afirmar, com base nas ideias do autor-personagem, que se trata:

a) de um texto jornalístico
b) de um texto religioso
c) de um texto científico
d) de um texto autobiográfico
e) de um texto teatral

95) Para o autor-personagem, é menos comum:

a) começar um livro por seu nascimento.
b) não começar um livro por seu nascimento, nem por sua morte.
c) começar um livro por sua morte.
d) não começar um livro por sua morte.
e) começar um livro ao mesmo tempo pelo nascimento e pela morte.

96) Deduz-se do texto que o autor-personagem:

a) está morrendo.
b) já morreu.
c) não quer morrer.
d) não vai morrer.
e) renasceu.

97) A semelhança entre o autor e Moisés é que ambos:

a) escreveram livros.
b) se preocupam com a vida e a morte.
c) não foram compreendidos.
d) valorizam a morte.
e) falam sobre suas mortes.

98) A diferença capital entre o autor e Moisés é que:

a) o autor fala da morte; Moisés, da vida.
b) o livro do autor é de memórias; o de Moisés, religioso.
c) o autor começa pelo nascimento; Moisés, pela morte.
d) Moisés começa pelo nascimento; o autor, pela morte.
e) o livro do autor é mais novo e galante do que o de Moisés.

99) Deduz-se pelo texto que o Pentateuco:

a) não fala da morte de Moisés.
b) foi lido pelo autor do texto.
c) foi escrito por Moisés.
d) só fala da vida de Moisés.
e) serviu de modelo ao autor do texto.

100) Autor defunto está para campa, assim como defunto autor para:

a) introito
b) princípio
c) cabo
d) berço
e) fim

101) Dizendo-se um defunto autor, o autor destaca seu (sua):

a) conformismo diante da morte
b) tristeza por se sentir morto
c) resistência diante dos obstáculos trazidos pela nova situação
d) otimismo quanto ao futuro literário
e) atividade apesar de estar morto

TEXTO XXI

Segunda maior produtora mundial de embalagem longa vida, a SIG Combibloc, principal divisão do grupo suíço SIG, prepara a abertura de uma fábrica no Brasil. A empresa, responsável por 1 bilhão do 1,5 bilhão de dólares de faturamento do grupo, chegou ao país há dois anos disposta a brigar com a líder global, Tetrapak, que detém cerca de 80% dos negócios nesse mercado. Os estudos para a implantação da fábrica foram recentemente concluídos e apontam para o Sul do país, pela facilidade logística junto ao Mercosul. Entre os oito atuais clientes da Combibloc na região estão a Unilever, com a marca de atomatado Malloa, no Chile, e a italiana Cirio, no Brasil.

(Denise Brito, na Exame, dez./99)

102) Segundo o texto, a SIG Combibloc:

a) produz menos embalagem que a Tetrapak.
b) vai transferir suas fábricas brasileiras para o Sul.
c) possui oito clientes no Brasil.
d) vai abrir mais uma fábrica no Brasil.
e) possui cliente no Brasil há dois anos, embora não esteja instalada no país.

103) Segundo o texto:

a) O Mercosul não influiu na decisão de instalar uma fábrica no Sul.
b) a SIG Combibloc está entrando no ramo de atomatado.
c) a empresa suíça SIG ocupa o 2o lugar mundial na produção de embalagem longa vida.
d) a Unilever é empresa chilena.
e) a SIG Combibloc detém 2/3 do faturamento do grupo.

104) Os estudos apontam para o Sul porque:

a) o clima favorece a produção de embalagens longa vida.
b) está próximo aos demais países que compõem o Mercosul.
c) a Cirio já se encontra estabelecida ali.
d) nos países do Mercosul já há clientes da Combibloc.
e) o Sul é uma região desenvolvida e promissora.

105) "... que detém cerca de 80% dos negócios nesse mercado." (*l.* 5-6)
Das alterações feitas nessa passagem do texto, a que não mantém o sentido original é:

a) a qual detém cerca de 80% dos negócios em tal mercado.
b) que possui perto de 80% dos negócios nesse mercado.
c) que detém aproximadamente 80% dos negócios em tais mercados.
d) a qual possui aproximadamente 80% dos negócios nesse mercado.
e) a qual detém perto de 80% dos negócios nesse mercado.

106) "... e apontam para o Sul do país..."

O trecho destacado só não pode ser entendido, no texto, como:

a) e indicam o Sul do país
b) e recomendam o Sul do país
c) e incluem o Sul do país
d) e aconselham o Sul do país
e) e sugerem o Sul do país

TEXTO XXII

Pode dizer-se que a presença do negro representou sempre fator obrigatório no desenvolvimento dos latifúndios coloniais. Os antigos moradores da terra foram, eventualmente, prestimosos colaboradores da indústria extrativa, na caça, na pesca, em determinados ofícios mecânicos e na criação do gado. Dificilmente se acomodavam, porém, ao trabalho acurado e metódico que exige a exploração dos canaviais. Sua tendência espontânea era para as atividades menos sedentárias e que pudessem exercer-se sem regularidade forçada e sem vigilância e fiscalização de estranhos.

(Sérgio Buarque de Holanda, *in* Raízes)

107) Segundo o autor, os antigos moradores da terra:

a) foram o fator decisivo no desenvolvimento dos latifúndios coloniais.
b) colaboravam com má vontade na caça e na pesca.
c) não gostavam de atividades rotineiras.
d) não colaboraram com a indústria extrativa.
e) levavam uma vida sedentária.

108) "Trabalho acurado" (*l.* 5 e 6) é o mesmo que:

a) trabalho apressado
b) trabalho aprimorado
c) trabalho lento
d) trabalho especial
e) trabalho duro

109) Na expressão "tendência espontânea" (*l.* 6 e 7), temos um(a):

a) ambiguidade
b) cacofonia
c) neologismo
d) redundância
e) arcaísmo

110) Infere-se do texto que os antigos moradores da terra eram:

a) os portugueses
b) os negros
c) os índios
d) tanto os índios quanto os negros
e) a miscigenação de portugueses e índios

111) Pelo visto, os antigos moradores da terra não possuíam muito(a):

a) disposição
b) responsabilidade
c) inteligência
d) paciência
e) orgulho

TEXTO XXIII

Com todo o aparato de suas hordas guerreiras, não conseguiram as bandeiras realizar jamais a façanha levada a cabo pelo boi e pelo vaqueiro. Enquanto que aquelas, no desbravar, sacrificavam indígenas aos milhares, despovoando sem fixarem-se, estes foram pontilhando de currais os desertos trilhados, catequizando o nativo para seus misteres, detendo-se, enraizando-se. No primeiro caso era o ir e voltar; no segundo, era o ir e ficar. E assim foi o curral precedendo a fazenda e o engenho, o vaqueiro e o lavrador, realizando uma obra de conquista dos altos sertões, exclusive a pioneira.

(José Alípio Goulart, *in* Brasil do Boi)

112) Segundo o texto:

a) tudo que as bandeiras fizeram foi feito também pelo boi e pelo vaqueiro.
b) o boi e o vaqueiro fizeram todas as coisas que as bandeiras fizeram.
c) nem as bandeiras nem o boi e o vaqueiro alcançaram seus objetivos.
d) o boi e o vaqueiro realizaram seu trabalho porque as bandeiras abriram o caminho.
e) o boi e o vaqueiro fizeram coisas que as bandeiras não conseguiram fazer.

113) Com relação às bandeiras, não se pode afirmar que:

a) desbravaram
b) mataram
c) catequizaram
d) despovoaram
e) não se fixaram

114) Os índios foram:

a) maltratados
b) aviltados
c) expulsos
d) presos
e) massacrados

115) O par que não caracteriza a oposição existente entre as bandeiras e o boi e o vaqueiro é:

a) aquelas (*l.* 3) / estes (*l.* 4)
b) ir-e-voltar (*l.* 6) / ir-e-ficar (*l.* 6/7)
c) no primeiro caso (*l.* 6) / no segundo (*l.* 6)
d) enquanto (*l.* 3) / e assim (*l.*7)
e) despovoando (*l.* 4) / pontilhando (*l.* 4)

116) "... catequizando o nativo para seus misteres..."

Das alterações feitas na passagem acima, a que altera basicamente o seu sentido é:

a) doutrinando o indígena para seus misteres
b) catequizando o aborígine para suas atividades
c) evangelizando o nativo para seus ofícios
d) doutrinando o nativo para seus cuidados
e) catequizando o autóctone para suas tarefas

117) O elemento conector que pode substituir a preposição com (*l.* 1), mantendo o sentido e a coesão textual, é:

a) mesmo
b) não obstante
c) de
d) a respeito de
e) graças a

118) "... o aparato de suas hordas guerreiras..." sugere que as conquistas dos bandeirantes ocorreram com:

a) organização e violência
b) rapidez e violência
c) técnica e profundidade
d) premeditação e segurança
e) demonstrações de racismo e violência

TEXTO XXIV

Você se lembra da Casas da Banha? Pois é, uma pesquisa mostra que mais de 60% dos cariocas ainda se recordam daquela que foi uma das maiores redes de supermercados do país, com 224 lojas e 20.000 funcionários, desaparecida no início dos anos 90. Por isso, seus antigos donos, a família Velloso, decidiram ressuscitá-la. Desta vez, porém, apenas virtualmente. Os Velloso fizeram um acordo com a GW.Commerce, de Belo Horizonte, empresa que desenvolve programas para supermercados virtuais. Em troca de uma remuneração sobre o faturamento, A GW gerenciará as vendas para a família Velloso. A família cuidará apenas das compras e das entregas.

(José Maria Furtado, na Exame, dez./99)

119) Segundo o texto, a família Velloso resolveu ressuscitar as Casas da Banha porque:

a) a rede teve 224 lojas e 20.000 funcionários.

b) a rede foi desativada no início dos anos 90.

c) uma empresa do ramo de programas para supermercados propôs um acordo vantajoso, em que a rede só entraria com as compras e as entregas.

d) mais da metade dos cariocas não esqueceram as Casas da Banha.

e) a rede funcionará apenas virtualmente.

120) A palavra ou expressão que justifica a resposta ao item anterior é:

a) Você (*l.* 1)

b) desaparecida (*l.* 4)

c) Por isso (*l.* 4)

d) Desta vez (*l.* 5)

e) acordo (*l.* 6)

121) "Desta vez, porém, apenas virtualmente."
Com a passagem destacada acima, entende-se que as Casas da Banha:

a) funcionarão virtualmente, ou seja, sem fins lucrativos.
b) não venderão produtos de supermercado.
c) estão associando-se a uma empresa de informática.
d) estão mudando de ramo.
e) não venderão mais seus produtos em lojas.

122) O pronome "la" (*l.* 5) não pode ser, semanticamente, associado a:

a) Casas da Banha (*l.* 1)
b) pesquisa (*l.* 1)
c) daquela (*l.* 2)
d) uma (*l.* 2)
e) desaparecida (*l.* 4)

TEXTO XXV

A fábrica brasileira da General Motors em Gravataí, no Rio Grande do Sul, será usada como piloto para a implementação do novo modelo de negócios que está sendo desenhado mundialmente pela montadora. A meta da GM é transformar-se numa companhia totalmente voltada para o comércio eletrônico. A partir do ano 2000, a Internet passará a nortear todos os negócios do grupo, envolvendo desde os fornecedores de autopeças até o consumidor final. "A planta de Gravataí representa a imagem do futuro para toda a GM", afirma Mark Hogan, ex-presidente da filial brasileira e responsável pela nova divisão e-GM.

(Lidia Rebouças, na Exame, dez./99)

123) Segundo o texto:

a) a GM é uma empresa brasileira instalada em Gravataí.
b) a montadora fez da fábrica brasileira de Gravataí um modelo para todas as outras fábricas espalhadas pelo mundo.
c) no Rio Grande do Sul, a GM implementará um modelo de fábrica semelhante ao que está sendo criado em outras partes do mundo.
d) a fábrica brasileira da GM vinha sendo usada de acordo com o modelo mundial, mas a montadora pretende alterar esse quadro.
e) a GM vai utilizar a fábrica do Rio Grande do Sul como um protótipo do que será feito em termos mundiais.

124) A opção que contraria as ideias contidas no texto é:

a) A GM vai modificar, a partir de 2000, a forma de fazer negócios.
b) Será grande a importância da Internet nos negócios da GM.
c) O consumidor final só poderá, a partir de 2000, negociar pela Internet.
d) O comércio eletrônico está nos planos da GM para o ano 2000.
e) A fábrica brasileira é considerada padrão pelo seu ex-presidente.

125) Deduz-se, pelo texto, que a fábrica brasileira:

a) será norteada pela Internet.
b) terá seu funcionamento modificado para adaptar-se às necessidades do mercado.
c) será transferida para Gravataí.
d) estará, a partir de 2000, parcialmente voltada para o comércio eletrônico.
e) seguirá no mesmo ritmo de outras empresas da GM atualmente funcionando no mundo.

126) Por "implementação" (*l.* 2), pode-se entender:

a) complementação
b) suplementação
c) exposição
d) realização
e) facilitação

127) Segundo as ideias contidas no texto, a transformação que se propõe a GM:

a) não tem apoio dos fornecedores.
b) tem apoio do consumidor final.
c) tem prazo estabelecido.
d) é inexequível.
e) não tem lugar marcado.

TEXTO XXVI

MAR PORTUGUÊS

Ó Mar salgado, quanto do teu sal
são lágrimas de Portugal!
Por te cruzarmos, quantas mães choraram!
Quantos filhos em vão rezaram!
Quantas noivas ficaram por casar
para que tu fosses nosso, ó mar!
Valeu a pena? Tudo vale a pena
se a alma não é pequena.
Quem quer passar além do Bojador
tem que passar além da dor.
Deus ao mar o perigo e o abismo deu,
mas nele é que espelhou o céu!

(Fernando Pessoa, *in* Mensagem)

128) Segundo o poeta, o sofrimento do povo ocorreu:

a) apesar das conquistas portuguesas
b) em virtude das conquistas portuguesas
c) para as conquistas portuguesas
d) antes das conquistas portuguesas
e) após as conquistas portuguesas

129) A metáfora existente nos dois primeiros versos do poema estabelece:

a) a força moral de Portugal
b) a incoerência do sofrimento diante das conquistas
c) a importância do sofrimento para que o povo deixe de sofrer
d) a profunda união entre as conquistas e o sofrimento do povo
e) a inutilidade das conquistas portuguesas

130) Além da metáfora, os dois primeiros versos contêm:

a) prosopopeia, epíteto de natureza, eufemismo
b) antítese, pleonasmo, eufemismo
c) apóstrofe, epíteto de natureza, metonímia
d) prosopopeia, pleonasmo, antítese
e) apóstrofe, hipérbole, sinestesia

131) "Quantos filhos em vão rezaram!"

Com este verso, entendemos que:

a) o sofrimento do povo foi inútil.
b) o povo português da época era muito religioso.
c) muita gente perdeu entes queridos por causa das conquistas portuguesas.
d) a força da fé contribuiu efetivamente para as conquistas do país.
e) a religiosidade do povo português era inútil.

132) As palavras que melhor definem o povo português, de acordo com as ideias contidas no texto, são:

a) fé e competência
b) inteligência e maturidade
c) orgulho e religiosidade
d) perseverança e ambição
e) grandeza e tenacidade

133) Segundo o texto, para se ir sempre adiante é necessário:

a) crer no destino.
b) aceitar a dor.
c) viver com alegria.
d) vencer o sofrimento.
e) objetivar sempre o progresso.

134) Por um processo anafórico, a palavra nele (*l.* 12) tem como referente no texto:

a) Mar (*l.* 1)
b) Deus (*l.* 11)
c) perigo (*l.* 11)
d) abismo (*l.* 11)
e) céu (*l.* 12)

TEXTO XXVII

Vale recordar que foi nesse século (o XVIII) que apareceram e se generalizaram em certas regiões do Brasil as famosas "tropas de muares" que, daí por diante, até o fim do século XIX e mesmo nos anos transcorridos do séc. XX, dividiram com os carros de bois as tarefas dos transportes por terra no interior do Brasil. Nos caminhos rudimentares que então possuíamos, transformados em lamaçais na estação das chuvas e no verão reduzidos a ásperas trilhas, quase intransitáveis, foram os carros de bois e as tropas os únicos meios de ligação dos núcleos de povoamento entre si e entre eles e as roças e lavouras. De outra forma não se venceriam os obstáculos naturais.

(B. J. de Souza, *in* Ciclo)

135) Segundo o texto, os carros de bois:

a) transportavam sozinhos pessoas e mercadorias no interior do Brasil.
b) surgiram no século XVIII, juntamente com as tropas de muares.
c) sucederam as tropas de muares no transporte de pessoas e mercadorias.
d) só transportavam mercadorias.
e) eram úteis, como as tropas de muares, por causa do estado ruim dos terrenos.

136) A estação das chuvas e o verão:

a) contribuíram para o desaparecimento dos carros de bois a partir do século XX.
b) não tiveram influência no uso das tropas de muares, pois os caminhos eram rudimentares.
c) foram fator determinante para o progresso do interior do Brasil.
d) contribuíram para a necessidade do uso de tropas de muares e de carros de bois.
e) impediam a comunicação dos núcleos de povoamento entre si.

137) Os obstáculos naturais só foram vencidos:

a) por causa do clima
b) por causa da força do povo
c) porque nem sempre os caminhos se tornavam lamaçais
d) porque os núcleos de povoamento continuavam ligados às roças e às lavouras
e) por causa da utilização das tropas de muares e dos carros de bois

138) As tropas de muares só não podem ser entendidas como tropas:

a) de cavalos
b) de mulos
c) de burros
d) de mus
e) de bestas

139) O transporte de que fala o texto só não deve ter sido, na época:

a) lento e penoso
b) difícil, mas necessário
c) duro e nostálgico
d) vagaroso e paciente
e) pachorrento, mas útil

TEXTO XXVIII

O *liberalismo* é uma teoria política e econômica que exprime os anseios da burguesia. Surge em oposição ao absolutismo dos reis e à teoria econômica do mercantilismo, defendendo os direitos da iniciativa privada e restringindo o mais possível as atribuições do Estado.

Locke foi o primeiro teórico liberal. Presenciou na Inglaterra as lutas pela deposição dos Stuarts, tendo se refugiado na Holanda por questões políticas. De lá regressa quando, vitoriosa a Revolução de 1688, Guilherme de Orange é chamado para consolidar a nova monarquia parlamentar inglesa.

(Maria Lúcia de Arruda Aranha, *in* História da Educação)

140) Segundo o texto, Locke:

a) participou da deposição dos Stuarts.
b) tinha respeito pelo absolutismo.
c) teve participação apenas teórica no liberalismo.
d) julgava ser necessário restringir as atribuições do Estado.
e) não sofreu qualquer tipo de perseguição política.

141) Infere-se do texto que os burgueses seriam simpáticos:

a) ao absolutismo
b) ao liberalismo
c) às atribuições do Estado
d) à perseguição política de Locke
e) aos Stuarts

142) A Revolução de 1688 foi vitoriosa porque:

a) derrubou o absolutismo.
b) implantou o liberalismo.
c) preservou os direitos de iniciativa privada.
d) baseou-se nas ideias liberais de Locke.
e) permitiu que Locke voltasse da Holanda.

143) "... que exprime os anseios da burguesia." (*l*. 1/2)

Das alterações feitas na passagem acima, aquela que altera substancialmente seu sentido é:

a) a qual expressa os anseios da burguesia.
b) a qual exprime os desejos da burguesia.
c) que representa os anelos da burguesia.
d) que expressa os valores da burguesia.
e) que representa as ânsias da burguesia.

144) A teoria política do liberalismo se opunha:

a) a parte da burguesia
b) ao mercantilismo
c) à monarquia parlamentar
d) a Guilherme de Orange
e) ao absolutismo

145) Infere-se do texto que Guilherme de Orange:

a) não seria simpático aos burgueses.
b) teria ligações com os reis absolutistas.
c) teria ideias liberais.
d) não concordaria com Locke.
e) teria apoiado o exílio de Locke na Holanda.

TEXTO XXIX

BUROCRATAS CEGOS

A decisão, na sexta-feira, da juíza Adriana Barreto de Carvalho Rizzotto, da 7ª Vara Federal do Rio, determinando que a Light e a Cerj também paguem bônus aos consumidores de energia que reduziram o consumo entre 100 kWh e 200 kWh fez justiça.

A liminar vale para todos os brasileiros. Quando o Governo se lançou nessa difícil tarefa do racionamento, não contou com tamanha solidariedade dos consumidores. Por isso, deixou essa questão dos bônus em suspenso. Preocupada com os recursos que o Governo federal terá que desembolsar com os prêmios, a Câmara de Gestão da Crise de Energia tem evitado encarar essa questão, muito embora o próprio presidente da República, Fernando Henrique Cardoso, já tenha dito que o bônus será pago.

Decididamente, os consumidores não precisavam ter lançado mão da Justiça para poder ter a garantia desse direito. Infelizmente, o permanente desrespeito ao contribuinte ainda faz parte da cultura dos burocratas brasileiros. Estão constantemente preocupados em preservar a máquina do Estado. Jamais pensam na sociedade e nos cidadãos. Agem como se logo mais na frente não precisassem da população para vencer as barreiras de mais essa crise.

(Editorial de O Dia, 19/8/01)

146) De acordo com o texto:

a) a juíza expediu a liminar porque as companhias de energia elétrica se negaram a pagar os bônus aos consumidores.

b) a liminar fez justiça a todos os tipos de consumidores.

c) a Light e a Cerj ficarão desobrigadas de pagar os bônus se o Governo fizer a sua parte.

d) o excepcional retorno dado pelos consumidores de energia tomou de surpresa o Governo.

e) o Governo pagará os bônus, desde que as companhias de energia elétrica também o façam.

147) Só não se depreende do texto que:

a) os burocratas brasileiros desrespeitam sistematicamente o contribuinte.
b) o governo não se preparou para o pagamento dos bônus.
c) o chefe do executivo federal garante que os consumidores receberão o pagamento dos bônus.
d) a Câmara de Gestão está preocupada com os gastos que terá o Governo com o pagamento dos bônus.
e) a única forma de os consumidores receberem o pagamento dos bônus é apelando para a Justiça.

148) De acordo com o texto, a burocracia brasileira:

a) vem ultimamente desrespeitando o contribuinte.
b) sempre desrespeita o contribuinte.
c) jamais desrespeitou o contribuinte.
d) vai continuar desrespeitando o contribuinte.
e) deixará de desrespeitar o contribuinte.

149) A palavra que justifica a resposta ao item anterior é:

a) infelizmente (*l.* 13)
b) constantemente (*l.* 15)
c) cultura (*l.* 14)
d) jamais (*l.* 16)
e) permanente (*l.* 13)

150) Os burocratas brasileiros:

a) ignoram o passado.
b) não valorizam o presente.
c) subestimam o passado.
d) não pensam no futuro.
e) superestimam o futuro.

151) Pode-se afirmar, com base nas ideias do texto:

a) A Câmara de Gestão defende os interesses da Light e da Cerj.
b) O presidente da República espera poder pagar os bônus aos consumidores.
c) Receber o pagamento dos bônus é um direito do contribuinte, desde que tenha reduzido o consumo satisfatoriamente.
d) Os contribuintes não deveriam ter recorrido à Justiça, porque a Câmara de Gestão garantiu o pagamento dos bônus.
e) A atuação dos burocratas brasileiros deixou a Câmara de Gestão preocupada.

TEXTO XXX

É consenso entre os economistas que o setor automobilístico é o que impulsiona a economia de qualquer país. QUATRO RODAS foi conferir e viu que os números são espantosos. A começar pelo mercado de trabalho. Estima-se que um emprego em uma fábrica de carros gera, indiretamente, 46 outros empregos. Por esse cálculo, 5 milhões de brasileiros dependem, em maior ou menor grau, dessa indústria. Até na construção civil a presença das rodas é enorme: 1 em cada 4 metros quadrados de espaço nas grandes cidades se destina a ruas ou estacionamentos. Na ponta do lápis, o filão da economia relacionado a automóveis movimentou, no ano passado, pelo menos 216 bilhões de dólares. Como o PIB brasileiro, nesse período, foi de 803 bilhões de dólares (e ainda não havia ocorrido a maxidesvalorização), cerca de 1 em cada 4 reais que circularam no país andou sobre rodas em 1998.

(Quatro Rodas, março/99)

152) Segundo o texto, a economia de um país:

a) é ajudada pelo setor automobilístico.
b) independe do setor automobilístico.
c) às vezes depende do setor automobilístico.
d) não pode prescindir do setor automobilístico.
e) fortalece o setor automobilístico.

153) A importância do setor automobilístico é destacada:

a) por boa parte dos economistas
b) pela maioria dos economistas
c) por todos os economistas
d) por alguns economistas
e) pelos economistas que atuam nessa área

154) Pelo texto, verifica-se que:

a) alguns países têm sua economia impulsionada pelo setor automobilístico.
b) o PIB brasileiro seria melhor sem o setor automobilístico.
c) para os economistas, o setor automobilístico tem importância relativa na economia brasileira.
d) cinco milhões de brasileiros têm seu sustento no setor automobilístico.
e) em 1998, três quartos da economia brasileira não tinham relação com o setor automobilístico.

155) "A começar pelo mercado de trabalho." (*l.* 3)

Das alterações feitas na passagem acima, aquela que lhe altera basicamente o sentido é:

a) a princípio pelo mercado de trabalho
b) começando pelo mercado de trabalho
c) em princípio pelo mercado de trabalho
d) principiando pelo mercado de trabalho
e) iniciando pelo mercado de trabalho

156) Segundo o texto, o setor automobilístico:

a) está presente em segmentos diversos da sociedade.
b) limita-se às fábricas de veículos.
c) no ano de 1988 gerou salários de aproximadamente 216 bilhões de dólares.
d) ficou imune à maxidesvalorização.
e) gera, pelo menos, 47 empregos por fábrica de automóveis.

157) A palavra ou expressão que justifica a resposta ao item anterior é:

a) qualquer (*l.* 2)
b) gera (*l.* 4)
c) até (*l.* 6)
d) na ponta do lápis (*l.* 8)
e) no país (*l.* 12)

TEXTO XXXI

Vários planetas são visíveis a olho nu: Marte, Júpiter, Vênus, Saturno e Mercúrio. Esses astros já eram conhecidos não apenas dos gregos, mas também de povos ainda mais antigos, como os babilônios. Apesar de sua semelhança com as estrelas, os planetas eram identificados pelos povos da Antiguidade graças a duas características que os diferenciavam. Primeiro: as estrelas, em curtos períodos, não variam de posição umas em relação às outras. Já os planetas mudam de posição no céu com o passar das horas. À noite, esse movimento pode ser percebido com facilidade. Segundo: as estrelas têm uma luz que, por ser própria, pisca levemente. Já os planetas, que apenas refletem a luz do Sol, têm um brilho fixo. Os planetas mais distantes da Terra só puderam ser descobertos bem mais tarde, com a ajuda de aparelhos ópticos como o telescópio. "O primeiro deles a ser identificado foi Urano, descoberto em 1781 pelo astrônomo inglês William Herschel", afirma a astrônoma Daniela Lázzaro, do Observatório Nacional do Rio de Janeiro.

(Superinteressante, agosto/01)

158) Com relação às ideias contidas no texto, não se pode afirmar que:

a) os gregos não conheciam o planeta Urano.

b) os gregos, bem como outros povos da Antiguidade, conheciam vários planetas do Sistema Solar.

c) a olho nu, os planetas se assemelham às estrelas.

d) os povos da Antiguidade usavam aparelhos ópticos rudimentares para identificar certos planetas.

e) os povos antigos sabiam diferençar os planetas das estrelas, mesmo sem aparelhos ópticos.

159) Infere-se do texto que a Astronomia é uma ciência que, em dadas circunstâncias, pode prescindir de:

a) estrelas

b) planetas

c) instrumentos

d) astrônomos

e) estrelas, planetas e astrônomos

160) A locução prepositiva "graças a" (l. 5) tem o mesmo valor semântico de:

a) mas também (*l.* 2/3)
b) apesar de (*l.* 3)
c) com (*l.* 7)
d) por (*l.* 9)
e) em (*l.* 13)

161) "Esses astros já eram conhecidos não apenas dos gregos, mas também de povos ainda mais antigos..."
Das alterações feitas na passagem acima, aquela que apresenta sensível alteração de sentido é:

a) Esses astros já eram conhecidos não somente dos gregos, como também de povos ainda mais antigos.
b) Tais planetas já eram conhecidos não apenas dos gregos, mas também de povos ainda mais antigos.
c) Esses astros já eram conhecidos não apenas pelos gregos, mas também por povos ainda mais antigos.
d) Esses astros já eram conhecidos tanto pelos gregos, como por povos ainda mais antigos.
e) Esses astros já eram conhecidos não apenas através dos gregos, mas também através de povos mais antigos.

162) A diferença que os antigos já faziam entre estrelas e planetas era de:

a) brilho e posição
b) beleza e posição
c) importância e disposição
d) brilho e importância
e) beleza e disposição

163) Infere-se do texto que o planeta Netuno:

a) era conhecido dos gregos.
b) foi descoberto sem ajuda de aparelhos ópticos.
c) foi descoberto depois de Plutão.
d) foi descoberto depois de Urano.
e) foi identificado por acaso.

164) Segundo o texto, as estrelas:

a) nunca mudam de posição.
b) são iguais aos planetas.
c) não piscam.
d) só mudam de posição à noite.
e) mudam de posição em longos períodos de tempo.

TEXTO XXXII

Não faz muito tempo, a mata virgem, as ondas generosas e as areias brancas da Praia do Rosa, no sul catarinense, despertaram a atenção de surfistas e viajantes em busca de lugares inexplorados. Era meados dos anos 70, e este recanto permanecia exclusivo de poucas famílias de pescadores. O tempo passou e hoje "felizmente", conforme se ouve em conversas com a gente local, o Rosa não mudou.

Mesmo estando localizada a apenas 70 quilômetros de Florianópolis e vizinha do badalado Balneário de Garopaba, a Praia do Rosa preserva, de forma ainda bruta, suas belezas naturais. É claro que houve mudanças desde sua descoberta pelos forasteiros. Mas, ao contrário de muitos lugarejos de nossa costa que tiveram a natureza devastada pela especulação imobiliária, esta região resiste intacta graças a um pacto entre moradores e donos de pousadas. Uma das medidas adotadas por eles, por exemplo, é que ninguém ocupe mais de 20% de seu terreno com construção. Assim, o verde predomina sobre os morros de frente para o mar azul repleto de baleias. Baleias? Sim, baleias francas, a mais robusta entre as espécies desses mamíferos marinhos, que chegam a impressionantes 18 metros e até 60 toneladas.

(Sérgio T. Caldas, na Os caminhos da Terra, dez./00)

165) Quanto à Praia do Rosa, o autor se contradiz ao falar:

a) da localização
b) dos moradores
c) da mudança
d) do tempo
e) do valor

166) O texto só não nos permite afirmar, com relação à Praia do Rosa:

a) mantém intactas suas belezas naturais.
b) manteve-se imune à especulação imobiliária.
c) não fica distante da capital do Estado.
d) no início dos anos 70, surfistas e exploradores se encantaram com suas belezas naturais.
e) trata-se de um local tranquilo, onde todos respeitam a natureza.

167) Pelo visto, o que mais impressionou o autor do texto foi a presença de:

a) moradores
b) baleias
c) surfistas
d) donos de pousadas
e) viajantes

168) O fator determinante para a preservação do Rosa é:

a) a ausência da especulação imobiliária
b) o amor dos moradores pelo lugar
c) a consciência dos surfistas que frequentam a região
d) o pacto entre moradores e donos de pensão
e) a proximidade de Florianópolis

169) O primeiro período do segundo parágrafo terá o seu sentido alterado se for iniciado por:

a) a despeito de estar localizada
b) não obstante estar localizada
c) ainda que esteja localizada
d) contanto que esteja localizada
e) posto que estivesse localizada

170) O adjetivo empregado com valor conotativo é:

a) generosas (*l*. 1)
b) exclusivo (*l*. 4)
c) bruta (*l*. 9)
d) intacta (*l*. 12)
e) azul (*l*. 15)

171) O adjetivo "badalado" (*l*. 8):

a) pertence à língua literária e significa importante.
b) é linguagem jornalística e significa comentado.
c) pertence à língua popular e significa muito falado.
d) é linguagem científica e significa movimentado.
e) pertence à língua coloquial e significa valiosa.

TEXTO XXXIII

A vida é difícil para todos nós. Saber disso nos ajuda porque nos poupa da autopiedade. Ter pena de si mesmo é uma viagem que não leva a lugar nenhum. A autopiedade, para ser justificada, nos toma um tempo enorme na construção de argumentos e motivos para nos entristecermos com uma coisa absolutamente natural: nossas dificuldades.

Não vale a pena perder tempo se queixando dos obstáculos que têm de ser superados para sobreviver e para crescer. É melhor ter pena dos outros e tentar ajudar os que estão perto de você e precisam de uma mão amiga, de um sorriso de encorajamento, de um abraço de conforto. Use sempre suas melhores qualidades para resolver problemas, que são: capacidade de amar, de tolerar e de rir.

Muitas pessoas vivem a se queixar de suas condições desfavoráveis, culpando as circunstâncias por suas dificuldades ou fracassos. As pessoas que se dão bem no mundo são aquelas que saem em busca de condições favoráveis e se não as encontram se esforçam por criá-las. Enquanto você acreditar que a vida é um jogo de sorte vai perder sempre. A questão não é receber boas cartas, mas usar bem as que lhe foram dadas.

(Dr. Luiz Alberto Py, *in* O Dia, 30/4/00)

172) Segundo o texto, evitamos a autopiedade quando:

a) aprendemos a nos comportar em sociedade.
b) nos dispomos a ajudar os outros.
c) passamos a ignorar o sofrimento.
d) percebemos que não somos os únicos a sofrer.
e) buscamos o apoio adequado.

173) Para o autor, o mais importante para a pessoa é:

a) perceber o que ocorre à sua volta.
b) ter pena das pessoas que sofrem.
c) buscar conforto numa filosofia ou religião.
d) esforçar-se para vencer as dificuldades.
e) estar ciente de que, quando menos se espera, surge a dificuldade.

174) A autopiedade, segundo o autor:

a) é uma doença.
b) é problema psicológico.
c) destrói a pessoa.
d) não pode ser evitada.
e) não conduz a nada.

175) A vida é comparada a um jogo em que a pessoa:

a) precisa de sorte.
b) deve saber jogar.
c) fica desorientada.
e) geralmente perde.
e) não pode fazer o que quer.

176) A superação das dificuldades da vida leva:

a) à paz
b) à felicidade
c) ao equilíbrio
d) ao crescimento
e) à autoestima

177) Os sentimentos que levam à superação das dificuldade são:

a) fé, tolerância, abnegação
b) amor, desapego, tolerância
c) caridade, sensibilidade, otimismo
d) fé, tolerância, bom humor
e) amor, tolerância, alegria

178) Para o autor:

a) não podemos vencer as dificuldades.
b) só temos dificuldades por causa da nossa imprevidência.
c) não podemos fugir das dificuldades.
d) devemos amar as dificuldades.
e) devemos procurar as dificuldades.

TEXTO XXXIV

ESPERANÇAS

Apesar de 4 bilhões de pessoas viverem na pobreza, entre os seis bilhões de habitantes da Terra, as pessoas simples continuam a acreditar num futuro melhor. Não importa se esse sentimento brota da emoção, da fé ou da esperança.

O importante é ressaltar que a crise de uma concepção **científica** do mundo abre, agora, a perspectiva de que os caminhos da história não sejam apenas aqueles previstos pelas largas avenidas das ideologias modernas.

Os atalhos são, hoje, as vias principais, como o demonstram o Fórum Social de Porto Alegre e a força das mobilizações contra o atual modelo de globalização. Assim como o aparente perfil caótico da natureza ganha um sentido evolutivo e coerente na esfera biológica, do mesmo modo haveria um nível – que o Evangelho denomina amor – em que as relações humanas tomam a direção da esperança.

É verdade que, com o Muro de Berlim, ruiu quase tudo aquilo que sinalizava um futuro sem opressores e oprimidos. Agora as leis do mercado importam mais do que as leis da ética.

Mas, e a pobreza de 2/3 da humanidade? O que significa falar em liberdades quando não se tem acesso a um prato de comida? Esta é a grande contradição da atual conjuntura: nunca houve tanta liberdade para tantos famintos! Mesmo os povos que no decorrer das últimas décadas não conheceram a pobreza e o desemprego agora se deparam com esses flagelos, como ocorre nos países do leste europeu.

A ironia é que, hoje, aqueles povos são livres para escolher seus governantes, podem circular por suas fronteiras e manifestar suas discordâncias em público. Mas lhes é negado o direito de escolher um sistema social que não assegure a reprodução do capital privado.

(Frei Beto, *in* O Dia, 19/8/01)

179) O texto pode ser entendido como um manifesto contrário ao:

a) presidencialismo
b) parlamentarismo
c) comunismo
d) socialismo
e) capitalismo

180) "Nunca houve tanta liberdade para tantos famintos."
No trecho destacado, o autor questiona o valor:

a) da globalização
b) da democracia
c) das políticas econômicas
d) das privatizações
e) do governo

181) No texto, só não há correspondência entre:

a) esse sentimento (*l.* 3) e crença num futuro melhor (*l.* 2/3)
b) atalhos (*l.* 8) e Fórum e força das mobilizações (*l.* 9)
c) aparente perfil caótico (*l.* 10) e sentido evolutivo (*l.* 11)
d) Muro de Berlim (*l.* 14) e opressores e oprimidos (*l.* 15)
e) seus governantes (*l.* 23/24) e lhes (*l.* 25)

182) Segundo o autor, os povos do antigo bloco comunista do leste europeu:

a) continuam sem liberdade de expressão.
b) hoje são mais felizes porque são livres.
c) são irônicos, apesar de livres.
d) não são totalmente livres.
e) sofrem com a ironia do governo.

183) O sinônimo adequado para "ressaltar" (*l.* 5) é:

a) demonstrar
b) dizer
c) destacar
d) apontar
e) afirmar

184) O grande paradoxo do mundo atual seria:

a) simplicidade – esperança
b) concepção científica – fé
c) liberdade – fome
d) esfera biológica – amor
e) sistema social – capital privado

185) "É verdade que, com o Muro de Berlim, ruiu quase tudo aquilo que sinalizava um futuro sem opressores e oprimidos."

Só não há paráfrase do trecho destacado acima em:

a) Com o Muro de Berlim, certamente, caiu tudo que apontava para um futuro sem opressores e oprimidos.
b) É certo que vieram abaixo, com o Muro de Berlim, todas as coisas que sinalizavam um futuro sem opressores e oprimidos.
c) Com a queda do Muro de Berlim, na verdade, veio abaixo tudo aquilo que apontava para um futuro sem opressores e oprimidos.
d) É verdade que, por causa do Muro de Berlim, veio abaixo tudo que sinalizava um futuro sem opressores e oprimidos.
e) Ruiu, certamente, com o Muro de Berlim, tudo aquilo que sinalizava um porvir sem opressores e sem oprimidos.

TEXTO XXXV

O solvente, segundo a onda terrorista espalhada no país, é uma espécie de veneno químico que inescrupulosos donos de postos e distribuidoras mal-intencionadas deram de adicionar à gasolina. Com isso, esses bandidos estariam lesando os concorrentes (porque pagam barato pelos adulterantes), os cofres públicos (porque os impostos significam 70% do custo da gasolina; mas são baixos quando aplicados diretamente sobre os solventes) e o consumidor, já que os produtos estranhos teriam uma atuação demoníaca na saúde do motor e dos componentes do carro, roendo mangueiras e detonando – no pior dos sentidos – o sistema de combustão. Pior: quando adicionado por especialistas, o solvente quase não deixa pistas. É indetectível em testes simples e imperceptível durante o funcionamento do veículo.

Para cercar esse inimigo, QUATRO RODAS recorreu ao Instituto de Pesquisas Tecnológicas de São Paulo, o insuspeito IPT. Na tentativa de flagrar postos que estivessem misturando substâncias estranhas à gasolina, repórteres coletaram amostras de combustível Brasil afora, para submetê-las à cromatografia, um método capaz de revelar cada componente de uma amostra, bem como a quantidade de cada elemento na mistura. No primeiro lote, de doze amostras reunidas numa viagem entre Buenos Aires e São Paulo, uma revelação esperada: segundo o laudo do IPT, quatro delas estavam adulteradas pela presença de solventes em proporções acima das encontradas na gasolina de referência da refinaria Replan, de Paulínia, a 117 quilômetros da capital paulista.

(D. Schelp e L. Martins, na Quatro Rodas, março/00)

186) Segundo o texto:

a) a gasolina brasileira é sempre adulterada nos postos de gasolina.

b) a gasolina argentina é superior à brasileira.

c) os donos de postos de gasolina e, principalmente, distribuidoras mal-intencionadas têm adicionado solventes à gasolina.

d) a situação é mais grave se o solvente é adicionado sob a orientação de pessoas que detenham uma técnica apurada.

e) a situação é tão grave que nem a cromatografia tem sido capaz de mostrar a adulteração da gasolina.

187) Depreende-se do texto que o IPT:

a) não tem estrutura para resolver o problema.
b) deveria usar a cromatografia.
c) dispõe de repórteres capazes de fazer a coleta de gasolina.
d) examina as amostras coletadas em postos de gasolina.
e) fica situado a 117 quilômetros da cidade de São Paulo.

188) A revista recorreu ao IPT porque:

a) ele é um instituto insuspeito.
b) ele fica em São Paulo, ponto final da viagem dos repórteres.
c) a gasolina de referência é a da Replan.
d) os cofres públicos estão sendo lesados.
e) testes simples não podem resolver o problema.

189) A alternativa em que se substituem, sem alteração de sentido, os elementos conectores "segundo" (*l.* 1), "com isso" (*l.* 3), "já que" (*l.* 7) e "para" (*l.* 12) é:

a) conforme, apesar disso, porque, a fim de
b) consoante, dessa forma, uma vez que, a fim de
c) consoante, assim, uma vez que, por
d) não obstante, dessa forma, porquanto, a fim de
e) conforme, aliás, uma vez que, por

190) Segundo o texto:

a) a gasolina não pode ter nenhum tipo de solvente.
b) há mais gasolina adulterada no Brasil, na faixa entre Buenos Aires e São Paulo.
c) por detonar o sistema de combustão, os bandidos lesam os concorrentes, os cofres públicos e o consumidor.
d) o IPT não seria o instituto adequado para fazer a avaliação da gasolina, por ser insuspeito.
e) o resultado da pesquisa encaminhada ao IPT não causou estranheza aos elementos envolvidos.

191) Com base nas ideias contidas no texto, só se pode afirmar que:

a) solvente é sempre veneno químico.
b) terroristas estão adulterando a gasolina.
c) donos de postos de gasolina são inescrupulosos.
d) os solventes adicionados à gasolina são baratos, por isso os bandidos levam vantagem sobre os concorrentes.
e) durante a viagem entre Buenos Aires e São Paulo, os repórteres desconfiaram da presença de gasolina adulterada em seu carro.

192) "... deram de adicionar à gasolina." (*l.* 3)

Por "deram de", entende-se:

a) começaram a
b) acostumaram-se a
c) insistem em
d) precisam
e) desejavam

193) De acordo com o texto, a gasolina ideal:

a) leva poucos solventes.
b) não leva solventes.
c) é a da Replan.
d) não rói mangueira.
e) é a mais barata.

TEXTO XXXVI

OS UMBRAIS DA CAVERNA

RIO DE JANEIRO – Não sei por que(*), mas associei duas declarações da semana passada, feitas no mesmo dia, mas separadas por espaço e objetivo.

No Brasil, o presidente da República declarou que "já vamos transpor os umbrais do atraso". No Afeganistão, um tal de Abdul Rahman, ministro do novo governo que ali se instalou, acredita que o país será invadido por turistas de todo o mundo interessados em conhecer Tora Bora e Candahar.

Louve-se o otimismo de um e de outro. Sempre ouvi dizer que o otimista é um cara mal-informado. As duas declarações, juntas ou separadas, são uma prova. Os umbrais do atraso que FHC anuncia transpor e os encantos turísticos do Afeganistão são boas intenções ainda distantes da realidade. Certo que não faltam progressos em nossa vida como nação e povo, mas o quadro geral ainda é lastimável, sobretudo pela existência de dois cenários contraditórios – um cada vez mais rico e outro cada vez mais miserável.

Os umbrais que separam a riqueza da miséria não serão transpostos com as prioridades que sete anos de tucanato estabeleceram para o país. Quando Maria Antonieta perguntou por que o povo não comia bolos à falta de pão, também pensava que a monarquia havia transposto os umbrais do atraso.

Quanto ao interesse de as cavernas de Tora Bora provocarem uma invasão de turistas, acho discutível esse tipo de atração. Reconheço que há exageros na massificação do turismo internacional, mas não a esse ponto.

Em todo o caso, não custa abrir um crédito de esperança para as burras do erário afegão. Se o ministro Abdul Rahman contratar um dos nossos marqueteiros profissionais, desses que prometem eleger um poste para a Presidência da República, é possível que muita gente vá conhecer as cavernas onde ainda não encontraram Osama bin Laden.

(Carlos Heitor Cony, na Folha de São Paulo, 13/1/02)

*A palavra aparece assim na edição eletrônica da Folha. No entanto, deve ser acentuada (quê).

194) O autor não acredita:

a) na boa intenção do presidente da República.
b) que o Afeganistão será invadido por turistas de todo o mundo.
c) que o ministro afegão seja otimista.
d) que o otimista é um cara mal-informado.
e) em semelhanças entre as declarações de FHC e Abdul Rahman.

195) Maria Antonieta é comparada a:

a) Abdul Rahman
b) turistas de todo o mundo
c) Tora Bora
d) FHC
e) um cara mal-informado

196) "... não custa abrir um crédito de esperança para as burras do erário afegão."

Neste trecho, "as burras do erário afegão" significam:

a) as pessoas ignorantes do Afeganistão
b) os animais de carga do Afeganistão
c) os cofres do tesouro do Afeganistão
d) o dinheiro da iniciativa privada do Afeganistão
e) o dinheiro de empresas falidas do Afeganistão, confiscado pelo novo governo

197) Ao definir o otimista, o autor valeu-se de uma linguagem:

a) hermética
b) culta
c) chula
d) coloquial
e) ofensiva

198) Para o autor, tanto FHC como Abdul Rahman:

a) estão descontentes com a situação em seus países.
b) têm ampla visão social.
c) são demagogos.
d) não têm preparo para ocupar seus cargos.
e) são mal-informados.

199) Se levarmos em conta a afirmação de FHC, teremos de concluir que o Brasil:

a) não é mais um país atrasado.
b) continuará a ser um país atrasado.
c) levará muitos anos para se desenvolver.
d) em pouco tempo deixará de ser um país atrasado.
e) tem condições de ser um país adiantado.

200) No último parágrafo do texto, o autor utiliza uma linguagem:

a) metafórica
b) hiperbólica
c) irônica
d) leviana
e) pessimista

201) Para o autor, as declarações de FHC e do ministro só não têm em comum o fato de:

a) serem equivocadas.
b) partirem de pessoas otimistas.
c) serem despropositadas.
d) serem bem-intencionadas.
e) supervalorizarem a capacidade turística de seus países.

TEXTO XXXVII

TOLERÂNCIA

Quando o mundo se torna violento, buscamos uma explicação em que a compreensão se expresse em atos e palavras. Mas como explicar a tortura, o assassinato, a censura, o imperialismo ou o terrorismo, ferramentas favoritas dos repressores que querem evitar qualquer opinião divergente?

Histórias recentes da América Latina, da Europa e do Oriente Médio comprovam tais fatos: é o caso de Cuba de Castro, do Peru de Fujimori e dos radicalismos políticos, de triste memória, da Argentina e do Brasil; é a incompreensão de protestantes e católicos, na Irlanda; é a questão entre judeus e palestinos, que faz sangrar a Terra Santa. O fanatismo defensor de uma verdade aceita como única não é patrimônio exclusivo das ditaduras. Hoje os fundamentalismos religiosos, misturados a frustrações econômicas e sociais, são a expressão patológica de uma quebra de equilíbrio do universo. Como, então, enfrentá-los?

Não há melhor antídoto contra a conduta intolerante que a liberdade, consequência da pluralidade, que consiste em defender ideias próprias, mas aceitando que o outro possa ter razão. Precisamos reconhecer velhas verdades: a violência gera violência; todo poder é abusivo; o fanatismo é inimigo da razão; todas as vidas são preciosas; a guerra jamais é gloriosa, exceto para os vencedores que creem que Deus está ao lado dos grandes exércitos.

A solidariedade e a tolerância democrática, inexistentes no nosso tempo, implicam uma revolução em nossas mentalidades e na aceitação do que percebemos como diferentes, para se configurar uma sociedade multicultural. Esses são os desafios éticos que deveríamos enfrentar, sem a arrogância dos países desenvolvidos e sem a marginalização dos subdesenvolvidos, afundados na miséria e na fome.

(Carlos Alberto Rabaça, em O Dia, 21/11/01)

202) Para o autor, o maior problema do mundo atual é:

a) o fanatismo religioso
b) as ditaduras
c) a intolerância
d) a violência
e) a miséria

203) O autor faz alusão a problemas específicos de vários países. Aquele cujo problema é diferente do dos demais é:

a) Brasil
b) Irlanda
c) Argentina
d) Cuba
e) Peru

204) Com base nas ideias contidas no texto, pode-se afirmar que:

a) só as ditaduras aceitam uma verdade tida como única.
b) o fundamentalismo religioso não colabora com a queda do equilíbrio universal.
c) nada pode combater a intolerância de nossos dias.
d) tudo pode ser explicado, inclusive a intolerância.
e) o mundo atual não tem solidariedade e tolerância democrática.

205) Em sua função anafórica, o pronome relativo "que" (*l.* 15) refere-se no texto a:

a) antídoto
b) pluralidade
c) ideias
d) conduta
e) liberdade

206) Não são elementos antagônicos:

a) Brasil / Argentina
b) protestantes / católicos
c) judeus / palestinos
d) arrogância / marginalização
e) conduta intolerante / liberdade

207) "Expressão patológica" (*l.* 12) é expressão:

a) deturpada
b) exagerada
c) cotidiana
d) mórbida
e) sombria

208) Segundo o texto, ser livre é:

a) fazer o que se quer.
b) valorizar as suas ideias, em detrimento das dos outros.
c) ter suas ideias e admitir as dos outros.
d) viver intensamente.
e) não se preocupar com a intolerância do mundo.

TEXTO XXXVIII

QUENTE E FRIO

Me dizem que, de acordo com uma convenção internacional, a torneira de um lado é sempre a da água quente e a do outro, logicamente, a da água fria. Mas nunca me lembro quais são os lados. Não usam mais os velhos Q e F, imagino, para não descriminar* os analfabetos, nem as cores vermelho para quente e azul para fria, para não descriminar* os daltônicos. Mas e nós, os patetas? Também precisamos tomar banho. Nunca nos lembramos de que lado é o quente e de que lado é o frio e estamos condenados a sustos constantes ou então a demorada experimentação até acertar a temperatura da água. Isso quando os controles não estão concentrados numa única supertorneira de múltiplas funções, na qual você pode escolher volume e temperatura numa combinação de movimentos sincronizados depois de completar um curso de aprendizagem do qual também sairá capacitado a pilotar um Boeing.

A verdade é que existe uma conspiração para afastar do mundo do consumo moderno as pessoas, digamos, neuronicamente prejudicadas. Em alguns casos a depuração foi longe demais e o resultado é que hoje existem, comprovadamente, apenas dezessete pessoas em todo o mundo que sabem programar o *timer* para gravação num videocassete. Destas, quinze só revelam o que sabem por muito dinheiro, uma está muito doente e a outra se retirou para o Tibete e não quer ser incomodada. Na maioria dos casos, no entanto, as instruções para uso são dirigidas a pessoas normais, com um mínimo de acuidade e bom senso – quer dizer, são contra nós! Mas eu já me resignara a não saber programar o *timer*, ou sequer saber o que era um *timer*, ou jamais usar a tecla Num Lock com medo de trancar todos os computadores num raio de um quilômetro, desde que me sentisse confortável no mundo que eu dominava. Como, por exemplo, no chuveiro. E então a modernidade chegou às torneiras, e quente e frio também se transformaram em desafios intelectuais. Quente é a da esquerda e fria é a da direita, é isso? Ou é o contrário? É uma conspiração.

(Luís F. Veríssimo, em O Globo, 13/1/02)

* Escrita assim na página eletrônica consultada. O perfeito é **discriminar**.

209) O texto nos fala:

a) da inépcia de todos os analfabetos
b) do problema dos daltônicos
c) da dificuldade em se decidir entre água fria e água quente
d) da dificuldade trazida pela modernidade
e) do caráter obsoleto de determinados aparelhos domésticos

210) O tom predominante no texto é de:

a) perplexidade
b) humorismo
c) decepção
d) realismo
e) determinismo

211) O texto é formado a partir de hipérboles. Assinale o trecho que não denota nenhum tipo de exagero.

a) "Nunca nos lembramos de que lado é o quente e de que lado é o frio..." (*l.* 7/8)
b) "... do qual também sairá capacitado a pilotar um Boeing." (*l.* 13)
c) "... existem, comprovadamente, apenas dezessete pessoas em todo o mundo..." (*l.* 17)
d) "Mas eu já me resignara a não saber programar o *timer*..." (*l.* 23)
e) "É uma conspiração." (*l.* 29/30)

212) Pelo visto, a supertorneira:

a) simplifica as coisas.
b) agrada a todos.
c) é mais um elemento complicador.
d) não apresenta grandes utilidades.
e) é uma peça totalmente inútil.

213) Embora brincando, o autor se inclui entre:

a) os analfabetos
b) os daltônicos
c) as pessoas neuronicamente prejudicadas
d) as pessoas normais
e) as que só revelam o que sabem por muito dinheiro

214) Para o autor, não se usam mais Q e F ou o vermelho e o azul para evitar:

a) que as pessoas tenham muitas coisas para decorar.
b) o crescimento do número de patetas.
c) que as pessoas neuronicamente prejudicadas fiquem sem entender o funcionamento das torneiras.
d) a marginalização de determinados indivíduos.
e) que as pessoas normais se sintam discriminadas.

215) O texto fala da dificuldade do autor no dia a dia. Assinale o que não se enquadra nesse caso.

a) o quente e o frio da torneira
b) o uso da supertorneira
c) dirigir um Boeing
d) o *timer* do videocassete
e) a tecla Num Lock

216) Na realidade, o problema do autor seria a falta de:

a) inteligência
b) paciência
c) humildade
d) concentração
e) memória

217) Que palavra pode substituir "acuidade" (*l.* 22) sem prejuízo do sentido original do texto?

a) originalidade
b) perspicácia
c) inteligência
d) vontade
e) persistência

218) Antes do desafio intelectual das novas torneiras, o autor se sentia:

a) tranquilo
b) esperançoso
c) desanimado
d) um pateta
e) inseguro

219) O eufemismo é a figura que consiste em suavizar uma ideia desagradável. Assinale o trecho em que isso ocorre.

a) "Não usam mais os velhos Q e F..." (*l.* 3/4)
b) "Mas e nós, os patetas?" (*l.* 6)
c) "Também precisamos tomar banho." (*l.* 6/7)
d) "... as pessoas, digamos, neuronicamente prejudicadas." (*l.* 15)
e) "E então a modernidade chegou às torneiras..." (*l.* 27)

TEXTO XXXIX

COMO NASCEM, VIVEM E MORREM AS ESTRELAS?

A existência de um astro, que dura de 100 milhões a 1 trilhão de anos, passa por três fases: nascimento, meia-idade e maturidade. "Todas as estrelas nascem da mesma forma: pela união de gases", diz o astrônomo Roberto Boczko, da Universidade de São Paulo (USP). Partículas de gás (geralmente hidrogênio) soltas no Universo vão se concentrando devido às forças gravitacionais que puxam umas contra as outras. Formam, assim, uma gigantesca nuvem de gás que se transforma em estrela – isto é, um corpo celeste que emite luz.

A gravidade espreme essa massa gasosa a tal ponto que funde os átomos em seu interior. Essa fusão é uma reação atômica que transforma hidrogênio em hélio, gerando grande quantidade de calor e de luz. Um exemplo de estrela jovem são as Plêiades, na Via Láctea, resultado de fusões que começaram há poucos milhões de anos.

Durante a meia-idade – cerca de 90% da sua existência –, a estrela permanece em estado de equilíbrio. Seu brilho e tamanho variam pouco, ocorrendo apenas uma ligeira contração. É o caso do Sol, que, com 4,5 bilhões de anos, se encontra nessa fase intermediária de sua existência, sofrendo mínima condensação.

Quando a maior parte do hidrogênio que a compõe se esgota, a estrela entra na maturidade – este sim, um período de drásticas transformações. Praticamente todo o hidrogênio do núcleo já se converteu em hélio. Com isso, diminui a fusão entre as moléculas de gás e começa um período de contração e aquecimento violentos no corpo celeste. A quantidade de calor e luz gerados é tão grande que o movimento se inverte: o astro passa a se expandir rapidamente. Seu raio chega a aumentar 50 vezes e o calor se dilui. A estrela vira uma gigante vermelha. Um exemplo é Antares, na constelação de Escorpião – uma amostra de como ficará o Sol daqui a 4,5 bilhões de anos, engolindo todo o Sistema Solar.

Já na maturidade, a falta de hidrogênio torna-se crítica. Apesar da rápida expansão, a fusão entre os gases diminui continuamente: o astro caminha para o seu fim. O modo como ele morrerá depende da sua massa. Se ela for até duas vezes a do Sol, sua contração transformará o corpo celeste em um pequeno astro moribundo, cuja gravidade já não consegue segurar os gases da periferia. Mas se a massa for de duas a três vezes a do Sol, a contração final será muito forte, criando um corpo celeste extremamente denso chamado pulsar, ou estrela de nêutrons. Quando a massa é maior, a condensação final é mais violenta ainda e o núcleo do antigo astro vira um buraco negro – sua densidade é tão alta que ele não deixa nem a luz escapar. Simultaneamente, os gases da camada mais periférica dessa estrela se transformam em uma supernova – massa de gás que brilha por pouco tempo até sumir de uma vez por todas.

(Superinteressante, agosto de 2001)

220) A ciência de que trata o texto se chama:

a) Biotecnia
b) Exobiologia
c) Astronomia
d) Astrologia
e) Ufologia

221) Segundo o texto:

a) nem todos os astros morrem.
b) as Plêiades são estrelas na fase da maturidade.
c) as estrelas nem sempre possuem luz própria.
d) o Sol ainda não entrou na fase da maturidade.
e) os astros têm um mesmo tipo de nascimento e morte.

222) "A gravidade espreme essa massa gasosa a tal ponto que funde os átomos em seu interior."
Se começarmos o período acima por "A gravidade funde os átomos em seu interior", o elemento conector que deverá ser usado para que se mantenha a coesão textual e o sentido original é:

a) se bem que
b) contudo
c) porque
d) caso
e) a fim de que

223) Só não diz respeito à maturidade de uma estrela:

a) fase de grandes transformações
b) expansão rápida
c) conversão de hidrogênio em hélio
d) escassez de hidrogênio
e) aumento contínuo de calor, até a morte

224) Sobre Antares, com base no texto, não se pode afirmar:

a) é estrela na fase da maturidade.
b) situa-se na constelação de Escorpião.
c) é uma estrela vermelha.
d) Seu raio aumentou muito.
e) não pertence à Via Láctea.

225) Sobre o pulsar, podemos inferir que:

a) é um tipo de estrela de meia-idade.
b) é um astro que surge com a morte de uma estrela.
c) é o mesmo que buraco negro.
d) é um astro de massa semelhante à do Sol.
e) os gases de sua camada periférica transformam-se em uma supernova.

226) Com base nas ideias contidas no texto, só não se pode dizer que:

a) o tempo de vida dos astros é bastante variado.
b) toda estrela tem origem numa nuvem de gás.
c) a maior parte da vida de um astro é a meia-idade.
d) As Plêiades, o Sol e Antares têm em comum apenas o fato de serem estrelas.
e) uma estrela de nêutrons é tão densa quanto um buraco negro.

227) Os dois pontos que aparecem depois de "continuamente" (*l.* 30) podem ser substituídos, sem alteração de sentido, por:

a) porque
b) e
c) mas
d) ou
e) à medida que

TEXTO XL

GRITOS DE INDEPENDÊNCIA

Comemora-se a independência do Brasil. Consta que não houve sangue, apenas o grito do Ipiranga, que marcou a ruptura com a tutela portuguesa, mantendo no poder o português D. Pedro I, que se proclamou imperador do Brasil, mas terminou seus dias como duque de Bragança e figura, na relação dinástica, como o 28º rei de Portugal. Como se vê, na passarela da história, o samba não é o do crioulo doido.

Entre o fato e a versão do fato, a história oficial tende à segunda. Ainda hoje se discute se o grito decorreu do sonho de uma pátria independente ou da ambição de um império tropical. Ficou o grito parado no ar, expresso nos rostos contorcidos das figuras de Portinari, no romanceiro de Cecília Meireles, na poesia agônica de Chico Burque, no coração desolado das mães brasileiras que enterram, por ano, cerca de 300 mil recém-nascidos, precocemente tragados pelos recursos que faltam à área social. O número só não é maior graças ao voluntariado da Pastoral da Criança, monitorada pela doutora Zilda Arns.

O Brasil, pátria vegetal, ostenta o semblante de uma cordialidade renegada por sua história. Sob o grito da independência ressoam os dos índios trucidados pela empresa colonizadora, agora restaurada pela assepsia étnica proposta pelos integracionistas que julgam as reservas indígenas privilégio nababesco. Ecoam também os gritos das vítimas indefesas de entradas e bandeiras, Fernão Dias sacrificando o próprio filho em troca de um punhado de pedras preciosas, bandeirantes travestidos de heróis da pátria pelo relato histórico dos brancos, versão barroca do esquadrão da morte rural, diriam os índios se figurassem como autores em nossa historiografia.

Abafam-se, em vão, os gritos arrancados à chibata dos negros arrastados de além-mar, sem contar as revoltas populares que minam o mito de uma pacífica abnegação que só existe no ufanismo de uma elite que se perfuma quando vai à caça.

Pátria armada de preconceitos arraigados, casa-grande que traça os limites intransponíveis da senzala, na pendular política de períodos autoritários alternados com períodos de democracia tutelar, já que, neste país, a coisa pública é negócio privado. Índios, negros, mulheres, lavradores e operários não merecem a cidadania, reza a prática daqueles que sequer se envergonham de serem compatriotas de 50 milhões de pessoas que não dispõem de R$ 80 mensais para adquirir a cesta básica.

À galera, as tripas, marca indelével em nossa culinária, como a feijoada. Privatizam-se empresas e sonhos, valores e sentimentos, convocando intelectuais de aparência progressista para dar um toque de modernidade aos velhos e permanentes projetos da oligarquia. Vale tudo frente ao horror de um Brasil sujeito a reformas estruturais. Os que querem governar a sociedade não suportam os que querem governar com a sociedade.

Destroçada e endividada, a pátria navega a reboque do receituário neoliberal, que dilata a favelização, o desemprego, o poder paralelo do narcotráfico, a concentração de renda. Se o salário não paga a dívida, a vida parece não valer um salário. No Brasil, os hospitais estão doentes, a saúde encontra-se em estado terminal, a escola gazeteia, o sistema previdenciário associa-se ao funerário e a esperança se reduz a um novo par de tênis, um emprego qualquer, alçar a fantasia pelo consolo eletrônico das telenovelas.

Amanhecia em Copacabana quando Antônio Maria gritou: "Não sei por onde vou, mas sei que não vou por aí". Não vou pelas receitas monetaristas que salvam o Tesouro oficial e apressam a morte dos pobres. Vou com aqueles que sempre denunciam a injustiça, testemunham a ética na política, agem com escrúpulos, defendem os direitos indígenas, repudiam todas as formas de preconceitos, promovem campanhas de combate à fome, administram recursos públicos com probidade e lutam por uma nova política econômica. Vou com aqueles que, esta semana, estarão mobilizados no Grito dos Excluídos, promovido pela CNBB, em parceria com entidades e movimentos populares. Nenhum país será independente se, primeiro, não o forem aqueles que o governam.

(Frei Beto, no Jornal do Brasil, 3/9/01)

228) Os sentimentos que melhor caracterizam o estado de espírito do autor são:

a) ódio e desequilíbrio
b) medo e pessimismo
c) insegurança e descontrole
d) revolta e angústia
e) apatia e resignação

229) Para o autor, a história do Brasil é apresentada aos brasileiros:

a) de forma realista
b) com poucos detalhes
c) com preconceito
d) cortada
e) mascarada

230) O trecho que justifica a resposta ao item anterior é:

a) "Comemora-se a independência do Brasil."
b) "À galera, as tripas, marca indelével em nossa culinária, como a feijoada."
c) "Índios, negros, mulheres, lavradores e operários não merecem a cidadania..."
d) "Entre o fato e a versão do fato, a história oficial tende à segunda."
e) "O número só não é maior graças ao voluntariado da Pastoral da Criança."

231) O autor duvida:

a) do futuro do Brasil
b) dos artistas brasileiros
c) da independência do Brasil
d) das revoltas populares
e) de Antônio Maria

232) "Os que querem governar a sociedade não suportam os que querem governar com a sociedade."

Esse trecho sugere a dicotomia:

a) governo militar / governo civil
b) comunismo / capitalismo
c) presidencialismo / parlamentarismo
d) monarquia / república
e) ditadura / democracia

233) A autêntica história brasileira nos diz que o Brasil não é um país:

a) cordial
b) de futuro
c) forte
d) injusto
e) de bons escritores

234) "Não sei por onde vou, mas sei que não vou por aí".

Por esse trecho, pode-se entender:

a) a dúvida de alguém que não sabe que decisão tomar
b) a revolta diante de uma situação aceita por todos
c) a esperança e a certeza da mudança
d) a não aceitação do que ocorre no momento
e) o desespero por não poder fazer alguma coisa pelo país

235) "À galera, as tripas, marca indelével em nossa culinária, como a feijoada."

A palavra "indelével", no trecho acima, significa:

a) que não se pode desejar
b) que não se pode apagar
c) que não se pode aceitar
d) que não se pode explicar
e) que não se pode prever

236) Os maiores problemas do Brasil, na atualidade, são creditados:

a) ao grito de independência
b) ao ufanismo da elite
c) à privatização das empresas
d) ao neoliberalismo
e) ao Tesouro oficial

237) Segundo o autor, os intelectuais de aparência progressista são convocados para:

a) melhorar a imagem do governo no exterior.
b) integrar o Brasil na globalização.
c) desviar a atenção do povo para coisas de somenos importância.
d) levar o povo a se interessar pelos problemas sociais e políticos do país.
e) levar o povo a achar que tudo está bem.

238) A palavra "oligarquia" (*l.* 40) significa governo:

a) de ricos
b) de nobres
c) de poucos
d) de muitos
e) do povo

239) Dentre os problemas do Brasil, o texto não faz menção:

a) à escravidão dos negros
b) à opressão dos índios
c) ao voto-cabresto do Nordeste
d) à discriminação da mulher
e) à fome do povo

240) A palavra que, metaforicamente empregada, melhor exprime a ideia do autor sobre a tirania do governo brasileiro é:

a) casa-grande
b) tripas
c) império
d) tutelar
e) telenovelas

241) Para o autor, o Brasil, na realidade, nunca foi ou teve:

a) monarquia
b) república
c) ditadura
d) capitalismo
e) democracia

242) O último parágrafo do texto difere dos demais pois nele o autor demonstra:

a) alegria por ser brasileiro
b) certeza da transformação próxima
c) convicção de que o governo está melhorando
d) esperança em um país melhor
e) indiferença diante dos problema da atualidade brasileira

Parte 3

INTERPRETAÇÃO II

TEXTO XLI

PERITO CRIMINAL – SSP/MT

TRINTA ANOS DE UMA FRASE INFELIZ

Ele não podia ter arrumado outra frase? Vá lá que haja perpetrado grande feito indo à Lua, embora tal empreendimento soe hoje exótico como uma viagem de Gulliver. Mas Neil Armstrong, o primeiro astronauta a pisar na Lua, precisava ter dito: "Este é um passo pequeno para um homem, mas um salto gigantesco para a humanidade"? Não podia ter se contentado com algo mais natural ("Quanta poeira", por exemplo), menos pedante ("Quem diria, conseguimos"), mais útil como informação ("Andar aqui é fácil/difícil/gostoso/dói a perna") ou mais realista ("Estou preocupado com a volta")?

Não podia. Convencionou-se que eventos solenes pedem frases solenes. Era preciso forjar para a ocasião uma frase "histórica". Não histórica no sentido de que fica guardada para a posteridade – a posteridade guarda também frases debochadas, como "Se eles não têm pão, comam brioches". Histórica, no caso, equivale à frase edificante. É a história em sua versão, velhusca e fraudulenta, de "Mestra da Vida", a História rebaixada a ramo da educação moral e cívica. À luz desse entendimento do que é "histórico", Armstrong escolheu sua frase. Armstrong teve tanto tempo para pensar, no longo período de preparativos, ou outros tiveram tempo de pensar por ele, no caso de a frase lhe ter sido oferecida de bandeja, junto com a roupa e os instrumentos para a missão, e foi sair-se com um exemplar do primeiro gênero. Se era para dizer algo bonito, por que não recitou Shakespeare? Se queria algo inteligente, por que não encomendou a Gore Vidal ou Woody Allen?

(Roberto Pompeu de Toledo. *Veja*, 21/07/99)

243) O tema central do texto é:

a) a indignação pelos poucos dados enviados sobre a aventura da ida do homem à Lua.

b) a narrativa da aventura do primeiro homem a pisar na Lua.

c) a importância do acontecimento do homem ter chegado à Lua.

d) a discordância com respeito à frase escolhida para um momento grandioso.

e) o impacto da frase dita no momento em que o homem pisou na Lua.

244) A propósito do texto, o autor classifica a frase de Armstrong como infeliz, porque,

a) apesar de ter sido edificante, a frase não foi humilde.
b) apesar de ter sido bonita, a frase foi superficial.
c) apesar de ter ficado para a posteridade, a fase foi superficial, pedante, inútil e irreal.
d) apesar de ter sido solene, a frase foi exótica.
e) apesar de ter sido inteligente, a frase não foi edificante.

245) "... embora tal empreendimento soe hoje exótico como uma viagem de Gulliver."

O autor do texto expressa:

a) certa decepção, com o passar dos anos, quanto à ida do homem à Lua.
b) a importância capital que teve o evento para a humanidade.
c) o encantamento com que a ida do homem à Lua é vista até hoje.
d) a necessidade de que o homem volte à Lua.
e) certa incredulidade quanto à ida do homem à Lua.

246) Para Roberto Pompeu de Toledo, a frase em apreço deveu-se ao fato de que:

a) o astronauta recebeu a frase já pronta, junto com a roupa e os instrumentos para a missão.
b) Armstrong não teve tempo para pensar em algo melhor.
c) Armstrong foi motivado pela convenção de que eventos solenes pedem frases solenes.
d) Armstrong quis ser original, não copiando Shakespeare, Gore Vidal e Woody Allen.
e) o astronauta não acreditou no êxito da missão.

247) Na opinião do autor do ensaio,

a) só frases edificantes são históricas.
b) a frase de Armstrong revela uma visão ultrapassada da História.
c) só frases bonitas ou inteligentes são históricas.
d) eventos solenes pedem frases solenes.
e) a frase de Armstrong foi rapidamente esquecida.

248) A figura de linguagem encontrada na frase "Com muito suor o funcionário conseguiu a promoção" é:*

a) catacrese
b) prosopopeia
c) sinestesia
d) metonímia
e) metáfora

* Esta questão da prova não tem base no texto.

TEXTO XLII

ANALISTA JUDICIÁRIO – TRT 17ª REGIÃO

DA INFLUÊNCIA DOS ESPELHOS

Tu lembras daqueles grandes espelhos côncavos ou convexos que em certos estabelecimentos os proprietários colocavam à entrada para atrair os fregueses, achatando-os, alongando-os, deformando-os nas mais estranhas configurações?

Nós, as crianças de então, achávamos uma bruta graça, por saber que era tudo ilusão, embora talvez nem conhecêssemos o sentido da palavra "ilusão".

Não, nós bem sabíamos que não éramos aquilo!

Depois, ao crescer, descobrimos que, para os outros, não éramos precisamente isto que somos, mas aquilo que os outros veem.

Cuidado, incauto leitor! Há casos, na vida, em que alguns acabam adaptando-se a essas imagens enganosas, despersonalizando-se num segundo "eu".

Que pode uma alma, ainda por cima invisível, contra o testemunho de milhares de espelhos?

Eis aqui um grave assunto para um conto, uma novela, um romance, ou uma tese de mestrado em Psicologia.

(Mário Quintana, Na volta da esquina. Porto Alegre, Globo, 1979, p. 79)

249) Nesta crônica, Mário Quintana

a) vale-se de um incidente de seu tempo de criança, para mostrar a importância que tem a imaginação infantil.

b) alude às propriedades ilusórias dos espelhos, para mostrar que as crianças sentiam-se inteiramente capturadas por eles.

c) lembra-se das velhas táticas dos comerciantes, para concluir que aqueles tempos eram bem mais ingênuos que os de hoje.

d) alude a um antigo chamariz publicitário, para refletir sobre a personalidade profunda e sua imagem exterior.

e) vale-se de um fato curioso que observava quando criança, para defender a tese de que o mundo já foi mais alegre e poético.

250) Considere as seguintes afirmações:

I. O autor mostra que, quando criança, não imaginava a força que pode ter a imagem que os outros fazem de nós.

II. As crianças deixavam-se cativar pela magia dos espelhos, chegando mesmo a confundir as imagens com a realidade.

III. O autor sustenta a ideia de que as crianças são menos convictas da própria identidade do que os adultos.

Em relação ao texto, está correto o que se afirma em:

a) I, II e III

b) III, apenas

c) II e III, apenas

d) I e II, apenas

e) I, apenas

251) Está INCORRETO o seguinte comentário acerca do emprego de termos ou expressões do texto:

a) A expressão "Há casos, na vida" indica que o autor está interessado em generalizar e absolutizar a verdade da tese que acaba de expor.

b) Na frase "Nós bem sabíamos que não éramos aquilo", o termo sublinhado acentua bem a distância e a superioridade com que as crianças avaliavam suas imagens deformadas.

c) Na frase "Não éramos precisamente isto que somos, mas aquilo que os outros veem", os pronomes sublinhados reforçam a oposição entre *somos* e *veem*.

d) Ao afirmar que algumas pessoas despersonalizam-se "num segundo 'eu'", o autor deixa implícito que todos temos um "eu" original e autêntico.

e) No penúltimo parágrafo, "uma alma invisível" e "testemunho de milhares de espelhos" representam, respectivamente, a personalidade verdadeira e suas imagens enganosas.

252) Na interrogação "Que pode uma alma, ainda por cima invisível, contra o testemunho de milhares de espelhos?" há a admissão de que

a) só a força do olhar e do interesse alheio capta as verdades de nossa alma.
b) a verdade essencial da alma não tem como se opor às imagens que lhe atribuem.
c) o essencial da alma só é reconhecível na soma de suas múltiplas imagens.
d) a fragilidade da alma só é superada quando adquire a consistência de uma imagem.
e) a legitimidade do nosso modo de ser depende inteiramente do reconhecimento alheio.

253) Segundo Mário Quintana, a despersonalização num segundo "eu"

a) é a causa, e as "imagens enganosas" são a sua consequência.
b) e a adaptação às imagens enganosas são fatos paralelos e independentes.
c) é uma consequência, cuja causa é a adaptação às imagens enganosas.
d) é uma consequência, cuja causa é a invisibilidade da alma.
e) é a causa, cuja consequência é a invisibilidade da alma.

254) No segundo parágrafo do texto, a oração "por saber" exprime uma

a) causa
b) finalidade
c) condição
d) advertência
e) alternativa

TEXTO XLIII

AUXILIAR EM PROPRIEDADE INDUSTRIAL DO INPI

O PORCO VOADOR

FILADÉLFIA – Há coisas que só acontecem nos Estados Unidos. A Federal Aviation Administration, FAA, investiga como um porco – isso mesmo, um porco – de 135 kg conseguiu embarcar na primeira classe de um Boeing 757. E mais, nele viajou por seis horas. Segundo os relatos, o animal foi embarcado no dia 17 de outubro no voo 107 sem escalas da companhia USAirways que saiu de Filadélfia para Seattle. A bordo, além do suíno, suas duas proprietárias e outros 198 "humanos". O voo, noturno, transcorreu tranquilo durante o percurso, com a maioria dos passageiros dormindo. A paz acabou no pouso em Seattle. A FAA afirma que a confusão começou quando o Boeing 757 já taxiava na pista. Neste momento, o porco, estressado mesmo sem ter viajado na classe econômica, ficou descontrolado e começou a correr pelos corredores. Perseguido pela tripulação, defecou em vários pontos, tentou invadir a cabine de comando e acabou escondendo-se na cozinha, onde foi cercado. O encrenqueiro foi expulso – por um elevador de carga – pelas donas. De acordo com um jornal de Filadélfia, o porco embarcou no avião normalmente. Pelas escadas. Descrito como um animal de serviço – tipo guia de cegos – com peso declarado de apenas 5,8 kg, teve até direito a bilhete próprio adquirido no balcão. As aeromoças teriam tentado prendê-lo num compartimento na traseira, mas estava bloqueado. Instalaram o porco, então, entre as poltronas 1A e 1C da primeira classe. "Estamos investigando todos os aspectos, de segurança e sanitários, deste fato. Temos que ver que política é essa da companhia", afirma o porta-voz da FAA, Jim Peters. Todos os tripulantes estão sendo interrogados. A USAirways permite que gatos, aves e pequenos cães viajem com os passageiros, desde que em contêineres. Só abre exceção para "animais de serviço", como o porco foi descrito. "Isto não acontecerá de novo", garante um representante da empresa.

(JB, 1/11/00)

255) "Há coisas que só acontecem nos Estados Unidos."; essa afirmação inicial prepara o leitor para algo:

a) humorístico
b) trágico
c) surpreendente
d) convencional
e) aterrorizante

256) "A Federal Aviation Administration, FAA, investiga como um porco – isso mesmo, um porco – de 135 kg..."; o segmento isso *mesmo, um porco* é justificado porque:

a) o fato aludido provoca certa estranheza no leitor.
b) o peso do porco é digno de admiração.
c) a confirmação do fato pelo jornalista é indispensável.
d) a FAA só cuida de passageiros "humanos".
e) é interessante causar surpresa no leitor.

257) "... como um porco [...] de 135 kg conseguiu embarcar na primeira classe de um Boeing 757"; a forma como foi escrito este segmento produz maior impacto no leitor porque:

a) atribui a iniciativa do embarque ao porco.
b) mostra a sofisticação tecnológica do avião.
c) indica a primeira classe como a destinada aos animais.
d) assinala a desproporção entre peso/tamanho do porco.
e) registra um fato incomum como normal.

258) *Embarcar*, na sua origem, era empregado com referência a *barco*, mas no texto aparece com referência a avião; o item abaixo em que a palavra sublinhada também mostra desvio do sentido original é:

a) O avião vai <u>decolar</u> com o porco a bordo.
b) O porco chegou a <u>enterrar</u> as patas na comida.
c) Os passageiros "<u>humanos</u>" estranharam o fato.
d) A <u>poltrona</u> ficou estragada por causa do peso do porco.
e) A investigação do <u>incidente</u> vai demorar.

259) Na sequência de frases de um texto há elementos que se referem a outros elementos anteriores; o vocábulo que, ao contrário dos demais, se refere a elementos posteriores, é:

a) encrenqueiro (*l.* 14)
b) suíno (*l.* 6)
c) FAA (*l.* 9)
d) coisas (*l.* 1)
e) voo (*l.* 7)

260) "<u>Segundo</u> os relatos..."; o elemento sublinhado é semanticamente equivalente a:

a) após
b) em segundo lugar
c) conforme
d) a posteriori
e) embora

261) Um voo "sem escalas" significa:

a) sem destino certo
b) fretado especialmente
c) sem horário fixo
d) com poucos passageiros
e) sem paradas intermediárias

262) Num momento do texto o vocábulo *suíno* (geral) substitui *porco* (específico); entre as substituições abaixo, aquela que apresenta estrutura diferente é:

a) Boeing 757 – avião
b) poltrona – assento
c) comandante – tripulante
d) USAairways – empresa
e) passageiro – cliente

263) Deduz-se da leitura do 2º parágrafo:

a) A FAA não merece credibilidade.
b) O passageiro da classe econômica é bem tratado.
c) A tripulação do Boeing foi bem treinada.
d) O porco estava acostumado a viajar.
e) O porco também sofreu no incidente.

264) "... e <u>acabou</u> escondendo-se na cozinha..."; o emprego do verbo *acabar* significa que:

a) é a última de uma sequência de ações.
b) a narrativa chegou ao seu fim.
c) o personagem mostra decisão firme no que faz.
d) o personagem vai sofrer uma derrota.
e) a ação do personagem foi interrompida.

265) "Estamos investigando todos os aspectos, de segurança e sanitários, deste fato."; em outras palavras, a FAA está analisando:

a) todos os aspectos do fato, mas principalmente os que envolvem segurança e higiene.
b) alguns aspectos do caso, particularmente os que se prendem a seguro de vida dos passageiros e ao estado dos banheiros dos aviões.
c) todos os aspectos do fato ligados à segurança e à saúde dos passageiros.
d) somente os aspectos do fato de que participou o porco, ou seja, o da falta de atenção da tripulação.
e) os aspectos de cuidados com a higiene nos aviões, além da preocupação com a revisão das aeronaves.

266) O mais surpreendente da história narrada é que:

a) o porco tenha viajado tranquilamente na primeira parte da viagem.
b) toda a tripulação tenha cuidado do porco como se fosse um passageiro "humano".
c) o animal tenha sido admitido na aeronave como "animal *de serviço*".
d) tenham atribuído ao porco um peso maior do que a realidade.
e) o suíno tenha subido pelas escadas do avião e recebido com honras pelas aeromoças.

TEXTO XLIV

AGENTE DE PESQUISA DO IBGE

RELATÓRIO

Jorge Miguel

Senhor Superintendente

Tendo sido designado por Vossa Senhoria para apurar as denúncias de irregularidades ocorridas no aeroporto de Marília, submeto à apreciação de Vossa Senhoria o relatório das diligências que nesse sentido efetuei.

No dia 23 de julho de 1988 dirigi-me ao senhor Raimundo Alves Correia, encarregado do aeroporto daquela cidade, para que permitisse fosse interrogado o funcionário João Romão, acusado de ter furtado uma máquina de escrever Olivetti nº 146.801, pertencente ao patrimônio do aeroporto. O acusado relatou-nos que realmente havia levado a máquina para casa na sexta-feira – 18 de março de 1988 – apenas para executar alguma tarefa de caráter particular. Não a devolveu na segunda-feira, dia 21 de março, porque faltou ao serviço por motivo de doença. Quando retornou ao serviço dia 28 de março, devolveu a máquina. A doença do acusado está comprovada pelo atestado que segue anexo ao presente relatório; a devolução da máquina no dia 28 de março foi confirmada pelo senhor Raimundo Alves Correia.

Do exposto conclui-se que me parece infundada a acusação. Não houve vontade de subtrair a máquina, mas apenas negligência do acusado em levar para casa um bem público para executar tarefa particular. Foi irresponsável. Não cometeu qualquer ato criminoso.

Não me convence seja necessário impor-se a instauração de processo administrativo. O funcionário deve ser repreendido pela negligência que cometeu. É o que cumpre levar ao conhecimento de Vossa Senhoria.

Aproveito a oportunidade para apresentar-lhe protestos de minha distinta consideração.

São Paulo, 25 de julho de 1988

Cláudio da Costa

267) O relatório é um texto de tipo:

a) descritivo
b) narrativo
c) argumentativo
d) poético
e) dramático

268) A finalidade principal do texto é:

a) orientar o superior na tomada de uma decisão.
b) documentar oficialmente um ato irregular.
c) discutir um tema polêmico.
d) fornecer dados para uma investigação.
e) indicar funcionários passíveis de punição.

269) Não consta(m) do relatório lido:

a) o cargo da autoridade a quem é dirigido
b) o relato dos fatos ocorridos
c) uma preocupação literária do autor
d) as conclusões dos fatos analisados
e) uma fórmula de cortesia final

270) "Tendo sido designado por Vossa Senhoria..."; esta oração inicial do texto tem valor:

a) concessivo
b) temporal
c) conclusivo
d) causal
e) consecutivo

271) O estilo burocrático se caracteriza, entre outras coisas, pelo emprego de palavras desnecessárias; no primeiro parágrafo do texto são exemplos desse caso:

a) denúncias; ocorridas; apreciação
b) ocorridas; apreciação; relatório
c) apreciação; relatório; nesse sentido
d) relatório; denúncias; ocorridas
e) nesse sentido; ocorridas; apreciação

272) As datas presentes no texto têm a finalidade textual de:

a) mostrar a evolução dos acontecimentos.
b) documentar os fatos citados.
c) criar a falsa impressão de verdade.
d) valorizar o trabalho do autor do relatório.
e) facilitar a leitura do relatório.

273) "... me parece <u>infundada</u> a acusação."; o adjetivo sublinhado corresponde semanticamente a:

a) sem fundos
b) sem fundações
c) sem fundamento
d) sem finalidade
e) sem fingimento

274) "Não cometeu qualquer ato criminoso."; este segmento do texto corresponde a uma:

a) conclusão a que chegou o autor do relatório
b) alegação do acusado de roubo
c) opinião do chefe do funcionário acusado
d) opinião do superintendente
e) decisão do juiz encarregado do caso

275) "É o que me <u>cumpre</u> levar ao conhecimento..."; o verbo sublinhado tem por sinônimo correto:

a) compreende
b) cabe
c) obriga
d) capacita
e) solicita

276) A única irregularidade existente nos fatos narrados é:

a) a ausência prolongada do funcionário.
b) a não devolução da máquina de escrever.
c) usar-se um bem público em tarefas particulares.
d) não prevenir o chefe sobre ter levado a máquina.
e) a intenção de roubar um bem público.

277) Em "Vossa Senhoria parece preocupado com o furto da máquina de escrever" há uma figura conhecida por:

a) metáfora
b) silepse de gênero
c) silepse de número
d) silepse de pessoa
e) catacrese

TEXTO XLV

PESQUISADOR – CEPEL

RAÍZES

Diante da minha janela havia uma pedra.

Não, não vou fazer imitação de poesia. Nada tem de poética a história que vou contar. A pedra de que falo é na verdade uma imensa pedreira, de topo liso, coberto em alguns pontos pela vegetação rasteira, uma espécie de enclave rural em pleno Leblon, onde às vezes cabras pastavam e onde um galo alucinado insistia em cantar na hora errada, no início da madrugada. Era o lugar ideal para, nas tardes de domingo, uma menina se deitar, sentindo nas costas o calor do sol retido pela pedra, enquanto olhava as pipas agitando-se no ar. Eu ia com meus irmãos e seus amigos, quando eles subiam lá para soltar pipa. São só lembranças. Essa pedra não existe mais. Ou pelo menos não existe assim, como a descrevo agora, a pedra da minha infância. Hoje, é uma pedra nua – morta.

Sua base ainda está lá e servirá, pelo que sei, de fundação para um shopping. Mas a superfície foi toda raspada, a *vegetação* desapareceu, a pedreira foi rebaixada em quatro ou cinco metros, retalhada durante dois anos por uma orquestra de britadeiras, e nela foram erguidos os primeiros andares do que seria um estacionamento.

Assim que começaram a destruir a pedreira, pensei com alarme numa pequena árvore, uma muda de amendoeira cujo crescimento árduo eu vinha acompanhando havia anos. A árvore crescera numa das laterais da pedra e seu tronco se encorpava, equilibrando-se de forma improvável no paredão íngreme. Eu admirava sua bravura, tirando seiva de um lugar onde não havia terra, fazendo um esforço enorme para crescer na ranhura mínima que encontrara. E caminhei um dia até o local onde ela crescia, para ver se, com as obras que tinham começado, a pequena árvore sobreviveria. Mas cheguei tarde demais. Só encontrei o tronco, decepado. Em torno, as raízes, que por anos se haviam agarrado à pedra com tanto esforço, agora condenadas a secar, inúteis.

O tempo passou. E eu não pensei mais no assunto. Até que, outro dia, assistindo a um documentário sobre os talibãs, vi uma inglesa de origem afegã mostrando a foto de um jardim onde brincava na infância e que fora destruído pela guerra civil. O documentário, feito antes da guerra com os Estados Unidos, fora gravado em solo afegão, e a moça conseguira chegar ao local do tal jardim. Mas não encontrou nada. A comparação com a foto que trazia nas mãos era chocante. Todo o verde havia desaparecido. No meio de um descampado monocromático, restara apenas o círculo de pedra de uma velha fonte, seca. E a única coisa que não mudara na paisagem eram as montanhas, ao fundo, testemunhas da devastação que – hoje sabemos – estava apenas no princípio.

Aquela mulher e seu jardim desaparecido me fizeram pensar na pequena amendoeira que crescera na pedra e que também fora decepada. E, com isso em mente, voltei ao ponto do paredão onde ela um dia se agarrara. Com surpresa, descobri que das raízes deixadas na pedra surgiam brotos, com folhas de um verde limpo.

A amendoeira teimava em renascer – como talvez fizesse o jardim afegão –, apesar da fúria dos homens.

(Heloísa Seixas, *Domingo*, nº 1336)

278) "Diante da minha janela havia uma pedra. Não, não vou fazer imitação de poesia."

O comentário da segunda oração se justifica porque:

a) há um poema da nossa literatura com um verso semelhante à primeira oração.

b) toda poesia se volta para os elementos da natureza.

c) os poemas são compostos a partir de coisas aparentemente insignificantes.

d) para um texto de um jornal, a composição de um poema seria inadequada.

e) a autora do texto se declara incapaz de fazer um poema autêntico.

279) "Nada tem de poética a história que vou contar."; esse segmento do texto traz implícita a ideia de que só é poético (a):

a) o tema ligado à vida real

b) a realidade pertencente à vida passada

c) a temática das coisas, seres e fatos harmoniosos

d) a discussão política de fatos atuais

e) a análise dos pensamentos do homem universal

280) "Nada tem de poética <u>a história que vou contar</u>."; a história contada pela autora tem como ponto de partida cronológico:

a) a existência de uma pedra diante da janela da autora.
b) a foto de um jardim onde uma afegã brincara na infância
c) o crescimento de uma pequena amendoeira na pedra
d) a fato de a amendoeira ter sido decepada
e) as lembranças da infância da autora.

281) "E a única coisa que não mudara na paisagem eram as montanhas, ao fundo, testemunhas da devastação que – hoje sabemos – estava apenas no princípio."; a devastação no Afeganistão estava apenas no princípio porque:

a) os Estados Unidos ainda não haviam invadido o país.
b) após a guerra EUA x talibãs, o país ficou devastado.
c) o Afeganistão passou por outros conflitos após a guerra civil.
d) o país não conseguiu reerguer-se e sua população emigrou.
e) os males da guerra permanecem após o seu término.

282) Entre o episódio do jardim da mulher e o da amendoeira da autora há um(a):

a) oposição ideológica
b) contiguidade temporal
c) paralelismo espacial
d) semelhança afetiva
e) diferença de opiniões

283) "Eu ia com meus irmãos e seus amigos, quando eles subiam lá para soltar pipas."; uma forma INCORRETA de reescritura desse mesmo segmento textual, por não manter o sentido original, ou criar ambiguidade, é:

a) Quando meus irmãos e seus amigos subiam lá para soltar pipas, eu ia com eles.
b) Eu ia com meus irmãos e seus amigos quando eles lá subiam, para soltar pipas.
c) Meus irmãos e seus amigos subiam lá para soltar pipas e eu, nesse momento, ia com eles.
d) Eu ia com eles, meus irmãos e seus amigos, quando lá subiam para soltar pipas.
e) Quando lá subiam para soltar pipas meus irmãos e seus amigos, eu ia com eles.

284) O título dado ao texto, *raízes*, se refere:

a) exclusivamente às raízes da amendoeira, que voltaram a brotar.
b) metaforicamente, a tudo o que nos prende ao passado.
c) às nossas origens raciais e espaciais.
d) às recordações da infância que desaparecem na idade adulta.
e) a tudo o que amamos e que o tempo levou.

285) O texto lido só NÃO pode ser visto como um(a):

a) recordação sentimental de tempos infantis
b) protesto contra a destruição patrocinada pelos homens
c) lamento diante de mudanças causadas pelo progresso
d) denúncia contra a ocupação irrefletida do espaço rural
e) lembrança idealizada de momentos felizes da existência

TEXTO XLVI

CORPO DE BOMBEIROS MILITAR – RJ

TEXTO 1

PELES DE SAPOS

Em 1970 e 1971, houve, no Nordeste brasileiro, uma enorme procura por sapos, que eram caçados para que suas peles fossem exportadas para os Estados Unidos. Lá elas eram usadas para fazer bolsas, cintos e sapatos. Isso levou a uma drástica diminuição da população de sapos nessa região.

O sapo se alimenta de vários insetos, principalmente mariposas, grilos e besouros. É um animal voraz, isto é, comilão. Quando adulto chega a comer trezentos besouros por dia.

Sem os sapos, seus inimigos naturais, as mariposas, os besouros e os grilos, proliferaram de maneira assustadora.

Esses insetos invadiram as cidades. Mariposas e besouros concentraram-se em torno dos postes de iluminação pública e também entraram nas casas, causando grandes transtornos. Os grilos, com seu cricri, não deixavam as pessoas dormirem.

Em maio de 1972, na cidade de Iati, em Pernambuco, a população, em uma espécie de mutirão, varreu ruas e calçadas, amontoando principalmente besouros, e também mariposas e grilos mortos, para serem levados por caminhões de lixo. Em apenas três dias encheram-se mais de oitenta caminhões com esses bichos!

O governo proibiu a caça de sapos e passou a fiscalizar a exportação de suas peles.

(Ruth de Gouvêa Duarte)

286) O título do texto, Peles de sapos, representa:

a) o motivo da invasão dos insetos nas cidades
b) o objetivo econômico dos exportadores
c) a razão de ter aumentado o número de grilos e mariposas
d) uma riqueza importante do Nordeste brasileiro
e) a causa da extinção definitiva dos sapos

287) Uma informação conta com uma série de elementos básicos: *o que* aconteceu, *quem* participou dos acontecimentos, *onde* e *quando* se passaram, *como* e *por que* ocorreram os fatos etc. Considerando que o acontecimento básico do texto 1 **é a caça aos sapos, assinale a informação que não está presente no texto:**

a) onde ocorreu: no Nordeste brasileiro.
b) quando ocorreu: em 1970 e 1971.
c) para que ocorreu: exportação de peles.
d) como ocorreu: armadilhas especiais.
e) consequência da caçada: redução da população de sapos.

288) Assinale a frase em que o vocábulo destacado tem seu antônimo corretamente indicado:

a) "... para que suas peles fossem exportadas..." – compradas
b) "... uma enorme procura por sapos..." – imensa
c) "... levou a uma drástica diminuição da população..." – progresso
d) "Quando adulto chega a comer..." – filhote
e) "... seus inimigos naturais,..." – adversários

289) "O sapo se alimenta de vários insetos, principalmente mariposas, grilos e besouros."; o emprego de *principalmente* nesse fragmento do texto indica que o sapo:

a) também come outros insetos.
b) só come mariposas, grilos e besouros.
c) prefere mariposas a grilos e besouros.
d) não come mariposas, grilos e besouros.
e) só come insetos nordestinos.

290) "Em 1970 e 1971, houve, no Nordeste brasileiro, uma enorme procura por sapos, que eram caçados para que suas peles fossem exportadas para os Estados Unidos. Lá elas eram usadas para fazer bolsas, cintos e sapatos. Isso levou a uma drástica diminuição da população de sapos nessa região.". Nesse primeiro parágrafo do texto os elementos sublinhados se referem a outros elementos do mesmo parágrafo; assinale a correspondência errada:

a) suas – dos sapos
b) Lá – Estados Unidos
c) elas – as peles dos sapos
d) isso – bolsas, cintos e sapatos
e) nessa região – Nordeste brasileiro

291) "É um animal voraz, isto é, comilão."; o emprego de isto é nesse segmento do texto mostra que:

a) *voraz* e *comilão* são palavras de significados diferentes.
b) o autor empregou erradamente a palavra *voraz*.
c) o autor quer explicar melhor o significado de *voraz*.
d) *comilão* é vocábulo mais raro do que *voraz*.
e) o autor não está interessado em que o leitor entenda o que escreve.

292) Comilão **é uma palavra que pertence, por relação de significado, ao grupo de:**

a) comício, cômodo
b) côncavo, convexo
c) compadre, comadre
d) colega, colaborador
e) comida, comestível

293) Abaixo estão colocados 5 fatos relacionados ao conteúdo do texto; indique o item em que esses fatos foram colocados em ordem cronológica, ou seja, na ordem em que aconteceram, segundo o texto:

I. Houve proibição da caça aos sapos.

II. Houve diminuição da população dos sapos.

III. Houve exagerado aumento na população dos insetos.

IV. Houve uma intensa caça aos sapos.

V. Ocorreram problemas em Pernambuco.

a) I – II – III – IV – V
b) V – IV – III – II – I
c) I – II – III – V – IV
d) II – IV – V – III – I
e) IV – II – III – V – I

294) O vocabulário relacionado aos humanos e aos animais varia: assim, o grilo não tem voz (como os humanos), mas *cricri*. Assinale o item em que a correspondência entre vocábulos humanos e animais *não* está correta:

a) pés – patas
b) mãos – garras
c) nariz – focinho
d) boca – goela
e) filho – filhote

295) A mensagem que se pode entender do texto 1 é:

a) A matança indiscriminada de animais pode causar desequilíbrios ecológicos.
b) A economia do país está acima do bem-estar da população.
c) A união da população não resolve muitos de nossos problemas.
d) Os insetos são inimigos dos homens.
e) O governo não cuida da proteção aos animais.

TEXTO XLVII

CORPO DE BOMBEIROS MILITAR – RJ

TEXTO 2

LÓGICA DA VINGANÇA

No nosso cotidiano, estamos tão envolvidos com a violência, que tendemos a acreditar que o mundo nunca foi tão violento como agora: pelo que nos contam nossos pais e outras pessoas mais velhas, há dez, vinte ou trinta anos, a vida era mais segura, certos valores eram mais respeitados e cada coisa parecia ter o seu lugar.

Essa percepção pode ser correta, mas precisamos pensar nas diversas dimensões em que pode ser interpretada. Se ampliarmos o tempo histórico, por exemplo, ela poderá se mostrar incorreta.

Em um dos volumes da coleção *História da vida privada*, Michel Rouché afirma, em seu artigo sobre a criminalidade na Alta Idade Média (por volta do século VI), que, se fôssemos comparar o número de assassinatos que ocorriam naquele período, proporcionalmente à população mundial de então, com o dos dias atuais, veríamos que antes eles eram bem mais comuns do que são agora. Segundo esse autor, naquele época, "cada qual via a justiça em sua própria vontade", e o ato de matar não era reprovado – era até visto como sinal de virilidade: a agressividade era uma característica cultivada pelos homens, fazia parte de sua educação.

O autor afirma, ainda, que torturas e assassinatos, bastante comuns naqueles tempos, ocorriam em grande parte por vingança: "Cometido um assassinato, a linhagem da vítima tinha o imperioso dever religioso de vingar essa morte, fosse no culpado, fosse num membro da parentela". Realizada a vingança e assassinado o culpado da primeira morte, a mesma lógica passava a valer para parentes deste, que deveriam vingá-lo, criando assim uma interminável cadeia de vinganças, que podia estender-se por várias gerações.

(A. Buoro/F. Schilling/H. Singer/M. Soares)

296) Deduz-se do texto que:

a) a violência está presente em todas as épocas.
b) a vingança era legal antigamente.
c) antigamente a vida era menos segura.
d) devemos fazer justiça com as próprias mãos.
e) antigamente não havia leis contra a violência.

297) O uso de aspas, em alguns segmentos do texto, indica que:

a) devem ser lidos com mais atenção.
b) são reproduções do texto de outro autor.
c) foram traduzidos de outra língua.
d) correspondem a textos antigos.
e) mostram o mais importante do conteúdo.

298) "No nosso *cotidiano*..."; o vocábulo cotidiano, nesse caso, corresponde a:

a) mundo atual
b) atividade profissional
c) relações familiares
d) nas notícias dos jornais
e) dia a dia

299) Quando no texto se usa a forma da primeira pessoa do plural, em "No nosso cotidiano, <u>estamos</u> tão envolvidos com a violência...", isto se refere a:

a) todos os cidadãos do Rio de Janeiro.
b) cidadãos que foram vítimas da violência.
c) vítimas do trânsito.
d) ele mesmo e aos leitores, em geral.
e) cidadãos de hoje e de antigamente.

300) O autor citado no texto diz que os assassinatos eram bem mais comuns na época antiga do que agora, mas isto só pode ser afirmado:

a) porque naquela época não havia estatísticas de registro de crimes.
b) levando-se em consideração a proporção populacional das duas épocas.
c) porque hoje não é mais aceita a lógica da vingança.
d) se acreditarmos no que nos dizem os mais velhos.
e) considerando-se que a população antiga era mais violenta que a atual.

301) "... que, se fôssemos comparar o número de assassinatos que ocorriam naquele período, proporcionalmente à população mundial de então, com o dos dias atuais, veríamos que antes eles eram bem mais comuns do que são agora."; nesse segmento do texto, o vocábulo que não **indica tempo é:**

a) período
b) então
c) dias atuais
d) antes
e) proporcionalmente

302) "<u>Segundo</u> esse autor..."; o vocábulo correspondente a *segundo*, nesse caso, é:

a) para
b) quando
c) conforme
d) se
e) embora

303) "... o ato de matar não era reprovado..." equivale a:

a) o ato de matar não tinha aprovação.
b) merecia reprovação o ato de matar.
c) o ato de matar não era aprovado.
d) sofria reprovação o ato de matar.
e) não havia reprovação para o ato de matar.

304) O segmento <u>estamos tão envolvidos</u> equivale a <u>temos tanto envolvimento</u>; o item em que essa equivalência é dada de forma incorreta é:

a) a vida era mais segura – tinha mais segurança
b) valores eram mais respeitados – tinham mais respeitabilidade
c) eles eram bem mais comunicativos – tinham mais comunidade
d) o ato de matar não era reprovado – não tinha reprovação
e) a violência era mais intensa – tinha mais intensidade

305) *Vingança* corresponde ao adjetivo *vingativo*, assim como:

a) violência corresponde a violento.
b) morte corresponde a mortandade.
c) tempo corresponde a tempestade.
d) religião corresponde a religiosidade.
e) parente corresponde a parentela.

306) "... uma *interminável* cadeia de vinganças..."; o adjetivo *interminável* corresponde a:

a) que não há termos que a descrevem
b) que não sofre penas ou sanções
c) que não tem fim
d) que já terminou há algum tempo
e) que só terminará no futuro

307) Parentela é termo coletivo específico para parentes; o vocábulo abaixo, que também apresenta valor coletivo específico, é:

a) pilha
b) monte
c) cancioneiro
d) grupo
e) hipódromo

308) "*Realizada a vingança e assassinado o culpado...*"; o segmento que *não* **poderia ser colocado, de forma adequada, no início desse trecho é:**

a) assim que tiver sido
b) após
c) depois de
d) logo que tinha sido
e) mal

309) O fragmento de texto abaixo que não contém nenhum tipo de intensificação é:

a) ... estamos tão envolvidos com a violência...
b) ... o mundo nunca foi tão violento como agora...
c) ... pelo que nos contam nossos pais e outras pessoas mais velhas...
d) ... bastante comuns naqueles tempos...
e) ... cada coisa parecia ter o seu lugar...

TEXTO XLVIII

ATENDENTE JUDICIÁRIO DO TALCRIM

REQUERIMENTO

Policarpo Quaresma, cidadão brasileiro, funcionário público, certo de que a língua portuguesa é emprestada ao Brasil; certo também de que, por esse fato, o falar e o escrever em geral, sobretudo no campo das letras, se veem na humilhante contingência de sofrer continuamente censuras ásperas dos proprietários da língua; sabendo, além, que dentro do nosso país, os autores e os escritores, com especialidade os gramáticos, não se entendem no tocante à correção gramatical, vendo-se, diariamente, surgir azedas polêmicas entre os mais profundos estudiosos do nosso idioma – usando do direito que lhe confere a Constituição, vem pedir que o Congresso Nacional decrete o Tupi-Guarani como língua oficial e nacional do povo brasileiro. O suplicante, deixando de parte os argumentos históricos que militam em favor de sua ideia, pede vênia para lembrar que a língua é a mais alta manifestação da inteligência de um povo, é a sua criação mais viva e original; e, portanto, a emancipação política do País requer como complemento e consequência a sua emancipação idiomática. Demais, Senhores Congressistas, o Tupi-Guarani, língua originalíssima, aglutinante, é verdade, mas que o polissintetismo dá múltiplas feições de riqueza, é a única capaz de traduzir as nossas belezas, de pôr-nos em relação com a nossa natureza e adaptar-se perfeitamente aos nossos órgãos vocais e cerebrais, por ser criação de povos que aqui viveram e ainda vivem, portanto possuidores da organização fisiológica e psicológica para que tendemos, evitando-se dessa forma as estéreis controvérsias gramaticais, oriundas de uma difícil adaptação de uma língua de outra região à nossa organização cerebral e ao nosso aparelho vocal – controvérsias que tanto empecem o progresso da nossa cultura literária, científica e filosófica. Seguro de que a sabedoria dos legisladores saberá encontrar meios para realizar semelhante medida e cônscio de que a Câmara e o Senado pesarão o seu alcance e utilidade. P. e E. Deferimento.

(Lima Barreto)

310) A afirmação *falsa* sobre o requerimento de Policarpo Quaresma é:

a) O requerente deseja que o Tupi-Guarani seja declarada língua oficial e nacional do Brasil.
b) O requerente apresenta inicialmente os dados pessoais necessários à sua identificação.
c) Os destinatários do requerimento não estão registrados no texto.
d) O requerente apresenta justificativas fisiológicas para o seu pedido.
e) O requerimento inclui apreciações sobre língua transplantada.

311) A alternativa que apresenta um argumento que não está presente no requerimento é:

a) a dependência linguística dos brasileiros em relação a Portugal
b) as divergências internas e externas no tocante às regras gramaticais
c) a significação política de uma língua original
d) a adaptação da língua ao meio ambiente
e) a necessidade de editarem-se obras com a fala brasileira

312) A alternativa em que o elemento sublinhado não se refere a nenhum elemento anteriormente presente no texto é:

a) ... certo também de que, por esse <u>fato</u>, o falar e o escrever em geral... (linhas 2 e 3)
b) ... de sofrer continuamente censuras ásperas dos <u>proprietários da língua</u>... (linhas 4 e 5)
c) ... que, dentro do <u>nosso país</u>, os autores e os escritores,... (linhas 5 e 6)
d) ... que militam em favor de <u>sua</u> ideia,... (linha 11/12)
e) ... é a <u>sua</u> criação mais viva e original;... (linha 13/14)

313) A linguagem empregada no requerimento é caracterizada por:

a) formalíssima e bem afinada com a tradição gramatical lusitana.
b) bastante formal, mas com pequenas influências da fala brasileira.
c) informal, já que o requerente condena a própria língua que emprega.
d) informal e descuidada no aspecto gramatical, ainda que com vocábulos cultos.
e) convencional e artificial, com concessões à fala popular.

314) A abreviatura final do requerimento significa:

a) por e especial deferimento
b) para e esperado deferimento
c) pede e espera deferimento
d) próprio e especial deferimento
e) propõe e expõe deferimento

315) O requerimento está dividido em quatro parágrafos e um fecho; a alternativa que indica a correlação equivocada entre cada uma dessas partes e seu conteúdo é:

a) primeiro parágrafo – título, cargo que ocupa a pessoa a quem é dirigido o requerimento
b) segundo parágrafo – justificativa do pedido
c) terceiro parágrafo – ampliação da justificativa
d) quarto parágrafo – expectativa esperançosa do requerente
e) fecho – abreviação convencional de solicitação

316) A alternativa em que o adjetivo sublinhado expressa a opinião do requerente é:

a) Policarpo Quaresma, cidadão <u>brasileiro</u>... (linha 1)
b) ... certo de que a língua <u>portuguesa</u> é emprestada ao Brasil;... (linha 1/2)
c) ... se veem na <u>humilhante</u> contingência de sofrer continuamente censuras... (linha 4)
d) ... não se entendem no tocante à correção <u>gramatical</u>. (linhas 6/7)
e) ... possuidores da organização <u>fisiológica</u> e <u>psicológica</u> para que tendemos... (linhas 20/21)

317) O requerente se refere a si mesmo na terceira pessoa; a alternativa em que, no entanto, se utiliza da primeira é:

a) Policarpo Quaresma, cidadão brasileiro, funcionário público, certo de que a língua portuguesa é emprestada ao Brasil (linhas 1 e 2)
b) ... sabendo, além, que, dentro do nosso país, os autores e os escritores, com especialidade os gramáticos, não se entendem... (linhas 5, 6 e 7)
c) o suplicante, deixando de parte os argumentos históricos que militam em favor de sua ideia, pede vênia para lembrar... (linhas 11 e 12)
d) ... a emancipação política do País requer como complemento e consequência a sua emancipação idiomática. (linhas 14 e 15)
e) ... por ser criação de povos que aqui viveram e ainda vivem,... (linhas 19 e 20)

TEXTO XLIX

AGENTE ADMINISTRATIVO – QUEIMADOS/RJ

TEXTO 1

DESAPARECIMENTO DOS ANIMAIS

Tente imaginar esta cena: homens, animais e florestas convivendo em harmonia. Os homens retiram das plantas apenas os frutos necessários e cuidam para que elas continuem frutificando; não matam animais sem motivo, não sujam as águas de seus rios e não enchem de fumaça seu ar. Em outras palavras: as relações entre os seres vivos e o ambiente em que vivem, bem como as influências que uns exercem sobre os outros, estão em equilíbrio. (...)

Nossa preocupação (de brasileiros) não é só controlar a exploração das florestas, mas também evitar uma de suas piores consequências: a morte e o desaparecimento total de muitas espécies de animais. Apesar de nossa fauna ser muito variada, a lista oficial das espécies que estão desaparecendo já chega a 86 (dentre elas, a anta, a onça, o mico-leão, a ema e o papagaio).

E a extinção desses animais acabará provocando o desequilíbrio do meio ambiente, pois o desaparecimento de um deles faz sempre com que aumente a população de outros. Por exemplo: o aumento do número de piranhas nos rios brasileiros é consequência do extermínio de seus três inimigos naturais – o dourado, a ariranha e o jacaré.

(Nosso Brasil, 1979)

318) O autor propõe ao leitor que imagine uma cena para que ela funcione como:

a) um ideal a ser alcançado
b) uma fantasia que nunca se realizará
c) um objetivo a que se deve dar as costas
d) uma finalidade dos grupos religiosos
e) uma mensagem de fraternidade cristã

319) "... homens, animais, florestas e oceanos convivendo em harmonia."; na continuidade do texto, o autor mostra que:

a) esqueceu-se de referir-se aos rios.
b) o homem é o agente desequilibrador da natureza.
c) os animais não matam seus semelhantes sem motivo.
d) a poluição do ar também tem causas naturais.
e) os seres vivos vivem em equilíbrio no mundo atual.

320) O item em que o elemento sublinhado tem um vocábulo correspondente indicado de forma adequada é:

a) "... convivendo em harmonia." – harmoniosas
b) "... não matam animais sem motivo,..." – impensadamente
c) "... influências que uns exercem sobre os outros..." – recíprocas
d) "... estão em equilíbrio." – equilibradamente
e) "... controlar a exploração das florestas..." – ecológica

321) "Os homens retiram das plantas apenas os frutos necessários..."; esta parte da cena proposta pelo autor defende que:

a) não deixe para amanhã o que pode fazer hoje.
b) Deus proverá o dia de amanhã.
c) se souber usar não vai faltar.
d) a ciência prevê para poder prover.
e) quem espera sempre alcança.

322) No final do primeiro parágrafo aparecem dois parênteses com pontos; isso significa que:

a) o autor deixou de dizer outras coisas importantes.
b) o texto deixou de reproduzir uma parte do texto original.
c) parte do original do texto esta ilegível.
d) nesse espaço havia uma ilustração que foi omitida.
e) havia originalmente trechos em outras línguas.

323) O que o primeiro parágrafo tenta defender é:

a) o equilíbrio ecológico
b) a extinção dos animais
c) a despoluição ambiental
d) o reflorestamento
e) a proteção dos rios e oceanos

324) "Nossa preocupação (de brasileiros)..."; o que vai entre parênteses, nesse caso, é:

a) a retificação de uma ambiguidade
b) a explicação de um termo anterior
c) a particularização de um significado
d) a inclusão de uma ideia já explícita
e) um comentário para o leitor

325) O risco a que se refere o autor do texto com o último período do texto é:

a) a extinção dos jacarés, ariranhas e dourados
b) o excesso de piranhas nos rios brasileiros
c) a mortandade de outros peixes provocada pelas piranhas
d) a desarmonia populacional das espécies animais
e) a falta de alimento para o povo brasileiro

326) A relação entre a morte do dourado e a piranha é a de:

a) causa / consequência
b) efeito / causa
c) agente / paciente
d) fato / agente
e) motivação / ação

327) Falando dos perigos que o desaparecimento dos animais provoca em nosso ambiente, o autor apela para:

a) a sedução do leitor, mostrando as belezas do mundo natural.
b) a intimidação do leitor, indicando os males que daí advêm.
c) a provocação do leitor, desafiando-o a mudar seu comportamento.
d) o constrangimento do leitor, deixando-o envergonhado por suas atitudes.
e) a tentação do leitor, prometendo-lhe uma recompensa por seus atos.

TEXTO L

AGENTE ADMINISTRATIVO – QUEIMADOS/RJ

TEXTO 2

PERDÃO

Perdoar alguém é renunciar ao ressentimento, à ira ou a outras reações justificadas por algo que essa pessoa tenha feito. Isso levanta um problema filosófico: essa pessoa é tratada de forma melhor do que ela merece; mas como pode exigir-se, ou mesmo como permitir-se, tratar alguém de uma maneira que não merece? Santo Agostinho aconselhava-nos a detestar o pecado, mas não o pecador, o que também indica uma atitude objetiva ou impessoal para com o pecador, como se o caráter do agente estivesse apenas acidentalmente ligado ao caráter detestável de suas ações.

(Simon Blackburn)

328) "Perdoar alguém é renunciar ao ressentimento..."; o vocábulo *renunciar* equivale semanticamente (sinônimo) a:

a) denunciar
b) anunciar
c) abandonar
d) retirar
e) condenar

329) O termo alguém da primeira frase do texto aparece referido com outras palavras no desenvolvimento do texto; o único termo destacado que NÃO o repete é:

a) "... por algo que essa pessoa tenha feito."
b) "... é tratada de forma melhor do que ela merece;..."
c) "... a detestar o pecado, mas não o pecador,..."
d) "... como se o caráter do agente..."
e) "... ligado ao caráter detestável de suas ações."

330) "Isso levanta um problema filosófico: essa pessoa é tratada de forma melhor do que ela merece;..."; esse segmento do texto diz-nos, implicitamente, que:

a) todos devem ser tratados segundo seus atos.
b) devemos tratar a todos de forma semelhante.
c) todos devem ser tratados de forma melhor do que merecem.
d) todos devem ser tratados de forma pior do que merecem.
e) ninguém deve ser maltratado.

331) Santo Agostinho ensina que:

a) não devemos confundir agente e paciente.
b) devemos separar ato e agente.
c) devemos confundir agente e ação.
d) devemos perdoar o ato e condenar o agente.
e) agente e ato são elementos idênticos.

TEXTO LI

AUXILIAR MÉDIO I PROGRAMADOR – MP/RJ

DESPERDÍCIO BRASIL

Sempre que se reúnem para lamuriar, os empresários falam no Custo Brasil, no preço que pagam para fazer negócios num país com regras obsoletas e vícios incrustados. O atraso brasileiro é quase sempre atribuído a alguma forma de corporativismo anacrônico ou privilégio renitente que quase sempre têm a ver com o trabalho superprotegido, com leis sociais ultrapassadas e com outras bondades inócuas, coisas do populismo irresponsável, que nos impedem de ser modernos e competitivos. Raramente falam no que o capitalismo subsidiado custa ao Brasil.

O escândalo causado pela revelação do que os grandes bancos deixam de pagar em impostos não devia ser tão grande, é só uma amostra da subtributação, pela fraude ou pelo favor, que há anos sustenta o nosso empresariado chorão, e não apenas na área financeira. A construção simultânea da oitava economia e de uma das sociedades mais miseráveis do mundo foi feita assim, não apenas pela sonegação privada e a exploração de brechas técnicas no sistema tributário – que, afinal, é lamentável, mas mostra engenhosidade e iniciativa empresarial – mas pelo favor público, pela autossonegação patrocinada por um Estado vassalo do dinheiro, cúmplice histórico da pilhagem do Brasil pela sua própria elite.

O Custo Brasil dos lamentos empresariais existe, como existem empresários responsáveis que pelo menos reconhecem a pilhagem, mas muito mais lamentável e atrasado é o Desperdício Brasil, o progresso e o produto de uma minoria que nunca são distribuídos, que não chegam à maioria de forma alguma, que não afetam a miséria à sua volta por nenhum canal, muito menos pela via óbvia da tributação. Dizem que com o que não é pago de imposto justo no Brasil daria para construir outro Brasil. Não é verdade. Daria para construir dois outros Brasis. E ainda sobrava um pouco para ajudar a Argentina, coitada.

(Luís Fernando Veríssimo)

332) Para entender bem um texto, é indispensável que compreendamos perfeitamente as palavras que nele constam. O item em que o vocábulo destacado apresenta um sinônimo imperfeito é:

a) "Sempre que se reúnem para LAMURIAR,..." – lamentar-se
b) "... um país com regras OBSOLETAS..." – antiquadas
c) "... e vícios INCRUSTADOS." – arraigados
d) "... alguma forma de corporativismo ANACRÔNICO..." – doentio
e) "... ou privilégio RENITENTE..." – persistente

333) "Sempre que se reúnem para lamuriar, os empresários falam no Custo Brasil, no preço que pagam para fazer negócios num país com regras obsoletas e vícios incrustados."; o comentário INCORRETO feito sobre os conectores desse segmento do texto é:

a) A expressão *sempre que* tem valor de tempo.
b) O conectivo *para* tem ideia de finalidade.
c) A preposição *em* no termo *no Custo Brasil* tem valor de assunto.
d) A preposição *em* no termo *num país* tem valor de lugar.
e) A preposição *com* tem valor de companhia.

334) O segmento do texto que NÃO apresenta uma crítica explícita ou implícita às elites dominantes brasileiras é:

a) "Sempre que se reúnem para lamuriar, os empresários falam no Custo Brasil..."
b) "Raramente (os empresários) falam no que o capitalismo subsidiado custa ao Brasil."
c) "O escândalo causado pela revelação do que os grandes bancos deixam de pagar em impostos não devia ser tão grande,..."
d) "... pela fraude ou pelo favor, que há anos sustenta o nosso empresariado chorão,..."
e) "O Custo Brasil dos lamentos empresariais existe,..."

335) "... no preço que pagam para fazer negócios num país com regras obsoletas e vícios incrustados."; na situação textual em que está, o segmento *país com regras obsoletas e vícios incrustados* representa:

a) uma opinião do empresariado
b) o ponto de vista do autor do texto
c) uma consideração geral que se tem sobre o país
d) o parecer do capitalismo internacional
e) a visão dos leitores sobre o país em que vivem

336) O principal prejuízo trazido pelo Custo Brasil, segundo o primeiro parágrafo do texto, que retrata a opinião do empresariado, é:

a) o corporativismo anacrônico
b) o privilégio renitente
c) trabalho superprotegido
d) populismo irresponsável
e) falta de modernidade e competitividade

337) O corporativismo anacrônico, o privilégio renitente, o trabalho superprotegido e outros elementos citados no primeiro parágrafo do texto indicam, em sua totalidade:

a) deficiências em nosso sistema socioeconômico
b) a consciência dos reais problemas do país por parte dos empresários
c) o atraso mental dos políticos nacionais
d) a carência de líderes políticos modernos e atuantes
e) a posição ultrapassada do governo

338) "Raramente falam no que o capitalismo subsidiado custa ao Brasil."; os empresários brasileiros raramente falam neste tema porque:

a) são mal preparados e desconhecem o assunto.
b) se trata de um assunto que não lhes diz respeito.
c) se refere a algo com que lucram.
d) não querem interferir com problemas políticos.
e) não possuem qualquer consciência social.

339) "... coisas do populismo irresponsável,..." corresponde a:

a) uma retificação do que antes vem expresso
b) uma ironia sobre o que é dito anteriormente
c) uma explicação dos termos anteriores
d) mais um elemento negativo do país
e) uma crítica sobre a política do país

340) O fato de os bancos deixarem de pagar impostos:

a) faz com que o Brasil se torne a oitava economia do mundo.
b) é prova de nossa modernidade.
c) é comprovação de que estamos seguindo os moldes econômicos internacionais.
d) é mais uma prova de injustiça social.
e) garante investimentos em áreas mais carentes.

341) Subtributação só pode significar:

a) sonegação de impostos
b) ausência de fiscalização no pagamento dos impostos
c) taxação injusta, por exagerada
d) impostos reduzidos
e) dispensa de pagamento de impostos

342) "... pela fraude ou pelo favor..."; os responsáveis, respectivamente, pela fraude e pelo favor são:

a) o empresariado e o poder político
b) o Congresso e o Governo
c) os sonegadores e o empresariado
d) os banqueiros e o Congresso
e) as leis e o capitalismo internacional

343) Ao dizer que nosso empresariado é *chorão*, o autor repete uma ideia já expressa anteriormente em:

a) bondades inócuas
b) lamuriar
c) populismo irresponsável
d) atraso
e) trabalho superprotegido

344) Segundo o texto, o Governo brasileiro:

a) prejudica o desenvolvimento da economia.
b) colabora com a elite no roubo do país.
c) não tem consciência dos males que produz.
d) explora as brechas técnicas do sistema tributário.
e) demonstra engenhosidade e iniciativa empresarial.

345) As "brechas técnicas do sistema tributário" permitem:

a) pagamento de menos impostos
b) sonegação fiscal
c) fraude e favor
d) maior justiça social
e) o aparecimento de queixas do empresariado

346) O "Desperdício Brasil" se refere à:

a) ausência de distribuição social das riquezas
b) subtributação patrocinada pelo Estado
c) perda de dinheiro pela diminuição da produção
d) queda de arrecadação por causa do Custo Brasil
e) redução do desenvolvimento na área financeira

347) "... o progresso e o produto de uma minoria que nunca são distribuídos, que não chegam à maioria de forma alguma,..."; representam, respectivamente, a minoria e a maioria:

a) banqueiros / empresariado
b) elite econômica / trabalhadores em geral
c) economistas / povo
d) classes populares / classes abastadas
e) desempregados / industriais

348) "... que não afetam a miséria à sua volta por nenhum canal, muito menos pela via óbvia da tributação"; nesse segmento, o autor do texto diz que os impostos:

a) deveriam ser cobrados de forma mais eficiente.
b) impõem a miséria a todas as classes.
c) causam pobreza nas elites e nas classes populares.
d) não retornam à população de forma socialmente justa.
e) são o caminho mais rápido para o progresso.

TEXTO LII

AUXILIAR JUDICIÁRIO DO TRT – 9ª REGIÃO

PAÍS DO FUTURO

Rio de Janeiro – Lembra-se de quando o Brasil era o país do futuro?

Primeiro foi um gigante adormecido ("em berço esplêndido"), que um dia iria acordar e botar pra quebrar.

Depois tornou-se o país do futuro, um futuro de riqueza, justiça social e bem-aventurança.

Eram tempos, aqueles, de postergar tudo o que não podia ser realizado no presente. A dureza do regime militar deixava poucas brechas para que se ousasse fazer alguma coisa que não fosse aquilo já previsto, planejado, ordenado pelos generais no poder.

Só restava então aguardar o futuro, que nunca chegava (mais uma vez vale lembrar: foram 21 anos de regime autoritário).

O pior é que, mesmo depois de redemocratizado o país, a coisa continuou e continua meio encalacrada, com muitos sonhos tendo de ser adiados a cada dia, a cada nova dificuldade. Com a globalização, temos que encarar (e temer) até as crises que ocorrem do outro lado do mundo.

Todavia há que se aguardar o futuro com otimismo, e alguma razão para isso existe.

Dados de uma pesquisa elaborada pela Secretaria de Planejamento do governo de São Paulo revelam que o Brasil chegará ao próximo século, que está logo ali na esquina, com o maior contingente de jovens de sua história.

Conforme os dados da pesquisa, somente na faixa dos 20 aos 24 anos serão quase 16 milhões de indivíduos no ano 2000.

Com esses dados, o usual seria prever o agravamento da situação do mercado de trabalho, já tão difícil para essa faixa de idade, e de problemas como a criminalidade em geral e o tráfico e o uso de drogas em particular.

Mas por que não inverter a mão e acreditar, ainda que forçando um pouco a barra, que essa massa de novas cabeças pensantes simboliza a chegada do tal futuro? Quem sabe sairá do acúmulo de energia renovada dessa geração a solução de problemas que apenas se perpetuaram no fracasso das anteriores?

Nada mal começar um milênio novinho em folha com o viço, a ousadia e o otimismo dos que têm 20 anos.

(Luiz Caversan – Folha de São Paulo, 28.11.98)

349) Encontra apoio no texto a afirmação contida na opção:

a) A existência de 16 milhões de jovens brasileiros no ano 2000 constituirá um problema insolúvel.
b) Com a população jovem brasileira na casa dos 16 milhões, só se pode esperar o pior.
c) Não se pode pensar de forma otimista em relação ao próximo século.
d) Pode-se pensar positivamente em relação ao nosso futuro, apesar de alguns problemas.
e) Pode-se pensar de forma positiva sobre nosso futuro a partir da previsão do agravamento do desemprego.

350) A ideia de futuro vem representada no texto por uma sequência de conceitos. A opção que indica essa sequência é:

a) expectativa – gigantismo – idealização – otimismo
b) otimismo – expectativa – idealização – gigantismo
c) gigantismo – otimismo – idealização – expectativa
d) expectativa – idealização – otimismo – gigantismo
e) gigantismo – idealização – expectativa – otimismo

351) A linguagem coloquial empregada no texto pode ser exemplificada pela expressão:

a) "em berço esplêndido"
b) botar pra quebrar
c) bem-aventurança
d) dados de uma pesquisa
e) somente na faixa

352) Postergar significa:

a) polemizar
b) preterir
c) manifestar
d) difundir
e) incentivar

353) Em "o maior contingente de jovens de sua história", o substantivo "jovens", embora masculino, refere-se tanto aos rapazes quanto às moças. É comum, porém, que na distinção de gêneros haja referência a conteúdos distintos. Nas alternativas abaixo, a dupla de substantivos cuja diferença de gêneros NÃO corresponde a uma diferença de significados é:

a) novos cabeças – novas cabeças
b) vários personagens – várias personagens
c) outro guia – outra guia
d) o faixa preta – a faixa preta
e) algum capital – alguma capital

354) Em "... começar um milênio novinho em folha com o viço, a ousadia e o otimismo dos que têm 20 anos", a parte sublinhada é substituível, sem mudança do significado, por:

a) a juventude, a audácia
b) a competência, a imaginação
c) a criatividade, a perseverança
d) a criatividade, a coragem
e) a imaginação, o destemor

TEXTO LIII

AUXILIAR SUPERIOR ANALISTA DE SISTEMAS – MP/RJ

TEXTO 1

XENOFOBIA E RACISMO (fragmento)

As recentes revelações das restrições impostas, há mais de meio século, à imigração de negros, judeus e asiáticos durante os governos de Dutra e Vargas chocaram os brasileiros amantes da democracia. Foram atos injustos, cometidos contra estes segmentos do povo brasileiro que tanto contribuíram para o engrandecimento de nossa nação.

Já no Brasil atual, a imigração de estrangeiros parece liberalizada e imune às manchas do passado, enquanto que no continente europeu marcha-se a passos largos na direção de conflitos raciais onde a marca principal é o ódio dos radicais de direita aos imigrantes.

Na Europa, a história se repete com o mesmo enredo centenário: imigrantes são bem-vindos para reforçar a mão de obra local em momentos de reconstrução nacional ou de forte expansão econômica; após anos de dedicação e engajamento à vida local, começam a ser alvo da violência e da segregação.

(O Globo, 13/7/01)

355) A seleção vocabular do primeiro período do texto permite dizer que:

a) o adjetivo *recentes* traz como inferência que as *revelações* referidas no texto ocorreram nos dias imediatamente antes da elaboração do artigo.

b) a escolha do substantivo *revelações* se refere a um conjunto de informações que, para o bem do país, deveria permanecer oculto.

c) o substantivo *restrições* indica a presença de limitações oficiais na política migratória do país.

d) o adjetivo *impostas* se liga obrigatoriamente a um poder discricionário, como o presente nas ditaduras de Dutra e Vargas.

e) em razão das referências históricas imprecisas do texto, o segmento *há mais de meio século* se refere a uma quantidade de anos superior a 50 e inferior a 100.

356) Se as restrições de imigração eram impostas a negros, judeus e asiáticos, podemos dizer que havia, nesse momento, uma discriminação de origem:

a) racial e religiosa
b) exclusivamente racial
c) econômica e racial
d) racial e geográfica
e) religiosa, econômica, racial, geográfica e cultural

357) Em relação ao primeiro período do texto, o segundo:

a) explicita quais as revelações referidas.
b) indica, como informação nova, que os atos cometidos eram negativos.
c) esclarece qual a razão dos atos referidos terem chocado os brasileiros.
d) mostra a consequência dos fatos relatados anteriormente.
e) comprova as afirmativas iniciais do jornalista com dados históricos.

358) Ao classificar os atos restritivos à imigração de *injustos*, o autor do texto mostra:

a) somente a opinião dos brasileiros amantes da democracia
b) a sua opinião e a de alguns brasileiros
c) a sua opinião e a dos leitores
d) somente a sua opinião
e) a sua opinião e a dos brasileiros em geral

359) Ao escrever que os atos injustos foram cometidos "contra esses segmentos do povo brasileiro...", o autor do texto mostra que:

a) a população brasileira da era Vargas sofria pela discriminação oficial.
b) negros, judeus e asiáticos são vistos como brasileiros pelo autor do texto.
c) o povo brasileiro é constituído de raças e credos distintos.
d) alguns segmentos de nosso povo foram autores de atos injustos.
e) o Brasil e seu povo já passaram por momentos históricos difíceis.

360) O segundo parágrafo do texto é introduzido pelo segmento "Já no Brasil atual..."; tal segmento indica:

a) uma oposição de local e tempo
b) uma oposição de tempo
c) uma consequência do primeiro parágrafo
d) uma comparação de duas épocas
e) uma indicação das causas dos fatos relatados

361) Ao escrever que a imigração de estrangeiros parece "imune às manchas do passado", o autor do texto quer indicar que:

a) os estrangeiros já esqueceram as injustiças de que foram vítimas.
b) a imigração ainda traz marcas dos atos injustos do passado.
c) os imigrantes atuais desconhecem os fatos passados.
d) nada mais há que possa manchar o nosso passado histórico.
e) o processo migratório atual em nada lembra os erros do passado.

362) De todas as ideias expressas abaixo, aquela que NÃO está contida direta ou indiretamente no texto é:

a) Os imigrantes são bem-vindos no Brasil de hoje.
b) A atual situação dos imigrantes na Europa faz prever conflitos futuros.
c) Os estrangeiros acabam sendo perseguidos, em alguns países, apesar de seus bons serviços.
d) A expansão econômica da Europa provocou a saída de emigrantes.
e) Os imigrantes são fator de colaboração para o progresso das nações.

TEXTO LIV

AUXILIAR SUPERIOR ANALISTA DE SISTEMAS – MP/RJ

TEXTO 2

RACISMO

A imprensa brasileira vem noticiando uma proposta milionária do Lazio da Itália, que pretende adquirir o passe do zagueiro Juan por 10 milhões de dólares. Este é o time cuja torcida já agrediu o jogador brasileiro Antonio Carlos, do Roma, e perdeu o mando de campo por incitamento racista em pleno estádio.

Aqui fica uma sugestão a este jovem negro, atleta brasileiro de 22 anos, com um brilhante futuro profissional: recuse o convite e não troque o Brasil pela Itália, pois moedas não resgatam a dignidade. Diga não aos xenófobos e racistas.

(O Globo, 13/7/01)

363) "A imprensa brasileira vem noticiando..."; com a utilização do tempo verbal destacado, o autor do texto quer referir-se a uma ação que:

a) acaba de terminar.
b) acaba de começar.
c) se iniciou antes de outra ação passada.
d) se iniciou há pouco tempo e permanece no presente.
e) se repete no passado e no presente.

364) O segundo texto: (Para resolver esta questão, é necessário voltar ao texto anterior, nº LIII, pertencente à mesma prova.)

a) comprova o pensamento expresso no terceiro parágrafo do texto 1.
b) exemplifica a discriminação indicada no primeiro período do texto 1.
c) mostra que os preconceitos raciais e religiosos não são coisas do passado.
d) demonstra que xenófobos e racistas são maioria na Europa.
e) aborda o mesmo tema do primeiro, mas de forma mais específica.

365) "Este é o time cuja torcida já agrediu o jogador brasileiro"; este segmento do texto é fruto da união das duas orações seguintes:

a) Este é o time / A torcida deste time já agrediu o jogador brasileiro.
b) Este é o time / O jogador brasileiro já foi atingido pela torcida deste time.
c) A torcida já agrediu o torcedor brasileiro / Esta é a torcida deste time.
d) A torcida já agrediu o jogador brasileiro / Este é o time cuja.
e) Este é o time cuja / A torcida agrediu o jogador brasileiro.

366) O tom final do texto é de:

a) advertência
b) alerta
c) conselho
d) ordem
e) repreensão

TEXTO LV

OF. DE JUSTIÇA AVALIADOR DA CORREGEDORIA/RJ

ENTREVISTA

Aos 51 anos o médico paulista Geraldo Medeiros é um dos endocrinologistas brasileiros de maior e mais duradouro sucesso. Numa especialidade em que o prestígio dos profissionais oscila conforme a moda, há três décadas ele mantém sua fama em ascendência.

Em seu consultório de 242 metros quadrados, na elegante região dos Jardins, uma das mais exclusivas de São Paulo, Medeiros guarda as fichas de 32.600 clientes que já atendeu. Mais da metade o procurou para fazer regime de emagrecimento. Sua sala de espera está permanentemente lotada e à vezes é necessário marcar uma consulta com semanas de antecedência.

Como professor de Clínica Médica e Endocrinologia da Faculdade de Medicina da Universidade de São Paulo, Medeiros já atendeu outros milhares de pacientes. A maioria, porém, foi parar em suas mãos em razão de outra especialidade da qual é mestre: as doenças da tireoide.

(Revista *Veja* nº 567)

367) Quais as informações fundamentais para o texto presentes em seu primeiro período?

a) aos 51 anos – Geraldo Medeiros – endocrinologista
b) Geraldo Medeiros – endocrinologista – de sucesso
c) médico paulista – Geraldo Medeiros – endocrinologista
d) aos 51 anos – médico – endocrinologista
e) médico – Geraldo Medeiros – sucesso

368) Qual a utilidade de ser dada a idade do médico entrevistado logo ao início do texto?

a) Indicar sua experiência e capacidade.
b) Mostrar sua vitalidade e competência.
c) Demonstrar sua capacidade e perspicácia.
d) Provar seu conhecimento e juventude.
e) Aludir à sua juventude e vitalidade.

369) O segundo período do texto é construído como explicitação de um dos termos do primeiro período. Qual?

a) médico paulista
b) endocrinologista brasileiro
c) maior sucesso
d) mais duradouro sucesso
e) aos 51 anos

370) Muitos elementos do segundo período repetem elementos do primeiro. Indique a correspondência equivocada entre elementos dos dois períodos.

a) especialidade – endocrinologista
b) prestígio – sucesso
c) profissionais – médico
d) fama – sucesso
e) décadas – 51 anos

371) Que elemento do primeiro período é explicitado no terceiro período?

a) aos 51 anos
b) médico paulista
c) endocrinologistas brasileiros
d) maior sucesso
e) mais duradouro sucesso

372) Entre as duas atividades do médico há uma série de elementos que se opõem. Indique a oposição equivocada.

a) endocrinologista – professor
b) clientes – pacientes
c) emagrecimento – doenças da tireoide
d) marcar uma consulta – parar em suas mãos
e) 32.600 – milhares

TEXTO LVI

PERITO LEGISTA – FAEPOL

TEXTO 1

CORPO

Na doença é que descobrimos que não vivemos sozinhos, mas sim encadeados a um ser de um reino diferente, de que nos separam abismos, que não nos conhece e pelo qual nos é impossível fazer-nos compreender: o nosso corpo. Qualquer assaltante que encontremos numa estrada, talvez consigamos torná-lo sensível ao seu interesse particular, senão à nossa desgraça. Mas pedir compaixão a nosso corpo é discorrer diante de um polvo, para quem as nossas palavras não podem ter mais sentido que o rumor das águas, e com o qual ficaríamos cheios de horror de ser obrigados a viver.

(Proust)

373) Segundo o texto, o nosso corpo:

a) tem plena consciência de viver encadeado a um ser diferente.
b) conhece perfeitamente o outro ser a que está encadeado.
c) é separado de nossa alma por um abismo intransponível.
d) se torna conhecido pouco a pouco.
e) só na doença é que tem sua existência reconhecida.

374) A conjunção mas (linha 1) opõe basicamente duas palavras do texto, que são:

a) descobrimos / vivemos
b) sozinhos / encadeados
c) vivemos / encadeados
d) doença / reino
e) sozinho / ser

375) "... pelo qual nos é impossível fazer-nos compreender."; esse segmento do texto quer dizer que:

a) não nos é possível fazer com que nosso corpo nos compreenda.
b) é impossível compreender o nosso corpo.
c) é possível fazer com que alma e corpo se entendam.
d) é impossível ao corpo compreender o ser humano.
e) o corpo humano pode compreender mas não pode ser compreendido.

376) "Qualquer assaltante que encontremos..."; nesse segmento, o uso do subjuntivo mostra uma:

a) certeza
b) comparação
c) possibilidade
d) previsão
e) condição

377) O item abaixo em que o pronome sublinhado tem seu antecedente corretamente indicado é:

a) "... ao seu interesse particular...": corpo
b) "... para quem as nossas palavras...": assaltante
c) "... de que nos separam abismos...": sozinhos
d) "... e com o qual ficaríamos...": águas
e) "... talvez consigamos torná-lo...": assaltante

378) "... senão à nossa desgraça."; o vocábulo sublinhado equivale, nesse segmento, a:

a) ou
b) exceto
c) salvo
d) e não
e) se

379) "... é discorrer diante de um polvo."; esse segmento do texto representa uma tarefa:

a) trabalhosa
b) inútil
c) frutífera
d) temerosa
e) destemida

TEXTO LVII

PERITO LEGISTA – FAEPOL

TEXTO 2

LONGEVIDADE

Pouquíssimas são as longevidades justificáveis. Curta ou longa, a vida deveria encerrar-se logo ao cessar a missão de quem viveu: criar um filho, realizar uma obra, fazer uma guerra, perpetrar um crime... Existências exemplares que souberam quando terminar! Desgraçadamente essa ciência a mais ninguém hoje se concede, empenhada que anda a medicina em proporcionar meras e miseráveis sobrevivências.

(Walter Benevides)

380) O termo *longevidade* significa:

a) vida inútil
b) vida distante
c) vida indiferente
d) vida miserável
e) vida longa

381) *Pouquíssimas* só <u>não</u> equivale semanticamente a:

a) mínimas
b) raríssimas
c) muito poucas
d) extremamente raras
e) bastante poucas

382) "Existências exemplares" são aquelas que:

a) realizaram obras benéficas.
b) tiveram longevidades injustificáveis.
c) souberam quando terminar.
d) não cumpriram missões negativas.
e) recusaram sobrevivências miseráveis.

383) A "ciência" a que se refere o autor do texto é:

a) a medicina, encarregada da sobrevivência humana
b) a competência de criar um filho
c) a possibilidade de realizar uma missão, curta ou longa
d) a de ter consciência de saber quando morrer
e) a possibilidade de ampliar a extensão da vida humana

384) O autor critica a Medicina porque ela:

a) desconhece a origem dos males.
b) aceita missões positivas e negativas.
c) prolonga vidas inúteis.
d) não é ensinada de forma competente a mais ninguém.
e) só propicia vida melhor para uns poucos privilegiados.

385) "Curta ou longa" é um exemplo de antítese, em que se opõem dois vocábulos de significação oposta; o item abaixo em que os dois vocábulos indicados possuem oposição semântica é:

a) encerrar-se / iniciar-se
b) realizar / imaginar
c) pouquíssimas / reduzidíssimas
d) cessar / interromper
e) exemplares / inúteis

TEXTO LVIII

PERITO LEGISTA – FAEPOL

TEXTO 3

A CIÊNCIA

I – A ciência permanecerá sempre a satisfação do desejo mais alto da nossa natureza, a curiosidade; ela fornecerá sempre ao homem o único meio que ele possui para melhorar a própria sorte. (Renan)

II – A ciência, que devia ter por fim o bem da humanidade, infelizmente concorre na obra de destruição e inventa constantemente novos meios de matar o maior número de homens no tempo mais curto. (Tolstói)

III – Faz-se ciência com fatos, como se faz uma casa com pedras; mas uma acumulação de fatos não é uma ciência, assim como um montão de pedras não é uma casa. (Poincaré)

386) A(s) opinião(ões) que traduz(em) uma visão negativa da ciência é(são):

a) I
b) II
c) III
d) I-II
e) II-III

387) Segundo o segmento I, a curiosidade é:

a) a satisfação de nosso desejo
b) o caminho de melhorar a própria sorte
c) o único meio de obter satisfação
d) o desejo mais alto da nossa natureza
e) sinônimo da própria ciência

388) O "desejo mais alto", citado no segmento I, significa o desejo:

a) mais contido
b) mais difícil
c) mais problemático
d) mais intenso
e) mais espiritual

389) O emprego do futuro do presente do indicativo no segmento I significa:

a) certeza dos fatos futuros
b) possibilidade de fatos futuros
c) incerteza dos fatos futuros
d) dúvida sobre os fatos futuros
e) desejo do autor sobre os fatos futuros

390) "... para melhorar a própria sorte."; o vocábulo *sorte*, nesse segmento, equivale semanticamente a:

a) futuro
b) felicidade
c) infortúnio
d) horóscopo
e) destino

391) No segmento II, o uso do pretérito imperfeito do indicativo em "... devia ter por fim o bem da humanidade..." significa que:

a) a finalidade da ciência está equivocada.
b) o ideal da ciência, no passado, era o bem da humanidade.
c) a realidade é diferente da finalidade ideal da ciência.
d) a realidade confirma o ideal científico.
e) sob certas condições a ciência atinge o seu ideal.

392) "... infelizmente concorre na obra de destruição..."; nesse segmento, o verbo *concorrer* equivale semanticamente a:

a) compete
b) rivaliza
c) prejudica
d) colabora
e) combate

393) "... bem <u>da humanidade</u>...", "... obra <u>de destruição</u>...", "... novos meios <u>de matar</u>..."; as expressões sublinhadas são respectivamente correspondentes a:

a) humano, destrutiva, mortíferos
b) humanitário, destruidora, homicidas
c) humanista, destrutiva, assassinos
d) humano, destruidora, violentos
e) humanitário, destruidora, mortais

394) Vocábulos que no segmento II mostram a opinião do autor do texto sobre o conteúdo veiculado é:

a) infelizmente / devia
b) constantemente / infelizmente
c) por fim / devia
d) destruição / ciência
e) constantemente / destruição

395) "... matar o maior número de homens no tempo mais curto", como aparece no segmento II, demonstra:

a) violência inútil
b) crueldade necessária
c) qualidade suprema
d) eficácia positiva
e) eficiência mórbida

396) "... como se faz uma casa com pedras...", no segmento III, corresponde a uma:

a) condição
b) causa
c) consequência
d) comparação
e) concessão

397) No segmento III, os dois termos que se encontram nos mesmos postos de comparação são:

a) ciência / pedras
b) fatos / casa
c) ciência / casa
d) ciência / fatos
e) casa / pedras

398) O que nos três segmentos do texto 3 mostra um ponto comum da ciência é que ela é vista como:

a) um bem para a humanidade
b) um conhecimento subjetivo
c) uma esperança de progresso
d) uma certeza de sobrevivência
e) uma atividade humana

TEXTO LIX

MAGISTÉRIO MUNICIPAL – RIO

PRISÃO DE VENTRE NA ALMA (fragmento)

Todos estamos nos tornando, hoje, mais desconfiados do que no passado. Com exceção das pessoas que se dispõem a pagar um preço altíssimo por uma unidade monolítica, somos todos bastante divididos interiormente.

Para o bem ou para o mal, vão rareando as convicções inabaláveis. Uma parte de nós quer acreditar, outra é descrente. Gostaríamos de ter segurança para acreditar em coisas que ninguém pode assegurar que são inteiramente dignas de nossa confiança.

As verdades do crente dependem da fé, enquanto a fé existe. Mas a fé também pode deixar de existir; ela não depende da razão, nem da ciência; depende de Deus, que a deu e pode tirá-la. 0 filósofo Pascal já no século XVI afirmava que a nossa razão serve, no máximo, para nos ajudar a fazer apostas mais convenientes.

As verdades científicas, por sua vez, dependem da história, são periodicamente revistas, reformuladas. As novas descobertas e as novas invenções não se limitam a complementar os conhecimentos já adquiridos: exigem que eles sejam rediscutidos e às vezes drasticamente modificados.

E as verdades filosóficas? Quanto maiores forem os pensadores que as enunciam, mais acirrada será a controvérsia entre eles. As verdades filosóficas se contradizem, umas questionam as outras.

Somos envolvidos, então, por uma onda de ceticismo. É possível que essa onda já tenha tido alguns efeitos favoráveis à liberdade espiritual dos indivíduos, ao fortalecimento neles do espírito crítico. É possível que ela tenha de algum modo “limpado o terreno” para um diálogo mais desenvolto entre as criaturas, para valores mais comprometidos com o pluralismo, contribuindo para a superação de algumas formas rígidas e dogmáticas de pensar.

Dentro de limites razoáveis, o ceticismo atenua certezas, suaviza conclusões peremptórias e abre brechas no fanatismo. Na medida em que se espraia indefinidamente, contudo, ele traz riscos graves. A própria dinâmica de um ceticismo ilimitado apresenta uma contradição insuperável.

O poeta Brecht expressou esse impasse num poeminha que tem apenas três versos e que não pode deixar de ser reproduzido aqui:

"Só acredite no que seus olhos veem e no que seus ouvidos escutam.
Não acredite nem no que seus olhos veem e seus ouvidos escutam.
E saiba que, afinal, não acreditar ainda é acreditar."

Realmente, quem não acredita, para estar convencido de que não está acreditando, precisa acreditar em seu poder de não acreditar. Aquele que não crê, curiosamente, está crendo na sua descrença.

(Leandro Konder)

399) "... as pessoas que se dispõem a pagar um preço altíssimo por uma unidade monolítica..."; com esse segmento o autor do texto quer referir-se:

a) àquelas pessoas que, tendo possibilidades, procuram aumentar sua cultura a ponto de superarem as dúvidas.
b) aos indivíduos que se sacrificam interiormente em troca de uma consistência psicológica que os defenda de divisões internas.
c) às pessoas que se dispõem a viver sozinhas, separadas de todos os demais, a fim de evitar sofrimento inútil.
d) àqueles que imaginam viver em comunhão com Deus de modo fiel e, pela fé, superar os obstáculos.
e) àqueles céticos que defendem seu ateísmo de forma a mostrarem uma unidade de pensamento que, na verdade, não possuem.

400) "Uma parte de nós quer acreditar, outra é descrente." O par de vocábulos abaixo que não poderia substituir, respectivamente, de forma adequada, os elementos sublinhados é:

a) quer ter fé / pecadora
b) quer crer / incrédula
c) quer confiar / desconfiada
d) quer dar crédito / cética
e) quer ter certeza / insegura

401) A divisão interna do ser humano, segundo o texto:

a) está mais ligada à perda da fé, que nos é dada ou tirada por Deus, do que à perda da credibilidade na ciência ou na filosofia.
b) se prende unicamente à contradição das verdades filosóficas, que se apoiam na maior ou menor credibilidade de seus enunciadores.
c) se origina da perda de nossas convicções, sejam na religião, na ciência ou na filosofia.
d) é própria da natureza humana, que não consegue criar, nem na religião, nem na ciência ou na filosofia, algo confiável.
e) é altamente positiva, já que nos livra do fanatismo e dos radicalismos de qualquer espécie.

402) Segundo o texto, as novas descobertas e as novas invenções:

a) servem para mostrar a força criativa do homem, opondo-se a "verdades definitivas".
b) mostram o progresso dos conhecimentos científicos, criado a partir da correção dos erros anteriores.
c) discutem e modificam, além de desmascararem, todas as teorias científicas do passado.
d) demonstram a incapacidade da ciência de atingir a verdade, pois estão sempre corrigindo o caminho percorrido.
e) comprovam que a ciência também tem suas verdades permanentemente renovadas, pela complementação ou correção do já descoberto.

403) O ceticismo, segundo o texto, apresenta como aspecto positivo:

a) o aparecimento de um forte radicalismo crítico
b) a queda do pluralismo, que sempre desuniu os homens
c) o reconhecimento da possibilidade de várias verdades
d) o surgimento de formas mais rígidas e dogmáticas de pensar
e) a possibilidade de ampliar as brechas do fanatismo

404) O poeta Brecht é citado no texto para:

a) trazer sensibilidade ao tratamento do tema.
b) opor-se a uma teoria dominante.
c) comprovar a falência dos sentidos humanos.
d) ilustrar a contradição interna do ceticismo.
e) valorizar a força da fé.

405) O texto de Leandro Konder deve ser considerado como:

a) didático
b) informativo
c) argumentativo
d) expressivo
e) narrativo

TEXTO LX

AUXILIAR CENSITÁRIO DE APURAÇÃO – IBGE

RECURSOS HUMANOS

Li que a espécie humana é um sucesso sem precedentes. Nenhuma outra com uma proporção parecida de peso e volume se iguala à nossa em termos de sobrevivência e proliferação. E tudo se deve à agricultura. Como controlamos a produção do nosso próprio alimento, somos a primeira espécie na história do planeta a poder viver fora de seu ecossistema de nascença. Isso nos deu mobilidade e a sociabilidade que nos salvaram do processo de seleção, que limitou outros bichos de tamanho equivalente e que acontece quando uma linhagem genética dependente de um ecossistema restrito fica geograficamente isolada e só evolui como outra espécie. É por isso que não temos mudado muito, mas também não nos extinguimos.

(Luís Fernando Veríssimo)

406) Segundo o texto, o sucesso da espécie humana é medido:

a) por sua capacidade de viver fora de seu ecossistema
b) por sua sobrevivência e proliferação
c) por possibilidade de produzir seu próprio alimento
d) por sua inalterabilidade e resistência à extinção
e) por sua agricultura

407) Dizer que a espécie humana "é um sucesso sem precedentes" equivale a dizer que:

a) não há explicações possíveis para esse sucesso.
b) poucas espécies tiveram sucesso semelhante.
c) nada ocorreu antes que pudesse explicar esse fato.
d) nenhuma outra espécie já atingiu tal sucesso.
e) nosso sucesso é independente de nossos antepassados.

408) Precedente e procedente são palavras de forma semelhante, mas de significados distintos. A frase abaixo em que há ERRO no emprego da palavra destacada é:

a) A nova pesquisa deve fazer *emergir* resultados interessantes.
b) É necessário ter bom *senso* para julgar os questionários da pesquisa.
c) Muitas informações mostram *descriminação* racial em pequena parte da população.
d) alguns pesquisadores são *destratados* pelos entrevistados.
e) alguns entrevistados indicam sua naturalidade *em vez de* sua nacionalidade.

409) "Nenhuma outra com uma proporção parecida de peso e volume se iguala à nossa em termos de sobrevivência e proliferação". Pode-se inferir desse segmento que:

a) não há outras espécies com a mesma proporção de peso e volume que a espécie humana.
b) só a espécie humana vai sobreviver.
c) só a espécie humana proliferou de forma tão rápida e ampla.
d) sobrevivência e proliferação são valores que medem o sucesso de uma espécie.
e) nossa proporção de peso e volume ajudou a nossa espécie a ter sucesso.

410) O termo destacado nos itens abaixo refere-se a algum termo anterior do texto; o item em que essa referência é esclarecida de forma ERRADA é:

a) Nenhuma <u>outra</u> (espécie) com uma proporção parecida...
b) ... se iguala à <u>nossa</u> (proporção) em termos de sobrevivência...
c) <u>Isso</u> (o fato de viver fora de nosso ecossistema de nascença) nos deu mobilidade...
d) ... <u>que</u> (mobilidade e sociabilidade) nos salvaram do processo de seleção.
e) ... e <u>que</u> (processo de seleção) acontece quando uma linhagem genética...

411) "Como controlamos a produção de nosso próprio alimento, somos a primeira espécie na história..."; a oração sublinhada apresenta, em relação à seguinte, o valor de:

a) condição
b) modo
c) comparação
d) conclusão
e) causa

412) O item em que o sinônimo da palavra destacada está corretamente indicado é:

a) "... em termos de sobrevivência e proliferação." – multiplicação
b) "Isso nos deu mobilidade..." – rapidez
c) "Isso nos deu mobilidade e a sociabilidade..." – negociação
d) "... que limitou outros bichos..." – confirmou
e) "... de um ecossistema restrito..." – selecionado.

413) O item abaixo que apresenta uma afirmação correta em relação ao texto lido é:

a) O autor declara sua esperança na sobrevivência da espécie humana.
b) O texto analisa a independência da espécie humana em relação à produção de seus próprios alimentos.
c) O texto mostra certas peculiaridades da espécie humana em relação a outras espécies.
d) O autor prevê certas dificuldades para a sobrevivência da espécie humana no planeta.
e) O texto alude à possibilidade de a espécie humana ficar dependente de um ecossistema restrito.

414) "Li que a espécie humana é um sucesso sem precedentes."; a frase abaixo cuja estrutura ALTERA o sentido original desse segmento é:

a) Li que o sucesso da espécie humana é sem precedentes.
b) A espécie humana é um sucesso sem precedentes, segundo o que li.
c) Ser a espécie humana um sucesso sem precedentes foi o que foi lido por mim.
d) Li ser a espécie humana um sucesso sem precedentes.
e) Li que a espécie humana é um sucesso que não tem precedentes.

TEXTO LXI

TFC

Com franqueza, estava arrependido de ter vindo. Agora que ficava preso, ardia por andar lá fora, e recapitulava o campo e o morro, pensava nos outros meninos vadios, o Chico Telha, o Américo, o Carlos das Escadinhas, a fina flor do bairro e do gênero humano. Para o cúmulo de desespero, vi através das vidraças da escola, no claro azul do céu, por cima do morro do Livramento, um papagaio de papel alto e largo, preso de uma corda imensa que bojava no ar, uma cousa soberba. E eu na escola, sentado, pernas unidas, com o livro de leitura e a gramática nos joelhos.

– Fui bobo em vir, disse eu ao Raimundo.

– Não diga isso, murmurou ele.

("Conto de escola". Machado de Assis. *In*: Contos, São Paulo, Ática, 1982, 9ª ed., p. 25-30)

415) Indique o segmento que completa, de acordo com o texto, o enunciado formulado a seguir:

No trecho transcrito, o narrador-personagem é um menino, que relata:

a) as dificuldades que experimenta nas aulas de leitura e gramática.

b) o desespero por não possuir um papagaio de papel tão soberbo como aquele que via no céu.

c) os temores de ficar de castigo, sentado, os livros nos joelhos.

d) o arrependimento por não ter acompanhado Raimundo nas estripulias com os meninos do morro.

e) suas emoções em um dia de escola.

416) Indique o segmento que completa, de acordo com o texto, o enunciado formulado a seguir:

O menino se confessava "arrependido de ter vindo" porque

a) os outros meninos vadios passariam a chamá-lo de bobo.

b) não gostava que os outros meninos empinassem seu papagaio de papel.

c) preferia ter ficado com os outros meninos, a brincar na rua.

d) tivera de cumprir a promessa de que viria, feita a Raimundo.

e) sentia dor nas pernas, ao ficar muito tempo sentado, com os livros nos joelhos.

417) Indique a letra que <u>não</u> apresenta uma relação semântica correta entre os termos emparelhados.

a) menino-narrador – arrependido de ter vindo
b) menino-narrador – preso de uma corda imensa
c) papagaio de papel – uma cousa soberba
d) papagaio de papel – bojava no ar
e) papagaio de papel – alto e largo

418) Assinale o segmento que pode substituir no texto, sem prejuízo da significação original, o trecho: "Ardia por andar lá fora."

a) Queimava de raiva por estar preso.
b) Ansiava por estar lá fora.
c) Fervia-me para caminhar pelas ruas.
d) Recapitulava para saltar para a rua.
e) Almejava dirigir-me para o refeitório.

TEXTO LXII

ANALISTA JUDICIÁRIO DO TRF – 3ª REGIÃO

O PARTO E O TAPETE

RIO DE JANEIRO – Big nem era minha, era de um cunhado. Naquele tempo eu ainda não gostava de cachorros, pagando por isso um preço que até hoje me maltrata. Mas, como ia dizendo, Big não era minha, mas estava para ter ninhada, e meu cunhado viajara.

De repente, Big procurou um canto e entrou naquilo que os entendidos chamam de "trabalho de parto". Alertado pela cozinheira, que entendia mais do assunto, telefonei para o veterinário que era amigo do cunhado. Não o encontrei. Tive de apelar para uma emergência, expliquei a situação, 15 minutos depois veio um veterinário. Examinou Big, achou tudo bem, pediu um tapete.

Providenciei um, que estava desativado, tivera alguma nobreza, agora estava puído e desbotado. O veterinário deitou Big em cima, pediu uma cadeira e um café. Duas horas se passaram, Big teve nove filhotes e o veterinário me cobrou 90 mil cruzeiros, eram cruzeiros naquela época, e dez mil por filhote. Valiam mais – tive de admitir.

No dia seguinte, com a volta do cunhado, chamou-se o veterinário oficial. Quis informações sobre o colega que me atendera. Contei que ele se limitara a pedir um tapete e pusera Big em cima. Depois pedira um café e uma cadeira, cobrando-me 90 mil cruzeiros pelo trabalho.

O veterinário limitou-se a comentar: "Ótimo! Você teve sorte, chamou um bom profissional!". Como? A ciência que cuida do parto dos animais se limita a colocar um tapete em baixo?

"Exatamente. Se tivesse me encontrado, eu faria o mesmo e cobraria mais caro, moro longe".

Nem sei por que estou contando isso. Acho que tem alguma coisa a ver com a sucessão presidencial. Muitas especulações, um parto complicado, que requer veterinário e curiosos. Todos darão palpites, todos se esbofarão para colocar o tapete providencial que receberá o candidato ungido, que nascerá por circunstâncias que ninguém domina.

E todos cobrarão caro.

(Carlos Heitor Cony, *Folha de S. Paulo*, 19-12-01)

419) A associação entre o episódio narrado e a sucessão presidencial apoia-se

a) no argumento de que dos dois nascerá algo de grande valia e importância.
b) na ideia de que, num e noutro caso, cumprem-se rituais que pouco interferem nos fatos, mas que têm alto preço.
c) no fato de que sempre se estendem tapetes aos líderes poderosos que estão por vir.
d) na suposição de que as emergências são iguais por mais diferentes que pareçam.
e) na constatação de que a sucessão requer o envolvimento de especialistas e muita precisão.

420) Observe as frases I e II, extraídas do texto.
I. "Big nem era minha, era de um cunhado."
II. "Big não era minha, mas estava para ter ninhada, e meu cunhado viajara."
É correto dizer que o narrador

a) em I, sugere estar desobrigado em relação ao animal; em II, faz ressalva a essa desobrigação.
b) em I, afirma ser estranho ao animal; em II, reitera sua indiferença em relação a este.
c) em I, exprime desprezo pelo animal; em II, manifesta um mínimo de consideração pelo destino deste.
d) em I, nega ter vínculos com o animal; em II, critica o cunhado que se ausentou, deixando Big aos cuidados de outrem.
e) em I, mostra-se longe de ter responsabilidade pelo animal; em II, invoca a responsabilidade do legítimo proprietário.

421) Ao afirmar "tive de admitir" (final do 3º parágrafo), o narrador dos fatos está indicando que

a) constatou a verdadeira importância do profissional que assistira Big, em seu trabalho de parto.
b) tomou consciência de que pagara mais do que valiam os filhotes de Big no mercado.
c) se curvou ao argumento empregado pelo veterinário para justificar o preço de seu serviço.
d) se estarreceu com o valor que um filhote pode atingir e com o preço que cobram os veterinários.
e) pagou pelos filhotes um preço justo, já que valiam mais do que dez mil cruzeiros.

422) "Se tivesse me encontrado, eu faria o mesmo e cobraria mais caro, moro longe."

O significado do período acima está corretamente expresso em:

a) Mesmo que tivesse me encontrado, eu faria o mesmo cobrando mais caro, portanto moro longe.
b) Caso tivesse me encontrado, eu faria o mesmo, mas cobraria mais caro, pois moro longe.
c) Embora tivesse me encontrado, eu faria o mesmo, porém cobraria mais caro; moro longe, pois.
d) Desde que tivesse me encontrado, eu faria o mesmo, pois cobraria mais caro, contanto que moro longe.
e) Salvo se tivesse me encontrado, eu faria o mesmo, porque cobraria mais caro, mesmo morando longe.

423) A palavra que expressa corretamente o significado de *ungido*, em... "colocar o tapete presidencial que receberá o candidato ungido"..., é

a) sacrificado
b) usurpado
c) surgido
d) proposto
e) sagrado

424) A frase que traz implícita a ideia de mudança de situação é:

a) Naquele tempo eu ainda não gostava de cachorros.
b) Nem sei por que estou contando isso.
c) Examinou Big, achou tudo bem, pediu um tapete.
d) Quis informações sobre o colega que me atendera.
e) Ótimo! Você teve sorte, chamou um bom profissional.

TEXTO LXIII

CIÊNCIAS HUMANAS – IBGE

TEXTO

ENTREVISTA

O ensaísta canadense Alberto Manguel, autor de *Uma História da Leitura*, explica por que a palavra escrita é a grande ferramenta para entender o mundo.

Veja – *Numa época em que predominam as imagens, por que a leitura ainda é importante?*

Manguel – A atual cultura de imagens é superficialíssima, ao contrário do que acontecia na Idade Média e na Renascença, épocas que também eram marcadas por uma forte imagética. Pense, por exemplo, nas imagens veiculadas pela publicidade. Elas captam a nossa atenção por apenas poucos segundos, sem nos dar chance para pensar. Essa é a tendência geral em todos os meios visivos. Assim, a palavra escrita é, mais do que nunca, a nossa principal ferramenta para compreender o mundo. A grandeza do texto consiste em nos dar a possibilidade de refletir e interpretar. Prova disso é que as pessoas estão lendo cada vez mais, assim como mais livros estão sendo publicados a cada ano. Bill Gates, presidente da Microsoft, propõe uma sociedade sem papel. Mas, para desenvolver essa ideia, ele publicou um livro. Isso diz alguma coisa.

(*Veja*, 7 de julho de 1999)

425) ... *a palavra escrita é a grande ferramenta para entender o mundo.* (l.2/3); o item abaixo que representa o papel da palavra escrita no entendimento do mundo é o de:

a) instrumento
b) motivo
c) objetivo
d) modo
e) processo

426) ... *a palavra escrita é a <u>grande</u> ferramenta para entender o mundo.* (l.2/3); o item abaixo em que o vocábulo *grande* apresenta o mesmo valor semântico que possui nesse segmento do texto é:

a) Por um grande tempo pensou-se que o livro iria ser substituído pelo computador.

b) Bill Gates tem grande interesse em mostrar a inutilidade da palavra escrita no mundo moderno.

c) O computador ainda tem uma grande estrada a percorrer até atingir a importância do livro.

d) O entrevistado Alberto Manguel é um dos grandes conhecedores do valor da língua escrita.

e) Os computadores mais modernos atingem grandes preços no mercado.

427) O item abaixo em que o elemento destacado tem seu valor semântico corretamente indicado é:

a) *... a grande ferramenta PARA entender o mundo* – meio

b) *... explica POR QUE a palavra escrita...* – finalidade

c) *... por que a leitura AINDA é importante?* – concessão

d) *... épocas TAMBÉM marcadas por uma forte imagética.* – acréscimo

e) *... ASSIM COMO mais livros estão sendo publicados a cada ano.* – modo

428) *Numa época em que predominam as imagens,...* (l.4); a época a que se refere o repórter é:

a) indeterminada

b) a dos dias de hoje

c) a da Idade Média e da Renascença

d) a de um passado próximo

e) hipotética

429) Na pergunta do repórter há uma oposição implícita entre imagens e leitura porque:

a) os livros teóricos não possuem ilustrações.
b) imagens só estão presentes em livros infantis.
c) a leitura só é a possibilidade de criar imagens.
d) as imagens independem de leitura.
e) as letras não possuem sentido sem imagens.

430) Segmento do texto que NÃO mostra, direta ou indiretamente, uma visão negativa da cultura de imagens é:

a) *a atual cultura de imagens é superficialíssima...* (*l.*06)
b) *essa é a tendência geral em todos os meios visivos.* (*l.*10/11)
c) *elas captam a nossa atenção por apenas poucos segundos...* (*l.*09/10)
d) *... sem nos dar chance para pensar.* (*l.*10)
e) *Bill Gates, presidente da Microsoft, propõe uma sociedade sem papel.* (*l.*15/16)

431) Considerando que os vocábulos *imagética* e *visivos* aparecem há pouco tempo nos dicionários da língua portuguesa, isto pode significar que:

a) são vocábulos erradamente criados pelo autor do texto.
b) tais vocábulos são traduções inadequadas de vocábulos estrangeiros.
c) representam realidades ainda ausentes de nosso cenário cultural.
d) se trata de neologismos já reconhecidos oficialmente.
e) os dicionários atuais não estão atualizados.

432) Segundo o que se depreende da resposta do entrevistado, em termos de cultura de imagens, a época moderna, em relação à Idade Média e à Renascença:

a) é bem mais superficial no tratamento das imagens.
b) prefere imagens profanas, ao invés de religiosas.
c) apresenta semelhanças nas imagens publicitárias.
d) mostra idênticas preocupações formais.
e) possui tecnologia bem mais avançada.

433) ***Pense, por exemplo, nas imagens veiculadas...*** **(l.08/9); o termo sublinhado é muitas vezes confundido com vinculadas, seu parônimo. O item abaixo em que se empregou erradamente um vocábulo por seu parônimo é:**

a) O deputado dedicou seu mandado à defesa da língua escrita.
b) Os monges medievais viviam imersos em leituras.
c) Os livros medievais tinham as páginas cosidas umas às outras.
d) Os livros imorais eram queimados pela Inquisição.
e) Os valores dos livros passam despercebidos a muitos.

434) ***Essa é a tendência geral em todos os meios visivos.*** **(*l.*10/11);** ***os meios visivos*** **a que alude o entrevistado incluem certamente:**

a) a pintura, a fotografia e o desenho
b) a televisão, o cinema e a fotografia
c) a pintura, a televisão e o cinema
d) o cinema, a fotografia e a pintura
e) o desenho, a pintura e a televisão

435) A frase final do entrevistado – ***Isso diz alguma coisa*** **– refere-se à:**

a) pouca importância do livro diante da importância do computador no mundo moderno
b) contradição entre o pensamento e a ação de Bill Gates
c) valorização da leitura através dos tempos
d) desvalorização das imagens no mundo da Microsoft
e) necessidade de novas pesquisas sobre o valor da leitura

436) Ideia que NÃO está contida no texto lido é:

a) A cultura de imagens na atualidade é menos profunda que em épocas anteriores.
b) As imagens publicitárias não levam à reflexão pois duram pouco em nossas mentes.
c) A compreensão integral do mundo só ocorre por meio da língua escrita.
d) Apesar da atual cultura de imagens, a leitura vê crescido o seu número de adeptos.
e) Uma sociedade sem papel, como propõe Bill Gates, é impossível.

TEXTO LXIV

CIÊNCIAS HUMANAS – IBGE

TEXTO 2

COMO SE PRECAVER DE ADVOGADOS

Alguns procedimentos para não ser enrolado por um advogado desonesto:

1. Pegue referências com antigos clientes;
2. Procure a seção da OAB ou o fórum local par ver se o advogado está cumprindo, ou já cumpriu, suspensão e pesquise o motivo;
3. Antes de acertar o valor dos honorários, consulte a tabela da OAB. Não é obrigatório segui-la, mas ela serve de base;
4. Exija um contrato de prestação de serviços com duas testemunhas. De preferência, registre-o no cartório;
5. Exija também no contrato um relatório mensal sobre o andamento do processo. Cheque as informações no fórum ou nos tribunais regularmente;
6. Ao assinar uma procuração delegando poderes ao advogado, evite conceder a ele autonomia para "dar quitação e/ou receber valores".

(*Veja*, 7 de julho de 1999)

437) Sobre o título do texto – *Como se precaver de advogados* – só NÃO é correto afirmar que:

a) está implícito que o texto se refere aos maus advogados.

b) o termo *como* refere-se ao modo da ação verbal.

c) a ação verbal não está atribuída a um sujeito determinado.

d) a forma correta da posição do pronome *se* na frase seria após o infinitivo: *como precaver-se de advogados*.

e) a forma verbal corresponde à 3ª pessoa do singular.

438) Se colocássemos o verbo *precaver* no imperativo, como os demais do texto, teríamos a forma:

a) precavenha-se
b) precaveja-se
c) precava-se
d) precaute-se
e) não existe qualquer forma para o imperativo

439) O tom do texto, criado pelo imperativo, é o de:

a) ordem
b) conselho
c) desejo
d) convite
e) pedido

440) *Alguns procedimentos para não ser enrolado por um advogado desonesto*; pode-se deduzir do segmento destacado que:

a) todo advogado é desonesto.
b) há outros procedimentos que não foram citados.
c) não é possível escapar de advogados desonestos.
d) os procedimentos citados são um meio de enrolar os desonestos.
e) a revista Veja não está preocupada em defender os leitores dos procedimentos citados.

441) *Não é obrigatório...* é forma equivalente a *Não há obrigação de...*; seguindo esse modelo, o item que apresenta uma correspondência equivocada é:

a) não é legal – não há legalidade.
b) não é proibido – não há proibição.
c) não é possível – não há posse.
d) não é justo – não há justiça.
e) não é ético – não há ética.

442) *Não é obrigatório segui-LA...* (item 3);... *registre-O no cartório...* (item 4); nesses segmentos do texto, os pronomes destacados referem-se, respectivamente, a:

a) tabela / contrato
b) OAB / contrato
c) OAB / cartório
d) tabela / serviço
e) base / valor

443) *Mensal* corresponde a *mês*; a correspondência ERRADA entre os itens abaixo é:

a) milenar – mil anos
b) secular – cem anos
c) biênio – dois anos
d) bimestral – dois semestres
e) quinzenal – quinze dias

444) A grafia *e/ou* indica, entre os elementos *e* e *ou*, uma relação de:

a) semelhança
b) adição
c) alternância
d) correção
e) substituição

TEXTO LXV

CIÊNCIAS HUMANAS – IBGE

TEXTO 3

APAGUE A LUZ NA HORA DE DORMIR

Os pediatras costumam pedir aos pais que apaguem todas as luzes do quarto da criança na hora de dormir, mas há aqueles que ficam com pena do filho e não seguem a instrução à risca. De acordo com estudo recente publicado na revista inglesa *Nature*, bebês que dormem com a luz acesa têm entre três a cinco vezes mais probabilidades de sofrer de miopia que as crianças acostumadas a repousar no escuro desde os primeiros dias de vida. Os pesquisadores da Universidade da Pensilvânia, nos Estados Unidos, ouviram 479 pais de crianças e adolescentes de 2 a 16 anos. Eles perguntaram se, nos primeiros anos de vida, as crianças dormiam com a luz do quarto ou com o abajur aceso. Testes oftalmológicos mostraram que 34% das crianças que dormiram com o abajur ligado se tornaram míopes. O mesmo problema atingiu 55% dos que mantinham a luz do quarto acesa à noite. Apenas 10% das que sempre dormiram no escuro desenvolveram miopia. A hipótese mais provável é a de que a luz durante o sono prejudica o desenvolvimento da retina. Há outra razão, menos objetiva, envolvendo a luz e o sono da criança. O apagar da luz do quarto (sem direito à luz no corredor) é o marco do fim do dia. Se a luz fica acesa, a criança tende a se distrair, a olhar para cá e para lá, e isso é ruim.

(*Veja* – 7 de julho de 1999)

445) Segundo o texto, deixando a luz acesa, os pais podem:

a) combater a insegurança dos filhos.

b) provocar a ansiedade nas crianças.

c) evitar a chegada do medo noturno.

d) aumentar as possibilidades de miopia nos filhos.

e) evitar o desenvolvimento da retina.

446) A relação luz acesa/miopia é:

a) fruto da opinião do autor do texto
b) indicada por pesquisa universitária
c) comprovada pelos pediatras
d) derivada da falta de cuidado dos pais
e) estabelecida pela experiência

447) *De acordo com estudo recente...*; o item que mostra um substituto adequado da expressão sublinhada é:

a) à proporção que
b) assim como
c) conquanto
d) para
e) conforme

448) *Testes oftalmológicos* referem-se à visão; a relação abaixo INCORRETAMENTE indicada é:

a) dermatológico – pele
b) ginecológico – aparelho genital feminino
c) fisiológico – músculos
d) urológico – aparelho urinário
e) neurológico – sistema nervoso

449) Ao dizer que *Apenas 10% das que sempre dormiram no escuro desenvolveram miopia*, o autor do texto indica que:

a) considera a quantidade detectada irrelevante para o estabelecimento seguro de uma relação.
b) poucos dos entrevistados puderam dar a informação solicitada.
c) considera poucos os que contrariam a indicação da pesquisa.
d) ainda são muitos os que desenvolvem miopia, apesar de dormirem no escuro.
e) são poucos os que comprovam a relação miopia/escuro.

450) Dizer que existe uma *hipótese* sobre determinado assunto equivale a dizer que existe:

a) uma certeza comprovada
b) uma possibilidade estabelecida
c) uma opinião não documentada
d) uma dúvida a ser esclarecida
e) um tema já pesquisado

451) *Se a luz fica acesa, a criança tende a se distrair...*; a primeira oração desse segmento estabelece, em relação à segunda, uma relação de:

a) tempo
b) concessão
c) condição
d) causa
e) consequência

452) *Há outra razão, menos objetiva, <u>envolvendo</u> a luz e o sono da criança...*; o item abaixo que mostra corretamente o desenvolvimento da forma reduzida sublinhada é:

a) quando envolve
b) enquanto envolve
c) porque envolve
d) embora envolva
e) que envolve

TEXTO LXVI

TÉCNICO JUDICIAL JURAMENTADO – CGJ

FACISMO SOCIAL NO PAÍS DO SOCIÓLOGO

A definição dos objetivos fundamentais da República Federativa do Brasil está no art. 3º de nossa Constituição. São todos de grande nobreza e esperança. Valem como polos de concentração ideal para o povo, como destinos a serem alcançados pelo Brasil, na permanente viagem de nossos sonhos.

O primeiro desses objetivos consiste em realizar uma sociedade livre, justa e solidária. Para ser livre, a sociedade terá liberdades públicas asseguradas a todos. Cidadania livre é cidadania sem intervenção excessiva do poder. No país das medidas provisórias, o cidadão acorda tolhido, dia após dia, com e sem "apagões" e "caladões". Para que a sociedade possa ser tida por justa, é necessário diminuir as distâncias sociais, com pobres menos pobres. Depois que a moeda se estabilizou, durante o governo de Fernando Henrique Cardoso, honra seja feita, houve melhora nesse campo, mas o Brasil ainda é dos mais atrasados no mundo na satisfação das necessidades sociais do ser humano.

A solidariedade proclamada no texto constitucional deve ser espontânea, colhida na consciência de cada um e, pelo menos, da população mais aquinhoada em favor dos que têm pouco. A solidariedade do art. 3º da Constituição precisa, porém, ser catalisada pelo Estado para o trabalho espontâneo em favor dos menos favorecidos. O objetivo social exigirá da administração pública e de seus funcionários que atuem em favor dos cidadãos, com eles e não contra eles, como se os considerassem inimigos. O desenvolvimento nacional, segunda das grandes metas do país, tem ido bem no plano econômico. Progredimos em termos materiais, mas não o quanto baste.

O terceiro e o quarto objetivos fundamentais, previstos no art. 3º, são projetos de um sonho estratosférico. Erradicar a pobreza e a marginalização e reduzir desigualdades sociais e regionais é trabalho para séculos. Não há nação do mundo sem faixas de miserabilidade – nem as mais ricas. A promoção do bem de todos, sem preconceito de origem, raça, sexo, cor, idade e quaisquer outras formas de discriminação carece de remédio forte, como criminalização das condutas contrárias. Sem a ameaça grave de sanções, a cobra raivosa do preconceito continuará agindo no coração de muitas pessoas.

A Carta proíbe a discriminação entre o homem e a mulher (art. 5º, I, e art. 226, parágrafo 5º), contra as liberdades fundamentais, e a prática do racismo (art. 5º, incisos XLI e XLII). No trabalho, veda distinções quanto ao salário, ao exercício de funções e aos critérios de admissão por motivo de sexo, idade, cor ou estado civil (art. 7º, inciso XXX). O sociólogo português Boaventura de Souza Santos, professor da Faculdade de Economia da Universidade de Coimbra, falando recentemente a esta *Folha*, verberou a polarização da riqueza em muitos países, inclusive no nosso, em condições parecidas com a dos Estados fascistas tradicionais. Exemplificou com grupos criminosos que substituem o Estado em certas regiões (vide o PCC) e com a parte corrupta da polícia, colaboradora do crime organizado, não se sabendo onde acaba a administração pública e começa a sociedade.

Boaventura lembra a incapacidade de redistribuição da riqueza, permitindo que o capitalismo opere contra o pobre, e não a favor dele. Chama essa situação de fascismo social. Neste país, presidido por um sociólogo, precisamos meditar sobre as insuficiências gerais e as do direito em particular, afirmadas pelo sábio sociólogo português. Meditar para corrigi-las.

(Walter Ceneviva – Folha de São Paulo, 16/06/01)

453) Ao dizer que os objetivos fundamentais da República Federativa do Brasil são "de grande nobreza e esperança", o autor do texto quer dizer que:

a) nossos objetivos constitucionais estão fora da realidade atual de nosso país.

b) apesar de serem nobres, os objetivos constitucionais até hoje não foram atingidos.

c) por serem nobres, esses objetivos só poderão ser alcançados com a mudança profunda da sociedade brasileira.

d) eles representam, por sua nobreza, algo que dificilmente será atingido pelo povo brasileiro.

e) os objetivos constitucionais mostram algo nobre que funciona como ponto ideal de chegada.

454) "Valem como polos de concentração ideal para o povo, como destinos a serem alcançados pelo Brasil, na permanente viagem de nossos sonhos"; neste segmento do texto, os vocábulos que se aproximam semanticamente são:

a) ideal / sonhos
b) polos / viagem
c) povo / Brasil
d) viagem / Brasil
e) concentração / ideal

455) No que diz respeito aos objetivos fundamentais do Brasil, presentes no art. 3º de nossa Constituição, podemos dizer, segundo o texto, que:

a) o primeiro dos objetivos só será atingido se a liberdade, a justiça e a solidariedade brotarem espontaneamente do povo.
b) o segundo desses objetivos já foi alcançado, apesar de algumas injustiças sociais.
c) o terceiro e o quarto objetivos só serão alcançados após um trabalho de séculos.
d) o quarto objetivo vai de encontro à cobra raivosa do preconceito, que ainda age no coração de muitos.
e) para se alcançarem os objetivos constitucionais é indispensável a criminalização das condutas contrárias.

456) O segmento do texto que NÃO mostra, explícita ou implicitamente, uma crítica ao governo atual é:

a) "Cidadania livre é cidadania sem intervenção excessiva do poder."
b) "No país das medidas provisórias, o cidadão acorda tolhido, dia após dia, com e sem 'apagões' e 'caladões'
c) "O terceiro e o quarto objetivos fundamentais, previstos no art. 3º, são projetos de um sonho estratosférico."
d) "O objetivo social exigirá da administração pública e de seus funcionários que atuem em favor dos cidadãos, com eles e não contra eles,..."
e) "Neste país, presidido por um sociólogo, precisamos meditar sobre as insuficiências gerais e as do direito em particular..."

457) Ao apelar para o depoimento do sociólogo português Boaventura de Souza Santos, o articulista pretende:

a) demonstrar a força do jornal para o qual trabalha, indicando a qualidade de seus colaboradores.

b) comparar, por oposição, o pensamento de um sociólogo português com o de um sociólogo brasileiro, o Presidente da República.

c) dar autoridade e credibilidade às opiniões veiculadas pelo artigo.

d) condenar a discriminação de raça, sexo, cor e idade que aparecem em nossa sociedade.

e) indicar o retrocesso de nosso país, comparando a nossa situação com a de outros países do primeiro mundo.

458) "... são projetos de um sonho estratosférico."; no contexto em que está inserido, o vocábulo sublinhado equivale semanticamente a:

a) revolucionário

b) utópico

c) superior

d) ultrapassado

e) superado

459) "... verberou a polarização da riqueza em muitos países..."; com essa frase o articulista quer dizer que o economista português:

a) já apontou, em muitos países, a má distribuição da riqueza.

b) condenou a concentração da riqueza que ocorre em muitos países.

c) mostrou a concentração da riqueza na mão de poucos, que ocorre em muitos países.

d) abordou a má distribuição da renda nacional que existe em muitos países.

e) criticou, em muitos países, que a produção econômica se tenha reduzido a um só produto básico.

460) "... carece de remédio forte, como criminalização das condutas contrárias"; o remédio proposto pelo jornalista é que:

a) sejam consideradas criminosas todas as pessoas que praticarem qualquer tipo de discriminação.
b) ele seja idêntico ao que é adotado para crimes hediondos.
c) todos os que se opuserem às novas medidas de força sejam considerados criminosos.
d) se considerem criminosos os que se oponham aos objetivos fundamentais de nossa Constituição.
e) se contrariem todas as condutas que, criminosamente, defendam a discriminação.

461) Os primeiros parênteses empregados no penúltimo parágrafo do texto foram utilizados para:

a) explicitar a ideia anterior.
b) localizar a proibição citada.
c) acrescentar informações ao texto.
d) documentar o artigo com textos de autoridade.
e) comprovar a opinião do jornalista.

462) "... que substituem o Estado em certas regiões (vide o PCC) e com a parte corrupta da polícia,..."; *vide* é forma latina correspondente ao verbo "ver". O latinismo a seguir que tem seu significado corretamente indicado é:

a) sic – nunca
b) et alii – e assim
c) ad hoc – isto é
d) lato sensu – em sentido restrito
e) verbi gratia – por exemplo

463) O texto que serve de motivo a esta prova pode ser classificado, de forma mais adequada, como:

a) argumentativo opinativo
b) narrativo moralizante
c) expositivo informativo
d) argumentativo polêmico
e) expositivo didático

TEXTO LXVII

AUXILIAR DE TELECOMUNICAÇÕES – TCT/RJ

OS COMILÕES E OS INSONES

Eu e vocês já tínhamos ouvido falar do time do come e dorme. Era uma expressão da nossa infância que se confundia, acredito, com a própria infância do futebol.

Para os torcedores mais jovens, eu poderia explicar que o time do come e dorme era aquele formado por jogadores que viviam encostados nos clubes, meio marginalizados, mas que pareciam até apreciar essa situação: eram reservas que treinavam, levavam seu dinheirinho para casa, mas quase não jogavam.

Quando entravam no time, era geralmente no fim do jogo, quando o resultado já estava definido, e a responsabilidade era pouca. No clube, levavam a vida sem muito compromisso; em casa, comiam e dormiam, naturalmente.

Há muito tempo, não ouvia falar no time do come e dorme. Parece que foi se desintegrando com as exigências cada vez mais severas do regime profissional.

Mas eis que agora ele ressurge com uma nova maquiagem, como vocês viram nas reportagens sobre o Flamengo durante a semana: é o time que come, come muito, mas não dorme, dorme pouco.

(...)

Voltando ao caso particular do Flamengo, parece que sexta-feira foi dia de séria reprimenda dos dirigentes nos comilões e nos insones. Já não foi sem tempo, porque os jogadores dos times cariocas, não só os do Flamengo, têm uma tendência natural para mergulhar fundo nas águas do amadorismo.

Vamos verificar se, repreendidos, retomam o caminho do futebol profissional. (...)

(Fernando Calazans. *Os Comilões e os Insones*. O Globo, Rio de Janeiro, 6 de outubro de 1991)

464) "... time do come e dorme. Era uma expressão da nossa infância..." (*l.* 1 e 2)
Nesta passagem, o autor afirma, principalmente, que a expressão come e dorme foi:

a) criada por um antigo clube.
b) usada pelas crianças de sua época.
c) vivenciada por todos os seus leitores.
d) utilizada noutros tempos pelos reservas do time.

465) O texto nos revela, em relação ao time do come e dorme, que seus jogadores eram:

a) lentos
b) importantes
c) apadrinhados
d) privilegiados

466) O texto tem como tema principal uma crítica aos jogadores de futebol. Entre as passagens abaixo, aquela que não constitui um aspecto dessa crítica é:

a) "Era uma expressão da nossa infância..." (*l.* 1/2)
b) "... levavam seu dinheirinho para casa, mas quase não jogavam..." (*l.* 7 e 8)
c) "... o resultado já estava definido, e a responsabilidade era pouca." (*l.* 10)
d) "... têm uma tendência natural para mergulhar fundo nas águas do amadorismo." (*l.* 23/24)

467) Da linha 4 à 12 o autor descreve:

a) o treino cansativo dos reservas
b) o modo do time finalizar o jogo
c) a vida fácil de alguns jogadores de futebol
d) a forma de pagamento do time do come e dorme

468) O antigo time do come e dorme atualmente é o time do "come muito, mas não dorme". Segundo o autor, este fato ocorreu em virtude de:

a) preocupação com o aumento de treinos
b) regras rígidas impostas pela profissão
c) dedicação exclusiva dos jogadores ao clube
d) estafa do time pela atuação em muitos jogos

469) "Mas eis que agora ele <u>ressurge</u> com uma nova maquiagem,..." (*l.* 16).

A palavra que tem o mesmo significado da sublinhada acima é:

a) reaparece
b) treina
c) volta
d) atua

470) "... exigências cada vez mais <u>severas</u>..." (*l.* 14)
A palavra "severas" significa rígidas. De acordo com o texto, o antônimo para este termo é:

a) rigorosas
b) eficazes
c) difíceis
d) brandas

TEXTO LXVIII

INSPETOR DE POLÍCIA – FAEPOL

DROGAS: A MÍDIA ESTÁ DENTRO

Há poucos dias, assistindo a um desses debates universitários que a gente pensa que não vão dar em nada, ouvi um raciocínio que não me saiu mais da cabeça. Ouvi-o de um professor – um professor brilhante, é bom que se diga. Ele se saía muito bem, tecendo considerações críticas sobre o provão. Aliás, o debate era sobre o provão, mas isso não vem ao caso. O que me interessou foi um comentário marginal que ele fez – e o exemplo que escolheu para ilustrar seu comentário. Primeiro, ele disse que a publicidade não pode tudo, ou melhor, que nem todas as atitudes humanas são ditadas pela propaganda. Sim, a tese é óbvia, ninguém discorda disso, mas o mais interessante veio depois. Para corroborar sua constatação, o professor lembrou que muita gente cheira cocaína e, no entanto, não há propaganda de cocaína na TV. Qual a conclusão lógica? Isso mesmo: nem todo hábito de consumo é ditado pela publicidade.

A favor da mesma tese, poderíamos dizer que, muitas vezes, a publicidade tenta e não consegue mudar os hábitos do público. Inúmeros esforços publicitários não resultam em nada. Continuemos no campo das substâncias ilícitas. Existem insistentes campanhas antidrogas nos meios de comunicação, algumas um tanto soporíferas, outras mais terroristas, e todas fracassam. Moral da história? Nem que seja para consumir produtos químicos ilegais, ainda somos minimamente livres diante do poder da mídia. Temos alguma autonomia para formar nossas decisões.

Tudo certo? Creio que não. Concordo que a mídia não pode tudo, concordo que as pessoas conseguem guardar alguma independência em sua relação com a publicidade, mas acho que o professor cometeu duas impropriedades: anunciou uma tese fácil demais e, para demonstrá-la, escolheu um exemplo ingênuo demais. Embora não vejamos um comercial promovendo explicitamente o consumo de cocaína, ou de maconha, ou de heroína, ou de crack, a verdade é que os meios de comunicação nos bombardeiam, durante 24 horas por dia, com a propaganda não de drogas, mas do efeito das drogas. A publicidade, nesse sentido, não refreia, mas reforça o desejo pelo efeito das drogas. Por favor, não se pode culpar os publicitários por isso – eles, assim como todo mundo, não sabem o que fazem.

(Eugênio Bucci)

471) DROGAS; A MÍDIA ESTÁ DENTRO; com esse título o autor:

a) condena a mídia por sua participação na difusão do consumo de drogas.
b) mostra que a mídia se envolve, de algum modo, com o tema das drogas.
c) faz um jogo de palavras, denunciando o incentivo ao consumo de drogas pela mídia.
d) demonstra a utilidade da mídia em campanhas antidrogas.
e) indica que a mídia é bastante conhecedora do tema das drogas.

472) "Há poucos dias, assistindo a um desses debates universitários..."; se desenvolvermos a forma do gerúndio *assistindo* de forma adequada ao texto, teremos:

a) depois de assistir
b) assim que assisti
c) enquanto assistia
d) logo que assisti
e) porque assisti

473) "Ele se saía muito bem tecendo considerações críticas sobre o provão,..."; o gerúndio *tecendo* mostra uma ação:

a) que antecede a do verbo da oração anterior.
b) posterior à do verbo da oração anterior.
c) que é a consequência da ação da oração anterior.
d) simultânea à do verbo da oração anterior.
e) que mostra oposição à ação da oração anterior.

474) A expressão destacada que tem seu significado corretamente expresso é:

a) "... que a gente pensa que <u>não vão dar em nada</u>." – que não vão chegar a ser publicados
b) "... ouvi um raciocínio <u>que não me saiu mais da cabeça</u>." – que me deixou com dor de cabeça
c) "... o debate era sobre o provão; mas <u>isso não vem ao caso</u>." – tem pouca importância
d) "... um professor brilhante, <u>é bom que se diga</u>." – é importante destacar isso
e) "Ele <u>se saía muito bem</u>..." – ele desviava do assunto principal

475) "O que me interessou foi um comentário marginal..."; o vocábulo destacado significa:

a) subliminar
b) maldoso
c) anormal
d) desprezível
e) paralelo

476) "Primeiro, ele me disse que a publicidade não pode tudo, ou melhor, que nem todas as atitudes humanas são ditadas pela propaganda."; a expressão ou *melhor* indica:

a) retificação
b) esclarecimento
c) alternância
d) incerteza
e) ratificação

477) "Sim, a tese é óbvia..."; "Para corroborar sua constatação, o professor lembrou que muita gente cheira cocaína e, no entanto, não há propaganda de cocaína na TV."; em termos argumentativos, podemos dizer, com base nestes dois segmentos, que:

a) a tese é acompanhada de argumento que a defende.
b) a tese leva a uma conclusão explícita.
c) a tese parte de uma premissa falsa.
d) a tese não é acompanhada de dados que a comprovem.
e) a tese é falaciosa e não pode ser provada.

478) "Para corroborar sua constatação..."; no caso do professor citado no texto, seu pensamento é apoiado por:

a) opinião própria
b) estatística
c) testemunho de autoridade
d) evidência
e) analogia

479) "Muitas vezes, a publicidade tenta e não consegue mudar os hábitos do público"; esta afirmação:

a) funciona como mais um argumento para a tese emitida pelo professor.
b) desmoraliza o falso argumento citado pelo professor no debate.
c) confirma a tese de que a publicidade pode tudo.
d) é mais um argumento do professor em defesa do que pensa.
e) representa mais uma dúvida do jornalista sobre o tema debatido.

480) Toda publicidade muda hábitos / X é publicidade contrária ao consumo de cocaína / X vai mudar o hábito de consumo da cocaína. Este silogismo, considerando-se o que é dito no texto, NÃO é verdadeiro porque:

a) a premissa não é verdadeira.
b) um dos termos do silogismo possui ambiguidade.
c) a conclusão não é uma decorrência lógica da premissa.
d) a premissa não é suficiente para a conclusão.
e) a organização dos termos está fora da disposição padrão.

481) Em alguns segmentos do texto, o autor interage com o leitor, dialogando com ele. O item em que essa estratégia está ausente é:

a) "Por favor, não se pode culpar os publicitários por isso – eles, assim como todo mundo, não sabem o que fazem."
b) "Tudo certo? Creio que não."
c) "Qual a conclusão lógica? Isso mesmo: nem todo hábito de publicidade é ditado pela mídia."
d) "Moral da história? Nem que seja para consumir produtos químicos ilegais, ainda somos minimamente livres diante do poder da mídia."
e) "Ouvi-o de um professor – um professor brilhante, é bom que se diga."

482) O item em que a palavra destacada tem um sinônimo corretamente indicado é:

a) "... nem todas as atitudes humanas são DITADAS pela propaganda." – regulamentadas
b) "Para CORROBORAR sua constatação,..." – contrariar
c) "Continuemos no campo das substâncias ILÍCITAS." – perigosas
d) "... algumas um tanto SOPORÍFERAS,..." – maçantes
e) "Temos alguma AUTONOMIA para formar nossas decisões." – inteligência

483) "Continuemos no campo das substâncias ilícitas."; o emprego da primeira pessoa do plural em *continuemos* se justifica porque o autor:

a) se refere a ele e ao professor citado no texto.
b) engloba o autor e os publicitários.
c) quer escrever de forma mais simpática e popular.
d) abrange o autor e os possíveis leitores.
e) distraiu-se sobre o tratamento até então dado ao tema.

484) "... campanhas antidrogas nos meios de comunicação, algumas um tanto soporíferas, <u>outras mais terroristas</u>, e todas fracassam."; no segmento sublinhado, o autor do texto alude à estratégia publicitária do(da):

a) sedução
b) intimidação
c) provocação
d) constrangimento
e) tentação

485) "... campanhas antidrogas nos meios de comunicação, algumas um tanto soporíferas, outras mais terroristas, e todas fracassam."; com esse segmento do texto, o autor nos diz que:

a) todas as campanhas antidrogas fracassam porque empregam estratégias inadequadas.
b) campanhas antidrogas fracassam mas nem todas são bem elaboradas.
c) mesmo apelando a estratégias diversas, todas as campanhas antidrogas fracassam.
d) campanhas antidrogas apelam para várias estratégias porque fracassam.
e) as campanhas antidrogas trazem contradições internas, que as levam ao fracasso.

486) "Nem que seja para consumir produtos químicos ilegais, ainda somos minimamente livres diante do poder da mídia."; com esse segmento do texto, o autor quer dizer que:

a) nossa liberdade é completa diante das pressões da mídia.
b) possuímos liberdade limitada diante da mídia, ainda que a empreguemos mal.
c) como consumimos produtos químicos ilegais, temos reduzida liberdade.
d) já que a mídia anuncia produtos ilegais, nossa liberdade de escolha é limitada.
e) temos pouca liberdade diante da ação da mídia pois parte de sua ação é ilegal.

487) "Tudo certo? Creio que não."; o autor do texto acha que nem tudo está certo porque:

a) discorda da tese defendida pelo professor.
b) não concorda com a afirmação de que a mídia não faz propaganda de cocaína.
c) acha que a mídia faz propaganda clara de substâncias químicas ilegais.
d) o professor não apresenta qualquer argumento para a defesa de sua tese.
e) as drogas continuam sendo consumidas, apesar das campanhas contrárias.

488) Segundo o texto, as drogas:

a) aparecem, na mídia, de forma explícita.
b) não são exploradas pela mídia.
c) são condenadas pela mídia de forma implícita
d) aparecem na mídia por meio de referências indiretas
e) são motivo central da propaganda midiática.

489) "... tecendo considerações críticas sobre o provão."; *críticas* significa:

a) de ironia
b) de condenação
c) de apreciação
d) de humor
e) de negativismo

490) O adjetivo cuja expressão correspondente é indicada ERRADAMENTE é:

a) debates universitários – debates de universidades
b) professor brilhante – professor de brilho
c) comentário marginal – comentário à margem
d) atitudes humanas – atitudes do homem
e) substâncias ilícitas – substâncias fora da lei

TEXTO LXIX

TÉCNICO DE CONTROLE EXTERNO DO TCM/RIO

REPUTAÇÃO ILIBADA

Há, no Brasil, cargos para os quais a lei exige reputação ilibada, ou seja, fama ou renome sem mancha. Servem de exemplo ministros do STF (Supremo Tribunal Federal) e do STJ (Superior Tribunal de Justiça). Para outros, o que é verdadeiro paradoxo criado pelo constituinte de 1988, reputação ilibada não basta, pois para o ministro do Tribunal de Contas da União a Constituição também impõe a idoneidade moral. Não é fácil explicar para que serve a dupla imposição, quando dispensada nas duas mais importantes cortes judiciárias do país. Sugeriria a insuficiência da reputação sem mácula, o que levaria ao absurdo.

As distinções oferecem outras curiosidades. Os ministros do STF e do STJ devem ter notável saber jurídico, mas basta, para os do Tribunal de Contas da União, o notório conhecimento jurídico, entre outras qualidades. A distinção é inócua, embora os juristas digam que a lei não contém vocábulos inúteis. Saber e conhecimento, tanto quanto notável e notório, são palavras ocas. Dependem dos valores subjetivos de quem as aplique.

Para presidente da República, para deputado e senador, nada disso é exigido. Eleitos pelo voto popular, submetem-se a variáveis limites de idade. Não carecem de saber ou conhecimento. Basta que não sejam analfabetos. O presidente da República deve cumprir a lei e manter a probidade administrativa, mas nem sequer pode ser processado por crimes comuns, como aconteceria com o adultério não perdoado pela mulher.

Nos Estados Unidos, sob desculpa de exigirem reputação ilibada de seu presidente, os discursos moralistas esquecem a história. Clinton errou e errou feio, mas não está só. Houve líderes de porte, mas maridos nem sempre fidelíssimos, como Roosevelt e John Kennedy, este com a vantagem do inegável bom gosto. (...)

A palavra decoro tem uma certa vantagem para definir o que se espera dos líderes políticos. É lamentável que, muitas vezes, decoro seja confundido com a ação que, embora irregular, termina sem ser descoberta. No processo por ofensa ao decoro, o senso de justiça se afoga na valoração política e no escândalo da mídia, interferindo contra ou a favor do acusado.

(Walter Ceneviva, Folha de S. Paulo, 12/09/99)

491) O fragmento em que o autor explica o "verdadeiro paradoxo criado pelo constituinte de 1988" (*l.* 4) é:

a) "... quando dispensada nas duas mais importantes cortes judiciárias do país" (*l.* 7/8)
b) "... a lei exige reputação ilibada, ou seja, fama ou renome sem mancha" (*l.* 1/2)
c) "Servem de exemplo ministros do STF (Supremo Tribunal Federal e do STJ (Superior Tribunal de Justiça)" (*l.* 2/3)
d) "as distinções oferecem outras curiosidades" (*l.* 10)
e) "a distinção é inócua..." (*l.* 12/13)

492) "Dupla imposição" (*l.* 7), no texto, refere-se:

a) a leis emanadas das duas mais importantes cortes judiciárias do país
b) à redundância entre fama e renome sem mancha
c) à exigência de reputação ilibada e idoneidade moral
d) às penas aplicadas pelo Supremo Tribunal Federal e pelo Superior Tribunal de Justiça
e) às atribuições dos ministros do Superior Tribunal de Justiça e do Tribunal de Contas da União

493) "Dependem dos valores subjetivos de quem as aplique" (*l.* 14/15) significa:

a) modificam os valores de quem as enuncia.
b) têm seus sentidos fixados apenas nos dicionários.
c) tomam significado de acordo com padrões individuais.
d) referem-se àqueles que a utilizam.
e) caracterizam-se pela univocidade.

494) Leia o fragmento abaixo.

"É lamentável que, muitas vezes, decoro seja confundido com a ação que, embora seja irregular, termina sem ser descoberta." (*l.* 28/29)

A intenção do autor é:

a) ignorar a dicotomia pensamento/ação.
b) legitimar o duplo sentido da palavra decoro.
c) confundir decoro com punibilidade.
d) denunciar a hipocrisia na preservação do decoro.
e) dissociar o senso de justiça da valoração política.

495) Os elementos que estabelecem a coesão entre o 1º e o 2º parágrafos e entre o 2º e o 3º são, respectivamente,

a) "embora" (*l.* 13) e "como" (*l.* 25)
b) "também" (*l.* 6) e "mas nem sequer" (*l.* 20)
c) "mas" (*l.* 11) e "probidade administrativa" (*l.* 19/20)
d) "entre outras qualidades" (*l.* 12) e "de quem" (*l.* 15)
e) "outras curiosidades" (*l.* 10) e "nada disso" (*l.* 16)

TEXTO LXX

AUXILIAR JUDICIÁRIO DA CORREGEDORIA/RJ

VIVER EM SOCIEDADE

A sociedade humana é um conjunto de pessoas ligadas pela necessidade de se ajudarem umas às outras, a fim de que possam garantir a continuidade da vida e satisfazer seus interesses e desejos.

Sem vida em sociedade, as pessoas não conseguiriam sobreviver, pois o ser humano, durante muito tempo, necessita de outros para conseguir alimentação e abrigo. E no mundo moderno, com a grande maioria das pessoas morando na cidade, com hábitos que tornam necessários muitos bens produzidos pela indústria, não há quem não necessite dos outros muitas vezes por dia.

Mas as necessidades dos seres humanos não são apenas de ordem material, como os alimentos, a roupa, a moradia, os meios de transporte e os cuidados de saúde. Elas são também de ordem espiritual e psicológica. Toda pessoa humana necessita de afeto, precisa amar e sentir-se amada, quer sempre que alguém lhe dê atenção e que todos a respeitem. Além disso, todo ser humano tem suas crenças, tem sua fé em alguma coisa, que é a base de suas esperanças.

Os seres humanos não vivem juntos, não vivem em sociedade, apenas porque escolhem esse modo de vida, mas porque a vida em sociedade é uma necessidade da natureza humana. Assim, por exemplo, se dependesse apenas da vontade, seria possível uma pessoa muito rica isolar-se em algum lugar, onde tivesse armazenado grande quantidade de alimentos. Mas essa pessoa estaria, em pouco tempo, sentindo falta de companhia, sofrendo a tristeza da solidão, precisando de alguém com quem falar e trocar ideias, necessitada de dar e receber afeto. E muito provavelmente ficaria louca se continuasse sozinha por muito tempo.

Mas, justamente porque vivendo em sociedade é que a pessoa humana pode satisfazer suas necessidades, é preciso que a sociedade seja organizada de tal modo que sirva, realmente, para esse fim. E não basta que a vida social permita apenas a satisfação de algumas necessidades da pessoa humana ou de todas as necessidades de apenas algumas pessoas. A sociedade organizada com justiça é aquela em que se procura fazer com que todas as pessoas possam satisfazer todas as suas necessidades, é aquela em que todos, desde o momento em que nascem, têm as mesmas oportunidades, aquela em que os benefícios e encargos são repartidos igualmente entre todos.

Para que essa repartição se faça com justiça, é preciso que todos procurem conhecer seus direitos e exijam que eles sejam respeitados, como também devem conhecer e cumprir seus deveres e suas responsabilidades sociais.

(Dalmo de Abreu Dallari)

496) Segundo o primeiro parágrafo do texto:

a) as pessoas se ajudam mutuamente a fim de formarem uma sociedade.
b) a garantia da continuidade da vida é dada pela satisfação dos desejos das pessoas.
c) a satisfação dos interesses e desejos das pessoas leva à vida em sociedade.
d) não seria possível a sobrevivência se não existisse sociedade.
e) sem a ajuda mútua, as pessoas levariam uma vida isenta de desejos.

497) "... pois o ser humano, durante muito tempo, necessita de outros para conseguir alimentação e abrigo."; a expressão "durante muito tempo" se refere certamente ao período:

a) da velhice
b) da gravidez
c) de doenças
d) da infância
e) do trabalho

498) "E no mundo moderno, com a grande maioria das pessoas morando na cidade, com hábitos que tornam necessários muitos bens produzidos pela indústria, não há quem não necessite dos outros muitas vezes por dia."; o item cuja substituição pelo termo proposto em maiúsculas é inadequada é:

a) no mundo moderno = MODERNAMENTE
b) produzidos pela indústria = INDUSTRIALIZADOS
c) muitas vezes = FREQUENTEMENTE
d) por dia = DIARIAMENTE
e) na cidade = URBANAMENTE

499) "Mas as necessidades dos seres humanos não são apenas de ordem material..."; a presença do segmento "não são apenas de ordem material" indica que, na continuidade do texto, haverá:

a) um termo de valor aditivo e pertencente a uma outra ordem
b) um termo de valor adversativo e pertencente a uma ordem diferente da citada
c) um termo de valor explicativo e pertencente à mesma ordem já referida
d) um termo de valor concessivo e pertencente a uma ordem diversa
e) um termo de valor conclusivo e pertencente à ordem citada anteriormente

500) "Elas são também de ordem espiritual e psicológica."; as palavras que exemplificam, respectivamente, na continuidade do texto as necessidades espiritual e psicológica, são:

a) afeto / atenção
b) crenças / afeto
c) fé / crenças
d) amar / ser amada
e) atenção / esperanças

501) "... a vida em sociedade é uma necessidade da natureza humana."; reescrevendo-se este segmento do texto com a manutenção de seu sentido original, temos como forma adequada:

a) a natureza humana necessita da vida em sociedade.
b) a vida em sociedade necessita da natureza humana.
c) a necessidade da natureza humana é uma vida em sociedade.
d) uma necessidade da natureza humana é a vida em sociedade.
e) a natureza humana é necessária à vida em sociedade.

502) "... sofrendo a tristeza da solidão,..."; isso significa que:

a) a tristeza é semelhante à solidão.
b) a solidão provoca tristeza.
c) a tristeza leva à solidão.
d) a solidão é fruto da tristeza.
e) a tristeza causa solidão.

503) "... ficaria louca se continuasse sozinha."; a relação entre essas duas orações mostra que:

a) a segunda só se realiza se a primeira não realizar-se.
b) a primeira se realiza contanto que a segunda não se realize.
c) a segunda é consequência da primeira.
d) a primeira é motivada pela segunda.
e) a primeira é uma hipótese para a realização da segunda.

504) "E não basta que a vida social permita apenas a satisfação de algumas necessidades da pessoa humana ou de todas as necessidades de apenas algumas pessoas."; com o segmento sublinhado, o autor do texto:

a) alude à discriminação racial.
b) refere-se à falta de disciplina social.
c) indica a existência de desigualdades sociais.
d) mostra a justa distribuição de renda no Brasil.
e) critica a falta de preocupação com a solidariedade.

TEXTO LXXI

ASSISTENTE TÉCNICO DE PLENÁRIO – TCT/RJ

TEXTO 1

O "IMPEACHMENT" E A AUSÊNCIA DE RESPONSABILIDADE PRESIDENCIAL

Tendo aludido ao lugar da obra de Rui Barbosa onde se lê "mais vale, no governo, a instabilidade que a irresponsabilidade" – essa nota dominante do presidencialismo – um dos nossos bons constitucionalistas retratou com suma clareza e singeleza a inoperância do *impeachment*, instituto de origem anglo-saxônica, acolhido pelas Constituições presidencialistas, ao afirmar que "sendo um processo de 'formas' criminais (ainda que não seja um procedimento penal 'estrito'), repressivo, *a posteriori*, seu manejo é difícil, lento, corruptor e condicionado à prática de atos previamente capitulados como crimes".

Sobre o *impeachment*, esse "canhão de cem toneladas" (Lord Bryce), que dorme "no museu das antiguidades constitucionais" (Boutmy) é ainda decisivo o juízo de Rui Barbosa, quando assevera que "a responsabilidade criada sob a forma do *impeachment* se faz absolutamente fictícia, irrealizável, mentirosa", resultando daí no presidencialismo um poder "irresponsável e, por consequência, ilimitado, imoral, absoluto".

Essa afirmativa se completa noutra passagem em que Rui Barbosa, depois de lembrar o *impeachmet* nas instituições americanas como "uma ameaça desprezada e praticamente inverificável", escreve: "Na irresponsabilidade vai dar, naturalmente, o presidencialismo. O presidencialismo, se não em teoria, com certeza praticamente, vem a ser, de ordinário, um sistema de governo irresponsável".

Onde o presidencialismo se mostra pois irremediavelmente vulnerável e comprometido é na parte relativa à responsabilidade presidencial. O presidencialismo conhece tão somente a responsabilidade de ordem jurídica, que apenas permite a remoção do governante, incurso nos delitos previstos pela Constituição. Defronta-se o sistema porém com um processo lento e complicado (o *impeachment*, conforme vimos), que fora da doutrina quase nenhuma aplicação teve. Muito distinto aliás da responsabilidade política a que é chamado o Executivo na forma parlamentar, responsabilidade mediante a qual se deita facilmente por terra todo o ministério decaído da confiança do Parlamento.

(BONAVIDES, Paulo. *Ciência política*, p. 384)

505) Dentre as mazelas do presidencialismo que integram a crítica de Rui Barbosa, a que o texto I mais destaca é:

a) a irresponsabilidade
b) a instabilidade
c) o absolutismo
d) a imoralidade

506) Dentre as citações do texto I, a que mais se distancia dos recentes acontecimentos políticos ocorridos no Brasil é:

a) "(...) um dos nossos bons constitucionalistas retratou com suma clareza e singeleza a inoperância do *impeachment*." (*l.* 3/4)
b) "sobre o *impeachment*, esse "canhão de cem toneladas" (Lord Bryce), que dorme "no museu das antiguidades constitucionais" (Boutmy) é ainda decisivo o juízo de Rui Barbosa (...)" – (*l.* 10-12)
c) "defronta-se o sistema porém com um processo lento e complicado (...) que fora da doutrina quase nenhuma aplicação teve." (*l.* 26-28)
d) "(...) responsabilidade mediante a qual se deita facilmente por terra todo o ministério decaído da confiança do Parlamento." (*l.* 29-31)

507) Das referências ao *impeachment* feitas abaixo, a única que <u>não</u> se encontra no texto I é:

a) trata-se de um instituto criado por constitucionalistas brasileiros.
b) pode ser incluído entre as falhas do sistema presidencialista.
c) carece, enquanto processo, de presteza e simplificação.
d) constitui um instrumento constitucional ultrapassado.

508) A referência explícita ao parlamentarismo, no texto 1, ocorre:

a) somente no primeiro parágrafo
b) nos dois primeiros parágrafos
c) somente no último parágrafo
d) nos dois últimos parágrafos

509) "(...) atos previamente <u>capitulados</u> como crime" (*l.* 8/9); o adjetivo sublinhado corresponde a:

a) acatados
b) condenados
c) lastreados
d) enumerados

510) O primeiro parágrafo do texto I revela que a alusão à máxima "mais vale, no governo, a instabilidade que a irresponsabilidade" se deve a:

a) uma crítica de Rui Barbosa
b) um estudioso das Constituições
c) autores de origem anglo-saxônica
d) alguns críticos do presidencialismo

TEXTO LXXII

ASSISTENTE TÉCNICO DE PLENÁRIO – TCT/RJ

TEXTO 2

TRABALHO E AVENTURA

Nas formas de vida coletiva podem assinalar-se dois princípios que se combatem e regulam diversamente as atividades dos homens. Esses dois princípios encarnam-se nos tipos do aventureiro e do trabalhador. Já nas sociedades rudimentares manifestam-se eles, segundo sua predominância, na distinção fundamental entre os povos caçadores ou coletores e os povos lavradores. Para uns, o objeto final, a mira de todo esforço, o ponto de chegada assume relevância tão capital, que chega a dispensar, por secundários, quase supérfluos, todos os processos intermediários. Seu ideal será colher o fruto sem plantar a árvore.

Esse tipo humano ignora as fronteiras. No mundo tudo se apresenta a ele em generosa amplitude e, onde quer que se erija um obstáculo a seus propósitos ambiciosos, sabe transformar esse obstáculo em trampolim. Vive dos espaços ilimitados, dos projetos vastos, dos horizontes distantes.

O trabalhador, ao contrário, é aquele que enxerga primeiro a dificuldade a vencer, não o triunfo a alcançar. O esforço lento, pouco compensador e persistente, que, no entanto, mede todas as possibilidades de esperdício e sabe tirar o máximo proveito do insignificante, tem sentido bem nítido para ele. Seu campo visual é naturalmente restrito. A parte maior do que o todo.

Existe uma ética do trabalho, como existe uma ética da aventura. O indivíduo do tipo trabalhador só atribuirá valor moral positivo às ações que sente ânimo de praticar e, inversamente, terá por imorais e detestáveis as qualidades próprias do aventureiro – audácia, imprevidência, irresponsabilidade, instabilidade, vagabundagem – tudo, enfim, quanto se relacione com a concepção espaçosa do mundo, característica desse tipo.

Por outro lado, as energias e esforços que se dirigem a uma recompensa imediata são enaltecidos pelos aventureiros; as energias que visam à estabilidade, à paz, à segurança pessoal e os esforços sem perspectiva de rápido proveito material passam, ao contrário, por viciosos e desprezíveis para eles. Nada lhes parece mais estúpido e mesquinho do que o ideal do trabalhador.

(HOLANDA, Sérgio Buarque de. *Raízes do Brasil.* Rio de Janeiro, José Olympio, 1978, p. 13)

511) A respeito dos povos caçadores e dos povos lavradores, pode-se afirmar que:

a) os caçadores esforçam-se mais do que os lavradores.
b) os lavradores têm vida mais dura que os caçadores.
c) lavradores e caçadores, ambos são do mesmo tipo.
d) os caçadores integram o tipo do aventureiro.

512) Das afirmativas feitas abaixo, aquela que está em consonância com o texto 2 é:

a) O trabalhador apresenta desmotivação para o triunfo.
b) A vagabundagem é prova da falta de caráter do aventureiro.
c) O trabalhador desenvolve sua atividade num contexto espacial limitado.
d) A paz, a segurança e a estabilidade são valores absolutamente relevantes para o aventureiro.

513) Levando em conta o perfil traçado pelo texto 2 para os tipos do aventureiro e do trabalhador, pode-se afirmar que os navegantes ibéricos que conquistaram a América encarnam o tipo:

a) trabalhador, pois a expansão marítima visava o aumento de produtividade agrícola para o Velho Mundo.
b) aventureiro, pois tinham absoluto controle da situação em sua empreitada.
c) aventureiro, pois caracterizava-se a busca dos "horizontes distantes".
d) trabalhador, pois souberam dar desenvolvimento às terras conquistadas.

514) De acordo com o texto 2, só <u>não</u> se pode afirmar que:

a) a audácia e a imprevidência caracterizam o aventureiro.
b) a concepção espaçosa do mundo é típica do aventureiro.
c) os lavradores só existiram nas sociedades rudimentares.
d) o trabalhador não é afeito aos constantes deslocamentos e ao proveito material imediato.

515) "Esses dois princípios encarnam-se nos tipos do aventureiro e do trabalhador."

Em cada alternativa abaixo, redigiu-se uma frase em continuação a esse trecho do texto 2. A alternativa cuja redação não está de acordo com o significado do texto é:

a) Esses dois princípios encarnam-se nos tipos do aventureiro e do trabalhador. Se tem aquele visão espaçosa do mundo, esse caracteriza-se pelo campo visual restrito.
b) Esses dois princípios encarnam-se nos tipos do aventureiro e do trabalhador. Deste lado, o objeto final é o fator relevante; daquele, apenas fruto do esforço pessoal.
c) Esses dois princípios encarnam-se nos tipos do aventureiro e do trabalhador. Enquanto uns empenham-se nos projetos vastos, outros tiram o máximo proveito do insignificante.
d) Esses dois princípios encarnam-se nos tipos do aventureiro e do trabalhador. Se é cabível afirmar que, quanto ao primeiro, o ânimo é de romper barreiras, quanto ao segundo há que registrar-se a previdência e a responsabilidade.

516) Ao afirmar que "existe uma ética do trabalho, como existe uma ética da aventura", o autor do texto 2 pretende afirmar que:

a) ambos, aventureiro e trabalhador, integram-se numa comunhão ética.
b) tanto na aventura quanto no trabalho erigem-se princípios e normas de conduta.
c) o que o trabalhador mais valoriza vai ao encontro do que o aventureiro preconiza.
d) os princípios éticos do trabalho estão em consonância com as normas de comportamento do aventureiro.

TEXTO LXXIII

ADMINISTRAÇÃO – IBGE

UM ARRISCADO ESPORTE NACIONAL

Os leigos sempre se medicaram por conta própria, já que de médico e louco todos temos um pouco, mas esse problema jamais adquiriu contornos tão preocupantes no Brasil como atualmente. Qualquer farmácia conta hoje com um arsenal de armas de guerra para combater doenças de fazer inveja à própria indústria de material bélico nacional. Cerca de 40% das vendas realizadas pelas farmácias nas metrópoles brasileiras destinam-se a pessoas que se automedicam. A indústria farmacêutica de menor porte e importância retira 80% de seu faturamento da venda "livre" de seus produtos, isto é, das vendas realizadas sem receita médica.

Diante desse quadro, o médico tem o dever de alertar a população para os perigos ocultos em cada remédio, sem que necessariamente faça junto com essas advertências uma sugestão para que os entusiastas da automedicação passem a gastar mais em consultas médicas. Acredito que a maioria das pessoas se automedica por sugestão de amigos, leitura, fascinação pelo mundo maravilhoso das drogas "novas" ou simplesmente para tentar manter a juventude. Qualquer que seja a causa, os resultados podem ser danosos.

É comum, por exemplo, que um simples resfriado ou uma gripe banal leve um brasileiro a ingerir doses insuficientes ou inadequadas de antibióticos fortíssimos, reservados para infecções graves e com indicação precisa. Quem age assim está ensinando bactérias a se tornarem resistentes a antibióticos. Um dia, quando realmente precisar de remédio, este não funcionará. E quem não conhece aquele tipo de gripado que chega a uma farmácia e pede ao rapaz do balcão que lhe aplique uma "bomba" na veia, para cortar a gripe pela raiz? Com isso, poderá receber na corrente sanguínea soluções de glicose, cálcio, vitamina C, produtos aromáticos – tudo sem saber dos riscos que corre pela entrada súbita destes produtos na sua circulação.

(Dr. Geraldo Medeiros – Veja – 1995)

517) Sobre o título dado ao texto – *um arriscado esporte nacional* –, a única afirmação correta é:

a) mostra que a automedicação é tratada como um esporte sem riscos.
b) indica quais são os riscos enfrentados por aqueles que se automedicam.
c) denuncia que a atividade esportiva favorece a automedicação;
d) condena a pouca seriedade daqueles que consomem remédio por conta própria.
e) assinala que o principal motivo da automedicação é a tentativa de manter-se a juventude.

518) *Os leigos sempre se medicaram por conta própria,...* Esta frase inicial do texto só NÃO equivale semanticamente a:

a) Os leigos, por conta própria, sempre se medicaram.
b) Por conta própria os leigos sempre se medicaram.
c) Os leigos se medicaram sempre por conta própria
d) Sempre se medicaram os leigos por conta própria.
e) Sempre os leigos, por conta própria, se medicaram.

519) O motivo que levou o Dr. Geraldo Medeiros a abordar o tema da automedicação, segundo o que declara no primeiro parágrafo do texto, foi:

a) a tradição que sempre tiveram os brasileiros de automedicar-se.
b) os lucros imensos obtidos pela indústria farmacêutica com a venda "livre" de remédios.
c) a maior gravidade atingida hoje pelo hábito brasileiro da automedicação.
d) a preocupação com o elevado número de óbitos decorrente da automedicação.
e) aumentar o lucro dos médicos, incentivando as consultas.

520) Um grupo de vocábulos do texto possui componentes sublinhados cuja significação é indicada a seguir; o único item em que essa indicação está ERRADA é:

a) *bélico* – guerra
b) *metrópoles* – cidade
c) *antibióticos* – vida
d) *glicose* – açúcar
e) *cálcio* – osso

521) O item em que o segmento sublinhado tem forma equivalente corretamente indicada é:

a) *...já que de médico e louco todos temos um pouco.* – uma vez que
b) *... vendas realizadas pelas farmácias...* – entre as
c) *... sem que necessariamente faça junto com essas advertências...* – embora
d) *...para que os entusiastas da automedicação...* – afim
e) *Quem age assim está ensinando bactérias...* – mal

522) Palavra que NÃO pertence ao mesmo campo semântico das demais é:

a) arsenal
b) armas
c) guerra
d) combater
e) inveja

523) Ao indicar as prováveis razões pelas quais os brasileiros se automedicam, o Dr. Geraldo Medeiros utiliza um argumento baseado em opinião e não numa certeza; o segmento que comprova essa afirmação é:

a) *É comum...* (l. 18)
b) *Acredito...* (l. 13)
c) *... por exemplo...* (l. 18)
d) *Com isso...* (l. 25)
e) *Qualquer que...* (l. 16)

524) ***A indústria farmacêutica de menor porte e importância retira 80% de seu faturamento da venda "livre" de seus produtos, isto é, das vendas realizadas sem receita médica. (l. 7-9)*. A expressão *isto é*, neste fragmento do texto, inicia uma:**

a) retificação
b) explicação
c) comparação
d) conclusão
e) dúvida

525) **A palavra que melhor define o objetivo central deste texto é:**

a) publicidade
b) advertência
c) conselho
d) elogio
e) repressão

526) ***... sem que necessariamente faça junto com essas advertências uma sugestão para que os entusiastas da automedicação passem a gastar mais em consultas médicas.* (*l.* 11-13); este comentário do autor do texto se faz necessário por razões:**

a) éticas
b) legais
c) religiosas
d) econômicas
e) políticas

TEXTO LXXIV

UFRJ

O HOMEM E A GALINHA

Era uma vez um homem que tinha uma galinha. Era uma galinha como as outras. Um dia a galinha botou um ovo de ouro. O homem ficou contente. Chamou a mulher:

– Olha o ovo que a galinha botou.

A mulher ficou contente:

– Vamos ficar ricos!

E a mulher começou a tratar bem da galinha. Todos os dias a mulher dava mingau para a galinha. Dava pão de ló, dava até sorvete. E todos os dias a galinha botava um ovo de ouro. Vai que o marido disse:

– Pra que esse luxo com a galinha? Nunca vi galinha comer pão de ló... Muito menos tomar sorvete!

– É, mas esta é diferente! Ela bota ovos de ouro!

O marido não quis conversa:

– Acaba com isso mulher. Galinha come é farelo.

Aí a mulher disse:

– E se ela não botar mais ovos de ouro?

– Bota sim – o marido respondeu.

A mulher todos os dias dava farelo à galinha. E a galinha botava um ovo de ouro. Vai que o marido disse:

– Farelo está muito caro, mulher, um dinheirão! A galinha pode muito bem comer milho.

– E se ela não botar mais ovos de ouro?

– Bota sim – o marido respondeu.

Aí a mulher começou a dar milho pra galinha. E todos os dias a galinha botava um ovo de ouro. Vai que o marido disse:

– Pra que esse luxo de dar milho pra galinha? Ela que procure o de-comer no quintal!

– E se ela não botar mais ovos de ouro? – a mulher perguntou.

– Bota sim – o marido falou.

E a mulher soltou a galinha no quintal. Ela catava sozinha a comida dela. Todos os dias a galinha botava um ovo de ouro. Uma dia a galinha encontrou o portão aberto. Foi embora e não voltou mais.

Dizem, eu não sei, que ela agora está numa boa casa onde tratam dela a pão de ló.

(Ruth Rocha)

527) O texto recebe o título de O *homem* e a *galinha*. Por que a história recebe esse título?

a) Porque eles são os personagens principais da história narrada.
b) Porque eles representam, respectivamente, o bem e o mal na história.
c) Porque são os narradores da história.
d) Porque ambos são personagens famosos de outras histórias.
e) Porque representam a oposição homem-animal.

528) Qual das afirmativas a seguir não é correta em relação ao homem da fábula?

a) É um personagem preocupado com o corte de gastos.
b) Mostra ingratidão em relação à galinha.
c) Demonstra não ouvir as opiniões dos outros.
d) Identifica-se como autoritário em relação à mulher
e) Revela sua maldade nos maus-tratos em relação à galinha.

529) Qual das características a seguir pode ser atribuída à galinha?

a) avareza
b) conformismo
c) ingratidão
d) revolta
e) hipocrisia

530) Era uma vez um homem que tinha uma galinha. **De que outro modo poderia ser dita a frase destacada?**

a) Era uma vez uma galinha, que vivia com um homem.
b) Era uma vez um homem criador de galinhas.
c) Era uma vez um proprietário de uma galinha.
d) Era uma vez uma galinha que tinha uma propriedade.
e) Certa vez um homem criava uma galinha.

531) Era uma vez **é uma expressão que indica tempo:**

a) bem localizado
b) determinado
c) preciso
d) indefinido
e) bem antigo

532) A segunda frase do texto diz ao leitor que a galinha era uma galinha como as outras. **Qual o significado dessa frase?**

a) A frase tenta enganar o leitor, dizendo algo que não é verdadeiro.
b) A frase mostra que era normal que as galinhas botassem ovos de ouro.
c) A frase indica que ela ainda não havia colocado ovos de ouro.
d) A frase mostra que essa história é de conteúdo fantástico.
e) A frase demonstra que o narrador nada conhecia de galinha.

533) O que faz a galinha ser diferente das demais?

a) Botar ovos todos os dias independentemente do que comia.
b) Oferecer diariamente ovos a seu patrão avarento.
c) Pôr ovos de ouro antes da época própria.
d) Botar ovos de ouro a partir de um dia determinado.
e) Ser bondosa, apesar de sofrer injustiças.

534) O homem ficou contente. **O conteúdo dessa frase indica um(a):**

a) causa
b) modo
c) explicação
d) consequência
e) comparação

535) A presença de travessões no texto indica:

a) a admiração da mulher
b) a surpresa do homem
c) a fala dos personagens
d) a autoridade do homem
e) a fala do narrador da história

536) Que elementos demonstram que a galinha passou a receber um bom tratamento, após botar o primeiro ovo de ouro?

a) pão de ló / mingau / sorvete
b) milho / farelo / sorvete
c) mingau / sorvete / milho
d) sorvete / farelo / pão de ló
e) farelo / mingau / sorvete

537) Dizem, eu não sei... **Quem é o responsável por essas palavras?**

a) o homem
b) a galinha
c) o narrador
d) a mulher
e) o ovo

TEXTO LXXV

ANALISTA JUDICIÁRIO – TRE

OS COITADINHOS

SÃO PAULO – Anestesiada e derrotada, a sociedade nem está percebendo a enorme inversão de valores em curso. Parece aceitar como normal que um grupo de criminosos estenda faixas pela cidade e nelas fale de paz.

Que paz? Não foram esses mesmos adoráveis senhores que decapitaram ou mandaram decapitar seus próprios companheiros de comunidade durante as recentes rebeliões?

A sociedade ouve em silêncio o juiz titular da Vara de Execuções Penais, Otávio Augusto Barros Filho, dizer que não vai resolver nada a transferência e isolamento dos líderes do PCC (Primeiro Comando da Capital ou Partido do Crime).

Digamos que não resolva. Qual é a alternativa oferecida pelo juiz? Libertá-los todos? Devolvê-los aos presídios dos quais gerenciam livremente seus negócios e determinam quem deve viver e quem deve morrer?

Vamos, por um momento que seja, cair na real: os presos, por mais hediondos que tenham sido seus crimes, merecem, sim, tratamento digno e humano. Mas não merecem um micrograma que seja de privilégios, entre eles o de determinar onde cada um deles fica preso.

Há um coro, embora surdo, que tenta retratar criminosos como coitadinhos, vítimas do sistema. Calma lá. Coitadinhos e vítimas do sistema, aqui, são os milhões de brasileiros que sobrevivem com salários obscenamente baixos (ou sem salário algum) e, não obstante, mantêm-se teimosamente honestos.

Coitadinhos e vítimas de um sistema ineficiente, aqui, são os parentes dos abatidos pela violência, condenados à prisão perpétua que é a dor pela perda de alguém querido, ao passo que o criminoso não fica mais que 30 anos na cadeia.

Parafraseando Millôr Fernandes: ou restaure-se a dignidade para todos, principalmente para os coitadinhos de verdade, ou nos rendamos de uma vez à Crime Incorporation.

(Clóvis Rossi – *Folha de São Paulo*, 25/02/01)

538) O texto foi elaborado a propósito das rebeliões de presos nas prisões paulistas no mês de fevereiro de 2002; a melhor explicação para a escolha do título os *coitadinhos* é:

a) a referência ambígua aos presos e às pessoas que sofrem pela ineficiência do sistema
b) a alusão às pessoas vítimas de salários baixos e teimosamente honestas
c) a existência de presos que, por orquestração surda, são tidos como vítimas do sistema
d) o fato de algumas pessoas padecerem eternamente pela perda de entes queridos
e) a referência aos presos que sofrem maus-tratos nas prisões brasileiras

539) No início do texto, o jornalista fala de uma sociedade "anestesiada e derrotada"; o segmento do texto que melhor demonstra a derrota de nossa sociedade é:

a) "Há um coro, embora surdo, que tenta retratar criminosos como coitadinhos, vítimas do sistema."
b) "A sociedade ouve em silêncio o juiz titular da Vara de Execuções Penais, Otávio Augusto Barros Filho, dizer que não vai resolver nada a transferência e isolamento dos líderes..."
c) "... os presos, por mais hediondos que tenham sido seus crimes, merecem, sim, tratamento digno e humano."
d) "Mas não merecem um micrograma que seja de privilégios, entre eles o de determinar onde cada um deles fica preso."
e) "Coitadinhos e vítimas de um sistema ineficiente, aqui, são os parentes dos abatidos pela violência..."

540) "Parafraseando Millôr Fernandes: ou restaure-se a dignidade para todos, principalmente para os coitadinhos de verdade, ou nos rendamos de uma vez à Crime Incorporation"; o comentário correto a respeito deste último parágrafo do texto é:

a) Uma paráfrase corresponde ao desenvolvimento das ideias de alguém, modificando-se levemente as ideias originais.

b) Com o pronome *todos* o texto quer referir-se àqueles que, de fato, sofrem de verdade: os de baixos salários, os desempregados e os que perderam entes queridos.

c) A segunda ocorrência da conjunção *ou*, neste segmento, tem valor de adição.

d) O fato de a organização criminosa receber nome inglês é de cunho irônico.

e) Para Millôr Fernandes, segundo o que foi parafraseado no texto, a dignidade deve ser restaurada somente para os coitadinhos de verdade.

541) "... merecem, sim, tratamento digno e humano."; o uso do vocábulo *sim* significa que:

a) se trata de uma verdade universalmente aceita.

b) o jornalista quer confirmar o que dizem os presos.

c) o artigo escrito apresenta certo tom irônico.

d) o jornalista afirma algo que pode receber opiniões opostas.

e) nem todos os presos são bem tratados nas prisões brasileiras.

542) "Digamos que não resolva."; em termos argumentativos, o segmento anterior indica:

a) uma hipótese sobre fato futuro sobre a qual o texto contra-argumenta.

b) uma inferência segura sobre fatos previsíveis que o jornalista condena.

c) um argumento do juiz, condenado provisoriamente pelo jornalista.

d) um argumento com o qual o jornalista pretende dar razão ao juiz.

e) um pensamento negativista e comum entre os membros de uma sociedade derrotada.

543) "Não foram esses mesmos adoráveis senhores..."; neste segmento ocorre um exemplo de uma figura denominada;

a) metáfora
b) metonímia
c) ironia
d) eufemismo
e) hipérbole

544) "... os presos, por mais hediondos que tenham sido seus crimes, merecem, sim, tratamento digno e humano. Mas não merecem um micrograma que seja de privilégios, entre eles o de determinar onde cada um deles fica preso."; nesse segmento do texto há uma série de vocábulos que se referem a elementos anteriores. O item em que a correspondência entre os dois NÃO está perfeita é:

a) "... por mais hediondos QUE tenham sido..." – seus crimes
b) "... entre ELES..." – privilégios
c) "... O de determinar..." – privilégio
d) "... um micrograma QUE seja..." – micrograma
e) "... o de determinar onde cada um DELES..." – presos

TEXTO LXXVI

ENFERMAGEM – TRE

QUESTÃO SOCIAL

Apesar da urgência da organização da sociedade para exigir segurança de fato das autoridades, a redução da violência exige mudança profunda no enfoque da administração dos problemas sociais pelos governos federal, estadual e municipal.

Uma pesquisa desenvolvida pela Fundação Getúlio Vargas, no ano passado, pelo pesquisador Ib Teixeira, constatou que a violência no país nos últimos dez anos matou 350 mil pessoas no período, mais do que as guerras do Timor Leste e de Kosovo juntas, e em menos tempo.

O custo dessa violência, segundo o BID (Banco Interamericano de Desenvolvimento), é de US$ 84 bilhões ao ano, ou 10,5% do PIB (Produto Interno Bruto).

Em São Paulo, cujo PIB nominal foi de US$ 241,58 bilhões em 1997, os custos da violência levantados em 1998 representam cerca de 3% do PIB, segundo dados da tese do sociólogo Rogério Sérgio de Lima.

(Folha de São Paulo, 25/02/01)

545) Segundo o texto, a redução da violência:

a) depende tão somente da mudança profunda no enfoque administrativo governamental.
b) é de grande importância para o progresso econômico.
c) exige organização social e mudanças governamentais.
d) derivará exclusivamente da cobrança feita às autoridades.
e) é de extrema importância no momento econômico do país.

546) "Apesar da urgência da organização..."; nesse segmento do texto, a locução *apesar* de pode ser perfeitamente substituída por:

a) não obstante
b) entretanto
c) visto que
d) já que
e) após

547) Os argumentos em que se apoia o artigo do jornal para mostrar a necessidade da redução da violência são de cunho:

a) social e religioso
b) educativo e econômico
c) social e econômico
d) religioso e educativo
e) moral e social

548) O fato de as siglas presentes no texto estarem "traduzidas" entre parênteses mostra que:

a) é regra de clareza que todas as siglas sejam explicitadas para o leitor.
b) algumas siglas do texto, segundo o seu redator, necessitam de "tradução".
c) os leitores de jornais pertencem à classe popular, menos informada.
d) o Brasil é país de muitas siglas.
e) o texto informativo "traduz" todas as siglas nele incluídas.

549) "... constatou que a violência no país nos últimos dez anos matou 350 mil pessoas no período, mais do que as guerras do Timor Leste e de Kosovo juntas, e em menos tempo."; segundo o texto, o segmento *e em menos tempo*:

a) indica que as guerras citadas levaram menos de dez anos.
b) contraria a argumentação básica do texto.
c) mostra a intensidade exagerada da violência no país.
d) demonstra que as guerras modernas são rápidas e extremamente cruéis.
e) é uma informação dispensável à argumentação do texto.

550) Segundo o texto, em São Paulo:

a) a violência ultrapassa a média estatística nacional de custos em relação ao PIB.
b) é sensivelmente menor o número de atos de violência, comparado com outros estados brasileiros.
c) a violência é a mais intensa entre os estados desenvolvidos.
d) a violência apresenta sinais de crescimento contínuo.
e) a violência colabora para que nossos índices, nessa área, sejam altos.

TEXTO LXXVII

EMGEPRON

TEXTO 1

QUE PAÍS...

Dissecando os gastos públicos no Brasil, um economista descobriu barbaridades no Orçamento da União deste ano. Por exemplo:

Considerada a despesa geral da Câmara, cada deputado federal custa ao país, diariamente, R$ 3.700. Ou R$ 1,3 milhão por ano.

Entre os senadores, a loucura é ainda maior, pois o custo individual diário pula para R$ 71.900. E o anual, acreditem, para R$ 26 milhões.

Comparados a outras "rubricas", os números beiram o delírio. É o caso do que a mesma União despende com a saúde de cada brasileiro – apenas R$ 0,36 por dia.

E, com a educação, humilhantes R$ 0,20.

(Ricardo Boechat, JB, 6/11/01)

551) Considerando o sentido geral do texto, o adjetivo que substitui de forma INADEQUADA os pontos das reticências do título do texto é:

a) autoritário
b) injusto
c) estranho
d) desigual
e) incoerente

552) O termo "gastos públicos" se refere exclusivamente a:

a) despesas com a educação pública
b) pagamentos governamentais
c) salários da classe política
d) gastos gerais do Governo
e) investimentos no setor oficial

553) A explicação mais plausível para o fato de o economista citado no texto não ter sido identificado é:

a) não ser essa uma informação pertinente.
b) o jornalista não citar suas fontes de informações sigilosas.
c) evitar que o economista sofra represálias.
d) desconhecer o jornalista o nome do informante.
e) não ser o economista uma pessoa de destaque social.

554) O item do texto em que o jornalista NÃO incluiu termo que indique sua opinião sobre o conteúdo veiculado pelo texto é:

a) "... um economista descobriu barbaridades no Orçamento da União..."
b) "Entre os senadores, a loucura é ainda maior..."
c) "E com a educação, humilhantes R$ 0,20.
d) "... os números beiram o delírio."
e) "... cada deputado federal custa ao país, diariamente, R$ 3.700."

555) O Orçamento da União é um documento que:

a) esconde a verdade da maioria da população.
b) só é consultado nos momentos críticos.
c) mostra a movimentação financeira do Governo.
d) autoriza os gastos governamentais.
e) traz somente informações sobre as casas do Congresso.

556) Os exemplos citados pelo jornalista:

a) atendem a seu interesse jornalístico.
b) indicam dados pouco precisos e irresponsáveis.
c) acobertam problemas do Governo.
d) mostram que os gastos com a classe política são desnecessários.
e) demonstram que o país não dispõe de recursos suficientes para as despesas.

557) "Considerada a despesa geral da Câmara, cada deputado federal custa ao país, diariamente, R$ 3.700."; o cálculo para se chegar ao custo diário de cada deputado federal foi feito do seguinte modo:

a) a despesa geral da Câmara foi dividida pelo número de deputados federais.
b) a despesa com os deputados federais foi dividida igualmente por todos eles.
c) os gastos gerais da Casa foram repartidos por todos os funcionários.
d) os gastos da Câmara com os deputados foram divididos pelo seu número total.
e) as despesas gerais da Câmara foram divididas entre os deputados federais.

558) "Comparados a outras 'rubricas', os números beiram o delírio."; o comentário correto sobre o significado dos elementos desse segmento do texto é:

a) O termo *rubricas*, escrito entre aspas, tem valor irônico.
b) O delírio refere-se aos gastos ínfimos com saúde e educação.
c) As outras rubricas referidas no texto são a educação e a saúde.
d) Comparados com a educação, os gastos citados são humilhantes.
e) Os números referem-se à grande quantidade de deputados e senadores.

TEXTO LXXVIII

EMGEPRON

TEXTO 2

AS VIRTUDES DA INTROMISSÃO

A imprensa peca mais pela omissão que pela intromissão. Essa máxima muitas vezes é esquecida em meio à investigação, às vezes obsessiva, que as revistas e os jornais brasileiros fazem da vida de políticos e autoridades, tendência que se acentuou muito nos últimos anos. Os órgãos de imprensa correm nesses casos o risco de parecer persecutórios ou de estar patrocinando campanhas gratuitas, movidas por interesses inconfessáveis, contra determinadas figuras públicas. Esta revista marcou sua presença na vida brasileira justamente pela convicção de que esse é um risco que vale a pena correr. É dever da imprensa investigar e divulgar os fatos que cercam a ascensão dos políticos. Mesmo que, às vezes, eles estejam enterrados em pontos remotos de suas biografias. Quando esses fatos passados servem para iluminar a personalidade atual do político ou para desnudar as entranhas da atividade pública, eles precisam ser expostos à sociedade.

(Veja, 7/11/01)

559) Entre as "virtudes da intromissão" está:

a) investigar obsessivamente a vida de políticos brasileiros.
b) patrocinar campanhas meritórias.
c) desenterrar pontos remotos das biografias de políticos.
d) explicar a prosperidade atual de políticos e autoridades.
e) arriscar-se a fazer campanhas gratuitas.

560) "A imprensa peca mais pela omissão que pela intromissão"; deduz-se desse primeiro período do texto que a imprensa:

a) se intromete mais do que deve.
b) peca pela omissão e pela intromissão.
c) deveria omitir-se mais.
d) se intromete mais do que se omite.
e) não peca quando se intromete.

561) Segundo o texto, a revista VEJA:

a) peca mais pela omissão que pela intromissão.
b) patrocina campanhas gratuitas, desinteressadas.
c) é movida por interesses inconfessáveis.
d) corre o risco consciente de investigar.
e) evitar expor à sociedade fatos escabrosos.

562) O texto 2 tem a finalidade clara de:

a) denunciar os maus políticos.
b) incentivar a denúncia de crimes.
c) promover a própria revista.
d) mostrar a face oculta de muitos políticos.
e) justificar a omissão da revista em alguns casos

TEXTO LXXIX

EMGEPRON

TEXTO 3

CÃO E HOMEM

Se você recolher um cachorro que morre de fome e o tornar próspero, ele não o morderá. É esta aí a diferença principal entre um cão e um homem.

(Mark Twain)

563) O defeito humano criticado pelo autor do texto 3 é:

a) a violência
b) a ingratidão
c) o egoísmo
d) o preconceito
e) a inveja

564) O adjetivo que substitui convenientemente a oração *que morre de fome* é:

a) famigerado
b) moribundo
c) defunto
d) faminto
e) necessitado

565) O conectivo abaixo que apresenta seu valor corretamente indicado é:

a) SE você recolher... – concessão
b) morre DE fome – causa
c) E o tornar próspero – adversidade
d) QUE morre de fome – explicação
e) ENTRE um cão e um homem – distância

566) "... e O tornar próspero, ele não O morderá."; as duas ocorrências do vocábulo em maiúsculas retomam, respectivamente:

a) o cachorro / o cachorro
b) o homem / o homem
c) você / você
d) o cachorro / você
e) você / o cachorro

567) Ao escrever *cão* em lugar de *cachorro* na última parte do texto, o autor:

a) demonstra que se esqueceu do vocábulo que havia usado anteriormente.
b) mostra que quer mostrar diferença de sentido entre os dois vocábulos.
c) economiza espaço gráfico ao preferir um vocábulo menor.
d) prefere cão porque este vocábulo tem sentido negativo.
e) procura evitar a repetição de vocábulos idênticos.

568) O verbo *tornar* possui sentido diferente do que aparece no texto em:

a) Os aviões se tornaram armas.
b) Tornar-se rico é o anseio do jovem.
c) Ele se tornou estrangeiro.
d) Nunca mais tornou a falar.
e) Elas se tornaram impacientes.

TEXTO LXXX

PROCURADOR – MP/RS

Todos, brasileiros ou não, somos seres de transição, divididos entre um sonho de paz e a velocidade da corrida que chamamos de sucesso, seja ele feito de abundância de bens que demonstram nosso *status*, de poder ou de notoriedade. Mais radicalmente, ficamos...........* cavalo entre dois desejos. O primeiro seria o desejo de um mundo em que – com a bênção da providência divina, irresistível dispensadora de destinos – saberíamos aceitar nossa condição e, dentro de seus limites, construir alguma felicidade; o segundo seria o desejo de um mundo indefinido, no qual nossa condição poderia ser mudada e melhorada, sendo que, para isso, poderíamos contar só com nossos esforços, sem esperar o bingo da graça divina. Em suma, praticamos duas representações opostas da felicidade: a vida boa e o sucesso.

A vida boa, em princípio, é o ideal de felicidade das sociedades tradicionais e era o ideal da nossa antes da modernidade (embora, como dissemos, continue conosco). Para a vida boa, é necessário satisfazer o essencial e cultivar a arte de fazer uma festa tranquila, com pouca coisa. A técnica da vida boa é simples e antiga: precisamos saber nos satisfazer não só realizando nossos desejos, mas também, e sobretudo, conseguindo desejar um pouco menos.

O ideal de sucesso, ao contrário, é um sonho moderno e, a rigor, não tanto uma representação da felicidade quanto o direito (e a obrigação) de correr atrás dela. Para a modernidade, o que conta é a procura que motiva a mobilidade social: ser insatisfeito é ser moderno. A felicidade como condição estável, do ponto de vista moderno, sobra para os primitivos.

Entre esses dois sonhos – o desejo infinito de sucesso que nos empurra e a tranquilidade da vida boa – oscilamos, como entre cidade e subúrbio, entre vida ativa e aposentadoria, etc.

Pois bem. Em recente pesquisa, os brasileiros (65%), perguntados se se consideravam pessoas felizes, responderam que sim. Como é possível? É que eles entenderam bem a pergunta, que concerne......... pessoas, e responderam de olho no ideal mais privado de felicidade: o ideal da vida boa.

Os itens mais importantes para a felicidade, conforme a pesquisa, não são os esperados índices do sucesso moderno, mas fé religiosa, casa própria e saúde. Ou seja, o básico para gozar de prazeres discretos, com a condição de não querer demais. Os itens mais incertos (e modernos), que deixariam a felicidade eternamente em perspectiva (o próprio "sucesso", por exemplo), acabam como lanterninha. Em suma, os brasileiros são felizes porque – declaram – sabem, segundo o preceito antigo, ser felizes com pouco.

Não só a maioria dos brasileiros se considera feliz, mas eles também consideram que o Brasil é o país onde há mais pessoas felizes. Essas duas respostas são redundantes Pode, entretanto, parecer contraditória a essas a resposta......... pergunta: "Você acredita que os brasileiros são felizes?" à qual só 23% responderam sim. Mas a contradição é apenas aparente. Surpreendentemente, os entrevistados parecem fazer a diferença correta entre as pessoas e o grupo social: "os brasileiros" não são a mesma coisa que "as pessoas" no Brasil. Como corpo político, como coletividade – organizada em uma sociedade moderna e, portanto, tomada pelo jogo da mobilidade social –, os brasileiros se consideram infelizes.

A pesquisa, então, parece confirmar a leitura do país feita por Roberto Da Matta. Dois universos caminham juntos no Brasil (embora não de mãos dadas): uma comunidade tradicional que sobrevive a um país liberal pretensamente avançado. A pesquisa acrescenta que os brasileiros saberiam fazer a diferença: como coletividade, "os brasileiros" são infelizes, mas, no Brasil, "as pessoas" seriam felizes. Da Matta concluiria que os restos do Brasil arcaico fazem nossa identidade e nossa felicidade de vida boa, enquanto a modernidade azucrina nossa existência.

(Adaptado de CALLIGARIS, Contardo. *A vida boa e o país-paraíso. Folha de São Paulo*, 25 de maio de 1997)

*As lacunas pontilhadas existem por causa das questões de crase.

569) Desde o início do texto, o autor explora a temática de uma divisão que, na atualidade, os brasileiros vivenciariam, em relação à questão da felicidade. Os pares abaixo se relacionam com os dois polos dessa divisão, à exceção de um deles. **Assinale-o.**

a) aceitação da própria condição / desejo de mudança de sua condição
b) contradição de concepções / coerência de concepções
c) mundo tradicional / mundo moderno
d) satisfação com o essencial / insatisfação constante
e) "os brasileiros" / "as pessoas" no Brasil

570) Em diversas passagens do texto, é possível identificar pressuposições: ideias que, embora não explicitadas, vêm embutidas no uso de diferentes expressões e formas verbais. Assinale, das afirmações abaixo, a que não é pressuposta por nenhuma passagem do texto.

a) Nossa sociedade atual é uma sociedade da modernidade.
b) A resposta dos brasileiros de que se consideram pessoas felizes é, em alguma medida, surpreendente.
c) Há contradições aparentes e outras que não o são.
d) Nem sempre pesquisas de opinião têm resultados que coincidem com o ponto de vista de especialistas.
e) O desejo de felicidade moderno está vinculado à conquista de um patamar estável.

571) É frequente, na organização de um texto, a utilização de palavras e expressões que estabelecem conexões entre seus diversos segmentos. Esse é o caso das palavras e expressões abaixo, à exceção de

a) **em suma** (linha 11)
b) **ao contrário** (linha 20)
c) **em recente pesquisa** (linha 28)
d) **mas** (linha 41)
e) **então** (linha 51)

572) As palavras dispensadora **(linha 6) e** conta **(linha 22), conforme seu uso no texto, remetem, respectivamente, às ideias de**

a) concessão e relevância
b) exclusão e enumeração
c) desobrigação e importância
d) doação e quantificação
e) omissão e conveniência

573) Os pares abaixo contêm um substantivo e um pronome que, possivelmente, o substitui ou o retoma no texto.

- **desejo** (linha 5) – **que** (linha 5)
- **procura** (linha 22) – **que** (linha 22)
- **itens** (linha 36) – **que** (linha 36)
- **resposta** (linha 44) – **à qual** (linhas 45)
- **comunidade** (linha 53) – **que** (linha 53)

Em quantos dos pares acima a relação está incorreta?

a) em nenhum
b) em um
c) em dois
d) em três
e) em quatro

574) Em certas estruturas sintáticas, uma determinada preposição pode ser substituída por outra preposição simples, sem alteração do significado do contexto em que se encontra. Esse é o caso da preposição que ocorre em

a) sem esperar (linha 10)
b) para a vida boa (linha 15)
c) o ideal de sucesso (linha 20)
d) entre esses dois sonhos (linha 25)
e) com a condição (linha 35/36)

TEXTO LXXXI

TECNOLOGISTA JÚNIOR I – IBGE

DÍVIDA PÚBLICA CRESCE R$ 101,9 BILHÕES

A alta dos juros e a desvalorização do real em relação ao dólar já elevaram a dívida líquida do setor público de 50,2% do PIB (Produto Interno Bruto) para 51,9%, um aumento de R$ 29,796 bilhões entre março e maio deste ano. Neste mês, a dívida deve superar os 53% do PIB, percentual elevado para o Brasil, que chegou a prometer ao Fundo Monetário Internacional (FMI) a estabilização em 46,5% do PIB.

Para evitar o crescimento explosivo da dívida, devido à farta oferta de títulos atrelados ao câmbio para deter a alta do dólar, o governo será obrigado a fazer um novo aperto fiscal. "Se a dívida crescer muito, o país terá que gerar ganhos fiscais para pagá-la", afirma Carlos Thadeu de Freitas, ex-diretor do Banco Central.

De qualquer forma, a dívida vai crescer. Mas se ela se estabilizar em torno de 54% do PIB não haverá grandes problemas, afirma o consultor Raul Veloso, especialista no assunto.

A dificuldade, segundo ele, será estancar a tendência do crescimento. Isso exigirá "um sacrifício maior" da sociedade para que o governo possa aumentar o superávit primário, o que significa aumentar a arrecadação de impostos e reduzir as despesas.

(Gilson Luiz Euzébio – Jornal do Brasil, 15/07/01)

575) "... o governo será obrigado a fazer um novo aperto fiscal."; isto significa que o governo será obrigado a:

a) modificar alguns impostos.
b) intensificar a fiscalização.
c) combater a sonegação.
d) arrecadar mais com impostos.
e) reduzir a devolução de impostos.

576) O título do texto (a manchete do jornal) destaca:

a) o aspecto mais favorável ao governo
b) o fator de maior apelo afetivo
c) o elemento mais inesperado do processo
d) o sucesso maior do plano econômico
e) o item de maior interesse público

577) Como texto informativo que é, o texto lido:

a) pretende divulgar algo que é do interesse exclusivo do informante.
b) apoia suas informações em dados objetivos e em depoimentos de autoridades.
c) tenta criar suspense e expectativa nervosa nos leitores.
d) tem a intenção de ser claro em assunto que é do domínio comum
e) é de interesse momentâneo e só pertinente à área econômica.

578) O interesse do leitor comum ao ler o texto acima no jornal é:

a) ilustração cultural
b) informação privilegiada
c) atualização de conhecimentos
d) curiosidade mórbida
e) atração pelo pitoresco

579) Só NÃO pode estar entre os interesses do jornal ao publicar a informação contida no texto lido:

a) criar confiabilidade do leitor em relação ao jornal.
b) mostrar a situação difícil em que se encontram as finanças nacionais.
c) combater politicamente o governo atual.
d) criticar implicitamente a política econômica do governo.
e) demonstrar a ineficiência do setor público em comparação com o privado.

580) Ao indicar a tradução da sigla PIB entre parênteses, o autor do texto mostra que:

a) entende pouco do setor econômico no nível internacional.
b) escreve de forma específica para economistas.
c) pretende ser entendido pelo grande público.
d) a sigla é de criação recente e pouco conhecida.
e) tem a intenção clara de mostrar a influência do FMI em nossa economia.

581) Segundo o primeiro parágrafo do texto:

a) o FMI deve tomar medidas punitivas em relação ao Brasil.
b) o Brasil vai mal economicamente por não seguir as normas do FMI.
c) o PIB aumentou progressivamente de 1999 a 2001.
d) a alta de juros e a desvalorização do real aumentaram o PIB.
e) o aumento da dívida pública é visto por maior percentual do PIB.

582) Segmento do texto que NÃO traz, explícita ou implícita, uma ameaça à população é:

a) "... o governo será obrigado a fazer um novo aperto fiscal."
b) "Se a dívida crescer muito, o país terá que gerar ganhos fiscais para pagá-la,..."
c) "De qualquer forma, a dívida vai crescer."
d) "... para que o governo possa aumentar o superávit primário,..."
e) "Mas se ela se estabilizar em torno de 54% do PIB não haverá grandes problemas."

583) O latinismo <u>superávit</u> significa:

a) o lucro obtido com a venda de produtos
b) o aumento da arrecadação de impostos
c) a diferença favorável entre arrecadação e despesas
d) a redução das despesas
e) a diferença entre a alta dos juros e a desvalorização do real

584) "De qualquer forma a dívida vai crescer. Mas se ela se estabilizar em torno de 54% do PIB não haverá grandes problemas."; esta afirmação do consultor Raul Veloso, reescrita de forma a manter-se o sentido original, é:

a) A dívida vai crescer inevitavelmente, independente de estabilizar-se em torno de 54% do PIB, o que não trará grandes problemas.

b) Não haverá grandes problemas se a dívida se estabilizar em torno de 54% do PIB, mas, inevitavelmente, a dívida vai crescer.

c) Se a dívida crescer até 54% do PIB não haverá grandes problemas, mas seu crescimento é inevitável.

d) Se a dívida vai crescer ininterruptamente, não haverá grandes problemas se houver estabilização dos débitos em torno de 54% do PIB.

e) De qualquer forma a dívida vai crescer embora a estabilização em torno de 54% do PIB traga grandes problemas.

TEXTO LXXXII

AUXILIAR MÉDIO I MOTORISTA – MP/RJ

O homem contemporâneo não é onívoro como seu antepassado pré-histórico; nem todos os animais e vegetais da região figuram em sua cozinha. Nosso sertanejo, por exemplo, aprecia muito os peixes de água doce e a mandioca, mas não dá o menor valor aos crustáceos e às verduras. Os negros africanos também não valorizam as hortaliças e pouca atenção dão à carne de gado. O homem urbano do Ocidente, por sua vez, não tolera a ideia de mastigar os gafanhotos, as larvas e os besouros que fazem a delícia de tantos povos do Oriente e da África. Os hindus preferem morrer de fome a provar a carne das gordas reses que abundam em seu país. Todos os povos possuem limitações inarredáveis no tocante às coisas que comem.

585) O último período do texto funciona como:

a) explicitação
b) contestação
c) conclusão
d) retificação
e) repetição

586) "O homem contemporâneo não é onívoro..."; o segmento sublinhado significa que o homem contemporâneo:

a) não gosta de tudo.
b) não come tudo.
c) não é igual em todas as partes do mundo.
d) não se alimenta bem.
e) come muitas coisas inadequadas.

587) "O homem contemporâneo não é onívoro como seu antepassado pré-histórico;" esse segmento traz uma ambiguidade que desapareceria se fosse reescrito, mantendo-se o sentido pretendido no texto, da seguinte forma:

a) O homem contemporâneo não é onívoro como era seu antepassado pré-histórico.
b) Como seu antepassado pré-histórico, o homem contemporâneo não é onívoro.
c) O homem contemporâneo, como seu antepassado pré-histórico, não é onívoro.
d) O homem contemporâneo e seu antepassado pré-histórico não são onívoros.
e) O antepassado pré-histórico do homem contemporâneo não é onívoro como ele.

588) "... nem todos os animais e vegetais da região figuram em sua cozinha."; esse segmento do texto significa que:

a) o homem contemporâneo desconhece muitos alimentos de sua região.
b) o homem contemporâneo não se alimenta de forma adequada.
c) alguns animais e vegetais não fazem parte do cardápio do homem contemporâneo.
d) as regiões apresentam animais e vegetais distintos.
e) nem todos os homens se alimentam de animais e vegetais.

589) NÃO servem de exemplo que comprovam a tese do texto:

a) os sertanejos brasileiros
b) os negros africanos
c) os homens urbanos do Ocidente
d) os povos do Oriente
e) os hindus

590) Ao designar de *hindus* os nascidos na Índia, o autor do texto:

a) preferiu esta designação à de *indianos*.
b) errou, pois *hindu* se aplica somente aos adeptos do hinduísmo.
c) quer referir-se somente a uma parte dos habitantes da Índia.
d) designa somente os que adoram a vaca como símbolo religioso.
e) errou, visto que o vocábulo é grafado sem a letra H.

591) "O homem <u>urbano</u> do Ocidente..."; o vocábulo sublinhado se aplica ao homem:

a) civilizado
b) culto
c) não rural
d) adulto
e) contemporâneo

TEXTO LXXXIII

ARQUIVOLOGISTA – ELETROBRAS

A MISÉRIA É DE TODOS NÓS

Como entender a resistência da miséria no Brasil, uma chaga social que remonta aos primórdios da colonização? No decorrer das últimas décadas, enquanto a miséria se mantinha mais ou menos do mesmo tamanho, todos os indicadores sociais brasileiros melhoraram. Há mais crianças em idade escolar frequentando aulas atualmente do que em qualquer outro período da nossa história. As taxas de analfabetismo e mortalidade infantil também são as menores desde que se passou a registrá-las nacionalmente. O Brasil figura entre as dez nações de economia mais forte do mundo. No campo diplomático, começa a exercitar seus músculos. Vem firmando uma inconteste liderança política regional na América Latina, ao mesmo tempo que atrai a simpatia do Terceiro Mundo por ter se tornado um forte oponente das injustas políticas de comércio dos países ricos. Apesar de todos esses avanços, a miséria resiste.

Embora em algumas de suas ocorrências, especialmente na zona rural, esteja confinada a bolsões invisíveis aos olhos dos brasileiros mais bem posicionados na escala social, a miséria é onipresente. Nas grandes cidades, com aterrorizante frequência, ela atravessa o fosso social profundo e se manifesta de forma violenta. A mais assustadora dessas manifestações é a criminalidade, que, se não tem na pobreza sua única causa, certamente em razão dela se tornou mais disseminada e cruel. Explicar a resistência da pobreza extrema entre milhões de habitante não é uma empreitada simples.

(Veja, ed. 1735)

592) O título dado ao texto se justifica porque:

a) a miséria abrange grande parte de nossa população.

b) a miséria é culpa da classe dominante.

c) todos os governantes colaboraram para a miséria comum.

d) a miséria deveria ser preocupação de todos nós.

e) um mal tão intenso atinge indistintamente a todos.

593) A primeira pergunta – "Como entender a resistência da miséria no Brasil, uma chaga social que remonta aos primórdios da colonização?":

a) tem sua resposta dada no último parágrafo.
b) representa o tema central de todo o texto.
c) é só uma motivação para a leitura do texto.
d) é uma pergunta retórica, à qual não cabe resposta.
e) é uma das perguntas do texto que ficam sem resposta.

594) Após a leitura do texto, só NÃO se pode dizer da miséria no Brasil que ela:

a) é culpa dos governos recentes, apesar de seu trabalho produtivo em outras áreas.
b) tem manifestações violentas, como a criminalidade nas grandes cidades.
c) atinge milhões de habitantes, embora alguns deles não apareçam para a classe dominante.
d) é de difícil compreensão, já que sua presença não se coaduna com a de outros indicadores sociais.
e) tem razões históricas e se mantém em níveis estáveis nas últimas décadas.

595) O melhor resumo das sete primeiras linhas do texto é:

a) Entender a miséria no Brasil é impossível, já que todos os outros indicadores sociais melhoraram.
b) Desde os primórdios da colonização a miséria existe no Brasil e se mantém onipresente.
c) A miséria no Brasil tem fundo histórico e foi alimentada por governos incompetentes.
d) Embora os indicadores sociais mostrem progressos em muitas áreas, a miséria ainda atinge uma pequena parte de nosso povo.
e) Todos os indicadores sociais melhoraram exceto o indicador da miséria que leva à criminalidade.

596) As marcas de progresso em nosso país são dadas com apoio na quantidade, exceto:

a) frequência escolar
b) liderança diplomática
c) mortalidade infantil
d) analfabetismo
e) desempenho econômico

597) "No campo diplomático, começa a exercitar seus músculos."; com essa frase, o jornalista quer dizer que o Brasil:

a) já está suficientemente forte para começar a exercer sua liderança na América Latina.
b) já mostra que é mais forte que seus países vizinhos.
c) está iniciando seu trabalho diplomático a fim de marcar presença no cenário exterior.
d) pretende mostrar ao mundo e aos países vizinhos que já é suficientemente forte para tornar-se líder.
e) ainda é inexperiente no trato com a política exterior.

598) Segundo o texto, "A miséria é onipresente" embora:

a) apareça algumas vezes nas grandes cidades.
b) se manifeste de formas distintas.
c) esteja escondida dos olhos de alguns.
d) seja combatida pelas autoridades.
e) se torne mais disseminada e cruel.

599) "... não é uma empreitada simples" equivale a dizer que é uma empreitada complexa; o item em que essa equivalência é feita de forma INCORRETA é:

a) não é uma preocupação geral = é uma preocupação superficial
b) não é uma pessoa apática = é uma pessoa dinâmica
c) não é uma questão vital = é uma questão desimportante
d) não é um problema universal = é um problema particular
e) não é uma cópia ampliada = é uma cópia reduzida

Texto LXXXIV

ANALISTA DE REGULAÇÃO – ASEP-RJ

TEXTO 2

ENTREVISTA COM MICHAEL SERMER

Repórter: Como o senhor justifica a vantagem do pensamento científico sobre o obscurantismo?

MS – A ciência é o único campo do conhecimento humano com característica progressista. Não digo isso tomando o termo progresso como uma coisa boa, mas sim como um fato. O mesmo não ocorre na arte, por exemplo. Os artistas não melhoram o estilo de seus antecessores, eles simplesmente o mudam. Na religião, padres, rabinos e pastores não pretendem melhorar as pregações de seus mestres. Eles as imitam, interpretam e repetem aos discípulos. Astrólogos, médiuns e místicos não corrigem os erros de seus predecessores, eles os perpetuam. A ciência, não. Tem características de autocorreção que operam como a seleção natural. Para avançar, a ciência se livra dos erros e teorias obsoletas com enorme facilidade. Como a natureza, é capaz de preservar os ganhos e erradicar os erros para continuar a existir.

(Diretor da ONG contra superstições – Veja, nº 1733)

600) Em termos argumentativos, pode-se dizer que:

a) a argumentação apresentada por MS se apoia em testemunhos de autoridade.

b) a tese apresentada está explícita em "a ciência se livra dos erros e teorias obsoletas com enorme facilidade".

c) o público-alvo a ser convencido é o conjunto de pessoas ligadas, de uma maneira ou outra, ao obscurantismo.

d) os argumentos apresentados na defesa da tese se fundamentam ora na intimidação, ora na persuasão.

e) por ser de caráter científico, a subjetividade do argumentador é completamente desprezada na argumentação.

601) O segmento do texto que se volta para a própria construção do texto é:

a) "Não digo isso tomando o termo progresso como uma coisa boa, mas sim como um fato."
b) "O mesmo não ocorre na arte, por exemplo."
c) "Na religião, padres, rabinos e pastores não pretendem melhorar as pregações de seus mestres."
d) "Para avançar, a ciência se livra dos erros e teorias obsoletas com enorme facilidade."
e) "Como a natureza, é capaz de preservar os ganhos e erradicar os erros para continuar a existir."

602) *Teorias obsoletas* significa:

a) que caíram em desuso, antiquadas.
b) que foram construídas de forma errada.
c) de cuja origem não se tem conhecimento.
d) que se fundamentam em crendices.
e) que foram estabelecidas há muito tempo.

603) A característica da ciência que a torna superior à religião, à arte e à crendice é:

a) a impossibilidade de errar
b) a mudança contínua
c) a preocupação teórica
d) a permanente autocorreção
e) a ausência de imitação

604) O vocábulo em que o elemento *auto* NÃO tem o mesmo valor semântico presente em *autocorreção* é:

a) autogestão
b) autocrítica
c) autômato
d) autópsia
e) autódromo

605) ***Astrólogos, médiuns* e *místicos* trabalham, respectivamente, com:**

a) astros, energia cósmica e truques
b) astronomia, forças espirituais e magia
c) astrologia, espíritos desencarnados e falsificações
d) astros, entidades espirituais e esoterismo
e) astrologia, energia pura e comunicação

606) Para valorizar a ciência em face do obscurantismo, os argumentos apresentados atribuem valor a uma ciência em especial, que é a:

a) Sociologia
b) Astronomia
c) Física
d) Biologia
e) Matemática

607) "Como a natureza, é capaz de preservar os ganhos e erradicar os erros para continuar a existir."; a forma EQUIVOCADA de reescrever-se esse mesmo segmento é:

a) É capaz, como a natureza, de preservar os ganhos e erradicar os erros para continuar a existir.
b) Como a natureza, para continuar a existir, é capaz de preservar os ganhos e erradicar os erros.
c) Para continuar a existir, é capaz de preservar os ganhos e erradicar os erros, como a natureza.
d) É capaz de preservar os ganhos, como a natureza, e erradicar os erros para continuar a existir.
e) É capaz de preservar os ganhos e erradicar os erros, como a natureza, para continuar a existir.

TEXTO LXXXV

CENSO – IBGE

CHEGOU O FUTURO

Parece mentira que ele tenha chegado. Para quem está hoje na terceira idade, o ano 2000 é como se fosse a chegada do futuro pelo qual se esperou achando que ele jamais chegaria. Parecia inatingível, tão distante era no tempo e na cabeça da gente. Sonhava-se com a data como se sonhava com a ida do homem à Lua ou a Marte, como sinônimo de conquista do impossível.

O passado era embalado por uma promessa que se acreditava que jamais iria se realizar. "Pode esperar sentado", diziam os mais velhos quando queriam desanimar um jovem, "isto só vai acontecer no ano 2000, no Dia de São Nunca".

E eis que bem ou mal ele está aí, encerrando de uma só vez a década, o século e o milênio, dando início a uma nova era, não importa que o calendário diga o contrário; miticamente, no imaginário de todo mundo, é assim.

Foi um percurso acidentado, dramático, o deste século, para falar apenas dele e não do milênio. Só de guerras mundiais, envolvendo as grandes potências, ameaçando se espalhar pelo planeta, foram duas, acompanhadas de centenas de conflitos regionalizados, morticínio, holocausto, extermínio em massa. A ciência e a tecnologia desenvolveram e aprimoraram como nunca a arte de destruir – as espécies, inclusive a própria, e o meio ambiente.

A guerra foi o traço mais constante nesse "século da insensatez". Chegou-se a inventar uma forma moderna e cínica de paz: a Guerra Fria.

Apesar de tudo isso, porém, o ano 2000 chega trazendo também um certo ar de vitória sobre as previsões mais pessimistas: o fato de ter resistido tantas vezes ao apocalipse anunciado demonstra que a vontade de vida da humanidade ainda foi maior do que sua pulsão de morte.

(Zuenir Ventura. *Época*. 3 de janeiro, 2000, com adaptações)

608) O texto informa que, quanto à data de encerramento do século XX, o calendário e o imaginário do povo:

a) divergem
b) convergem
c) combinam
d) complementam-se
e) harmonizam-se

609) "Sonhava-se com a data (...), como sinônimo de conquista do impossível." (*l.* 4/5)

De acordo com o texto, justifica esse sentimento o(a):

a) clima de euforia reinante em certas datas

b) inexperiência natural dos jovens da primeira metade do século

c) frustração dos contemporâneos do cronista com a proximidade do novo século

d) insegurança das pessoas mais velhas em relação ao seu próprio futuro

e) distância existente entre aquele momento do passado do cronista e o ano 2000

610) Durante o século XX a humanidade foi submetida a duras provas. Esta ideia está configurada no trecho:

a) "... é como se fosse a chegada do futuro..." (*l.* 2)

b) "... isto só vai acontecer no ano 2000,...." (*l.* 8)

c) "... bem ou mal ele está aí,..." (*l.* 10)

d) "... de uma só vez a década, o século e o milênio..." (*l.* 10/11)

e) "... percurso acidentado, dramático,..." (*l.* 13)

611) O "certo ar de vitória" de que fala o cronista no último parágrafo deve-se:

a) à insensatez do século

b) à supremacia das emoções sobre a razão

c) ao instinto de sobrevivência do homem

d) ao conformismo diante das dificuldades

e) aos avanços científicos e tecnológicos

612) "Pode esperar sentado", diziam os mais velhos quando queriam desanimar um jovem, 'isto só vai acontecer no ano 2000, no Dia de São Nunca.' <u>E</u> eis que bem ou mal ele está aí," (*l.* 7-9).

No trecho, a conjunção sublinhada só NÃO **pode ser substituída por:**

a) mas

b) porque

c) porém

d) entretanto

e) no entanto

TEXTO LXXXVI

BIÓLOGO – QUEIMADOS/RJ

O MEDO SOCIAL

No Rio de Janeiro, uma senhora dirigia seu automóvel com o filho ao lado. De repente foi assaltada por um adolescente, que a roubou, ameaçando cortar a garganta do garoto. Dias depois, a mesma senhora reconhece o assaltante na rua. Acelera o carro, atropela-o e mata-o, com a aprovação dos que presenciaram a cena. Verídica ou não, a história é exemplar, ilustra o que é a cultura da violência, a sua nova feição no Brasil.

Ela segue regras próprias. Ao expor as pessoas a constantes ataques à sua integridade física e moral, a violência começa a gerar expectativas, a fornecer padrões de respostas. Episódios truculentos e situações-limite passam a ser imaginados e repetidos com o fim de caucionar a ideia de que só a força resolve conflitos. A violência torna-se um item obrigatório na visão do mundo que nos é transmitida. Cria a convicção tácita de que o crime e a brutalidade são inevitáveis. O problema, então, é entender como chegamos a esse ponto. Como e por que estamos nos familiarizando com a violência, tornando-a nosso cotidiano.

Em primeiro lugar, é preciso que a violência se torne corriqueira para que a lei deixe de ser concebida como o instrumento de escolha na aplicação da justiça. Sua proliferação indiscriminada mostra que as leis perderam o valor normativo e os meios legais de coerção, a força que deveriam ter. Nesse vácuo, indivíduos e grupos passam a arbitrar o que é justo ou injusto, segundo decisões privadas, dissociadas de princípios éticos válidos para todos. O crime é, assim, relativizado em seu valor de infração. Os criminosos agem com consciências felizes. Não se julgam fora da lei ou da moral, pois conduzem-se de acordo com o que estipulam ser o preceito correto. A imoralidade da cultura da violência consiste justamente na disseminação de sistemas morais particularizados e irredutíveis a ideais comuns, condição prévia para que qualquer atitude criminosa possa ser justificada e legítima.

(Jurandir Freire Costa)

613) "No Rio de Janeiro, uma senhora <u>dirigia</u> seu automóvel com o filho ao lado. De repente <u>foi assaltada</u> por um adolescente..."; a passagem do pretérito imperfeito para o pretérito perfeito marca a mudança de:

a) um texto descritivo para um texto narrativo
b) a fala do narrador para a fala do personagem
c) um tempo passado para um tempo presente
d) um tempo presente para um tempo passado
e) a mudança de narrador

614) A narrativa contida no primeiro parágrafo tem a função textual de:

a) exemplificar algo que vai ser explicitado depois.
b justificar a reação social contra a violência.
c) despertar a atenção do leitor para o problema da violência.
d) mostrar a violência nas grandes cidades.
e) relatar algo que vai justificar uma reação social.

615) Ideia *não* contida no texto é:

a) a violência cria regras próprias.
b) os criminosos agem segundo regras particulares;
c) a violência aparece socialmente justificada.
d) a violência aparece como algo inevitável.
e) a violência requer uma ação governamental eficiente.

616) Segundo o texto, para que a lei deixe de ser o remédio contra a violência é necessário:

a) que as leis se tornem obsoletas.
b) que os governos descuidem dos problemas.
c) que a violência se banalize.
d) que os marginais se tornem mais audaciosos.
e) que a violência crie regras próprias.

617) "Nesse vácuo, indivíduos e grupos passam a arbitrar o que é justo ou injusto..."; o comentário correto sobre esse segmento do texto é:

a) O vácuo referido é o espaço vago deixado pela ação governamental.
b) Indivíduos e grupos passam a tomar a lei em suas mãos.
c) A justiça acaba sendo determinada pelos marginais.
d) A injustiça acaba por elaborar as leis.
e) Passa a vigorar a lei do mais esperto.

618) "A imoralidade da cultura da violência consiste justamente na disseminação de sistemas morais particularizados e irredutíveis a ideais comuns..."; isso significa que:

a) na cultura da violência todos os marginais pensam de forma semelhante.
b) a imoralidade da cultura da violência se localiza em pequenos grupos.
c) na cultura da violência todos saem perdendo.
d) na cultura da violência, os ideais comuns inexistem.
e) a violência dissemina ideais comuns irredutíveis.

619) "O crime é, assim, relativizado, em seu valor de infração."; uma forma de reescrever-se a mesma frase, mas com perda do sentido original, é:

a) O valor de infração do crime é, assim, relativizado.
b) Assim, o crime foi relativizado em seu valor de infração.
c) O crime tem seu valor de infração, assim, relativizado.
d) Assim, o crime é, em seu valor de infração, relativizado.
e) Relativiza-se, assim, o valor de infração do crime.

TEXTO LXXXVII

PROFESSOR II/RIO

HUMANISMOS E ANTI-HUMANISMOS

Ciência e técnica se têm revelado, na sociedade atual, inadequadas a proporcionar ao homem meios para a sua autêntica realização. Mais ainda: utilizadas como estão, têm conspirado contra a felicidade humana. E a nova geração de intelectuais, cientistas e jovens, nos últimos vinte anos, tem sido porta-voz da frustração, do medo, do protesto contra a invasão da ciência e da técnica.

Enquanto há anos atrás era difícil encontrar um nome de cientista que levantasse dúvida sobre a validez total de seu trabalho, hoje ocorre exatamente o contrário: não se conhece um só nome de grande cientista que acredite incondicionalmente no poder total da ciência e da técnica para resgatar o homem de seus males e torná-lo completamente feliz. Cientistas e pensadores não escondem seu ceticismo e sua preocupação com os resultados da ciência e da técnica.

Acontece que este clima de desconfiança, insatisfação e pavor não se nota só entre os cientistas e sábios; ele está já se alastrando entre o povo e sensibilizou especialmente os jovens, sobretudo os estudantes. O fato de que as manifestações mais clamorosas de seu protesto pertençam ao passado não significa que ele tenha perdido em intensidade e universalidade. Muito pelo contrário: o terror dos anos 70 é filho direto do protesto dos anos 60.

Note-se bem: o protesto, a recusa por parte dos cientistas, dos intelectuais em geral e dos jovens não é propriamente contra a ciência e a técnica em si, mas contra sua valorização exclusiva, contra uma sociedade que pretende construir-se unicamente sobre estas pilastras, sem levar em conta outras exigências e componentes humanos que a ciência e a técnica não podem satisfazer.

(Pedro Dalle Nogare)

620) Na introdução do texto, o autor declara que a ciência e a técnica se têm revelado <u>inadequadas</u> na realização do homem. Isto porque:

a) elas têm conspirado contra a felicidade humana.
b) nenhum cientista moderno acredita piamente no poder da ciência.
c) os cientistas estão céticos quanto aos resultados da ciência e da técnica.
d) deixam de lado algumas exigências e componentes humanos.
e) atingem não só cientistas e técnicos, mas também os jovens.

621) "*Ciência e técnica se têm revelado...*"; a forma verbal desse segmento do texto mostra uma ação:

a) que se iniciou em passado próximo e terminou no presente.
b) que se repete no passado e se interrompe no presente.
c) repetida com continuidade até o presente em que falamos.
d) completamente passada.
e) que se iniciou no presente com continuidade hipotética no futuro.

622) "*... não escondem seu <u>ceticismo</u>...*"; no texto, um sinônimo adequado para o vocábulo sublinhado é:

a) confiança
b) descrença
c) negativismo
d) cinismo
e) ateísmo

623) "*Acontece que este clima de desconfiança, insatisfação e pavor não se nota só entre cientistas e sábios;...*"; após um segmento textual em que está presente a expressão "*não só*", pode-se prever um segmento seguinte com o valor de:

a) oposição
b) concessão
c) causa
d) adição
e) comparação

624) "... *especialmente os jovens, sobretudo os estudantes...*"; entre os vocábulos "jovens" e "estudantes" estabelece-se, respectivamente, uma relação de:

a) geral / específico
b) específico / geral
c) formal / informal
d) nacional / regional
e) popular / erudito

625) "*O fato de que as manifestações mais clamorosas de seu protesto pertençam ao passado não significa que ele tenha perdido em intensidade e universalidade.*"; em outras palavras, pode-se dizer que:

a) os protestos estudantis mais clamorosos pertencem ao passado, perdendo em intensidade e universalidade.
b) apesar de os protestos estudantis terem perdido em intensidade e universalidade, eles continuam bastante clamorosos no presente.
c) o fato de os protestos de estudantes não terem perdido em intensidade e universalidade é comprovado pelas manifestações clamorosas do passado.
d) os protestos estudantis não perderam em intensidade e universalidade apesar de suas formas mais clamorosas já pertencerem ao passado.
e) o fato de os movimentos estudantis pertencerem ao passado faz com que os vejamos hoje com a mesma intensidade e universalidade de outrora.

626) "*o terror dos anos 70 é filho direto do protesto dos anos 60.*"; pode-se dizer que entre os elementos citados nesse segmento do texto há uma relação respectiva de:

a) causa / efeito
b) fato / explicação
c) consequência / fato
d) antecedente / consequente
e) tempo / espaço

TEXTO LXXXVIII

OFICIAL DE CARTÓRIO POLICIAL – FAEPOL

QUANTO TEMPO DEMORA UM PROCESSO?

(fragmento)

É lugar comum a afirmação de que a Justiça é lenta, de que os processos judiciais demoram excessivamente. Afirma-se isso a todo instante. Os meios de comunicação de massa (imprensa escrita, rádio e televisão) repetem a observação, sem qualquer ressalva, e contribuem para tornar a lentidão judicial uma "verdade".

Os que assim procedem, certamente justificados por grande número de casos morosos, não sabem que muitos processos têm andamento célere, terminam rapidamente, que, com frequência, os procedimentos judiciais são, na prática, mais rápidos do que os da esfera administrativa, apesar das garantias de igualdade entre as partes, oportunidades para intervir, e tudo o mais.

Por outro lado, há quem sustente que a grande maioria dos processos acaba razoavelmente depressa, e que somente pequena parte deles é morosa. Alega-se então que, precisamente porque minoria, os processos muito demorados constituem afastamento da regra geral e são curiosidades e, portanto, notícia.

O debate desenvolve-se nesses termos, prevalecendo as vozes que apontam a morosidade judicial como um mal predominante nas coisas da Justiça. Não existem, porém, estudos sérios a respeito. Ninguém procura pesquisar a verdade, a realidade do que efetivamente se passa na tramitação dos processos judiciais, e que constitui, afinal de contas, a maneira pela qual o Direito vive, deduzido pelas partes e proclamado pelos Tribunais. Desse modo, continuam as acusações ao Judiciário, cujo desprestígio é uma consequência natural e lógica de tais conceitos correntes.

O que ocorre realmente? Quais as verdadeiras dimensões do problema da afirmada lentidão judicial? É esse um fenômeno geral, dominante, ou setorial, ocorrente apenas em parte, em alguns setores do aparelho judicial, ou em certos tipos de procedimento?

Essas e muitas outras questões podem ser suscitadas a propósito. O que está faltando, entretanto, é a formulação de perguntas certas a aspectos dos fatos relevantes, com a realização de um estudo da realidade, e não apenas do discurso (otimista em parte da doutrina, pessimista nos veículos de comunicação de massa e na voz corrente da população). Ainda não se procurou verificar a realidade, com a utilização dos meios apropriados, com vistas ao efetivo conhecimento a respeito, e com a resultante possibilidade de se planejar, com dados concretos, as medidas destinadas a superar as deficiências existentes.

(Felippe Augusto de Miranda Rosa, desembargador TJ/RJ. *Revista da Emerj*, vol. 4, nº 14, p. 163/164)

627) A pergunta que serve de título ao texto:

a) é respondida, alegando-se que a demora é um problema setorial, ocorrente apenas em parte.
b) é respondida, indicando-se que a demora é "uma verdade" criada pela comunicação de massa.
c) é respondida, retrucando-se que a demora, de fato, não existe.
d) é respondida, reconhecendo-se a demora como um problema da Justiça.
e) não é respondida no texto.

628) Dizer que a Justiça é lenta, segundo o texto, é "um lugar comum"; isto significa que:

a) a Justiça é, de fato, lenta.
b) a Justiça é considerada lenta pelos meios de comunicação de massa.
c) a afirmativa sobre a lentidão da Justiça é feita de forma irresponsável.
d) a lentidão da Justiça é tema repetitivo.
e) a Justiça é lenta nos casos em que estão envolvidas pessoas comuns.

629) "É lugar comum a afirmação de que a Justiça é lenta, de que os processos judiciais demoram excessivamente."; a terceira oração desse período funciona, em relação à segunda, como uma:

a) retificação
b) explicitação
c) complementação
d) adição
e) alternativa

630) Segundo o texto, os meios de comunicação de massa:

a) apontam a morosidade judicial como um mal predominante nas coisas da Justiça.
b) já fizeram estudos a respeito da morosidade judicial.
c) colaboram para que a imagem de lentidão na Justiça se acabe.
d) fazem com que uma probabilidade se torne "verdade".
e) desconhecem que a maioria dos casos judiciais é rapidamente resolvida.

631) A imprensa escrita, rádio e televisão são apontados como meios de comunicação "de massa", e são assim denominados porque:

a) envolvem grande quantidade de pessoas.
b) trabalham para receptores desconhecidos.
c) mostram a realidade das classes mais populares.
d) não revelam preocupações sociais.
e) não defendem qualquer preconceito social.

632) "... os meios de comunicação de massa (imprensa escrita, rádio e televisão)..."; os termos entre parênteses, neste texto da revista da Escola de Magistratura:

a) mostram a preocupação do autor com a clareza argumentativa.
b) trazem uma explicação necessária, já que se trata de conhecimento novo.
c) classificam os meios de comunicação de massa segundo os sentidos predominantes.
d) esclarecem que o autor se limita a alguns dos meios de comunicação de massa.
e) esclarecem, talvez desnecessariamente, o conteúdo semântico do termo anterior.

633) "... repetem a observação, sem qualquer ressalva, e contribuem para tornar a lentidão judicial uma verdade."; considerando-se a mensagem do texto, o segmento "sem qualquer ressalva" nos diz, implicitamente, que a "ressalva" deveria conter:

a) informações sobre a causa da lentidão judicial
b) dados que atenuassem a ideia de que a Justiça é lenta
c) indicações das péssimas condições de trabalho da Justiça
d) protestos sobre os baixos salários do Judiciário
e) a confissão de desconhecimento do assunto por parte da imprensa

634) O vocábulo "ressalva" aparece no *Michaelis – Moderno dicionário da língua portuguesa* (Melhoramentos, SP, 1998, p. 1829) com 6 significados, dos quais relacionamos cinco nos itens abaixo; o significado mais adequado à situação desse vocábulo no texto é:

a) nota em que se corrige um erro que passou no texto
b) nota escrita que põe alguém a salvo; documento de garantia
c) exceção, reserva
d) cláusula
e) reparação de erro; errata

635) O fato de usarem-se aspas na palavra *verdade*, ao final do primeiro parágrafo, indica que:

a) a palavra está empregada com valor humorístico.
b) o autor pretende dar ao termo um novo significado.
c) o autor não concorda totalmente que a lentidão judicial seja uma realidade.
d) o texto quer destacar o termo, valorizando o seu sentido original.
e) o vocábulo é empregado com valor pejorativo.

636) "Os que assim procedem, <u>certamente justificados por grande número de casos morosos</u>, não sabem..."; o segmento sublinhado quer dizer, no contexto em que se insere, que:

a) ocorrem muitos casos comprovadores de lentidão judicial, em que se apoiam os que acusam a Justiça por esse defeito.
b) há um grande número de casos complicados na Justiça, o que certamente justifica a demora em sua apreciação.
c) os que defendem a Justiça justificam a demora pelo grande número de casos a apreciar.
d) o grande número de casos leva a que se justifique a demora da Justiça, alegando-se a preocupação com a certeza do julgamento.
e) muitos casos demoram na Justiça muito mais do que o esperado.

637) Segmento do texto que NÃO apresenta um argumento de defesa diante das acusações de lentidão judicial:

a) "os que assim procedem, certamente justificados por grande número de casos morosos,..."
b) "... não sabem que muitos processos têm andamento célere,..."
c) "... terminam rapidamente;"
d) "... que, com frequência, os procedimentos judiciais são, na prática, mais rápidos do que os da esfera administrativa,..."
e) "... há quem sustente que a grande maioria dos processos acaba razoavelmente depressa;"

638) "... apesar das <u>garantias de igualdade entre as partes, oportunidades para intervir</u>, e tudo o mais."; dentro da situação do texto, os elementos sublinhados atuam como:

a) causas de maior rapidez para os processos da área administrativa
b) argumentos que justificam a maior rapidez na apreciação dos processos
c) desvantagens no julgamento dos processos da área administrativa
d) elementos que colaboram para a lentidão dos processos judiciais
e) razões que confirmam a rapidez no julgamento dos processos administrativos

639) "Por outro lado, há quem sustente que a grande maioria dos processos acaba razoavelmente depressa;"; a expressão *por outro lado* tem, neste caso, valor de:

a) adição
b) oposição
c) comparação
d) concessão
e) explicação

640) "... precisamente porque minoria, os processos muito demorados constituem afastamento da regra geral, são curiosidades e, portanto, notícia."; infere-se desse segmento do texto que:

a) quanto mais raro o fato, maior o interesse público por ele.
b) os jornais só se interessam pelos aspectos negativos dos fatos.
c) a lentidão é a regra geral na apreciação dos processos judiciais.
d) os processos julgados de forma rápida são exceção da regra.
e) os processos com curiosidades raras provocam maior interesse dos jornais.

641) As perguntas do quinto parágrafo do texto:

a) representam dúvidas da população em geral sobre o tema abordado no texto.
b) indicam questões que só os advogados experientes podem responder.
c) introduzem novos pensamentos para a reflexão do autor.
d) são questionamentos possíveis e ainda não respondidos.
e) propõem uma nova maneira de encarar o problema discutido no texto.

642) A principal mensagem do autor do texto é:

a) a lentidão judicial é um mal real, mas que pode ser combatido e solucionado, se os meios de comunicação de massa prestarem a sua colaboração.
b) antes de qualquer outra medida, é preciso que se verifique a realidade do problema da lentidão judicial para que só então se tomem as medidas adequadas.
c) a lentidão judicial é vista de dois modos, daí que se torne confusa a situação entre otimistas e pessimistas.
d) as deficiências existentes nos processos judiciais podem ser superadas se os interessados se apoiarem na experiência bem sucedida dos processos administrativos.
e) cabe aos profissionais do Direito defender o seu prestígio, bastante abalado pela visão pessimista, divulgada pela imprensa, sobre a lentidão judicial.

TEXTO LXXXIX

AUXILIAR JUDICIÁRIO DO TALCRIM

DO PÚBLICO E DO PRIVADO

A discussão sobre os limites do domínio público e do domínio privado ocupou um lugar quase inusitado nos debates da atualidade. Podemos, é claro, atribuir esse interesse à perspectiva, agora frustrada, da revisão da Carta Constitucional, que implicaria a possibilidade de redefinição do papel do Estado e, consequentemente, do que se convencionou chamar de sociedade civil. Mas a simples possibilidade de rever a Carta Magna não parece ser um fator decisivo para tornar esse debate tão atual. Talvez seja mais sensato admitir que, nos últimos anos, e isso não somente no Brasil, mas em boa parte das sociedades industrializadas, as fronteiras entre o público e o privado se modificaram de forma radical, transformando os velhos parâmetros, que estabeleciam as obrigações e limites do Estado, em peças arcaicas de uma época que não conhecia as novas relações econômicas, nem as novas formas de organização nas sociedades pós-industriais. Seja como for, podemos situar nosso tema num terreno muito mais vasto do que nossa permanente crise conjuntural, e, por isso mesmo, atribuir-lhe um significado muito maior do que devemos dispensar às eternas confusões de nossas despreparadas classes dirigentes.

(Newton Bignotto, Cadernos da Escola do Legislativo, nº 2, julho. dez. 1994, B. Horizonte, MG, 1994)

643) No título, os vocábulos <u>público</u> e <u>privado</u> se opõem:

a) sintática e semanticamente
b) morfológica e sintaticamente
c) fonética e morfologicamente
d) semanticamente
e) sintaticamente

644) Os vocábulos <u>público</u> e <u>privado</u> tiveram sua classe morfossintática original modificada em função da:

a) presença do artigo definido
b) ausência dos substantivos determinados
c) necessidade de dar-lhes outro valor semântico
d) utilização da presença da preposição **<u>de</u>**
e) ausência de advérbios determinantes

645) O primeiro período do texto acrescenta em relação ao título uma:

a) retificação do significado dos termos empregados
b) especificação do termo de discussão
c) ampliação do termo de discussão
d) oposição ao textualmente esperado
e) justificativa da escolha temática do texto

646) *Podemos, é claro, atribuir esse interesse à perspectiva,...*

A utilização textual do termo sublinhado indica:

a) a necessidade de explicar algo
b) o reconhecimento de uma evidência
c) a obrigação de referir-se a tema bastante conhecido
d) uma condição de tratamento do tema
e) o objetivo de dar ênfase a determinado termo

647) Em que item a seguir não ocorre uma localização temporal do texto em relação ao momento de sua produção e leitura?

a) ... ocupou um lugar quase inusitado nos debates da atualidade.
b) ... atribuir essa perspectiva, agora frustrada, de revisão da Carta...;
c) ... não parece ser um fator decisivo para tornar esse debate tão atual.
d) Talvez seja mais sensato admitir que, nos últimos anos,...;
e) Seja como for, podemos situar nosso tema num terreno muito mais vasto...

648) *Podemos, é claro, atribuir esse interesse à perspectiva, agora frustrada, de revisão da Carta Constitucional...*

Esse argumento textual:

a) aparece como elemento central da argumentação textual.
b) é simplesmente um argumento que vai ser descartado.
c) mostra a ideia do autor contrária à opinião pública.
d) indica um terreno vasto de nossa crise conjuntural.
e) denuncia os políticos como responsáveis por nossa crise permanente.

649) ***... que implicaria a possibilidade de redefinição do papel do Estado, e, consequentemente, do que se convencionou chamar de sociedade civil.***
O uso de *consequentemente* indica que:

a) há mais de uma consequência da revisão da Carta Magna
b) a redefinição de sociedade civil está ligada à do Estado.
c) sociedade civil e Estado são elementos distintos.
d) a redefinição de sociedade civil implica a redefinição de Estado.
e) a redefinição de Estado cria a sociedade civil.

650) ***Talvez seja mais sensato admitir que, nos últimos anos, e isso não somente no Brasil, mas em boa parte das sociedades industrializadas, as fronteiras entre o público e o privado se modificaram de maneira radical,...***

Assinale o comentário correto sobre a frase destacada:

a) o autor apresenta sua opinião de forma peremptória.
b) o texto coloca o Brasil entre as sociedades industrializadas.
c) o autor afirma que há outras opiniões mais sensatas sobre o tema.
d) o texto indica a diferença entre o Brasil e as sociedades industrializadas.
e) no Brasil, as modificações não se processaram de forma radical.

651) ***... transformando os velhos*** *<u>parâmetros</u>*...

O termo destacado na frase do texto <u>não</u> tem como significação adequada:

a) regulamentos
b) princípios
c) modelos
d) peças
e) leis

652) As críticas presentes no texto se dirigem claramente:

a) aos jornalistas
b) aos empresários
c) ao povo brasileiro
d) aos dirigentes do país
e) aos intelectuais

TEXTO XC

NÍVEL TÉCNICO – MPU

HISTÓRIA DE BEM-TE-VIS

Com estas florestas de arranha-céus que vão crescendo, muita gente pensa que passarinho é coisa só de jardim zoológico; e outros até acham que seja apenas antiguidade de museu. Certamente, chegaremos lá... mas, por enquanto, ainda existem bairros afortunados, onde haja uma casa, casa que tenha um quintal, quintal que tenha uma árvore. Bom será que essa árvore seja a mangueira: pois nesse vasto palácio verde podem morar muitos passarinhos.

Os velhos cronistas encantaram-se com canindés e araras, tuins e sabiás, maracanãs e "querejuás todos azuis de cor finíssima...". Nós esquecemos tudo: quando um poeta menciona um pássaro, o leitor pensa que é literatura...

Pois há um passarinho chamado bem-te-vi. Creio que está para acabar. E é pena, pois, com esse nome que tem, e que é a sua própria voz, devia estar em todas as repartições públicas (e em muitos outros lugares), numa elegante gaiola, para no momento oportuno anunciar a sua presença. Seria um sobressalto providencial e sob forma tão inocente e agradável que ninguém, decerto, se aborreceria.

Mas o que me leva a crer no desaparecimento do bem-te-vi são as mudanças que começo a observar na sua voz. O ano passado, aqui nas mangueiras dos meus simpáticos vizinhos, apareceu um bem-te-vi caprichoso, muito moderno, que se recusava a articular as três sílabas tradicionais do seu nome. Limitava-se a gritar: "... te vi!... te vi!..." com a maior irreverência gramatical. Como dizem que as últimas gerações andam muito rebeldes e novidadeiras, achei natural que também os passarinhos estivessem contagiados pelo novo estilo humano.

Mas logo a seguir, o mesmo passarinho – o seu filho, ou seu irmão, como posso saber, com a folhagem cerrada da mangueira? – animou-se a uma audácia maior. Não quis saber das duas sílabas, e gritava apenas, daqui, dali, invisível e brincalhão: "... Vi!... vi!... vi!..." – o que me pareceu ainda mais divertido.

O tempo passou. O bem-te-vi deve ter viajado; talvez seja cosmonauta, talvez tenha voado com o seu time de futebol... Afinal tudo pode acontecer com bem-te-vis tão progressistas, que rompem com o canto da família e mudam os lemas dos seus brasões. Talvez tenha sido atacado por esses crioulos fortes que agora saem do mato de repente e disparam sem razão nenhuma contra o primeiro vivente que encontram. Mas hoje tornei a ouvir um bem-te-vi cantar. E cantava assim: "Bem-bem-bem-... -te-vi!" Pensei: "É uma nova escola poética que se eleva das mangueiras!..." Depois o passarinho mudou. E fez: "Bem-te-te-te-... -vi!" Tornei a refletir: "Deve ser pequenino e estuda a sua cartilha..." E o passarinho: "Bem-bem-bem-te-te-te-vi-vi-vi...!"

Os ornitólogos devem saber se isso é caso comum ou raro. Eu jamais tinha ouvido coisa igual. Mas as crianças, que sabem mais do que eu, e vão diretas aos assuntos, ouviram, pensaram, e disseram: "Que engraçado! Um bem-te-vi gago!" Então, talvez seja mesmo só gagueira...

(Cecília Meireles, *Quadrante* 2, Rio de Janeiro, 1963, com adaptações)

653) De acordo com a crônica, assinale a opção incorreta.

a) Os jovens andam contagiados por um novo estilo de vida.
b) Há uma tendência de que as pessoas esqueçam as coisas do passado.
c) Nas grandes cidades, só se vê passarinho no jardim zoológico e nos museus.
d) Os cronistas antigos ficavam admirados com a grande quantidade de pássaros existentes.
e) A autora insinua que o bem-te-vi deveria estar nas repartições públicas como sinal de alerta.

654) Assinale a opção correta.

a) O cenário geral apresentado na crônica é uma pequena cidade do interior.
b) A mangueira é comparada a um "palácio verde" (linha 6) pela sua dimensão e pela cor de sua folhagem; nesse "palácio" podem se abrigar muitos passarinhos.
c) Os funcionários públicos ficariam contrariados, caso aparecesse um bem-te-vi na repartição.
d) A razão que leva a autora a acreditar que o bem-te-vi sumiu é o fato de ele ter parado de cantar na mangueira.
e) Está claro no texto que, na casa da autora, existiam muitas mangueiras.

655) Nos três últimos parágrafos, a autora fala de dois bem-te-vis diferentes. Assinale a opção que corresponde ao sentido contido nesses parágrafos.

a) A autora crê que os ornitólogos não sabem explicar ao certo o que aconteceu com o bem-te-vi.

b) A autora concorda plenamente com as crianças acerca da gagueira do bem-te-vi.

c) A autora tem certeza de que o primeiro bem-te-vi migrou para outra região.

d) O segundo bem-te-vi é experiente e bom cantador.

e) O segundo bem-te-vi modifica seu jeito de cantar.

656) Em "achei natural que também os passarinhos estivessem contagiados pelo novo estilo humano" **(linha 24/25), a expressão destacada corresponde semanticamente a:**

a) pela modernidade

b) pela tradição

c) pela antiguidade

d) pela mudança

e) pela literatura

657) A locução verbal, formada por um verbo auxiliar e uma forma nominal, expressa os diversos aspectos do desenvolvimento da ação verbal Assinale a opção em que a locução não corresponde ao aspecto verbal indicado.

a) "Com estas florestas de arranha-céus que **vão crescendo**" (linha 1) / ação progressiva

b) "Creio que **está para acabar**" (linhas 12 e 13) / ação iminente

c) "tudo **pode acontecer**" (linha 32) / ação possível

d) "Mas hoje **tornei a ouvir**" (linha 36) / ação iterativa

e) "O bem-te-vi **deve ter viajado**" (linha 31) / ação obrigatória

658) Em "Limitava-se a gritar: '... te vi!... te vi!... ' com a maior irreverência gramatical." (linha 22/23), a autora refere-se

a) ao uso da linguagem coloquial

b) ao uso indevido da pontuação

c) à colocação do pronome em próclise

d) à colocação do pronome em ênclise

e) à articulação incorreta do bem-te-vi

TEXTO XCI

ATENDENTE JUDICIÁRIO – TALCRIM

HOMEM NO MAR

De minha varanda vejo, entre árvores e telhados, o mar. Não há ninguém na praia, que resplende ao sol. O vento é nordeste, e vai tangendo, aqui e ali, no belo azul das águas, pequenas espumas que marcham alguns segundos e morrem, como bichos alegres e humildes; perto da terra a onda é verde.

Mas percebo um movimento em um ponto do mar; é um homem nadando. Ele nada a uma certa distância da praia, em braçadas pausadas e fortes; nada a favor das águas e do vento, e as pequenas espumas que nascem e somem parecem ir mais depressa do que ele. Justo: espumas são leves, não são feitas de nada, toda sua substância é água e vento e luz, e o homem tem sua carne, seus ossos, seu coração, todo seu corpo a transportar na água. Ele usa os músculos com uma calma enérgica; avança. Certamente não suspeita de que um desconhecido o vê, e o admira porque ele está nadando na praia deserta. Não sei de onde vem essa admiração, mas encontro nesse homem uma nobreza calma, sinto-me solidário com ele, acompanho o seu esforço solitário como se ele estivesse cumprindo uma velha missão. Já nadou em minha presença uns trezentos metros; antes não sei; duas vezes o perdi de vista, quando ele passou atrás das árvores, mas esperei com toda confiança que reaparecesse sua cabeça, e o movimento alternado de seus braços. Mais uns cinquenta metros, e o perderei de vista, pois um telhado o esconderá. Que ele nade bem esses 50 ou 60 metros; isto me parece importante; é preciso que conserve a mesma batida de sua braçada, e que eu o veja desaparecer assim como o vi aparecer, no mesmo rumo, no mesmo ritmo, forte, lento, sereno. Será perfeito; a imagem desse homem me faz bem. É apenas a imagem de um homem, e eu não poderia saber sua idade, nem sua cor, nem os traços de sua cara. Estou solidário com ele, e espero que ele esteja comigo. Que ele atinja o telhado vermelho, e então eu poderei sair da varanda tranquilo, pensando – "vi um homem sozinho, nadando no mar; quando o vi ele já estava nadando; acompanhei-o com atenção durante todo o tempo, e testemunho que ele nadou sempre com firmeza e correção; esperei que ele atingisse um telhado vermelho, e ele o atingiu".

Agora não sou mais responsável por ele; cumpri o meu dever, e ele cumpriu o seu. Admiro-o. Não consigo saber em que reside, para mim, a grandeza de sua tarefa; ele não estava fazendo nenhum gesto a favor de alguém nem construindo algo de útil; mas certamente fazia uma coisa bela, e a fazia de um modo puro e viril.

Não desço para ir esperá-lo na praia e lhe apertar a mão; mas dou meu silencioso apoio, minha atenção e minha estima a esse desconhecido, a esse nobre animal, a esse homem, a esse correto irmão.

(Rubem Braga)

659) As ondas são várias vezes comparadas a bichos. Na visão do autor, o que as "animaliza" é:

a) a imagem entrecortada por árvores e telhados
b) a distância em que ele se encontra do mar
c) o vento que as empurra para a areia
d) o movimento do homem que nada

660) Para o autor, as ondas são classificadas como humildes porque:

a) são vistas de longe pelo autor.
b) ficam pequenas frente à grandeza do mar.
c) parecem subjugadas pelo vento nordeste.
d) obedecem à ordem para estourar na praia.

661) O autor, durante o texto, se transforma de espectador em químico e juiz. Esta mudança se dá, respectivamente, em:

a) ... "está nadando na praia deserta"... /... "quando ele passou atrás das árvores"... /... "a esse homem, a esse correto irmão"
b) ... "nade bem esses 50 ou 60 metros"... /... "a imagem desse homem me faz bem"... /... "e o perderei de vista"
c) ... "é um homem nadando" / "toda sua substância é água e vento e luz"... /... "mas dou meu silencioso apoio"...
d) ... "nada a favor das águas"... /... "minha atenção e minha estima"... /... "um homem sozinho no mar"

662) "Ele usa os músculos com uma calma enérgica;..." Na afirmação do autor, há uma:

a) contradição, pois o adjetivo anula o sentido do substantivo
b) complementação, feita pelo autor, dele com o nadador
c) coerência de ideias, já que se trata de músculos
d) integração do homem com o mar

663) A admiração do autor pelo homem que nadava não está justificada em:

a) fazia uma coisa esteticamente perfeita.
b) lutava para ser mais forte que o mar.
c) mostrava virilidade em seus gestos.
d) havia grandeza na sua tarefa.

664) "Estou solidário com ele."

Segundo seu emprego, no texto, a palavra sublinhada é antônimo de:

a) indolente
b) preocupado
c) atormentado
d) descompromissado

665) A narrativa do texto nos é dada através de uma percepção que é:

a) táctil
b) visual
c) auditiva
d) sensitiva

TEXTO XCII

CONTADOR – TRF 4ª REGIÃO

As condições em que vivem os presos, em nossos cárceres superlotados, deveriam assustar todos os que planejam se tornar delinquentes. Mas a criminalidade só vem aumentando, causando medo e perplexidade na população.

Muitas vozes têm se levantado em favor do endurecimento das penas, da manutenção das penas, da manutenção ou ampliação da Lei dos Crimes Hediondos, da defesa da sociedade contra o crime, enfim, do que se convencionou chamar "doutrina da lei e da ordem", apostando em tais caminhos como forma de dissuadir novas práticas criminosas. Geralmente valem-se de argumentos retóricos e emocionais, raramente escorados em dados de realidade ou em estudos que apontem ser esse o melhor caminho a seguir. Embora sedutora e aparentemente sintonizada com o sentimento geral de indignação, tal corrente aponta para o caminho errado, para o retorno ao direito penal vingativo e irracional, tão combatido pelo iluminismo jurídico.

O coro dessas vozes aumenta exatamente quando o governo acaba de encaminhar ao Congresso o anteprojeto do Código Penal, elaborado por renomados juristas, com participação da sociedade organizada, com o objetivo de racionalizar as penas, reservando a privação da liberdade somente aos que cometerem crimes mais graves e, mesmo para esses, tendo sempre em vista mecanismos de reintegração social. Destaca-se o emprego das penas alternativas, como a prestação de serviços à comunidade, a compensação por danos causados, a restrição de direitos etc.

Contra a ideia de que o bandido é um facínora que optou por atacar a sociedade, prevalece a noção de que são as vergonhosas condições sociais e econômicas do Brasil que geram a criminalidade; enquanto essas não mudarem, não há mágica: os crimes vão continuar aumentando, a despeito do maior rigor nas penas ou da multiplicação de presídios.

(Adaptado de Carlos Weis. "Dos delitos e das penas". **Folha de São Paulo**, Tendências e debates, 11/11/2000)

666) O autor do texto mostra-se:

a) identificado com o coro das vozes que se levantam em favor da aplicação de penas mais rigorosas

b) identificado com doutrina que se convencionou chamar "da lei e da ordem"

c) contrário àqueles que encontram nas causas sociais e econômicas a razão maior das práticas criminosas

d) contrário à corrente dos que defendem, entre outras medidas, a ampliação da Lei dos Crimes Hediondos

e) contrário àqueles que defendem o emprego das penas alternativas em substituição à privação da liberdade

667) Considere as seguintes afirmações:

I. Não é mais do que uma simples coincidência o fato de que a intensificação das vozes favoráveis ao endurecimento das penas ocorre simultaneamente ao envio ao Congresso do anteprojeto do Código Penal.

II. A afirmação de que há vozes em favor da manutenção da Lei dos Crimes Hediondos deixa implícito que a vigência futura dessa lei está ameaçada.

III. Estabelece-se uma franca oposição entre os que defendem a "doutrina da lei e da ordem" e os que julgam ser o bandido um facínora que age por opção.

Em relação ao texto, está correto SOMENTE o que se afirma em

a) I

b) II

c) III

d) I e II

e) II e III

668) Está corretamente traduzido o sentido de uma expressão do texto, considerando-se o contexto, em:

a) Embora sedutora e aparentemente sintonizada = Malgrado atrativa e parcialmente sincronizada
b) forma de dissuadir = modo de ratificar
c) tão combatido pelo iluminismo jurídico = de tal modo restringido pelo irracionalismo jurídico
d) a despeito do maior rigor nas penas = em conformidade com o agravamento das punições
e) mecanismos de reintegração social = meios para reinserção na sociedade

669) Por "iluminismo jurídico" deve-se entender a

a) doutrina jurídica que defende o caráter vindicativo da legislação
b) corrente dos juristas que representam a "doutrina da lei e da ordem"
c) tradição jurídica assentada em fundamentos criteriosos e racionalistas
d) doutrina jurídica que se vale de uma argumentação retórica
e) corrente dos juristas que se identificam com o sentimento geral de indignação

TEXTO XCIII

ASSISTENTE ADMINISTRATIVO – FIOCRUZ

AIDS: PAÍS PLANEJA TESE DE VACINA EM MASSA

Já começaram os preparativos para realizar no Brasil testes em larga escala de uma vacina experimental contra a Aids. Com financiamento de US$ 1,8 milhão do Governo americano, o laboratório de pesquisa em Aids do Hospital Clementino Fraga Filho (URFJ) inicia em abril a seleção de mil pessoas para determinar a incidência do HIV em homossexuais e bissexuais de 18 a 35 anos, nos próximos três anos, e avaliar um esquema viável de recrutamento de voluntários para testar uma vacina em milhares de brasileiros.

Recentemente, nos Estados Unidos, uma vacina experimental atingiu as condições exigidas para ser testada em larga escala, mas não havia infraestrutura para recrutar os cerca de 20 mil voluntários necessários. Com esse projeto, queremos criar essa infraestrutura no Brasil antes que se desenvolva um produto eficaz – explicou Mauro Schechter, chefe do laboratório.

Os voluntários serão recrutados entre os indivíduos que procuram os Centros de Testagem Anônima (CTA) do Hospital São Francisco de Assis (UFRJ), do Hospital Rocha Maia e de Madureira (a ser inaugurado). Os dois primeiros fazem entre 700 e mil testes de Aids por mês. Em 15% do total, aproximadamente, o resultado é positivo. Todos os indivíduos do grupo estudado que fizerem testes de HIV nos CTAs serão informados sobre o programa e como podem participar.

– Comparando a quantidade de pessoas atendidas nesses centros com o número das que se interessarem em participar de um teste em larga escala, avaliaremos se a população a que se tem acesso é de tamanho suficiente para o teste – disse.

Para determinar a incidência da infecção pelo vírus da Aids na amostra selecionada, serão feitos, a cada seis meses, exames laboratoriais para detectar a presença do HIV e de outros vírus causadores de doenças sexualmente transmissíveis no sangue dos voluntários. Com o mesmo intervalo de tempo, essas pessoas deverão responder a questionários sobre seu comportamento com relação à Aids.

– O objetivo é saber quais são os fatores biológicos e comportamentais que predispõem à infecção – informou Schechter.

Os voluntários terão dois médicos à disposição para esclarecimento de dúvidas sobre Aids e doenças sexualmente transmissíveis. Além disso, poderão participar de oficinas sobre práticas de sexo seguro e receberão preservativos para evitarem a contaminação pelo vírus.

No mês passado, a Fundação Instituto Oswaldo Cruz (Fiocruz) iniciou, em conjunto com a Secretaria de Saúde do Estado de São Paulo e a Universidade Federal de Minas Gerais (UFMG), um projeto semelhante de verificação de incidência do HIV em homossexuais e bissexuais entre 18 e 50 anos. Somente no Rio serão acompanhados 500 indivíduos durante um ano.

O projeto, que será estendido a mulheres e crianças, tem o apoio da Organização Mundial de Saúde (OMS) e pretende fornecer dados estatísticos sobre a propagação da Aids no país. Os resultados ajudarão a calcular em que amostra da população deverão ser realizados os testes e uma vacina anti-HIV em massa.

(O Globo, 15/01//95, p. 36)

670) O texto só não faz menção ao seguinte assunto:

a) esclarecimentos sobre doenças venéreas
b) estudo sobre o comportamento humano em relação à Aids
c) recrutamento de voluntários para uma vacina experimental
d) verificação da incidência da Aids nos chamados "grupos de risco"
e) o papel da Organização Mundial de Saúde no combate à Aids

671) Dentre as afirmativas abaixo, a que não se encontra no texto é:

a) Já há no Brasil um projeto que visa verificar a incidência do HIV em determinada faixa da população.
b) Os questionários sobre comportamento poderão abrir caminho para uma nova droga contra a Aids.
c) Os testes em larga escala de uma vacina contra a Aids estão condicionados a um esquema eficaz de recrutamento de voluntários.
d) Os Centros de Testagem Anônima informarão aos interessados como poderão participar do teste de uma vacina contra a Aids.
e) A seleção das pessoas para a pesquisa do Hospital Clementino Fraga também servirá para que se avalie a aplicação dos testes de uma vacina em milhares de voluntários.

672) Segundo o texto, o convênio firmado entre a Fundação Oswaldo Cruz, a Secretaria de Saúde do Estado de São Paulo e a Universidade Federal de Minas Gerais visa atingir o seguinte objetivo:

a) Dar condições às demais instituições brasileiras para aplicar em voluntários os testes de uma vacina experimental contra a Aids.
b) Preparar a infraestrutura necessária para a aplicação da vacina experimental contra a Aids.
c) Levantar os fatores biológicos e comportamentais que predispõem o homem à infecção.
d) Estender a mulheres e crianças o teste de uma vacina experimental contra a Aids.
e) Verificar a incidência da Aids em um grupo de pessoas com características predeterminadas.

673) Segundo o texto, a distribuição de preservativos tem o seguinte objetivo:

a) Incentivar a prática do sexo seguro.
b) Preservar a contaminação dos voluntários.
c) Evitar a proliferação do vírus nos voluntários.
d) Preparar os voluntários para as oficinas sobre prática do sexo seguro.
e) Resguardar os voluntários de dúvidas quanto às doenças sexualmente transmissíveis.

674) Quanto ao teste a ser aplicado no Brasil, o texto afirma que:

a) sua aplicação está condicionada à criação de oficinas sobre práticas de sexo seguro.
b) serão feitos exames mensais para detectar a presença do HIV no sangue dos voluntários.
c) os voluntários serão escolhidos entre aqueles que procuram os Centros de Testagem Anônima.
d) seu objetivo é elaborar um questionário eficiente para levantar o perfil comportamental dos voluntários.
e) serão convocados dois médicos para esclarecer aos voluntários a melhor maneira de responder ao questionário sobre comportamento sexual.

675) A Organização Mundial de Saúde ofereceu apoio ao projeto de que participa a seguinte instituição:

a) Hospital Rocha Maia
b) Hospital São Francisco de Assis
c) Hospital Clementino Fraga Filho
d) Universidade Federal de Minas Gerais
e) Centro de Testagem Anônima de Madureira

676) Segundo o texto, a vacina experimental norte-americana não foi testada devido ao seguinte fato:

a) Não houve possibilidade de recrutamento dos voluntários necessários.
b) A eficácia da vacina só poderá ser avaliada nos próximos três anos.
c) havia necessidade de se desenvolver um produto mais eficaz antes de levar adiante a experiência.
d) O financiamento de US$ 1,8 milhão foi concedido a uma instituição brasileira, o Hospital Clementino Fraga Filho.
e) Como os testes só poderiam ser aplicados em mais de mil pessoas, não havia infraestrutura para tal empreendimento.

677) O texto informa que será possível saber se o número de pessoas disponíveis para o teste da vacina experimental é suficiente em função dos seguintes dados:

a) O número de pessoas atendidas nos Centros de Testagem Anônima e o número de pessoas interessadas em um teste de grandes proporções.
b) O percentual de homossexuais e bissexuais que será pesquisado, somado ao número de pessoas interessadas em vacinas experimentais.
c) O número de indivíduos excluídos dos Centros de Testagem Anônima e o percentual de pessoas dispostas a participar de um teste em larga escala.
d) O percentual de indivíduos sadios que procuram os Centros de Testagem Anônima e o número de indivíduos que podem participar de testes em larga escala.
e) O número de pessoas infectadas que procuram os Centros de Testagem Anônima e o percentual de pessoas não infectadas que se interessam pela pesquisa.

678) O texto informa que uma pesquisa acerca da incidência do HIV, a ser desenvolvida nos próximos três anos, será aplicada em:

a) mulheres e crianças
b) cerca de 20 mil voluntários
c) homossexuais entre 18 e 50 anos
d) homossexuais e bissexuais de 18 a 35 anos
e) voluntários que procuram os Centros de Testagem Anônima

679) O texto vincula a participação da Organização Mundial de Saúde em um projeto desenvolvido por entidades brasileiras na forma de um:

a) auxílio logístico
b) apoio institucional
c) incentivo pecuniário
d) amparo organizacional
e) assessoramento operacional

TEXTO XCIV

ESCRITURÁRIO – BANCO DO BRASIL

TEXTO 1

CONSUMIR NÃO É PECADO

A maneira como o consumo é visto no Brasil explica um bocado de coisas

Muita gente no Brasil vê o consumismo como um gesto um pouco nobre. Atribuem-se à sua lógica coisas como a depauperação dos valores e o acirramento de desigualdades sociais. Essa postura está refletida já em nosso léxico. O verbo "consumir", segundo o *Aurélio*, significa "1. Gastar ou corroer até a destruição; devorar, destruir, extinguir [...] 2. Gastar, aniquilar, anular [...] 3. Enfraquecer, abater [...] 4. Desgostar, afligir, modificar [...] 5. Fazer esquecer, apagar [...] 6. Gastar, esgotar [...]". Os sentidos são negativos; as condições, pejorativas. Não há uma única referência à ideia de comprar ou adquirir. Muito menos uma associação com o ato de satisfazer uma necessidade ou saciar um desejo. Um marciano de boa índole, que tivesse chegado à Terra pelo Brasil e estivesse estudando a humanidade munido da língua portuguesa, certamente anotaria na agenda que "consumir" é uma das coisas ruins que se fazem por aqui. (...)

Por que, enfim, tantas reservas em relação ao consumo?

O primeiro foco de explicação para essa antipatia reside no fato de que nossa economia fechada sempre encurralou os consumidores no país. A falta de um leque efetivo de opções de compra tem deixado os consumidores à mercê dos produtores no Brasil. Não por acaso, os apologistas do consumo entre nós têm sido basicamente aqueles que podem exercer seu inchado poder de compra sem tomar conhecimento das fronteiras nacionais. O resto da população, mantida em situação vulnerável, ignora os benefícios de uma economia baseada no consumo. Mais do que isso, o entrincheiramento de consumidores no mercado doméstico fez, ao longo dos anos, com que a própria imagem do cliente se deturpasse no país. No capitalismo avançado, a oferta corre atrás da demanda – o vendedor lisonjeia o comprador, trata-o bem, estende à sua frente o tapete vermelho.

No Brasil, ao contrário, os clientes servem às empresas docilmente. É como se o capital no país, ao produzir e vender, fizesse um favor aos consumidores. Quem tem chiliques para ter seus caprichos, desejos e necessidades atendidos por aqui são os produtores, e não os clientes – um disparate. (...)

Só se pode falar efetivamente em sociedade de consumo se a competição entre os produtores for aberta, aguda e justa. Essa é a alavanca que coloca o consumidor no camarote, no centro e acima da arena econômica. (...)

A segunda explicação para as travas brasileiras em relação ao consumo está no fato de que ele, enquanto acesso a benesses materiais, sempre foi privilégio de poucos no país. Outra vez a estrutura social fendida em dois extremos, que arquitetamos no passado, azucrina nosso presente e atravanca nosso futuro. Com um detalhe: o aparecimento de hábitos de consumo avançados nos últimos anos, na porção abastada da sociedade brasileira, acarretou um aumento das tensões em relação à porção destituída. (...)

Para responder a esse segundo foco de crítica, é necessário perceber que uma sociedade de consumo não funciona se não se fizer extensiva a todos os indivíduos. O acesso ao consumo é um direito individual *sine qua non* em uma economia desenvolvida. (...)

Ao transformar o sertanejo, o peão, o matuto em consumidores, o consumo se revela um método extremamente eficaz para integrar os excluídos e estender a cidadania a todos os brasileiros. Passando ao largo de discursos grandiloquentes e demagogias ocas, o advento de uma sociedade de consumo no Brasil funcionaria como atalho econômico para a solução de muitas de nossas mazelas. (...)

(Adriano Silva – EXAME – 3/12/97, adaptado)

680) Com a alusão às definições do verbo *consumir*, o autor pretende:

a) demonstrar o cuidado com o significado no uso de determinadas palavras.

b) enfatizar a ideia de consumismo como algo prejudicial à sociedade.

c) esclarecer qualquer dúvida que o leitor possa ter quanto à significação do termo.

d) explicar o comportamento preconceituoso de muita gente quanto ao ato de consumir.

e) mostrar a incoerência entre o significado do termo e o comportamento das pessoas.

681) Para o autor, o consumismo se constitui na(o):

a) maneira mais fácil de manipular as massas
b) forma de exacerbar os desníveis sociais
c) estratégia que transforma o consumidor em cidadão
d) estímulo à depauperação de valores
e) hábito característico de países do terceiro mundo

682) O texto aponta como uma das razões para a ideia deturpada de consumidor que há no país:

a) o entrincheiramento de consumidores no mercado doméstico
b) o advento de uma sociedade de consumo
c) a sociedade de consumo extensiva a todos
d) a transformação do sertanejo, do peão e do matuto em consumidores
e) discursos grandiloquentes e demagogias ocas

683) Segundo o autor, existe uma tensão entre a classe privilegiada e a classe destituída. Essa tensão é causada por:

a) avanço cultural das classes abastadas
b) ignorância da porção destituída da sociedade
c) resistência da sociedade a uma economia desenvolvida
d) desigualdade de condições de acesso aos bens
e) travas brasileiras em relação ao consumo

684) A expressão "Não por acaso" (*l.* 18), ao iniciar o período, indica:

a) justificativa
b) ênfase
c) indagação
d) concessão
e) finalidade

685) Em "... o vendedor lisonjeia o comprador, trata-o bem, estende à sua frente o tapete vermelho." (*l.* 25/26); estende o tapete vermelho seria uma comparação dos compradores a:

a) consumidores desatentos
b) apologistas do consumo
c) produtores vulneráveis
d) visitantes ilustres
e) empresários eficientes

686) A atitude dos produtores em relação aos consumidores e o fato de que só parte da sociedade tem a prerrogativa do consumo são apresentados pelo autor como:

a) motivos da demanda da parte vulnerável da população
b) consequências de uma apologia ao consumismo
c) explicações para as reservas em relação ao consumo
d) resultados da transformação dos destituídos em cidadãos
e) soluções para o acesso indiscriminado ao consumo

TEXTO XCV

ESCRITURÁRIO – BANCO DO BRASIL

TEXTO II

MODERNIDADE É HUMANIDADE

Pensar qual o processo de desenvolvimento que queremos é um dos pontos fundamentais da Ação pelo Emprego e o Desenvolvimento. Temos uma massa de desempregados de "quarto mundo" enquanto a classe empresarial, ao pensar em emprego, pensa em um mercado para país de "primeiro mundo". Quando pensamos em emprego pensamos em crescimento, em integração no processo produtivo? O que passa exatamente pela cabeça da sociedade e dos empresários que convivem com a fantástica situação dos países do primeiro mundo que têm um PIB sensacional... e o desemprego igual?

(...)

O grande desafio colocado hoje, principalmente para a ciência e a tecnologia, é: como podemos pensar uma sociedade onde haja lugar, espaço e ocupação para todos os seus membros? Um processo capaz de incorporar e não de excluir e marginalizar, até porque não inventamos ainda uma sociedade onde 5% trabalham e 95% vivem de bolsa de estudo, ou de bolsa de consumo. Seria uma forma de distribuir a riqueza, dar "vale cidadania" pra todo mundo. O sujeito iria com o seu vale e teria saúde, educação, bolsa de alimentação. Sem dúvida, um quadro formidável, mas totalmente irreal.

O problema imediato é pensar primeiro o desenvolvimento humano. É essa a grande questão que desafia a ciência e, portanto, as pesquisas e a tecnologia a terem como principal parâmetro a sociedade. Na verdade, estamos diante de uma questão ética. A quem serve nosso conhecimento? A quem serve a economia? Para quem exatamente pensamos o desenvolvimento? Para darmos respostas a estes problemas, fica impossível olhar pelo retrovisor. É preciso pensar o futuro, em como reinventar a sociedade, isto é, as relações culturais e econômicas e as relações de poder. Com essa visão, a ciência e a tecnologia podem perfeitamente questionar o mundo atual e contribuir para criar um novo, porque este, definitivamente, não está dando certo.

O que é importante perceber é que estamos hoje diante da consciência de que o desenvolvimento humano se constitui no grande desafio moderno.

Modernidade é humanidade. E essa visão só é possível para quem pensa a sociedade do ponto de vista ético. (...)

Ironias à parte, entendo que, deste ponto de vista, a contribuição das universidade e também do mundo empresarial, apesar de sua visão imediatista e muito ligada ao primeiro mundo, é da maior importância, porque, quando qualquer setor coloca como questão central a estabilização da economia, faz aterrissar no centro de nossa agenda um problema, quando a questão central é: como eliminar, num prazo digno, a miséria, a indigência e a fome? E é para isso que inteligências e vontades têm que se dirigir.

Quando colocamos o emprego como arma contra a miséria, apontamos caminhos e saímos Brasil afora cobrando essa resposta, porque não temos mais tempo. Estamos correndo contra o tempo, contra esta tragédia que se estabeleceu no país. O Brasil não pode mais aumentar a sua taxa de indigência, sua massa de indigentes. Não falamos mais de pobreza e sim de indigência – o estado extremo da miséria.

A Ação da Cidadania contra a Miséria e pela Vida e a Ação pelo Emprego e o Desenvolvimento existem, crescem e ecoam hoje em milhares de comitês, na mais densa corrente de solidariedade já construída nos últimos tempos, porque – mesmo sabendo que está fazendo o caminho da história pela contramão – a sociedade brasileira confia na mudança.

(HERBERT DE SOUZA – Adaptado)

687) Pode-se depreender da leitura do primeiro parágrafo que:

a) há, no país, uma massa de desempregados de "quarto mundo" aguardando uma oportunidade de se incorporar à classe empresarial.

b) há um descompasso entre as expectativas dos empresários quanto ao mercado e o nível dos desempregados.

c) para o autor, é a massa de desempregados de "quarto mundo" que fará subir o PIB nacional.

d) ao pensar em mercado de primeiro mundo, a classe empresarial demonstra ignorar o problema do desemprego.

e) a Ação pelo Emprego e o Desenvolvimento foi criada para que pudesse haver a estabilização da moeda.

688) Em "Seria uma forma de distribuir a riqueza, dar 'vale cidadania' pra todo mundo". (*l.* 16/17), a expressão sublinhada reflete uma ironia do autor porque:

a) a cidadania não é conquistada através de um vale.
b) a riqueza, num país, distribui-se por meio de donativos.
c) a distribuição de vales não admite a exclusão social.
d) as bolsas de consumo propiciam as transformações sociais.
e) os subsídios desfazem a desigualdade social.

689) No quarto parágrafo o autor afirma: "Modernidade é humanidade. E essa visão só é possível para quem pensa a sociedade do ponto de vista ético." (*l.* 33/34). Assinale a opção que NÃO confirma esta ideia.

a) Um país avança e se desenvolve satisfatoriamente quando há a adequada integração da sociedade ao processo produtivo.
b) Ciência e tecnologia constituem fatores indispensáveis ao desenvolvimento, se tiverem como parâmetro a sociedade.
c) O crescimento de um país se dá à medida que há a prioridade para o desenvolvimento humano.
d) O emprego deve ser sempre planejado em função do tipo de desenvolvimento que se quer para o país.
e) O crescimento de um país mede-se pelo comportamento de primeiro mundo, demonstrado pela sociedade.

690) Em "... e também do mundo empresarial, apesar de sua visão imediatista e muito ligada ao primeiro mundo..." (*l.* 36/37), a parte sublinhada pode ser substituída, sem alteração de sentido, por:

a) quanto à sua visão imediatista
b) caso seja sua visão imediatista
c) em razão da sua visão imediatista
d) enquanto sua visão é imediatista
e) ainda que considerando sua visão imediatista

691) Leia atentamente a afirmativa:

A exclusão social poderá ser afastada pela _______________.

Analise os trechos abaixo, preenchendo os parênteses com (V) ou (F), conforme completem a afirmativa dada de modo verdadeiro ou falso, segundo o sentido geral do texto. A sequência correta é:

( ) possibilidade de ocupação para todos os membros da sociedade

( ) distribuição equânime da riqueza

( ) alienação do indivíduo do processo produtivo

( ) eliminação da taxa de indigência

( ) volta aos processos de desenvolvimento do passado

a) F – V – V – V – F
b) F – F – V – F – F
c) V – V – F – V – F
d) V – V – F – V – V
e) V – V – V – F – V

692) Os textos I e II apresentam como preocupação comum o(a): (Para resolver esta questão, é necessário voltar ao texto anterior, nº XCIV, pois ambos pertencem à mesma prova.)

a) desenvolvimento da tecnologia
b) questionamento da modernidade
c) competição entre os produtores
d) distância entre as camadas sociais
e) distribuição de parcelas do poder entre as classes

TEXTO XCVI

OF. DE JUSTIÇA AVALIADOR – CORREGEDORIA/RJ

A LIBERDADE E O CONSUMO

Quantos morreram pela liberdade de sua pátria? Quantos foram presos ou espancados pela liberdade de dizer o que pensam? Quantos lutaram pela libertação dos escravos?

No plano intelectual, o tema da liberdade ocupa as melhores cabeças, desde Platão e Sócrates, passando por Santo Agostinho, Spinoza, Locke, Hobbes, Hegel, Kant, Stuart Mill, Tolstoi e muitos outros. Como conciliar a liberdade com a inevitável ação restritiva do Estado? Como as liberdades essenciais se transformam em direitos do cidadão? Essas questões puseram em choque os melhores neurônios da filosofia, mas não foram as únicas a galvanizar controvérsias.

Mas vivemos hoje em uma sociedade em que a maioria já não sofre agressões a essas liberdades tão vitais, cuja conquista ou reconquista desencadeou descomunais energias físicas e intelectuais. Nosso apetite pela liberdade se aburguesou. Foi atraído (corrompido?) pelas tentações da sociedade de consumo.

O que é percebido como liberdade para um pacato cidadão contemporâneo que vota, fala o que quer, vive sob o manto da lei (ainda que capenga) e tem direito de mover-se livremente?

O primeiro templo da liberdade burguesa é o supermercado. Em que pesem as angustiantes restrições do contracheque, são as prateleiras abundantemente supridas que satisfazem a liberdade do consumo (não faz muitas décadas, nas prateleiras dos nossos armazéns ora faltava manteiga, ora leite, ora feijão). Não houve ideal comunista que resistisse às tentações do supermercado. Logo depois da queda do Muro de Berlim, comer uma banana virou ícone da liberdade no Leste Europeu.

A segunda liberdade moderna é o transporte próprio. BMW ou bicicleta, o que conta é a sensação de poder sentar-se ao veículo e resolver em que direção partir. Podemos até não ir a lugar algum, mas é gostoso saber que há um veículo parado à porta, concedendo permanentemente a liberdade de ir, seja aonde for. Alguém já disse que a Vespa e a Lambretta tiraram o fervor revolucionário que poderia ter levado a Itália ao comunismo.

A terceira liberdade é a televisão. É a janela para o mundo. É a liberdade de escolher os canais (restritos em países totalitários), de ver um programa imbecil ou um jogo, ou estar tão perto das notícias quanto um presidente da República – que nos momentos dramáticos pode assistir às mesmas cenas pela CNN. É estar próximo de reis, heróis, criminosos, superatletas ou cafajestes metamorfoseados em apresentadores de TV.

Uma "liberdade" recente é o telefone celular. É o gostinho todo especial de ser capaz de falar com qualquer pessoa, em qualquer momento, onde quer que se esteja. Importante? Para algumas pessoas, é uma revolução no cotidiano e na profissão. Para outras, é apenas o prazer de saber que a distância não mais cerceia a comunicação, por boba que seja.

Há ainda uma última liberdade, mais nova, ainda elitizada: a internet e o correio eletrônico. É um correio sem as peripécias e demoras do carteiro, instantâneo, sem remorsos pelo tamanho da mensagem (que se dane o destinatário do nosso attachment megabáitico) e que está a nosso dispor, onde quer que estejamos. E acoplado a ele vem a web, com sua cacofonia de informações, excessivas e desencontradas, onde se compra e vende, consomem-se filosofia e pornografia, arte e empulhação.

Causa certo desconforto intelectual ver substituídas por objetos de consumo as discussões filosóficas sobre liberdade e o heroísmo dos atos que levaram à sua preservação em múltiplos domínios da existência humana. Mas assim é a nossa natureza, só nos preocuparmos com o que não temos ou com o que está ameaçado. Se há um consolo nisso, ele está no saber que a preeminência de nossas liberdades consumistas marca a vitória de havermos conquistado as outras liberdades, mais vitais. Mas, infelizmente, deleitar-se com a alienação do consumismo está fora do horizonte de muitos. E, se o filósofo Joãosinho Trinta tem razão, não é por desdenhar os luxos, mas por não poder desfrutá-los.

(Cláudio de Moura Castro. Veja 1712, 08/08/01)

693) O primeiro parágrafo do texto apresenta:

a) uma série de perguntas que são respondidas no desenrolar do texto
b) uma estrutura que procura destacar os itens básicos do tema discutido no texto
c) um questionamento que pretende despertar o interesse do leitor pelas respostas
d) um conjunto de perguntas retóricas, ou seja, que não necessitam de respostas
e) umas questões que pretendem realçar o valor histórico de alguns heróis nacionais

694) Nos itens abaixo, o emprego da conjunção OU (em maiúsculas) só tem nítido valor alternativo em:

a) "Quantos foram presos OU espancados pela liberdade de dizer o que pensam?"
b) "A segunda liberdade moderna é o transporte próprio, BMW OU bicicleta..."
c) "... de ver um programa imbecil ou um jogo, OU estar tão perto das notícias..."
d) "... só nos preocupamos com o que não temos OU com o que está ameaçado."
e) "É estar próximo de reis, heróis, criminosos, superatletas OU cafajestes..."

695) O item abaixo que indica corretamente o significado da palavra em maiúsculas no texto é:

a) "... mas não foram as únicas a GALVANIZAR controvérsias." – discutir
b) "... comer uma banana virou um ÍCONE da liberdade no Leste europeu." – fantasia
c) "... consomem-se filosofia e pornografia, arte e EMPULHAÇÃO."; – grosseria
d) "... cafajestes METAMORFOSEADOS em apresentadores de TV." – desfigurados
e) "... que a distância não mais CERCEIA a comunicação..." – impede

696) "Como conciliar a liberdade com a inevitável ação restritiva do Estado?"; nesse segmento do texto, o articulista afirma que:

a) o Estado age obrigatoriamente contra a liberdade
b) é impossível haver liberdade e governo ditatorial
c) ainda não se chegou a unir os cidadãos e o governo
d) cidadãos e governo devem trabalhar juntos pela liberdade
e) o Estado é o responsável pela liberdade da população

697) "O primeiro templo da liberdade burguesa é o supermercado. <u>Em que pesem as angustiantes restrições do contracheque</u>, são as prateleiras abundantemente supridas que satisfazem a liberdade do consumo..."; o segmento sublinhado corresponde semanticamente a:

a) as despesas do supermercado são muito pesadas no orçamento doméstico.
b) os salários não permitem que se compre tudo o que se deseja.
c) as limitações de crédito impedem que se compre o necessário.
d) a inflação prejudica o acesso da população aos bens de consumo.
e) a satisfação de comprar só é permitida após o recebimento do salário.

698) "Não houve ideal comunista que resistisse às tentações do supermercado"; com esse segmento do texto o autor quer dizer que:

a) todo ideal comunista se opõe aos ideais capitalistas.
b) a ideologia comunista sofre pressões por parte dos consumidores.
c) os supermercados socialistas são menos variados que os do mundo capitalista.
d) o ideal comunista ainda resiste à procura desenfreada por bens de consumo.
e) as tentações do supermercado abalaram as estruturas capitalistas.

699) "É a liberdade de escolher os canais (<u>restritos em países totalitários</u>),..."; o segmento sublinhado significa que:

a) nos países totalitários a censura impede o acesso à programação capitalista.
b) o número de canais disponíveis é bem menor do que nos países não totalitários.
c) a televisão, nos países totalitários, é bem de que só poucos dispõem.
d) nos países totalitários todos os canais são do sistema de TV a cabo.
e) nos países totalitários, a TV não sofre censura governamental.

700) "... consomem-se filosofia e pornografia, arte e empulhação"; a forma abaixo que modifica o sentido desse segmento do texto é:

a) filosofia e pornografia, arte e empulhação são consumidas.
b) consomem-se não só filosofia e pornografia, como também arte e empulhação.
c) consome-se filosofia e pornografia, arte e empulhação.
d) consomem-se filosofia, pornografia, arte e empulhação.
e) filosofia e pornografia são consumidas como arte e empulhação.

701) "Essas questões puseram em choque os melhores neurônios da filosofia..."; esse segmento significa que:

a) os maiores filósofos se opuseram nas discussões sobre liberdade.
b) a liberdade e o consumo sempre foi motivo de discussão entre filósofos.
c) as questões citadas foram motivo de muitas preocupações filosóficas.
d) os filósofos brigaram entre si por causa da liberdade de consumo.
e) as perguntas sobre liberdade foram respondidas pelos melhores filósofos.

702) O item em que NÃO está presente uma crítica do jornalista é:

a) "Foi atraído (corrompido?) pelas tentações da sociedade de consumo."
b) "... vive sob o manto da lei (ainda que capenga)..."
c) "... de ver um programa imbecil ou um jogo,..."
d) "... consomem-se filosofia e pornografia, arte e empulhação."
e) "O primeiro templo da sociedade burguesa é o supermercado..."

703) "O que é percebido como liberdade para um pacato cidadão contemporâneo que vota, fala o que quer, vive sob o manto da lei (ainda que capenga) e tem o direito de mover-se livremente?"; segundo o texto, a resposta abaixo que é INADEQUADA é:

a) a liberdade de consumo
b) a liberdade de movimento
c) a liberdade de comunicação
d) a liberdade política
e) a liberdade religiosa

704) O item em que o autor do texto NÃO faz crítica direta ou indireta aos regimes não democráticos é:

a) "Não houve ideal comunista que resistisse às tentações do supermercado."
b) "Logo depois da queda do Muro de Berlim, comer uma banana virou um ícone da liberdade no Leste Europeu."
c) "Alguém já disse que a Vespa e a Lambretta tiraram o fervor revolucionário que poderia ter levado a Itália ao comunismo."
d) "Como conciliar a liberdade com a inevitável ação restritiva do Estado? Como as liberdades essenciais se transformam em direitos do cidadão?"
e) "É a liberdade de escolher os canais (restritos em países totalitários),..."

705) "Mas, infelizmente, deleitar-se com a alienação do consumismo está fora do horizonte de muitos."; o comentário adequado a esse segmento do texto é:

a) "infelizmente" revela uma opinião do jornalista sobre o enunciado no segmento do texto.
b) o consumismo é visto como fonte de alienação.
c) muitos desejam ser consumistas, mas não podem sê-lo.
d) o consumismo é também produtor de prazer para muitos.
e) os "muitos" a que se refere o texto são os que vivem em regimes não capitalistas.

TEXTO XCVII

ANALISTA – TJ/RJ

MELHOR QUALIDADE DE VIDA

O exemplo de Los Angeles, onde grupos sociais se organizaram para buscar soluções para seus problemas, deve ser observado com atenção. Formando, inclusive, patrulhas civis para inibir a violência urbana, demonstraram o quanto a participação de todos é vital. Sem uma mudança radical de mentalidade jamais construiremos uma convivência tranquila e segura. Cada um por si é o caminho do suicídio. Contar apenas com o governo, com a polícia, para nossa proteção, é confiar demais na sorte. Temos que assumir nossas responsabilidades. Vizinhos, amigos, qualquer um que cruze por nossa calçada não pode ser encarado como um estranho. Devem ser como parte de nossas famílias.

(Jornal da Semana – 18 de novembro de 1995)

706) Segundo o texto, a melhor qualidade de vida depende:

a) da ação da polícia
b) da ação organizada do governo
c) da ação integrada de toda a comunidade
d) da formulação de patrulhas civis
e) da ação individual

707) O autor cita o exemplo de Los Angeles para:

a) demonstrar que nos Estados Unidos tudo funciona melhor.
b) poder abordar problemas semelhantes no Brasil.
c) indicar caminhos equivocados na solução do problema da violência.
d) provar que só a democracia pode consertar os erros sociais.
e) mostrar que os americanos já resolveram os problemas que nos incomodam.

708) "... para buscar soluções..." (*l.* 1/2); neste trecho, a preposição <u>para</u> indica:

a) causa
b) direção
c) comparação
d) concessão
e) finalidade

709) "... para <u>seus</u> problemas..." (*l.* 2); o possessivo destacado tem como antecedente:

a) Los Angeles
b) grupos sociais
c) patrulhas civis
d) soluções
e) famílias

710) Quando o texto fala na primeira pessoa do plural, se refere a:

a) todos os cidadãos brasileiros
b) cidadãos que sofrem com a violência
c) jornalista e seus leitores
d) cariocas, em particular
e) cidadãos de Los Angeles e do Rio de Janeiro

711) "Cada um por si é o caminho do suicídio." (*l.* 6). Nesta frase há uma condenação clara:

a) da violência
b) do individualismo
c) da sociedade
d) da polícia
e) das autoridades

TEXTO XCVIII

ANALISTA DE PATENTES – INPI

TEXTO 1

COMPADRISMO

O compadrismo é uma autêntica instituição nacional, nascida dessa nossa tendência para a aproximação e a camaradagem. Também a nossa política anda impregnada desses mesmos sentimentos, que têm levado o Brasil à beira do abismo, porque o governo tem de ser muito pessoal e individualista, cheio de vantagens e proteções, de abraços e intimidades.

(A. da Silva Mello)

712) Deduz-se da leitura do texto que:

a) o compadrismo deve ser abolido para que a política brasileira tenha atuação positiva.

b) o compadrismo é uma instituição nacional que se limita à política.

c) os governos devem ser pessoais e individualistas para que não se contaminem pelo compadrismo.

d) as vantagens e as proteções governamentais são frutos da recusa do compadrismo em nossa política.

e) o compadrismo é uma instituição americana e tem feito a desgraça política de muitas nações do continente.

713) Ao dizer que *o compadrismo é uma autêntica instituição nacional*, o autor não indica a que nação se refere, mas os leitores sabem que ele se refere ao Brasil; esse conhecimento deriva do fato de que:

a) o autor é brasileiro.

b) o texto foi produzido no Brasil e para ser lido aqui.

c) a língua utilizada no texto é a portuguesa.

d) só o Brasil possui o compadrismo.

e) as informações do texto se referem ao Brasil.

714) Ao dizer que o compadrismo nasce da nossa tendência para a aproximação e a camaradagem, o autor do texto comete um erro argumentativo, que é:

a) atribuir a um efeito a posição de causa.
b) partir de uma inferência para o seu raciocínio.
c) misturar método dedutivo e indutivo.
d) formular inadequadamente um silogismo.
e) partir do geral para o particular.

715) O autor empregou a palavra *impregnada* a fim de:

a) mostrar a enorme participação do compadrismo em nossas decisões políticas.
b) indicar uma visão negativa do compadrismo em nosso governo.
c) melhorar o nível de linguagem empregada em texto destinado a leitores cultos.
d) demonstrar sua preocupação com a clareza da linguagem utilizada.
e) contaminar o texto com a linguagem médica, a fim de implicitamente dar a conhecer a sua profissão.

716) "... porque o governo tem de ser muito pessoal e individualista,..."; nesse caso, o autor:

a) indica um caminho a ser seguido pelos bons governos.
b) mostra como deveria ser a realidade política nacional.
c) condena a ausência do compadrismo na política.
d) mostra uma tendência derivada do compadrismo.
e) elogia a atitude de um governo democrático.

717) O texto I pode ser classificado como:

a) narrativo
b) argumentativo
c) informativo
d) publicitário
e) descritivo

TEXTO XCIX

ANALISTA DE PATENTES – INPI

TEXTO II

A INDUSTRIALIZAÇÃO

O problema básico de nossa economia estará em breve sob novo signo. O país semicolonial, agrário, importador de manufaturas e exportador de matérias-primas poderá arcar com as responsabilidades de uma vida industrial autônoma, provendo as suas urgentes necessidades de defesa e aparelhamento.

(Getúlio Vargas)

718) Deduz-se da leitura do texto II que:

a) não vão ocorrer mudanças no cenário econômico.
b) o problema de nossa economia está na falta de industrialização.
c) o Brasil vai deixar de dedicar-se à agricultura.
d) o problema econômico do Brasil é fruto do colonialismo.
e) o nosso país vai deixar de importar manufaturas.

719) A situação referida no momento da enunciação do texto:

a) vai ocorrer em breve, na dependência de algumas condições.
b) vai certamente acontecer num futuro próximo.
c) já ocorreu num passado recente.
d) ocorreu num passado recente e vai continuar no futuro.
e) é fruto da imaginação nacionalista de Getúlio Vargas.

720) O item abaixo que NÃO representa uma mudança na realidade brasileira, segundo o texto, é:

a) agrário / industrial
b) importador / produtor
c) semicolonial / colonizado
d) dependente / independente
e) antigo / moderno

721) Na primeira linha do texto, o vocábulo *básico* equivale semanticamente a:

a) tradicional
b) histórico
c) fundamental
d) estrutural
e) clássico

722) *Agrário* se refere a *campo*; o vocábulo abaixo em que esse radical tem significado diferente é:

a) agricultor
b) agridoce
c) agrimensor
d) agreste
e) agrícola

723) "... as suas urgentes necessidades de defesa e aparelhamento"; levando-se em consideração o contexto, o vocábulo *defesa* pode aplicar-se aos campos:

a) econômico e militar
b) político e econômico
c) político e social
d) social e militar
e) econômico e social

724) O texto pode ser visto como:

a) fruto da imaginação do governante
b) uma promessa política
c) uma realidade presente e tangível
d) um protesto contra a exploração
e) uma crítica aos países ricos

TEXTO C

AUXILIAR ELEMENTAR – MP/RJ

TEXTO 1

A SUBSISTÊNCIA INDÍGENA

Os índios brasileiros proveem sua subsistência usando os recursos naturais de seu meio ambiente.

A grande maioria das tribos indígenas pratica a agricultura. Seu processo agrícola, chamado coivara, consiste num sistema de queimadas e de fertilização da terra com as cinzas. A caça e a pesca não despertam o mesmo interesse em todos os grupos tribais. Certas tribos possuem alimentação predominantemente carnívora e são hábeis caçadoras. Algumas outras apresentam grande número de preceitos religiosos que proíbem comer a carne de certos mamíferos, tendo, por isso, a base de sua alimentação na pesca. A coleta de raízes, frutos silvestres e mel é praticada, em grau maior ou menor, por todas as tribos. Para aqueles que desconhecem a agricultura, constitui-se na principal fonte de alimento vegetal.

(Superinteressante, nº 47)

725) A palavra <u>subsistência</u>, presente no título do texto, significa:

a) meio de sobreviver
b) método de alimentação
c) processo de cultivo
d) modo de trabalhar
e) sistema de caça

726) "Os índios brasileiros proveem sua subsistência..."; o verbo destacado significa:

a) fabricam
b) adquirem
c) compram
d) providenciam
e) atingem

727) A expressão "meio ambiente" significa:

a) um ambiente médio
b) a metade de um ambiente
c) um local pobre
d) o espaço onde se vive
e) o meio natural e primitivo

728) A oração "usando os recursos naturais de seu meio ambiente" transmite ideia de:

a) modo
b) finalidade
c) meio
d) tempo
e) condição

729) Entre os recursos naturais usados pelos índios NÃO se encontra:

a) a caça
b) a pesca
c) frutos silvestres
d) mel e raízes
e) a coivara

730) Ao dizer que a "a grande maioria das tribos pratica a agricultura", o autor do texto quer informar ao leitor que:

a) todas as tribos indígenas praticam a agricultura como meio de subsistência.
b) a agricultura é praticada de forma rudimentar pelas tribos indígenas brasileiras.
c) nem todos os índios praticam a agricultura.
d) os recursos naturais do meio ambiente são utilizados pelos indígenas.
e) as tribos brasileiras estão num baixo estágio cultural.

731) "Seu processo agrícola, chamado coivara, consiste num sistema de queimadas e de fertilização da terra com as cinzas."; o item abaixo que está de acordo com o que é dito nesse segmento do texto é:

a) a coivara é um processo agrícola só conhecido pelos índios.

b) a queimada é necessária para a fertilização do solo.

c) as cinzas fertilizam o solo pouco antes de ocorrerem as queimadas.

d) o processo agrícola dos índios já se utiliza da cultura dos brancos.

e) as cinzas são misturadas à terra para aumentar a intensidade das queimadas.

732) "A caça e a pesca não despertam o mesmo interesse em todos os grupos tribais."; isto significa que:

a) a caça e a pesca despertam menos interesse que a agricultura.

b) os grupos tribais não possuem interesse idêntico pela caça e pela pesca.

c) algumas tribos possuem mais interesse pela pesca que pela caça.

d) algumas tribos possuem mais interesse pela caça que pela pesca.

e) todas as tribos possuem interesse pela caça e pela pesca.

733) "Certas tribos possuem alimentação predominantemente carnívora e são hábeis caçadoras."; o fato de algumas tribos serem hábeis caçadoras é visto no texto como:

a) causa de algumas tribos se alimentarem predominantemente de carne

b) consequência de algumas tribos terem preferência pela carne como alimento

c) condição de terem abandonado a agricultura como meio de subsistência

d) demonstração de que a afirmação anterior é verdadeira

e) explicação do fato de algumas tribos se alimentarem de carne

TEXTO CI

AUXILIAR ELEMENTAR – MP/RJ

TEXTO 2

A INTELIGÊNCIA ANIMAL

Há muito vem sendo estudada a possibilidade de haver, no reino animal, outros tipos de inteligência além da humana. Vejam, por exemplo, o golfinho. Dizem que esses simpáticos mamíferos pensam mais rápido do que o homem, têm linguagem própria e também podem aprender uma língua humana. Além disso, chegam a adquirir úlceras de origem psicológica e sofrem stress por excesso de atividade.

(Cláudio Moreno)

734) "... sofrem *stress* por excesso de atividade."; o item abaixo que substitui INADEQUAMENTE a preposição por nesse segmento do texto é:

a) em razão do
b) por causa do
c) devido ao
d) visto o
e) após o

735) A semelhança entre o golfinho e o homem só NÃO está:

a) na possibilidade de sofrer distúrbios psicológicos
b) na presença de inteligência
c) no uso da linguagem
d) na impossibilidade de aprender
e) na utilização de várias linguagens

736) O golfinho serve de exemplo comprovador de que:

a) há animais que não pensam tão rápido quanto o homem.
b) outros animais também possuem inteligência humana.
c) o homem não pode falar com os golfinhos.
d) outros mamíferos também podem falar a nossa língua.
e) há animais que pensam como os humanos.

737) Ao dizer "Vejam...", o autor do texto refere-se:

a) aos amigos que o escutam
b) a todos os homens
c) aos que não creem no que diz
d) aos possíveis leitores
e) aos biólogos, em geral

738) Palavra que, no texto, se refere a golfinho, evitando a sua repetição, é:

a) animal
b) mamíferos
c) inteligência
d) reino
e) linguagem

739) "Dizem que esses simpáticos mamíferos..."; a utilização da forma verbal dizem **mostra que:**

a) a ciência já estudou a questão.
b) há certeza no que se diz.
c) o autor não acredita no que é dito por outros.
d) ainda há possibilidades de haver erro no que é dito.
e) ainda não houve livros publicados a respeito desse assunto.

740) Após a leitura do texto, podemos dizer que os golfinhos:

a) não são inteligentes.
b) são pouco inteligentes.
c) são humanamente inteligentes.
d) são diferentemente inteligentes.
e) talvez sejam inteligentes como os humanos.

TEXTO CII

ANALISTA JUDICIÁRIO – TJDFT

A CPI E A IMPRUDÊNCIA DO LEGISLATIVO

Há mais de dez anos a magistratura clama por ampla reforma do Poder Judiciário. Logo após sua instalação em 1987, um conjunto de sugestões oriundo de órgãos superiores da Justiça foi levado ao exame da Assembleia Nacional Constituinte. Magistrados, membros do Ministério Público, juristas, conselheiros da Ordem dos Advogados do Brasil, professores, enfim a representação mais autêntica do universo jurídico sustentou na Assembleia debate ativo e esclarecedor sobre o tema.

Mas o legislador constituinte ignorou as propostas mais consistentes para destinar ao Poder Judiciário os instrumentos aptos a levá-lo à progressiva dinamização de suas atividades. Conquanto o modelo que viesse a ser posto na Constituição não fosse suficiente para alcançar resultados automáticos, pelo menos abriria os espaços autorizativos para as transformações futuras. Todavia, as mudanças mal arranharam os subúrbios do problema.

Agora, o poder que agiu de forma imprudente, desidiosa, se julga portador de autoridade moral para submeter o Judiciário à ação corrosiva, desmoralizante, de uma Comissão Parlamentar de Inquérito. E é indispensável anotar que as deficiências na atividade judicial resultam, de maneira substancial, de leis dissimuladas, contraditórias, aberrantes elaboradas pelo Congresso.

No mais, a instituição não pode elevar os seus níveis de operacionalidade diante de uma legislação processual que consagra número quase infinito de rituais e formalidades. Como também se acha manietada pelas oportunidades recursais, que opõem distância insuportável entre o direito ofendido e a reparação via sentença irrecorrível.

Por trás da noção mesquinha que as elites no poder cultivam em relação ao Judiciário viceja a ignorância. O Legislativo e o Executivo não se dão conta de que o magistrado não é funcionário público. Caso fosse, seu dever de lealdade não seria com a sociedade, cujos direitos e garantias lhe cumpre tutelar, mas com o Estado. O juiz é antes um agente da sociedade, por isso sua atividade está protegida pelo manto da independência. A CPI é um golpe contra a magistratura independente.

(Josemar Dantas. **Direito e justiça.** *In*: **Correio Braziliense**, 5/4/99, p. 2 (com adaptações)

741) Com base no conteúdo do texto, assinale a opção correta.

a) O autor é francamente favorável à instalação de uma CPI para investigar os atos do Poder Judiciário.

b) O clamor popular por uma ampla reforma do Poder Judiciário manifestou-se, há mais de dez anos, antes da instalação da Assembleia Nacional Constituinte.

c) Uma CPI para a investigação do Poder Judiciário foi instalada em 1987.

d) O legislador constituinte procurou incorporar à atual Constituição brasileira todas as propostas que visavam tornar o Poder Judiciário mais dinâmico e eficiente.

e) Profissionais ligados ao universo jurídico muito contribuíram para que a questão da reforma do Poder Judiciário fosse ativa e esclarecedoramente debatida durante a Assembleia Nacional Constituinte.

742) Tendo como referência as ideias contidas no texto, assinale a opção incorreta.

a) As elites no poder têm em boa opinião o Poder Judiciário porque estão cientes dos problemas enfrentados pela Justiça brasileira.

b) O conjunto de sugestões enviado pelos órgãos superiores da Justiça aos legisladores constituintes tinha objetivos a serem alcançados a longo prazo.

c) Se a Justiça brasileira é ineficiente, isso se deve, em parte, à legislação elaborada pelo Congresso Nacional.

d) A atual legislação processual brasileira é ritualística e formalista.

e) A facilidade em impetrar recursos é parcialmente responsável pela morosidade da Justiça brasileira.

743) Ainda com base no texto, assinale a opção correta.

a) Se o magistrado fosse de fato um funcionário público, o seu dever de lealdade seria antes com a sociedade do que com o Estado.

b) Os congressistas brasileiros têm a noção mesquinha de que o Poder Judiciário é constituído por um bando de ignorantes.

c) O Poder Legislativo, que agiu de forma imprudente e desidiosa, não tem, na opinião do autor, autoridade moral para julgar os atos do Poder Judiciário.

d) O manto aludido na linha 30 refere-se à toga do juiz.

e) A CPI é um golpe da magistratura independente contra o Poder Judiciário.

744) No texto, haverá alteração de sentido caso se substitua

a) "Conquanto" (*l.* 10) por **Mesmo que**
b) "subúrbios" (*l.* 13) por **arrabaldes**
c) "desidiosa" (*l.* 14) por **conflituosa**
d) "manietada" (*l.* 22) por **entravada**
e) "tutelar" (*l.* 29) por **defender**

745) Nas opções abaixo, os fragmentos destacados em negrito são reescrituras do texto. Assinale aquela em que o fragmento reescrito apresenta sentido diferente do encontrado no texto.

a) **linhas 1 e 2**: A magistratura clama, há mais de dez anos, por ampla reforma do Poder Judiciário.
b) **linhas 2 a 4**: A Assembleia Nacional Constituinte levou a exame, logo após sua instalação em 1987, um conjunto de sugestões oriundo de órgãos superiores da Justiça.
c) **linhas 4 a 7**: Enfim a representação mais autêntica do universo jurídico – magistrados, membros do Ministério Público, juristas, conselheiros da Ordem dos Advogados do Brasil, professores – sustentou, sobre o tema, debate ativo e esclarecedor na Assembleia.
d) **linhas 25 e 26**: Viceja, por trás da noção mesquinha que as elites no poder cultivam em relação ao Judiciário, a ignorância.
e) **linhas 27 a 29**: Caso fosse, seu dever de lealdade seria com o Estado, não com a sociedade, cujos direitos e garantias lhe cumpre tutelar.

746) No texto, para evitar repetições, alguns pronomes foram usados em substituição a seus referentes. Assinale a opção que apresenta associação correta entre o pronome e o seu referente.

a) "sua" (*l.* 2) – "do Poder Judiciário" (*l.* 1/2)
b) "lo" (*l.* 9) – "o legislador constituinte" (*l.* 8)
c) "seu" (*l.* 27) – "o Legislativo e o Executivo" (*l.* 26)
d) "cujos" (*l.* 28) – "funcionário público" (*l.* 27)
e) "lhe" (*l.* 28) – "o magistrado" (*l.* 27)

TEXTO CIII

ESCRITURÁRIO – CAIXA ECONÔMICA FEDERAL

TEXTO 3

Os velhos das cidadezinhas do interior parecem muito mais plenamente velhos que os das metrópoles. Não se trata da idade real de uns e outros, que pode até ser a mesma, mas dos tempos distintos que eles parecem habitar. Na agitação dos grandes centros, até mesmo a velhice parece ainda estar integrada na correria; os velhos guardam alguma ansiedade no olhar, nos modos, na lentidão aflita de quem se sente fora do compasso. Na calmaria das cidades pequeninas, é como se a velhice de cada um reafirmasse a que vem das montanhas e dos horizontes, velhice quase eterna, pousada no tempo.

Vejam-se as roupas dos velhinhos interioranos: aquele chapéu de feltro manchado, aquelas largas calças de brim cáqui, incontavelmente lavadas, aquele puído dos punhos de camisas já sem cor – tudo combina admiravelmente com a enorme jaqueira do quintal, com a generosa figueira da praça, com as teias no campanário da igreja. E os hábitos? Pica-se o fumo de corda, lentamente, com um canivete herdado do século passado, enquanto a conversa mole se desenrola sem pressa e sem destino.

Na cidade grande, há um quadro que se repete mil vezes ao dia, e que talvez já diga tudo: o velhinho, no cruzamento perigoso, decide-se, enfim, a atravessar a avenida, e o faz com aflição, um braço estendido em sinal de pare aos motoristas apressados, enquanto amiúda o que pode o próprio passo. Parece suplicar ao tempo que diminua seu ritmo, que lhe dê a oportunidade de contemplar mais demoradamente os ponteiros invisíveis dos dias passados, e de sondar com calma, nas nuvens mais altas, o sentido de sua própria história.

Há, pois, velhices e velhices – até que chegue o dia em que ninguém mais tenha tempo para de fato envelhecer.

(Celso de Oliveira)

747) A frase "Os velhos das cidadezinhas do interior parecem muito mais plenamente velhos que os das metrópoles" constitui uma:

a) impressão que o autor sustenta ao longo do texto, por meio de comparações
b) impressão passageira, que o autor relativiza ao longo do texto
c) falsa hipótese, que a argumentação do autor demolirá
d) previsão feita pelo autor, a partir de observações feitas nas grandes e nas pequenas cidades
e) opinião do autor, para quem a velhice é mais opressiva nas cidadezinhas que nas metrópoles

748) Considere as seguintes afirmações:

I. Também nas roupas dos velhinhos interioranos as marcas do tempo parecem mais antigas.
II. Na cidade grande, a velhice parece indiferente à agitação geral;
III. O autor interpreta de modo simbólico o gesto que fazem os velhinhos nos cruzamentos.

Em relação ao texto, está correto o que se afirma SOMENTE em:

a) I
b) II
c) III
d) I e III
e) II e III

749) Indique a afirmação INCORRETA em relação ao texto:

a) Roupas, canivetes, árvores e campanários são aqui utilizados como marcas da velhice.
b) O autor julga que, nas cidadezinhas interioranas, a vida é bem mais longa que nos grandes centros.
c) Hábitos como o de picar fumo de corda denotam relações com o tempo que já não existem nas metrópoles.
d) O que um velhinho da cidade grande parece suplicar é que lhe seja concedido um ritmo de vida compatível com sua idade.
e) O autor sugere que, nas cidadezinhas interioranas, a velhice parece harmonizar-se com a própria natureza.

750) O sentido do último parágrafo do texto deve ser assim entendido:

a) Do jeito que as coisas estão, os velhos parecem não ter qualquer importância.
b) Tudo leva a crer que os velhos serão cada vez mais escassos, dado o atropelo da vida moderna.
c) O prestígio do que é novo é tão grande que já ninguém repara na existência dos velhos.
d) A velhice nas cidadezinhas do interior é tão harmoniosa que um dia ninguém mais sentirá o próprio envelhecimento.
e) No ritmo em que as coisas vão, a própria velhice talvez não venha a ter tempo para tomar consciência de si mesma.

751) Indique a alternativa em que se traduz corretamente o sentido de uma expressão do texto, considerado o contexto.

a) "parecem muito mais plenamente velhos" = dão a impressão de se ressentirem mais dos males da velhice
b) "guardam alguma ansiedade no olhar" = seus olhos revelam poucas expectativas
c) "fora do compasso" = num distinto andamento
d) "a conversa mole se desenrola" = a explanação é detalhada
e) "amiúda o que pode o próprio passo" = deve desacelerar suas passadas

TEXTO CIV

ESCRITURÁRIO – CAIXA ECONÔMICA FEDERAL

TEXTO 4

No início do século XX, a afeição pelo campo era uma característica comum a muitos ingleses. Já no final do século XVIII, dera origem ao sentimento de saudade de casa tão característico dos viajantes ingleses no exterior, como William Beckford, no leito de seu quarto de hotel português, em 1787, "assediado a noite toda por ideias rurais da Inglaterra." À medida que as fábricas se multiplicavam, a nostalgia do morador da cidade refletia-se em seu pequeno jardim, nos animais de estimação, nas férias passadas na Escócia, ou no Distrito dos Lagos, no gosto pelas flores silvestres e a observação de pássaros, e no sonho com um chalé de fim de semana no campo. Hoje em dia, ela pode ser observada na popularidade que se conserva daqueles autores conscientemente "rurais" que, do século XVII ao XX, sustentaram o mito de uma Arcádia campestre.

Em alguns ingleses, no historiador G. M. Trevelyan, por exemplo, o amor pela natureza selvagem foi muito além desses anseios vagamente rurais. Lamentava, em um dos seus textos mais eloquentes, de 1931, a destruição da Inglaterra rural e proclamava a importância do cenário da natureza para a vida espiritual do homem. Sustentava que até o final do século XVIII as obras do homem apenas se somavam às belezas da natureza; depois, dizia, tinha sido rápida a deterioração. A beleza não mais era produzida pelas circunstâncias econômicas comuns e só restava, como esperança, a conservação do que ainda não fora destruído. Defendia que as terras adquiridas pelo Patrimônio Nacional, a maioria completamente inculta, deveriam ser mantidas assim.

Há apenas poucos séculos, a mera ideia de resistir à agricultura, ao invés de estimulá-la, pareceria ininteligível. Como teria progredido a civilização sem a limpeza das florestas, o cultivo do solo e a conversão da paisagem agreste em terra colonizada pelo homem? A tarefa do homem, nas palavras do Gênesis, era "encher a terra e submetê-la". A agricultura estava para a terra como o cozimento para a carne crua. Convertia natureza em cultura. Terra não cultivada não significava homens incultos. E quando os ingleses seiscentistas mudaram-se para Massachussetts, parte de sua argumentação em defesa da ocupação dos territórios indígenas foi que aqueles que por si mesmos não submetiam e cultivavam a terra não tinham direito de impedir que outros o fizessem.

752) Ao mencionar, no primeiro parágrafo do texto, a inclinação dos ingleses pelo espaço rural, o autor

a) busca enfatizar o que ocorre no século XX, em que a afeição pelo campo lhe parece ser realmente mais genuína.
b) a caracteriza em diferentes momentos históricos, tomando como referência distintas situações em que ela se manifesta.
c) cita costumes do povo inglês destruídos pela aceleração do crescimento das fábricas, causa de sua impossibilidade de volta periódica ao campo.
d) refere autores que procuraram conscientemente manter sua popularidade explorando temas "rurais" para mostrar como se criou o mito de um paraíso campestre.
e) particulariza o espaço estrangeiro visitado pelos ingleses – Portugal – para esclarecer o que os indivíduos buscavam e não podia ser encontrado na sua pátria.

753) Leia com atenção as afirmações abaixo sobre o segundo parágrafo do texto.

I. Em confronto com o primeiro parágrafo, o autor apresenta um outro matiz da relação do espírito inglês com o espaço rural.
II. O autor assinala os pontos mais relevantes referidos por G.M. Trevelyan para comprovar a ideia universalmente aceita de que o contato com a natureza é importante para o espírito.
III. O historiador inglês revela pessimismo, a cujos fundamentos ele não faz nenhuma referência no texto.
São corretas:

a) I, somente
b) III, somente
c) I e III, somente
d) II e III, somente
e) I, II e III

754) As indagações presentes no terceiro parágrafo representam, no texto,

a) pontos relevantes sobre os quais a humanidade ainda não refletiu
b) perguntas que historiadores faziam às pessoas para convencê-las da importância do culto à natureza
c) os pontos mais discutidos quando se falava do progresso na Inglaterra, terra da afeição pelo campo
d) questões possivelmente levantadas pelos que procurassem entender a razão de muitas pessoas não considerarem a agricultura um bem em si
e) aspectos importantes sobre a relação entre a natureza e o homem, úteis como argumentos a favor da ideia defendida por Trevelyan

755) No último parágrafo do texto, o comentário sobre os ingleses seiscentistas foi feito como:

a) denúncia dos falsos argumentos utilizados por aqueles que ocupam territórios indígenas
b) exemplo do caráter pioneiro dos ingleses na tarefa de colonização do território americano
c) maneira de evidenciar a árdua tarefa dos que acreditavam na força da agricultura para o progresso da civilização
d) confirmação de que terras incultas são entraves que, há séculos, subtraem ao homem o direito de progredir
e) comprovação de que, há poucos séculos, o cultivo da terra era entendido como sinônimo de civilização

756) Assinale a afirmação INCORRETA.

a) Infere-se do texto que as palavras do Gênesis foram entendidas por muitos como estímulo a derrubar matas, lavrar o solo, eliminar predadores, matar insetos nocivos, arrancar parasitas, drenar pântanos.
b) O paralelo estabelecido entre o cultivo da terra e o cozimento dos alimentos é feito para se pôr em evidência a ação do homem sobre a natureza.
c) O texto mostra que o amor pela natureza selvagem está na base da relação que se estabelece entre cultivo da terra e civilização.
d) O texto mostra que o amor à natureza selvagem, considerado como barbárie, permitiu que certos povos se dessem o direito de apoderar-se dela.
e) O Gênesis foi citado no texto porque o crédito dado às palavras bíblicas explicaria o desejo humano de transformar a natureza selvagem pensando no bem-estar do homem.

TEXTO CV

UNI-RIO

Neste momento, o bordado está pousado em cima do console e o interrompi para escrever, substituindo a tessitura dos pontos pela das palavras, o que me parece um exercício bem mais difícil. Os pontos que vou fazendo exigem de mim uma habilidade e um adestramento que já não tenho. Esforço-me e vou conseguindo vencer minhas deficiências. As palavras, porém, são mais difíceis de adestrar e vêm carregadas de uma vida que se foi desenrolando dentro e fora de mim, todos esses anos. São teimosas, ambíguas e ferem. Minha luta com elas é uma luta extenuante. Assim, nesse momento, enceto duas lutas: com as linhas e com as palavras, mas tenho a certeza que, desta vez, estou querendo chegar a um resultado semelhante e descobrir ao fim do bordado e ao fim desse texto algo de delicado, recôndito e imperceptível sobre o meu próprio destino e sobre o destino dos seres que me rodeiam. Ontem, quando entrei no armarinho para escolher as linhas, vi-me cercada de pessoas com quem não convivia há muito tempo, ou convivia muito pouco, de cuja existência tinha esquecido. Mulheres de meia-idade que compravam lãs para bordar tapeçarias, selecionando animadamente e com grande competência os novelos, comparando as cores com os riscos trazidos, contando os pontos na etamine, medindo o tamanho do bastidor. Incorporei-me a elas e comecei a escolher, com grande acuidade, as tonalidades das minhas meadas de linha mercerizada. Pareciam pequenas abelhas alegres (...) levando a sério as suas tarefas (...) Naquelas mulheres havia alguma coisa preservada, sua capacidade de bordar dava-lhes uma dignidade e um aval. Não queria que me discriminassem, conversei com elas de igual para igual, mostrando-lhes os pontos que minha pequena mão infantil executara.

(JARDIM, Rachel. *O penhor chinês*. 4ª ed. Rio de Janeiro: José Olympio, 1990)

757) Nesse texto que você acaba de ler, estabelece-se uma relação entre bordar e escrever, ações que se desenvolvem no esforço da tessitura.

Assinale a opção em que o comparativo "bem mais difícil", aplicado ao tecido do texto, justifica-se com maior propriedade.

a) As palavras são como os pontos do bordado: exigem adestramento de quem vai usá-las.
b) Palavras e pontos sujeitam-se docilmente ao toque do artista.
c) Palavras têm vida própria e exigem sensibilidade para se deixarem usar.
d) Palavras são prenhes de significado e, portanto, podem independer de quem as emprega.
e) Palavras são, por vezes, ambíguas, o que não ocorre com os pontos do bordado.

758) Com "Esforço-me e vou conseguindo vencer minhas deficiências", a autora se refere:

a) ao esforço para suplantar a inibição que as palavras lhe causam
b) ao esforço que lhe custa o tecido do texto
c) à deficiência visual que lhe dificulta tecer o bordado
d) à sua própria dificuldade enquanto tecelã
e) às muitas deficiências gramaticais que necessita vencer

759) Pode-se depreender da leitura do 7º período que:

a) o bordado, tanto quanto o texto tecido, permite o resgate de algo adormecido na memória.
b) os pontos do bordado, mais que as palavras, contribuem para avivar, na memória, algo recôndito.
c) os pontos do bordado, menos que as palavras, mostram a delicada tessitura da obra.
d) as palavras, assim como os pontos do bordado, escondem a inexorabilidade do destino.
e) as palavras, mais que os pontos do bordado, escondem o traçado imperceptível da obra.

760) Neste momento (1º período) e nesse momento (7º período) referem-se a(ao):

a) um único momento: o da escolha
b) dois tempos distintos: o do bordado e o da escrita
c) tempo de retomada do bordado
d) momento da ida ao armarinho
e) momento da escritura e ao atual momento de vida

761) A conjunção que, usada antes da oração "... de cuja existência tinha esquecido", não altera o sentido do 8º período é:

a) pois
b) ou
c) logo
d) nem
e) e

762) A expressão "... abelhas alegres" (11º período) justifica, especificamente, a significação expressa, no 9º período, com:

a) "mulheres de meia-idade..."
b) "... para bordar tapeçarias..."
c) "... selecionando animadamente e com grande competência os novelos..."
d) "... comparando as cores com os riscos trazidos..."
e) "... medindo o tamanho do bastidor"

763) O adjetivo preservada ("alguma coisa preservada" – 12º período) significa:

a) passível de corrupção
b) escondida
c) defendida de perigos
d) intacta
e) vigiada

764) A ideia contida em "... que minha pequena mão infantil executara." (13º período) já se anunciara em:

a) "... o bordado está pousado em cima do console." (1º período)
b) "... uma habilidade e um adestramento que já não tenho". (2º período)
c) "... se foi desenrolando dentro e fora de mim, todos esses anos". (4º período)
d) "... pessoas com quem não convivia há muito tempo..." (8º período)
e) "Não queria que me discriminassem..." (13º período)

765) A forma do mais-que-perfeito composto do verbo da primeira oração do texto é:

a) estava pousado
b) estará pousado
c) tinha estado pousado
d) teria estado pousado
e) tem estado pousado

TEXTO CVI

ASSISTENTE SOCIAL – TRF 3ª REGIÃO

TEXTO 1

O MITO E O MUNDO MODERNO

MOYERS: Por que mitos? Por que deveríamos importar-nos com os mitos? O que eles têm a ver com minha vida?

CAMPBELL: Minha primeira resposta seria: "Vá em frente, viva a sua vida, é uma boa vida – você não precisa de mitologia". Não acredito que se possa ter interesse por um assunto só porque alguém diz que isso é importante. Acredito em ser capturado pelo assunto, de uma maneira ou de outra. Mas você poderá descobrir que, com uma introdução apropriada, o mito é capaz de capturá-lo. E então, o que ele poderá fazer por você, caso o capture de fato?

Um de nossos problemas, hoje em dia, é que não estamos familiarizados com a literatura do espírito. Estamos interessados nas notícias do dia e nos problemas do momento. Antigamente, o campus de uma universidade era uma espécie de área hermeticamente fechada, onde as notícias do dia não se chocavam com a atenção que você dedicava à vida interior, nem com a magnífica herança humana que recebemos de nossa grande tradição – Platão, Confúcio, o Buda, Goethe e outros, que falam dos valores eternos, que têm a ver com o centro de nossas vidas. Quando um dia você ficar velho e, tendo as necessidades imediatas todas atendidas, então se voltar para a vida interior, aí bem, se você não souber onde está ou o que é esse centro, você vai sofrer.

As literaturas grega e latina e a Bíblia costumavam fazer parte da educação de toda gente. Tendo sido suprimidas, toda uma tradição de informação mitológica do Ocidente se perdeu. Muitas histórias se conservaram, de hábito, na mente das pessoas. [...]

(CAMPBELL, Joseph. *O poder do mito*. Com Bill Moyers. Org. Betty Sue Flowers. Tradução de Carlos Felipe Moisés. São Paulo: Associação Palas Athena, 1990. p. 3-4)

766) A leitura do texto permite afirmar que a conjunção e, presente no título, sugere ideia de

a) adição
b) explicação
c) consequência
d) alternância
e) contraste

767) Considerando que *ironia* seja um recurso com o qual se afirma o contrário do que se enuncia, aponte a alternativa em que tal recurso se manifesta.

a) [...] as notícias não se chocavam com a atenção que você dedicava à vida interior.
b) E então, o que ele poderá fazer por você, caso o capture de fato?
c) [...] o campus de uma universidade era uma espécie de área hermeticamente fechada.
d) Vá em frente, viva a sua vida, é uma boa vida – você não precisa de mitologia.
e) Quando um dia você ficar velho [...], se você não souber onde está [...], você vai sofrer.

768) Da leitura do texto, pode-se depreender que

a) entre outros, Platão, Confúcio, Goethe e Buda são os responsáveis pela mitologia.
b) a satisfação das necessidades imediatas dos velhos propicia-lhes uma sobrevida feliz.
c) o centro interior do homem idoso foi definido por Platão, Confúcio, Buda e Goethe, entre outros.
d) o possível sofrimento do velho depende, entre outras coisas, da preocupação com a sua vida interior.
e) a literatura do espírito não é acolhida nos campus das universidades declaradamente fechadas.

769) Aponte a alternativa em que a reescrita da frase "Tendo sido suprimidas, toda uma tradição de informação mitológica do Ocidente se perdeu" conserva, de acordo com o texto, o conteúdo original.

a) Após sua preservação, não se assegurou a transmissão da mitologia ocidental.

b) Com sua supressão, desapareceu a tradição inteira de informação mitológica do Ocidente.

c) O suprimento dessas literaturas acarretou o fim da mitologia ocidental.

d) Com o seu desaparecimento, frustrou-se a mitologia do Ocidente.

e) Sua eliminação determinou o desaparecimento de toda a mitologia do Ocidente.

TEXTO CVII

ASSISTENTE SOCIAL – TRF 3ª REGIÃO

TEXTO 2

É DISSO QUE O BRASIL PRECISA

O grau de maturidade econômica de uma sociedade pode ser aferido com a ajuda de índices conhecidos, como o produto interno bruto do país. O estágio de maturidade política também conta com alguns indicadores. Um deles é a ocorrência sequenciada de eleições livres, sem sustos nem sobressaltos. E como descobrir o grau de maturidade social de uma nação? Índices que medem a violência e a criminalidade são úteis para a avaliação. Mas de um tempo para cá surgiu um dado novo: a taxa de envolvimento das pessoas com o trabalho social. Não que a filantropia seja novidade ou invenção moderna. Mas a onda do bem tornou-se um fenômeno especialmente notável nos últimos trinta anos.

Nos países mais civilizados, a presença da filantropia, também chamada de terceiro setor, é mais perceptível. Nas nações menos desenvolvidas socialmente, o trabalho voluntário é mais embrionário. O Brasil está num meio-termo. Do ponto de vista do resultado financeiro, está entre os países que menos investem no social. Mas, quando se analisa o voluntariado pelo exército envolvido, alguma coisa espantosa está acontecendo. Há milhões de brasileiros dedicando-se a tarefas sociais [...].

(*VEJA Especial*, 8.12.2001, p. 8)

770) Da leitura do texto, depreende-se que o pronome *isso*, do título, aponta para

a) o grau de maturidade social de uma comunidade
b) a ocorrência sequenciada de eleições livres
c) o grau de maturidade econômica de uma nação
d) o envolvimento das pessoas no trabalho social
e) a eliminação da distância entre ricos e pobres

771) A preposição *com* na expressão "*com* a ajuda de índices conhecidos" possui ideia de

a) companhia
b) instrumento
c) causa
d) concessão
e) dúvida

772) Em lugar de *filantropia* poderia, no texto, figurar

a) antropofobia
b) humanidade
c) humanismo
d) humanitarismo
e) misantropia

773) Em "Nos países mais civilizados, [...] a presença da filantropia [...] é mais perceptível.", depreende-se um julgamento de valor, segundo o qual o Brasil não compõe o grupo desses países. De acordo com o texto, pode-se contrapor a essa asserção

a) o número de voluntários do trabalho social
b) o acanhado investimento financeiro no social
c) o surgimento do voluntariado nessas nações
d) a presença, nesses países, do terceiro setor
e) a atuação do terceiro setor em tais países

774) Antepostos ou pospostos a outros, alguns vocábulos podem sofrer alteração de sentido, como ocorre, por exemplo, com *novo: novo escrivão e escrivão novo.*

Indique a alternativa em que se manifesta um desses vocábulos.

a) O estágio de maturidade econômica também conta com bons indicadores.
b) Não que a filantropia seja novidade ou invenção moderna.
c) [...] alguma coisa espantosa está acontecendo.
d) [...] está entre os países que menos investem socialmente.
e) [...] a onda do bem tornou-se um fenômeno especialmente notável.

775) Em "Índices *que medem* a violência e a criminalidade são úteis...", o termo destacado poderá, sem prejuízo do sentido e com a necessária adequação sintática, ser substituído por

a) mensuráveis
b) incomensuráveis
c) mensurais
d) dimensíveis
e) mensuradores

TEXTO CVIII

ASSISTENTE LEGISLATIVO – PE

– Então, quando se casa, D. Ismênia?

– Em março. Cavalcânti já está formado e...

Afinal a filha do general pôde responder com segurança à pergunta que se lhe vinha fazendo há quase cinco anos. O noivo finalmente encontrara o fim do curso de dentista e marcara o casamento para daí a três meses. A alegria foi grande na família; e, como em tal caso, uma alegria não poderia passar sem um baile, uma festa foi anunciada para o sábado que se seguia ao pedido da pragmática.

As irmãs da noiva, Quinota, Zizi, Lalá e Vivi, estavam mais contentes que a irmã nubente. Parecia que ela lhes ia deixar o caminho desembaraçado, e fora a irmã quem até ali tinha impedido que se casassem. Noiva havia quase cinco anos, Ismênia já se sentia meio casada. Esse sentimento junto a sua natureza pobre fê-la não sentir um pouco mais de alegria. Ficou no mesmo. Casar, para ela, não era negócio de paixão, nem se inseria no sentimento ou nos sentidos: era uma ideia, uma pura ideia. Aquela sua inteligência rudimentar tinha separado da ideia de casar o amor, o prazer dos sentidos, uma tal ou qual liberdade, a maternidade, até o noivo. Desde menina, ouvia a mamãe dizer: “Aprenda a fazer isso, porque quando você se casar...” ou senão: “Você precisa aprender a pregar botões, porque quando você se casar...”.

A todo instante e a toda hora, lá vinha aquele – “porque, quando você se casar...” – e a menina foi se convencendo de que toda a existência só tendia para o casamento. A instrução, as satisfações íntimas, a alegria, tudo isso era inútil; a vida se resumia numa coisa: casar.

De resto, não era só dentro de sua família que ela encontrava aquela preocupação. No colégio, na rua, em casa das famílias conhecidas, só se falava em casar. “Sabe, D. Maricota, a Lili casou-se; não fez grande negócio, pois parece que o noivo não é lá grande coisa”; ou então: “A Zezé está doida para arranjar casamento, mas é tão feia, meu Deus!...”

(BARRETO, Lima – Triste Fim de Policarpo Quaresma – Scipione, São Paulo. 1994 – p. 25)

776) Segundo o texto, pode-se afirmar que a relação do casal de nubentes era

a) de amor, pois já fazia quase cinco anos de noivado
b) de acomodação, pois, pelo menos da parte de Ismênia, não havia paixão
c) de equilíbrio, uma vez que não havia mais os arrebatamentos da paixão
d) desejada pela família, apesar de esta não cobrar casamento das filhas
e) de cumplicidade, pois sendo um relacionamento horizontal, os dois partilhavam sentimentos, projetos e decisões

777) Em relação ao texto, todas as alternativas abaixo são verdadeiras, exceto:

a) A submissão anula a identidade do ser humano, faz dele um autômato sem desejos, sentimentos ou sonhos.
b) Quando se adestra um ser humano em vez de educá-lo, quando seu destino é traçado pela cultura de que faz parte, prejudica-se o seu desenvolvimento afetivo e intelectual.
c) O machismo diminui a figura feminina na sociedade a ponto de fazê-la pensar que, sem um marido, não consegue ser alguém ou até mesmo viver.
d) O autor tratou o assunto sem fazer uso do humor ou da ironia, uma vez que esse é um tema sério que precisa ser visto e discutido pela sociedade.
e) O casamento, visto como fim em si mesmo, não representa a realização afetiva da mulher, mas o único objetivo de sua vida.

778) Podemos afirmar que Ismênia representa

a) a mulher comedida, cautelosa que, para se defender da sociedade machista, não se deixa arrebatar pelas paixões desenfreadas
b) o perfil de companheira ideal, pois sabe ser paciente e tolerante a ponto de esperar a formatura do noivo para traçar os planos para o casamento
c) a mulher-objeto que não foi educada para sentir, para ser, mas para desempenhar apenas o papel de coadjuvante na sociedade
d) o equilíbrio, pois mesmo sendo cobrada pela sociedade, esperou que seu noivo concluísse o curso superior para marcar a data do casamento
e) uma exceção, pois dificilmente as mulheres de sua época seriam ou agiriam como ela

779) A construção sintática "uma festa foi anunciada para o sábado", sem modificar-lhe o sentido, pode ser substituída por:

a) Uma festa esteve anunciada para o sábado.
b) Uma festa tinha sido anunciada para o sábado.
c) Anunciava-se uma festa para o sábado.
d) Anunciou-se uma festa para o sábado.
e) Anunciara-se uma festa para o sábado.

780) Com base no texto, marque a opção em que é feita uma comparação:

a) "... Ismênia já se sentia meio casada."
b) "... estavam mais contentes que a irmã nubente."
c) "... fê-la não sentir um pouco mais de alegria."
d) "... o noivo não é lá grande coisa..."
e) "... mas é tão feia, meu Deus!..."

TEXTO CIX

AUXILIAR CENSITÁRIO DE INFORMÁTICA – IBGE

No início do mês o Instituto Vox Populi foi às ruas para saber o que a população pensa sobre os medicamentos genéricos. Colheu uma revelação surpreendente: 80% dos entrevistados já incorporaram essa alternativa a seus hábitos de consumo. Além dos ganhos econômicos, a nova realidade rendeu frutos políticos. O ministro da Saúde, José Serra, obteve a melhor avaliação entre toda a equipe de FHC, com percentuais capazes de causar inveja ao presidente. Os genéricos estão abrindo as portas do mercado para uma população que há anos era mantida à margem. Os medicamentos sem marca aprovados pela Vigilância Sanitária somam hoje 115 tipos e estão chegando às farmácias a preços, em média, 30% mais baratos. Tamanha revolução foi ajudada pelos holofotes acesos pela CPI dos Medicamentos, que acabou inibindo um novo boicote dos laboratórios multinacionais – bem-sucedidos na sua primeira investida, ainda em 1993. No ritmo desta verdadeira revolução, a indústria nacional disparou gordos investimentos. Hoje, entre os fabricantes de remédios já aprovados, apenas um é de origem estrangeira. Com tantos êxitos, os genéricos estão se tornando uma unanimidade nacional.

(JB, 19/08/00)

781) Ao dizer, no final do texto, que os genéricos estão se tornando uma unanimidade nacional, o autor quer dizer que:

a) quase todos os brasileiros consideram o advento dos genéricos uma medida positiva.

b) os genéricos já estão alcançando, em sua distribuição, todo o território nacional.

c) todos os genéricos, em breve espaço de tempo, serão de fabricação brasileira.

d) os genéricos estão alcançando, no Brasil todo, um sucesso imprevisível.

e) os genéricos passaram a ser vistos, pelos brasileiros, como ótimos investimentos.

782) O que a pesquisa do Vox Populi revelou de surpreendente foi que:

a) os genéricos já são consumidos por grande parte da população.
b) 80% da população brasileira tanto consomem genéricos quanto os remédios tradicionais.
c) grande parte dos consumidores fazem parte de cooperativas que fornecem genéricos.
d) os genéricos só são consumidos por quem está bem informado sobre essa revolução.
e) os genéricos estão rendendo frutos econômicos e políticos.

783) A prova dos frutos políticos do advento dos genéricos é:

a) a alta popularidade do ministério de FHC
b) a avaliação pública do ministro José Serra
c) a baixa popularidade do presidente
d) a aceitação dos genéricos por parte da população
e) os altos investimentos feitos no setor

784) A população "que há anos era mantida à margem" se refere àquela parte da população que:

a) não investia no setor farmacológico.
b) desconhecia a utilidade dos genéricos.
c) só se tratava com remédios de marca.
d) não ficava doente.
e) não tinha condições econômicas de adquirir remédios.

785) Os genéricos marcam, segundo o texto, uma série de oposições em relação aos remédios tradicionais; a oposição NÃO indicada pelo texto é:

a) sem marca X com marca
b) mais baratos X mais caros
c) fabricação nacional X fabricação estrangeira
d) muito conhecimento X pouco conhecimento
e) mais consumidores X menos consumidores

786) A sigla CPI, presente no texto, significa:

a) Centro de Proteção ao Investidor
b) Comissão Parlamentar de Inquérito
c) Cooperativa Parlamentar de Investigação
d) Casa do Pequeno Investidor
e) Comissão Privada de Investigação

787) Segundo o texto, os laboratórios multinacionais:

a) aceitaram passivamente a chegada dos genéricos.
b) criaram uma CPI para os genéricos.
c) passaram a investir na produção de genéricos.
d) tentaram torpedear a revolução dos genéricos.
e) auxiliaram na criação dos genéricos.

788) "Hoje, entre os fabricantes de genéricos já aprovados, apenas um é de origem estrangeira."; neste segmento, o vocábulo que mostra a opinião do autor do texto sobre o assunto abordado é:

a) já
b) apenas
c) hoje
d) estrangeira
e) aprovados

789) "Hoje, entre os fabricantes de remédios já aprovados, apenas um é de origem estrangeira.". Infere-se desse segmento que:

a) para a fabricação dos genéricos é necessária uma aprovação de órgão competente.
b) os fabricantes estrangeiros estão ganhando terreno na fabricação dos genéricos.
c) os fabricantes estrangeiros não estão recebendo autorização para a fabricação de genéricos.
d) a situação atual de fabricação de genéricos é de baixa produção.
e) só hoje o Governo intervém na fabricação de remédios.

790) "*Além dos* ganhos econômicos, a nova realidade rendeu frutos políticos."; a locução *além de* expressa, neste caso:

a) concessão
b) explicação
c) adição
d) localização
e) causa

791) O item em que o termo sublinhado está empregado no sentido próprio original e não no sentido figurado é:

a) "Além dos ganhos econômicos, a nova realidade rendeu <u>frutos</u> políticos."
b) "... com percentuais capazes de causar <u>inveja</u> ao presidente."
c) "Os genéricos estão <u>abrindo as portas</u> do mercado..."
d) "... a indústria <u>disparou</u> gordos investimentos."
e) "<u>Colheu</u> uma revelação surpreendente:..."

792) "... que acabou inibindo um novo boicote dos laboratórios multinacionais..."; neste caso, o verbo *acabar* apresenta o mesmo significado que em:

a) A pesquisa da Vox Populi acabou há duas semanas.
b) Acabamos de ler o texto.
c) Os genéricos acabaram de chegar às farmácias.
d) Isso não vai acabar bem.
e) Ele se acabou na festa!

TEXTO CX

ENGENHEIRO CIVIL – TRF 2ª REGIÃO

A ÁRVORE E O HOMEM

O PRIMEIRO... problema que as árvores parecem propor-nos é o de nos conformarmos com a sua mudez. Desejaríamos que falassem, como falam os animais, como falamos nós mesmos. Entretanto, elas e as pedras reservam-se o privilégio do silêncio, num mundo em que todos os seres têm pressa de se desnudar. Fiéis a si mesmas, decididas a guardar um silêncio que não está à mercê dos botânicos, procuram as árvores ignorar tudo de uma composição social que talvez se lhes afigure monstruosamente indiscreta, fundada como está na linguagem articulada, no jogo de transmissão do mais íntimo pelo mais coletivo. Grave e solitário, o tronco vive num estado de impermeabilidade ao som, a que os humanos atingem por alguns instantes e através da tragédia clássica. Não logramos comovê-lo, comunicar-lhe a nossa intemperança. Então, incapazes de trazê-lo para a nossa domesticidade, consideramo-lo um elemento da paisagem, e pintamo-lo. Ele pende, lápis ou óleo, de nossa parede, mas esse artifício não nos ilude, não incorpora a árvore à atmosfera de nossos cuidados. O fumo dos cigarros, subindo até o quadro, parece vagamente aborrecê-la, e certas árvores de Van Gogh, na sua crispação, têm algo de protesto.

(ANDRADE, C. Drummond de. *Poesia completa e prosa*. Rio de Janeiro: José Aguilar, 1973. p. 798)

793) É FALSO afirmar, a respeito do conteúdo desse texto, que:

a) a capacidade da fala é atribuída a todos os seres animados.

b) seu autor reforça a tese de que, para os seres humanos, a posse da linguagem articulada é um privilégio.

c) o silêncio das árvores é um mistério para os cientistas.

d) o desenho e a pintura são simples artifícios para integrar as árvores no ambiente social e humano.

e) parece às árvores que a socialização da intimidade através da linguagem articulada é uma indiscrição.

794) No texto, a maioria das palavras e expressões refere-se basicamente a dois universos: o das árvores e o dos homens. A alternativa que reúne EXCLUSIVAMENTE palavras relativas ao universo dos homens é:

a) crispação – silêncio
b) intemperança – botânicos
c) paisagem – impermeabilidade
d) cuidados – solitário
e) atmosfera – mudez

795) A atribuição de características humanas às árvores vem expressa no texto por várias expressões/palavras, EXCETO pela da opção:

a) propor-nos
b) fiéis
c) grave
d) ignorar
e) domesticidade

796) Os conectivos "Entretanto" e "Então" encadeiam partes do texto exprimindo, respectivamente:

a) oposição e consequência
b) oposição e tempo
c) tempo e consequência
d) tempo e conclusão
e) tempo e tempo

TEXTO CXI

REGULADOR – AGÊNCIA NACIONAL DE ÁGUAS

ÁGUA INSALUBRE

Estudo do Pacific Institute of Oakland, na Califórnia, prevê que 76 milhões de pessoas morrerão de doenças relacionadas à água até 2002. As crianças serão as mais afetadas por males causados pelo uso e ingestão de água contaminada. No mesmo período, serão registrados 65 milhões de casos fatais em consequência da Aids em todo o mundo.

(Márcia Peltier, O Globo, 21/10/2002)

797) O título dado à notícia é "Água insalubre". Sabendo-se que "insalubre" significa "nocivo à saúde", pode-se dizer que:

a) o título nada esclarece sobre o conteúdo do texto.
b) parte do conteúdo do texto é antecipado pelo título.
c) o adjetivo "insalubre" contradiz o conteúdo do texto.
d) o título pretende atrair o leitor pelo aspecto trágico.
e) a menção da água contaminada introduz o assunto da Aids.

798) O adjetivo atribuído ao substantivo água que NÃO tem sua significação corretamente indicada é:

a) água contaminada: água que não contém sais minerais
b) água insípida: água sem sabor
c) água insossa: água sem sal
d) água natural: água existente na natureza
e) água potável: conveniente para consumo humano

799) Logo ao início da notícia há a indicação da fonte de informação – estudo do Pacific Institute of Oakland; isso ocorre porque:

a) é obrigatória a presença da fonte de informações nos jornais.
b) valoriza a notícia dizer que sua fonte é americana.
c) atribui força de verdade ao que é veiculado.
d) a identificação da fonte isenta a jornalista de responsabilidade.
e) a fonte citada é de amplo conhecimento público.

800) No segmento "morrerão de doenças", o valor semântico da preposição sublinhada repete-se em:

a) as águas ficaram contaminadas de bactérias.
b) os estudos mostraram a contaminação das águas.
c) as águas contaminadas são as causas de doenças.
d) a água de rios é mais contaminada que a marinha.
e) os habitantes do Sul padecem de frio.

801) Pode-se deduzir da leitura do texto que:

a) a Aids é a doença que causa maior número de mortes na atualidade.
b) as crianças morrem preferencialmente de doenças causadas pela água contaminada.
c) as crianças são as mais afetadas porque se divertem na água.
d) no período citado a Aids mata menos que a água contaminada.
e) a contaminação da água só causará mortes num futuro próximo.

802) Vocábulos do texto que NÃO apresentam o mesmo referente são:

a) pessoas / as crianças
b) doenças / males
c) água / água contaminada
d) até 2002 / mesmo período
e) morrerão / serão registrados 65 milhões de casos fatais

803) A referência à Aids no final do texto tem por finalidade:

a) dar mais sensacionalismo ao texto.
b) mostrar a gravidade da Aids.
c) demonstrar o futuro negro da humanidade.
d) destacar problemas ainda pouco divulgados.
e) despertar interesse no leitor.

804) Situação que poderia representar o uso e ingestão da água simultaneamente é:

a) lavagem das calçadas
b) preparação da comida
c) banho diário
d) lavagem de roupas
e) limpeza da louça

805) O texto lido poderia ser classificado como:

a) didático
b) informativo
c) normativo
d) preditivo
e) publicitário

806) A conjunção que se poderia escrever entre os dois últimos períodos do texto de modo a manter o sentido original é:

a) mas
b) apesar de
c) enquanto
d) à media que
e) contanto que

807) Expressões que NÃO são equivalentes semanticamente são:

a) prevê = faz a previsão de que
b) mesmo período = período igual
c) casos fatais = mortes
d) em todo o mundo = mundialmente
e) doenças = males

808) Ao dizer que "as crianças serão as mais afetadas", o texto mostra que:

a) os adultos serão igualmente afetados.
b) os adultos não serão afetados.
c) só as crianças serão afetadas.
d) os adultos serão menos afetados.
e) os adultos serão mais ou menos afetados.

TEXTO CXII

GUARDA MUNICIPAL DO RIO

TEXTO 1

Que país é este, que nega oportunidades às suas crianças e jovens, em qualquer que seja a profissão, de serem atores na vida? Milhões de brasileiros precisam, apenas, ter o direito à educação para dar, com dignidade, sua contribuição à sociedade.

Milhares de crianças utilizam sua criatividade, inteligência e seus dons apenas para sobreviver. São artistas nos sinais de trânsito, pedintes do asfalto. No entanto, a grande e esmagadora maioria tem como alternativas a violência, o furto, as drogas e a morte prematura.

É possível transformar essa realidade e isto custa muito pouco.

(Maurício Andrade, Coordenador Geral da Ação da Cidadania)

809) Este texto serve de introdução a um programa da peça teatral "Menino no meio da rua", que aborda a esperança de mudar a vida de muitos meninos de rua; analise os trechos a seguir:

I – "Que país é este, que nega oportunidades às suas crianças e jovens, em qualquer que seja a profissão, de serem atores na vida?"

II – "Milhões de brasileiros precisam, apenas, ter o direito à educação para dar, com dignidade, sua contribuição à sociedade."

III – "Milhares de crianças utilizam sua criatividade, inteligência e seus dons apenas para sobreviver."

IV – "São artistas nos sinais de trânsito, pedintes do asfalto."

Os trechos do texto que fazem alusão ao mundo do teatro são:

a) I – III
b) II – IV
c) I – IV
d) II – III
e) III – IV

810) Ao perguntar, no texto 1, "Que país é este...?", o autor deseja:

a) satisfazer uma curiosidade.
b) tomar conhecimento de algo.
c) definir o seu país.
d) protestar contra uma injustiça.
e) revelar algo desconhecido.

811) "Que país é este, que nega oportunidades às suas crianças e jovens, em qualquer que seja a profissão, de serem atores na vida?"; neste segmento do texto, com a expressão "de serem atores na vida", o autor quer dizer que:

a) muitos meninos e meninas poderiam trabalhar em teatro.
b) crianças e jovens são atores para sobreviver.
c) ser ator é uma atividade que não requer muito estudo.
d) trabalhar em circo pode ser a saída de sobrevivência para muitos.
e) todos deveriam ter a oportunidade de ser alguém na vida.

812) Ao usar apenas no segmento "Milhares de crianças utilizam sua criatividade, inteligência e seus dons apenas para sobreviver.", o autor quer dizer que:

a) as crianças têm pouco a oferecer.
b) o talento das crianças poderia ser mais bem empregado.
c) milhares de crianças lutam pela sobrevivência.
d) as crianças têm pouca criatividade e inteligência.
e) a sobrevivência é apenas uma das preocupações das crianças.

813) "São artistas nos sinais de trânsito, pedintes do asfalto."; o comentário INCORRETO sobre esse segmento do texto é:

a) ser artista no sinal de trânsito é mostrar criatividade para a sobrevivência.
b) "artista" e "pedinte" são atividades que se opõem em dignidade.
c) "asfalto" se opõe tradiciona lmente a "morro".
d) todo o segmento se refere a "milhares de crianças", no período anterior.
e) "artistas" está usado, neste caso, com sentido pejorativo.

814) "No entanto, a grande e esmagadora maioria tem como alternativas a violência, o furto, as drogas e a morte prematura"; a afirmativa correta a respeito desse segmento do texto é:

a) a grande e esmagadora maioria das crianças que ficam nos sinais de trânsito são marginais.
b) grande parte das crianças que são artistas nos sinais de trânsito acabam vítimas da violência em que vivem.
c) as doenças e a falta de assistência levam grande parte das crianças à morte prematura.
d) a maior parte das crianças de rua apelam para a marginalidade como alternativa de sobrevivência.
e) o uso de drogas é a única causa de morte prematura das crianças.

815) A frase final desse segmento do texto – "É possível transformar essa realidade e isso custa muito pouco". – soa como:

a) condenação
b) esperança
c) desespero
d) sentimentalismo
e) protesto

PARTE 4

GABARITO E COMENTÁRIOS

GABARITO

1	d	29	b	57	c	85	e
2	c	30	a	58	e	86	c
3	b	31	d	59	d	87	d
4	a	32	b	60	a	88	d
5	c	33	e	61	d	89	c
6	e	34	b	62	e	90	d
7	b	35	d	63	d	91	d
8	c	36	c	64	b	92	b
9	e	37	e	65	d	93	e
10	b	38	e	66	e	94	d
11	d	39	c	67	e	95	c
12	e	40	d	68	e	96	b
13	c	41	d	69	b	97	e
14	d	42	c	70	d	98	d
15	b	43	d	71	c	99	c
16	d	44	b	72	b	100	d
17	c	45	b	73	c	101	e
18	d	46	a	74	e	102	e
19	e	47	d	75	c	103	e
20	e	48	e	76	a	104	b
21	c	49	a	77	d	105	c
22	a	50	c	78	d	106	c
23	d	51	b	79	d	107	c
24	c	52	c	80	b	108	b
25	a	53	e	81	c	109	d
26	e	54	c	82	d	110	c
27	b	55	c	83	b	111	b
28	d	56	d	84	d	112	e

113	c	148	b	183	c	218	a
114	e	149	e	184	c	219	d
115	d	150	d	185	c	220	c
116	d	151	c	186	d	221	d
117	b	152	d	187	d	222	c
118	a	153	c	188	e	223	e
119	d	154	e	189	b	224	e
120	c	155	c	190	e	225	b
121	e	156	a	191	d	226	e
122	b	157	c	192	a	227	b
123	e	158	d	193	c	228	d
124	c	159	c	194	b	229	e
125	a	160	d	195	d	230	d
126	d	161	e	196	c	231	c
127	c	162	a	197	d	232	e
128	b	163	d	198	e	233	a
129	d	164	e	199	d	234	d
130	c	165	c	200	c	235	b
131	c	166	d	201	e	236	d
132	e	167	b	202	c	237	e
133	d	168	d	203	b	238	c
134	a	169	d	204	e	239	c
135	e	170	a	205	e	240	a
136	d	171	c	206	a	241	e
137	e	172	d	207	d	242	d
138	a	173	d	208	c	243	d
139	c	174	e	209	d	244	c
140	d	175	b	210	b	245	a
141	b	176	d	211	d	246	c
142	a	177	e	212	c	247	b
143	d	178	c	213	c	248	d
144	e	179	e	214	d	249	d
145	c	180	b	215	c	250	e
146	d	181	e	216	e	251	a
147	e	182	d	217	b	252	b

253	c	288	d	323	a	358	b
254	a	289	a	324	c	359	c
255	c	290	d	325	d	360	d
256	a	291	c	326	a	361	e
257	a	292	e	327	b	362	d
258	b	293	e	328	c	363	d
259	d	294	d	329	e	364	e
260	c	295	a	330	a	365	a
261	e	296	a	331	b	366	c
262	e	297	b	332	d	367	b
263	e	298	e	333	e	368	a
264	a	299	d	334	e	369	d
265	c	300	b	335	a	370	e
266	c	301	e	336	e	371	d
267	b	302	c	337	a	372	e
268	a	303	e	338	c	373	e
269	c	304	c	339	b	374	b
270	d	305	a	340	d	375	a
271	e	306	c	341	d	376	c
272	b	307	c	342	a	377	e
273	c	308	a	343	b	378	a
274	a	309	e	344	b	379	b
275	b	310	c	345	a	380	e
276	c	311	e	346	a	381	a
277	b	312	b	347	b	382	c
278	a	313	a	348	d	383	d
279	c	314	c	349	d	384	c
280	b	315	a	350	e	385	a
281	c	316	c	351	b	386	b
282	d	317	b	352	b	387	d
283	b	318	a	353	b	388	d
284	b	319	b	354	a	389	a
285	d	320	c	355	c	390	e
286	b	321	c	356	a	391	c
287	d	322	b	357	c	392	d

393 a
394 a
395 e
396 d
397 c
398 e
399 b
400 a
401 c
402 e
403 c
404 d
405 c
406 b
407 d
408 c
409 d
410 b
411 e
412 a
413 c
414 a
415 e
416 c
417 b
418 b
419 b
420 a
421 c
422 b
423 e
424 a
425 a
426 d
427 d
428 b
429 c
430 e
431 d
432 a
433 a
434 b
435 b
436 c
437 d
438 e
439 b
440 b
441 c
442 a
443 d
444 b
445 d
446 b
447 e
448 c
449 c
450 b
451 c
452 e
453 e
454 a
455 d
456 c
457 c
458 b
459 b
460 a
461 b
462 e
463 a
464 b
465 a
466 a
467 c
468 b
469 a
470 d
471 b
472 c
473 d
474 d
475 e
476 b
477 a
478 d
479 a
480 a
481 e
482 d
483 d
484 b
485 c
486 b
487 b
488 d
489 c
490 a
491 b
492 c
493 c
494 d
495 e
496 d
497 d
498 e
499 a
500 b
501 a
502 b
503 d
504 c
505 a
506 d
507 a
508 c
509 d
510 b
511 d
512 c
513 c
514 c
515 b
516 b
517 d
518 d
519 c
520 e
521 a
522 e
523 b
524 b
525 b
526 a
527 a
528 e
529 b
530 c
531 d
532 c

533	d	568	d	603	d	638	d
534	d	569	b	604	e	639	b
535	c	570	e	605	d	640	a
536	a	571	c	606	d	641	d
537	c	572	a	607	d	642	b
538	a	573	c	608	a	643	d
539	b	574	e	609	e	644	a
540	d	575	d	610	e	645	b
541	d	576	e	611	c	646	b
542	a	577	b	612	b	647	e
543	c	578	c	613	a	648	b
544	a	579	e	614	a	649	b
545	c	580	c	615	e	650	b
546	a	581	e	616	c	651	d
547	c	582	e	617	b	652	d
548	b	583	c	618	d	653	c
549	c	584	b	619	b	654	b
550	e	585	c	620	d	655	e
551	a	586	b	621	c	656	a
552	d	587	a	622	b	657	e
553	a	588	c	623	d	658	c
554	e	589	d	624	a	659	c
555	c	590	a	625	d	660	c
556	a	591	c	626	c	661	c
557	a	592	d	627	e	662	a
558	c	593	b	628	d	663	b
559	c	594	a	629	b	664	d
560	b	595	a	630	d	665	b
561	d	596	b	631	a	666	d
562	c	597	c	632	e	667	b
563	b	598	c	633	b	668	e
564	d	599	a	634	c	669	c
565	b	600	c	635	c	670	e
566	d	601	a	636	a	671	b
567	e	602	a	637	a	672	e

673 c
674 c
675 d
676 a
677 a
678 d
679 b
680 d
681 c
682 a
683 d
684 a
685 d
686 c
687 b
688 a
689 e
690 e
691 c
692 d
693 d
694 b
695 e
696 a
697 b
698 b
699 b
700 e
701 a
702 e
703 e
704 d
705 e
706 c
707 b
708 e
709 b
710 c
711 b
712 a
713 b
714 a
715 b
716 d
717 b
718 d
719 b
720 c
721 c
722 b
723 a
724 b
725 a
726 d
727 d
728 c
729 e
730 c
731 b
732 b
733 b
734 e
735 d
736 d
737 d
738 b
739 d
740 d
741 e
742 a
743 c
744 c
745 b
746 e
747 a
748 d
749 b
750 e
751 c
752 b
753 a
754 d
755 e
756 c
757 c
758 d
759 a
760 e
761 e
762 c
763 d
764 b
765 c
766 e
767 d
768 d
769 b
770 d
771 b
772 d
773 a
774 c
775 e
776 b
777 d
778 c
779 d
780 b
781 a
782 a
783 b
784 e
785 d
786 b
787 d
788 b
789 a
790 c
791 b
792 d
793 b
794 b
795 e
796 a
797 b
798 a
799 c
800 e
801 d
802 a
803 d
804 b
805 b
806 c
807 b
808 d
809 c
810 d
811 e
812 b
813 e
814 d
815 b

Comentários

Texto I

1) Letra d

Nada no texto fala de aumento ou diminuição da saudade. A palavra "calendário" é a chave. Ao dizer que "não há calendário para a saudade", a autora diz que não existe data marcada para se ter mais ou menos saudade. Ou seja, a saudade não depende do tempo, simbolizado aqui pelo calendário: ela simplesmente existe.

2) Letra c

Há muitas questões em concursos públicos envolvendo o significado das orações. Procure ver qual conjunção poderia ser usada no texto. No início do livro, você tem uma boa lista dessas palavras. No caso da questão, poder-se-ia começar a segunda oração com a conjunção **porque**: porque não há calendário para a saudade. Sim, porque o fato de não haver calendário para a saudade faz com que não exista "essa coisa de um ano sem Sena, dois anos sem Senna".

3) Letra b

Normalmente a repetição de uma palavra, nos moldes em que aqui foi feita, expressa uma confirmação, uma convicção do autor. As outras palavras, por si mesmas, se eliminam.

4) Letra a

Há várias figuras de sintaxe que consistem na repetição de termos. Veja as mais importantes:

a) anáfora: repetição de uma palavra ou expressão no início da frase, membro da frase ou verso.
Ex.: "Vi uma estrela tão alta!
Vi uma estrela tão fria!
Vi uma estrela luzindo..." (Manuel Bandeira)

b) Epístrofe: repetição no final.

Ex.: "Chegou a hora da névoa. No peito e nos olhos, névoa. Quero guardar-me da névoa. Porém é inútil: há névoa." (Henriqueta Lisboa)

c) Símploce: repetição no início e no fim.

Ex.: Tudo ali precisa de explicação. Tudo ali merece uma boa explicação.

d) Pleonasmo: repetição de uma ideia ou de um termo da oração (objeto direto, objeto indireto ou predicativo do sujeito)

Ex.: Vi tudo com meus próprios olhos. (repetição da ideia)
Esse livro, já o li há muito. (o → objeto direto pleonástico)

e) Quiasmo: repetição e inversão simultâneas de termos; há uma espécie de cruzamento.

Ex.: "No meio do caminho tinha uma pedra
tinha uma pedra no meio do caminho." (C. D. de Andrade)

Texto II

5) Letra c

Há uma visível mudança profissional. Os comentários da questão seguinte servem a esta.

6) Letra e

Quem corre atrás de eleitores é político. A palavra **senador** é específica. Veja bem: não se pode levar em conta que o autor, cujo nome aparece com o texto, seja conhecido. José Sarnei é senador da República. Mas o texto não sugere isso; cuidado, portanto! Quem corre atrás de leitores é escritor, que é o termo genérico. **Jornalista** e **romancista** são termos específicos, e nada no texto sugere essas profissões.

7) Letra b

Observe que se pergunta sobre a primeira atividade, não a que ele busca agora. Veja os comentários da questão seguinte.

8) Letra c

A expressão "passei a vida" dá nitidamente uma ideia de coisa duradoura. Passar a vida fazendo alguma coisa é, necessariamente, algo demorado.

9) Letra e

Todas as palavras ou expressões indicam tempo. As quatro primeiras referem-se ao presente; a última, **recentemente**, ao passado. **Agora** é tempo presente; **recentemente**, tempo passado.

Texto III

10) Letra b

O autor demonstra **respeito** pelos animais, no momento em que não os força a fazer coisas para as quais sua natureza não está preparada. Ou seja, ele respeita os limites de cada um. Não se trata necessariamente de **amor** ou **solidariedade**, como alguns podem pensar. Pode-se respeitar sem que haja amor, no mais profundo sentido do termo. A solidariedade é uma atitude de apoio àquelas pessoas que se encontram em dificuldades de qualquer espécie. **Fé** e **tolerância** seriam escolhas absolutamente inadequadas.

11) Letra d

Se o autor fosse um **adestrador frio**, não hesitaria em forçar os animais. **Treinador qualificado** não serve como resposta, pois nada garante no texto que ele seja muito bom adestrador. Ele poderia respeitar os animais e não saber treiná-los devidamente. **Adestrador filantropo** é absurdo. Filantropia é caridade, ajuda incondicional aos necessitados do corpo ou do espírito. Talvez haja dúvidas entre as letras **a** (**treinador atento**) e **d** (**adestrador consciente**). Fica melhor a letra **d**, por duas razões: **adestrador** é termo adequado, por se tratar de treinamento de animais; **consciente** diz mais do que **atento**, pois o autor está consciente das limitações dos animais.

12) Letra e

As duas primeiras opções dizem a mesma coisa e indicam o oposto do que o texto nos apresenta. A letra **c** não tem sentido algum, pois, se a natureza permitisse, o adestrador poderia tentar normalmente. A letra **d** dispensa comentários, em face do seu absurdo. A resposta só pode ser a letra **e**, pois fala do respeito que o autor tem pelos limites de seus animais.

Texto IV

13) Letra c

Ao dizer que está com saudade de ficar bom, o autor afirma, de maneira literária, que está doente. Isso elimina as letras **a** e **e**. “Escrever é consequência natural.” Consequência de quê? De ficar bom, ou seja, ficando bom, ele volta a escrever. Ele só não está escrevendo por estar doente. Daí o gabarito ser a letra **c**.

14) Letra d

A resposta pode parecer a letra **b**. Mas, numa análise mais profunda, observa-se que o autor tem vontade de ficar bom para voltar a escrever. Se escrever é uma consequência natural de ficar bom, é algo que ele não pretende deixar de fazer, é o que ele realmente mais almeja. **Trabalhar** não serve como resposta pois é um termo genérico, enquanto **escrever** é específico.

15) Letra b

Os comentários da questão anterior se ajustam também a esta. Cuidado apenas para não confundir as opções **b** e **e**. O autor não tem saúde, ele está doente e deseja recuperar a saúde para poder escrever.

Texto V

16) Letra d

A comparação não é feita entre Deus e a internet, como possa parecer, mas sim entre a mente (de Deus) e a internet. É diferente.

17) Letra c

Veja bem o que o texto nos transmite: a mente (de Deus), da mesma forma que a internet, podem ser acessadas por qualquer um, ou seja, elas são acessíveis. Se são acessíveis, é porque têm acessibilidade. Daí o gabarito ser a letra **c**.

18) Letra d

O conectivo comparativo a que se refere o enunciado da questão é a conjunção **como**. **Tal qual**, **que nem** (popular), **qual** e **feito** (popular) poderiam ser usados sem alteração de sentido. A preposição **para** não tem esse valor, além de, nesse caso, deixar o texto sem coesão textual e coerência.

19) Letra e

Paráfrase é uma reescritura do texto, sem alteração de sentido. É comum em alguns tipos de concursos. Na letra **e**, ao se dizer que "a mente de Deus pode acessar", o sentido se altera radicalmente, pois a mente passa a ser ativa, ou seja, ela passa a praticar a ação, quando no texto ela sofre a ação, as pessoas é que a acessam, da mesma forma que acessam a internet.

Texto VI

20) Letra e

Ao dizer que "Deus é o ópio do povo", Marx faz alusão aos efeitos dessa droga, por comparação, naturalmente. O ópio não deixa o usuário pensar direito, tanto é que ele faz uma série de bobagens que não faria se estivesse sem a droga no organismo. Assim, a ideia que ele quer passar é que Deus também não deixa o povo pensar.

21) Letra c

O autor afirma que Marx não entendia de Deus, nem de ópio. Por isso a resposta só pode ser a letra **c**.

22) Letra a

Leviandade consiste em se falar sobre algo que não se conhece direito. As outras opções se excluem por si mesmas.

23) Letra d

Ter fé é sentir, de maneira profunda e inexplicável, alguma coisa. A fé se sente. Deus, sendo uma experiência de fé, naturalmente só pode ser sentido. Observe que as outras opções não são absurdas, mas não correspondem ao que o autor do texto quer transmitir. Temos de buscar as respostas sempre no texto. Não importa o que sabemos de antemão. A palavra **fé** é a chave para resolver essa questão.

24) Letra c

O comentário da questão anterior serve também para esta.

25) Letra a

Metáfora é um tipo de comparação não enunciada, em que não se expressam o conectivo comparativo nem o elemento comum aos dois seres. Deus e ópio estão sendo comparados. Se o autor dissesse: "Deus é como o ópio", haveria uma comparação ou símile, já que teríamos na frase o conectivo **como**. Afirmando diretamente, trata-se de uma metáfora, uma das mais importantes figuras de linguagem.

26) Letra e

Qualquer palavra que se refira a Deus ou a Jesus pode ser grafada com inicial maiúscula. É o caso, no texto, do pronome pessoal oblíquo átono **lo**, que tem como referente a palavra **Deus**. Não é obrigatório, dependendo apenas do gosto do escritor.

Texto VII

27) Letra b

O autor saiu de sua terra, mas sente como se isso nunca tivesse ocorrido, pois seu sentimento é todo dela.

28) Letra d

O texto passa uma impressão de que o autor continua ligado, espiritualmente, à sua terra. Fisicamente, claro, ele não está lá, como se vê no primeiro verso. Já o último verso mostra que ele permaneceu ligado a ela, por seus sentimentos.

29) Letra b

Ao sair da terra natal e não se adaptar ao novo lugar, em virtude de sua ligação afetiva com ela, o autor se torna confuso. Não se entenda aqui o verbo **perder** (perdi-me) com o seu sentido original. A ideia é a de não se encontrar, mentalmente, no novo espaço ocupado. Outra justificativa seria a palavra **ilusão**, que por si só demonstra um estado de confusão.

30) Letra a

Como já vimos, o autor saiu apenas fisicamente, pois espiritualmente continuou preso à terra natal. Cuidado com a letra **b**. É claro que ele gostaria de retornar, mas em momento algum essa ideia é expressa no texto.

31) Letra d

As palavras **amargura**, **decepção**, **tristeza** e **nostalgia** pertencem ao mesmo campo semântico. O autor sofre por não estar em seu lugar de origem, e todas essas palavras associam-se à ideia de sofrimento. Não é o caso de **vergonha**. Isoladamente, a expressão **ai de mim** poderia indicar vergonha, mas o texto fala apenas do sofrimento do autor por estar ausente, nada ele fez que pudesse envergonhá-lo.

Texto VIII

32) Letra b

Essa questão só pode ser resolvida com um conhecimento prévio, independente do texto. O Titanic, como se sabe, era um navio que naufragou, matando uma grande quantidade de pessoas. O autor apelou para essa imagem por querer falar de algo que também corre perigo de se tornar um desastre.

33) Letra e

Determinismo é uma filosofia segundo a qual quando uma coisa tem que acontecer nada pode impedir. Pode ser associada à ideia de destino, em seu sentido mais radical. Ora, ele acredita que o curso pode ser mudado. Também justifica a resposta o fato de as pessoas fazerem a história, ou seja, elas podem criar e evitar determinadas situações.

34) Letra b

Conquanto e **malgrado** são conjunções concessivas, sinônimas de **embora**. Elas criam uma oposição, o que não ocorre no texto. **Enquanto** e **apenas** são conjunções temporais, equivalendo a **quando**. Também não é essa a ideia. O gabarito só pode ser a letra **b**, pois a palavra **porquanto** tem valor de causa e corresponde a **porque**. Esse é o valor da palavra **afinal** no texto.

35) Letra d

A opção **a** destoa completamente, já que o autor acredita nas transformações. A letra **b** pode enganar. Observe, no entanto, que ela garante que sempre conseguiremos, desde que tentemos. O texto não garante que isso vá ocorrer, apenas que se deve tentar. A letra **c** não pode ser a escolhida pois o autor diz para tentarmos o impossível. É lógico que, se conseguirmos, aquilo apenas teria tido a aparência de impossível. A afirmação da opção **e** não encontra nenhum apoio no texto, que não faz distinção entre quem pode conseguir e quem não pode. A resposta só pode ser a letra **d**: se não desistirmos, até o que parece impossível poderá ser alcançado.

36) Letra c

Esta questão praticamente foi comentada na anterior. Não se pode desistir de algo, ou seja, não se pode desanimar.

Texto IX

37) Letra e

O sonho e a esperança são coisas extremamente pessoais, que existem no mais profundo recanto de cada ser. O artista, segundo a autora, tem a capacidade de mexer ali, com o seu trabalho. A opção **a** poderia enganar alguns, já que a afirmação é indiscutível; mas não há nada no texto que diga isso. Assim, a resposta só pode ser a letra **e**, pois o sonho e a esperança, trabalhados pelo artista, estão no íntimo das pessoas.

38) Letra e

As três primeiras opções estabelecem algum tipo de comparação entre o sonho e a esperança, coisa que não aparece no texto. A letra **d** parece ser a resposta, mas apresenta um radicalismo que não se deduz do texto, que não diz que todos sonham e têm esperança, ou mesmo que é impossível viver sem os dois. A letra **e**, que é a resposta, fala da importância que o sonho e a esperança possuem. No texto, a palavra que melhor explica esse fato é o adjetivo **essencial**. Veja a associação: coisa essencial → importância capital.

39) Letra c

O comentário da questão anterior serve também para esta.

40) Letra d

Há muitas expressões que não pertencem à chamada língua culta, e sim à linguagem descontraída, familiar, que todos nós empregamos em determinadas situações. **Meter a mão** é uma dessas e tem, na realidade, mais de um significado. Pode ser entendida como **roubar**. Por exemplo: Ele é funcionário e, por causa disso, está metendo a mão. No texto, assumiu o valor de **pegar**, **tocar**. Cuidado para não optar pela letra **b**! A ideia não é de intromissão, que tem valor pejorativo, mas de tocar o sentimento de alguém.

41) Letra d

O texto não faz nenhuma menção à paz. Por isso a resposta só pode ser a letra **d**. As três primeiras são evidentes. A "carência de sentimentos" da opção e se justifica com a palavra **resgatando**. Resgatando o quê? Dois sentimentos: o sonho e a esperança, que muitas pessoas perderam. Daí a palavra **carência**.

42) Letra c

Esses é pronome demonstrativo, refere-se a algo que passou no texto. A palavra **tais** tem o mesmo valor. **Bons** é adjetivo, estaria expressando uma qualidade que não se encontra no texto. **Certos**, **outros** e **muitos** são pronomes indefinidos e, da mesma forma que **bons**, mudariam o sentido da frase.

Texto X

43) Letra d

Ao dizer que não aceita "prêmios de empresas ligadas a grupos multinacionais", o autor revela o seu amor pelo Brasil; também quando diz que não é traidor do seu povo. A esse sentimento se dá o nome de **nacionalismo**. **Megalomaníaco** é todo aquele que tem mania de grandeza. **Narcisista** é aquele que se acha bonito e se apaixona por sua própria imagem; a palavra tem origem na história do pastor Narciso, que, ao ver sua imagem refletida nas águas de uma fonte, se apaixonou por ela.

44) Letra b

Venal significa "aquele que se vende, corrupto"; veja que ele diz que não está à venda. **Pusilânime** é "covarde". **Ímprobo** é "desonesto". Na realidade, aceitar o prêmio não seria uma postura desonesta, apenas ele se sentiria como que vendido.

45) Letra b

O sentimento de nacionalismo do autor, que já comentamos, faz com que ele ache que aceitar um prêmio desse tipo seria voltar-se contra o seu país, ou seja, ele não estaria servindo ao Brasil, mas às multinacionais. Alguns podem ter pensado na alternativa **c**. Observe, contudo, que em momento algum ele diz ou sugere que detesta todas as empresas multinacionais. O que ele não quer é que lhe deem prêmio algum, apenas isso.

46) Letra a

Esse período poderia ser iniciado pela conjunção subordinativa causal **porque**, ou um seu sinônimo. O fato de ele não ser traidor nem estar à venda faz com que não receba aqueles prêmios.

47) Letra d

É uma questão que pode confundir. Note que quando alguém usa essa expressão, ela não está necessariamente revoltada com alguma coisa, ou irada. Também não se poderia pensar em **ironia** ou **desprezo**. Esses sentimentos não afetam o autor ao longo do texto. Dizer "Deus me livre!" é o mesmo que garantir que não se quer, de jeito algum, uma determinada coisa. Daí o gabarito ser a letra **d**.

Texto XI

48) Letra e

"Transcorrer sem brilho" corresponde semanticamente a ser quase apagado. Das outras opções, a única que talvez confunda o leitor é a primeira, letra **a**. Acontece que o século XVII não chamou a atenção por ser meio apagado. Teria chamado a atenção dos historiadores se tivesse sido brilhante. Veja também que o autor diz "sem que sobre esse período se detenha a atenção dos historiadores".

49) Letra a

A questão dispensa comentários, já que se trata de um mero problema de vocabulário. É só consultar um bom dicionário.

50) Letra c

Meia-luz quer dizer "pouca luz". Assim, **quase pagada** surge no texto como um elemento de reforço, um tanto redundante. Não se deve pensar que se trata de uma explicação (letra **d**), já que elas possuem o mesmo valor semântico. Não se pode dizer, por exemplo, a título de explicação, que um cão é um cachorro. Não se explica nada com o seu sinônimo.

51) Letra b

A letra **a** é impossível pois não se diz no texto que os historiadores detestaram o século XVII; ao contrário, esse século não chamou a atenção deles.

Nas opções **c** e **e**, existem comparações envolvendo os séculos XVI, XVII e XVIII; o texto apenas situa, o que é uma coisa lógica, o século XVII entre os outros dois. A opção **d** nos fala das coisas interessantes da história do Rio de Janeiro; com certeza, elas existem, mas não no texto. A resposta da questão, letra **b**, se justifica com o que aparece no final do texto: "... os que se deixam fascinar pelos aspectos brilhantes da história."; esse "os" do trecho corresponde exatamente a **certas pessoas**, da alternativa **b**.

Texto XII

52) Letra c

As duas opções que poderiam confundir a cabeça do leitor são **a** e **c**. Na letra **a**, diz-se que o totalitarismo atrapalhou a carreira do cineasta; acontece que ele deixou de fazer filmes. Então não apenas atrapalhou, mas encerrou sua carreira. O texto diz que "A Fraternidade é vermelha" foi seu último filme; foi, por causa do totalitarismo socialista.

53) Letra e

Veja os comentários da questão anterior.

54) Letra c

O sentido geral do texto leva a essa suposição. Podemos juntar duas coisas: ele foi vítima do totalitarismo socialista, que é materialista, e conseguiu chegar perto do conceito de Deus. O cineasta, assim, teria desagradado por sua posição em relação a Deus.

55) Letra c

Fraternidade é palavra de valor positivo, lembra união, concórdia, religiosidade etc. Ela está associada no texto à palavra **vermelha**, que é usada para designar os socialistas e os comunistas e tem uma carga emocional negativa; em princípio, é paradoxal dizer que a fraternidade é vermelha, pois são termos historicamente antagônicos. **Redundância** é um tipo de repetição desnecessária; por exemplo: erário público (erário é dinheiro público). **Ambiguidade**, também chamada de anfibologia, é duplo sentido; por exemplo: Paulo disse ao colega que seu irmão está doente (irmão de quem?). As outras palavras não apresentam dificuldade.

56) Letra d

O cineasta tinha declarado que aquele seria seu último filme. E foi realmente, como se ele tivesse previsto que sua carreira seria interrompida. Não confunda com a opção **e**. O fato de ele ter sido vítima do totalitarismo socialista fez com que sua carreira se encerrasse. A possível premonição estaria em o cineasta achar que aquele seria seu último filme, e isso realmente ocorrer.

57) Letra c

Como vimos, a palavra **vermelho** tanto podia designar os socialistas como os comunistas. No texto, por causa da menção ao totalitarismo socialista, ela aparece ligada ao socialismo. **Totalitária** é palavra que se refere a um regime de força, centralizador, qualquer um, não apenas comunista ou socialista. **Materialista** é a filosofia que prega a existência apenas do elemento material. **Espiritualismo** é a crença em algo mais além da matéria e que sobrevive à morte do corpo; todas as religiões são espiritualistas: espiritismo, catolicismo, protestantismo, budismo, judaísmo, islamismo etc. Espiritualismo não é, portanto, sinônimo de espiritismo, como muitos pensam.

58) Letra e

Uma vez que tem valor de causa. **Porque**, **pois**, **já que** e **porquanto** também são conectivos causais. O sentido mudaria radicalmente se usássemos **se bem que**, que tem valor concessivo, equivalendo a **embora**.

Texto XIII

59) Letra d

A primeira oração do texto diz: "Nem todas as plantas hortícolas se dão bem durante todo o ano..." Então, deduz-se, algumas se dão bem durante todo o ano. O fato de o autor escrever "nem todas" elimina todas as outras opções da questão. Convém ainda destacar que as opções **a** e **c** têm o mesmo sentido: é uma questão de palavras.

60) Letra a

A resposta se justifica com a passagem "fazer uma estruturação dos canteiros a fim de manter-se o equilíbrio das plantações". Na letra **a** isso é dito, porém com outras palavras.

61) Letra d

Por isso é conjunção coordenativa conclusiva. Também o são: **portanto**, **logo**, **então** e **assim**, pelo menos nesse texto, que não teria o seu sentido alterado. A palavra **porque** nunca tem esse valor de conclusão; o texto com ela ficaria sem coesão e coerência.

62) Letra e

Verduras é, segundo o texto, o nome genérico para folhas, legumes e tubérculos. A letra **a** pode ser logo eliminada, já que os tubérculos são um tipo de verdura. As opções **b** e **c** são eliminadas pois eles não são a mesma coisa; todos são tipos de verduras, mas são tipos diferentes. Na letra **d**, a palavra **inclusive** altera o sentido do texto, em que aparece **sejam**. A letra **e** aponta exatamente o que diz o final do texto: **haverá** equivale a **não faltarão**.

Texto XIV

63) Letra d

O texto diz que a Bauduco está comprando a Visconti. Não interessa de quem ela seja subsidiária. Com exceção da opção **a**, as demais alternativas são absurdas.

64) Letra b

Se você observar bem, vai notar que as alternativas **a** e **c** têm o mesmo sentido. Na realidade, elas não indicam a consequência da proximidade do Natal. A consequência é o sigilo do negócio. A expressão **em razão de** é o mesmo que **por causa de**, ou seja, tem valor de causa; assim, o sigilo é mantido por causa da proximidade do Natal.

65) Letra d

A ideia do texto é que os varejistas poderiam ficar melindrados por causa do anúncio da união, daí o sigilo mantido pelas empresas.

66) Letra e

A expressão **à vista** pode significar o oposto de **a prazo** ou algo que está se aproximando, que já pode ser visto ou sentido. No texto, o sentido é o segundo. A letra **c**, naturalmente, não tem razão de ser. A negociação é dada no texto como certa, apenas é mantida em sigilo; não cabe, então, a letra **a** como resposta. Quando se diz que alguma coisa está à vista, ela certamente está próxima, o que invalida a opção **b**. A opção **d** é totalmente contrária ao texto, uma vez que a negociação já está ocorrendo. O gabarito só pode ser a letra **e**.

Texto XV

67) Letra e

O texto fala da morte de uma criança. Vários trechos comprovam isso: "um anjo dorme aqui" (no túmulo), "cedo finou-se" (finar-se significa morrer), "brincar no céu". Talvez alguns tenham anotado a letra **c**; acontece que o autor apresenta o fato sem demonstrar a sua própria tristeza: apenas mostra, liricamente, a morte da criança. Também não se pode pensar em um possível apego do autor pela criança; em nenhum trecho isso fica evidenciado, podendo até tratar-se de uma criança desconhecida do autor.

68) Letra e

O autor procura suavizar a ideia da morte. Usa, por exemplo, o verbo **dormir**, que transmite coisas boas, agradáveis. O próprio verbo **finar-se** é mais agradável do que o amedrontador **morrer**. Finalmente, todo o último verso tem essa finalidade, com força maior no verbo **brincar**. Trata-se de uma figura de linguagem conhecida como **eufemismo**. A **prosopopeia** consiste em se personificar alguma coisa; por exemplo: a árvore ficou triste. **Hipérbole** é a figura do exagero; por exemplo: estou morrendo de rir. **Metonímia** é uma troca de palavras, havendo entre elas uma relação real, concreta, objetiva; há vários tipos; por exemplo: ler Machado de Assis (autor/obra), não ter um teto onde morar (parte/todo) etc. Sobre o pleonasmo já falamos alguma coisa, ao comentar a questão 4.

69) Letra b

Normalmente **anjo** e **rosa** não pertencem ao mesmo campo semântico, já que não possuem nenhum tipo de relacionamento significativo. No entanto, no texto, ambos se referem à criança que morreu.

70) Letra d

Anjo e **rosa** são dois termos metafóricos referentes à criança morta. É como se o autor dissesse: esta criança é um anjo, esta criança é uma rosa. Esse tipo de comparação chama-se **metáfora**. Veja os comentários da questão

25. **Antítese** é o emprego de palavras ou expressões de sentido contrário; por exemplo: às vezes ri, às vezes chora. **Personificação** é o mesmo que **prosopopeia** (veja comentários da questão 68).

71) Letra c

Levantar (ou alevantar, como escreveu o poeta) **o véu** significa perceber bem as coisas, esclarecer-se. A pessoa com um véu no rosto não enxerga bem. Levantando esse véu, percebe melhor as coisas. Quem morreu foi uma criança, portanto não teve tempo de conhecer bem a vida, ou seja, não teve tempo de levantar o véu que a sua pouca idade lhe colocava no rosto. É uma expressão metafórica.

72) Letra b

Aurora no texto significa o começo da vida. É uma metáfora. A palavra **limiar** significa o início, e **somente** corresponde a apenas. Por isso o gabarito só pode ser a letra **b**.

Texto XVI

73) Letra c

A resposta está presente na passagem: "... nunca participaram, eles próprios, em combates contra a ditadura". Todas as outras características se encontram registradas no texto: o **pragmatismo** → "excessivamente pragmáticos"; a **falta de sensibilidade** → "não têm a sensibilidade"; a **tranquilidade da vida** → "vida fácil"; **as raízes na elite do Brasil** → "vêm da elite brasileira"

74) Letra e

O terceiro **que** do texto tem como antecedente o substantivo **diplomatas**, que não são os do Itamaraty.

75) Letra c

Os homens do Itamaraty, segundo o autor, não têm vivência, porque tiveram vida fácil e não lutaram contra a ditadura. Por isso mesmo não têm a sensibilidade de outros diplomatas.

76) Letra a

Várias coisas são afirmadas acerca dos homens do Itamaraty. A consequência é que eles ficaram sem sensibilidade. Poder-se-ia começar esse último período por uma conjunção como **portanto**, que expressa uma conclusão ou consequência.

77) Letra d

É uma questão de sinônimos. Uma coisa óbvia é uma coisa evidente, e não necessária, real, justificada ou comprovada. **Obviamente** tem como sinônimo **evidentemente**.

78) Letra d

Ter vida fácil, para o autor, é uma característica dos diplomatas do Itamaraty, o que faz com que eles não tenham sensibilidade. Os outros diplomatas conhecidos do autor são sensíveis exatamente por não terem tido vida fácil.

Texto XVII

79) Letra d

Há três alternativas com o verbo **considerar**. As três podem ser eliminadas, uma vez que o texto não diz que os historiadores consideram alguma coisa. Esse verbo implica algum tipo de julgamento, o que não ocorre em nenhum momento. Diz, sim, que eles notaram (*l.* 3) a ojeriza que havia pela vida nas cidades, isso porque o Brasil-colônia era essencialmente rural. A alternativa **a** é descabida. Por isso, o gabarito só pode ser a letra **d**.

80) Letra b

O fato de o Brasil-colônia ser, segundo o texto, essencialmente rural leva à conclusão lógica de que a vida do campo prevalecia sobre a da cidade.

81) Letra c

Questão de sinônimos. Não há o que discutir. Na dúvida, consulte-se o dicionário.

82) Letra d

É importante, sempre, buscar no próprio texto os elementos necessários para se chegar à resposta da questão. Observe que a letra **e**, que parece ser a resposta, fala de um controle normativo da língua que teria sido relaxado por ser o Brasil uma colônia de Portugal. Há aqui uma informação que não encontramos no texto, e nem pode ser deduzida. O que se encontra é que as cidades, por serem simples pontos de comércio ou de festividades religiosas, não podiam influenciar a evolução da língua. Assim sendo, as pessoas não seguiam normas linguísticas ao se expressarem, e a língua passou a voar com as próprias asas. Por isso, o gabarito deve ser a letra **d**.

83) Letra b

Esta questão depende, um pouco, do emprego do verbo **preferir**. A letra **c** diz que a população não tinha preferência quanto a viver no campo ou na cidade. O texto diz que ela dava preferência à vida no campo. As duas últimas opções também podem ser eliminadas pelo mesmo motivo: na letra **d**, a preferência seria pela vida em Portugal, enquanto na letra **e**, pela vida no Brasil; não há esse tipo de comparação no texto. Nas letras **a** e **b**, o verbo **preferir** aparece usado em frases na ordem inversa. Em ambas, a palavra **vida** está subentendida, depois do pronome demonstrativo "a". Colocando na ordem direta a frase da opção **b**, teríamos: preferia a (vida) do campo à vida da cidade. Ou seja, gostava mais da vida do campo do que da vida da cidade, que é exatamente o que diz o texto.

Cabe aqui uma outra observação. O objeto direto do verbo **preferir** é a coisa de que se gosta mais, que se prefere. Por exemplo: prefiro o futebol ao vôlei. O futebol, que é o objeto direto, é a coisa preferida.

Texto XVIII

84) Letra d

É uma questão de coesão textual e coerência. A segunda oração do período inicial do texto começa pela conjunção coordenativa adversativa "mas". Ou seja, a segunda oração é oposta, adversa, em relação à primeira. Sempre que isso ocorre, podemos eliminar a conjunção adversativa (mas, porém, contudo, todavia etc.) e colocar no início da outra oração uma conjunção subordinativa concessiva (embora, mesmo que, ainda que etc.). É o que pode ser feito no texto. Agora, veja, abaixo, um outro exemplo, mais simples.

Corri muito, mas não fiquei cansado.

Embora tenha corrido muito, não fiquei cansado.

Como se vê, o sentido básico de oposição é mantido.

85) Letra e

Vejamos letra por letra. A letra **a** está errada pois Eduardo Andrade se aposentará logo, ou seja, em curto prazo; como ele pertence ao grupo de vinte grandes executivos, os outros dezenove é que se aposentarão em médio prazo. A letra **b** deve ser eliminada porque o texto diz que quase todos estão nessa faixa etária, não todos. A letra **c** deve ser descartada uma vez que Eduardo Andrade se aposentará em curto prazo. A letra **d** não está correta pois o texto não fala da faixa etária de Eduardo Andrade; ele pode ser um daqueles que não estão na faixa entre 58 e 62 anos. O gabarito só pode ser a letra **e**, inteiramente de acordo com o texto.

86) Letra c

A empresa se mostra previdente porque, mesmo faltando um bom tempo para a aposentadoria da maioria de seus grandes executivos, ela já faz estudos nesse sentido e prepara um grupo de duzentos aspirantes, dos quais sairão os substitutos.

87) Letra d

Uma questão sutil que depende de um tempo verbal. A alternativa diz que ele está se afastando dos negócios da empresa. Não é verdade. Nas linhas 6 e 7, encontra-se o seguinte: "... deverá ir se afastando aos poucos..." Ele não está se afastando, irá se afastar.

88) Letra d

A opção **d** contém erro pois a empresa pensa, e com muito tempo de antecedência, na renovação de seu quadro de grandes executivos. A renovação se dará com a aposentadoria de cada um.

Texto XIX

89) Letra c

Há pessoas que não sentem a ausência de outras pessoas. Entende-se por "presença da ausência" que a ausência está presente, isto é, a pessoa sente essa ausência. Daí se poder entender como uma ausência sentida.

90) Letra d

O autor destaca, numa linguagem metafórica, coisas boas que a saudade traz. O não tomando a forma do sim, a escuridão passando a luzir, o sol na solidão.

91) Letra d

Presença é antônimo de **ausência**, isso constitui um antítese. Da mesma forma, **não** e **sim**. **Ausência de luz** se opõe semanticamente a **clarão**. **Que veda** (que fecha, que não deixa ver) se opõe a **traz a visão**. Sempre que palavras ou expressões são opostas quanto ao sentido, diz-se que constituem **antíteses**. Não há essa ideia de coisa contrária entre **sol** e **solidão**, porque solidão não é algo escuro, que se oporia à luz do sol.

92) Letra b

No texto, várias coisas ruins se transformam em boas. Por exemplo, o **não** (ninguém gosta de uma negativa em determinadas situações) que se transforma em **sim**.

93) Letra e

Questão bastante delicada. Aparentemente, duas opções serviriam como resposta: **c** e **e**. A ligação da oração "mas que se guardou no coração" é com "do que não se pode ver": do que não se pode ver mas se guardou no coração; então, o que está no coração é o que não se pode ver; por isso a resposta é a letra **e**. Mas por que a ligação não é com a oração começada por **porque**? Volte ao texto, por favor, e verifique que essa oração (porque se deixou pra trás) pode ser retirada do texto sem que com ela tenha que ser retirada também a oração iniciada por **mas**. Outra maneira de comprovar isso é observar o emprego do pronome relativo **que**: do que não se pode ver mas (do) que se guardou no coração. Realmente, as duas orações estão ligadas diretamente.

Texto XX

94) Letra d

Um texto autobiográfico é aquele em que o autor fala de sua própria vida, de sua própria história. É o que ocorre no texto.

95) Letra c

O autor diz que o uso vulgar é começar o livro pelo nascimento (*l.* 3). Assim, começar pela morte é uma coisa menos comum. Cuidado com os jogos de palavras que às vezes as alternativas apresentam. Na opção **d**, temos "não começar um livro por sua morte", isto é, começar pelo nascimento, o que é uma coisa comum.

96) Letra b

Quando o autor diz estar em dúvida quanto a começar o livro por seu nascimento ou sua morte, na realidade está afirmando que já morreu. Também se pode chegar a essa conclusão quando ele se diz um defunto autor.

97) Letra e

Além de se colocar como um defunto autor, prestes a escrever sobre a própria morte, o autor afirma que Moisés também fez isso. Então, ambos falaram acerca de suas mortes. A resposta não deve ser a letra **a**, embora também seja uma semelhança; mas é uma coisa genérica, de pouca importância para o texto, que trata da morte do próprio autor.

98) Letra d

O autor diz que Moisés contou a sua morte no cabo, isto é, no fim. E ele tinha agido diferente, como se vê na linha 4: "a adotar diferente método..."

99) Letra c

No livro do autor, a morte aparecerá em primeiro lugar; Moisés fez diferente: colocou-a no fim. E o autor afirma que a diferença entre seu livro e o Pentateuco é exatamente essa. Assim, deduz-se, o Pentateuco foi escrito por Moisés.

100) Letra d

Autor defunto pode ser entendido como um autor que morreu, daí sua ligação com a palavra **campa**. Já **defunto autor** seria alguém que morreu e que passa a atuar como autor, para o qual, como se vê na linha 6, a campa se transformou em berço. **Berço**, aqui, simbolizando o início de uma nova fase. Por isso a ligação entre **defunto autor** e **berço**.

101) Letra e

Como um defunto autor ele terá pela frente uma nova fase, em que atuará como autor. Diferentemente do autor defunto, que não teria atividade alguma.

Texto XXI

102) Letra e

No início do texto, lê-se: "... prepara a abertura de uma fábrica no Brasil." Então, ainda não está instalada aqui. Logo depois, temos: "... chegou ao país há dois anos...". No final, é feita a citação da Cirio, cliente no Brasil. Juntando-se tudo isso, conclui-se que a resposta é a letra **e**.

103) Letra e

A alternativa **a** está errada porque o texto fala da facilidade logística junto ao Mercosul. A Combibloc apenas produz as embalagens para o atomatado Malloa, por isso não procede a alternativa **b**. A letra **c** pode confundir o candidato; na realidade, especificamente é a SIG Combibloc que ocupa o 2º lugar mundial, a SIG é o grupo inteiro; o texto, nesse particular, se volta para a Combibloc. Quanto à opção **d**, o texto diz que a Unilever está instalada no Chile, o que não garante que seja uma empresa chilena. A resposta se justifica com a terceira linha, pois 1 bilhão corresponde a 2/3 de 1,5 bilhão.

104) Letra b

A resposta se justifica com o trecho: "... pela facilidade logística junto ao Mercosul." A palavra **junto** é a chave da questão. A letra **d**, embora pareça satisfazer, é apenas uma consequência disso.

105) Letra c

A que mercado se refere o texto? Ao de produção de embalagens longa vida. Na letra **c**, a palavra **mercado** está no plural, o que altera o sentido, uma vez que se trata apenas de um mercado.

106) Letra c

É uma questão simples de sinônimos. Não há o que discutir. **Incluir** não é o mesmo que **apontar**.

Texto XXII

107) Letra c

A resposta se justifica com o trecho: "Dificilmente se acomodavam, porém, ao trabalho acurado e metódico...". A palavra-chave para a questão é o adjetivo **metódico**, que pressupõe rotina, coisa de que eles não gostavam.

108) Letra b

Questão de sinônimos. Basta consultar um dicionário para conferir. **Acurado** é o mesmo que **especial**.

109) Letra d

Cacofonia é o som desagradável que surge na união do final de uma palavra com o início da seguinte; por exemplo, nosso hino (suíno). **Neologismo** é palavra inventada, que não consta no vocabulário oficial da língua; por exemplo, imexível. **Arcaísmo** é o uso de termos antigos, em desuso; por exemplo, usar a palavra **físico** com o sentido de **médico**. Quanto à **ambiguidade**, veja os comentários da questão 55. Em **tendência espontânea** temos uma **redundância**, uma vez que a tendência é sempre espontânea, ou não seria tendência. Veja mais explicações sobre redundância na questão 55.

110) Letra c

Deduz-se que se trata dos índios, em razão de suas características e por serem chamados de antigos moradores da terra. Na realidade, é uma questão que exige conhecimentos extratexto.

111) Letra b

Justifica-se a resposta com o trecho: "... e que pudessem exercer-se sem regularidade forçada e sem vigilância e fiscalização de estranhos." Ou seja, eles eram livres, gostavam de fazer as coisas de acordo com sua vontade, na hora que bem entendessem. A vigilância e a fiscalização os perturbavam, pois não gostavam de regularidade no trabalho.

Texto XXIII

112) Letra e

Quando o autor diz que "não conseguiram as bandeiras realizar jamais a façanha levada a cabo pelo boi e pelo vaqueiro", está afirmando exatamente o que aparece na opção **e**, que é uma espécie de paráfrase desse trecho. A alternativa **b** é perigosa: o boi e o vaqueiro fizeram algumas coisas que as bandeiras fizeram, como a conquista de determinadas terras, mas o boi e o vaqueiro não fizeram as coisas ruins, como o sacrifício de indígenas.

113) Letra c

Quem catequizou os nativos foram o vaqueiro e o boi, como se vê na linha cinco.

114) Letra e

A resposta aparece, bem clara, no trecho: "... sacrificavam indígenas aos milhares...". Isso é massacre, sem dúvida alguma. Observe que não há menção a possíveis maus-tratos contra os índios; provavelmente ocorreram, mas o texto não diz nada a respeito.

115) Letra d

Enquanto é conjunção, parte da locução **enquanto que**, onde o **que** é expletivo. **Assim** é um advérbio. Elas não têm nenhuma relação com as bandeiras ou com o boi e o vaqueiro, muito menos indicam qualquer tipo de oposição.

116) Letra d

A palavra **misteres** significa tarefas, atividades, ofícios. Não é sinônima de **cuidados**, cujo emprego, então, altera radicalmente o sentido do trecho. As outras palavras são sinônimas: catequizando, doutrinando evangelizando; nativo, indígena, aborígine, autóctone.

117) Letra b

A questão tem uma armadilha que muitas vezes derruba o candidato. A expressão "Com todo o aparato de suas hordas guerreiras..." é um adjunto adverbial de concessão, ou seja, é uma oposição ao que se expressa no verbo. Vários elementos podem iniciar esse tipo de adjunto, entre eles, **não obstante**. Daí a resposta ser a letra **b**. Agora, veja a armadilha: **mesmo** também pode ser usada no texto, sem alteração de sentido. Por que, então, a resposta não pode ser a letra **a**? Porque a palavra **mesmo** não poderia substituir, como pede a questão, a palavra **com**, mas antecedê-la. Teríamos, assim: "Mesmo com todo o aparato de suas hordas guerreiras..." Na letra **d**, a locução usada é **a respeito de**, com valor semântico de assunto. Não confunda com **a despeito de**, que poderia substituir a preposição **com** no trecho.

118) Letra a

O vocábulo **aparato** pode ser entendido como *organização de determinados atos públicos*. A expressão **hordas guerreiras** significa *grupos indisciplinados ou bárbaros voltados para a guerra*. A resposta só pode ser a letra **a**.

Texto XXIV

119) Letra d

A oração começada pela conjunção **por isso** é conclusiva e expressa uma consequência em relação ao fato de mais de 60% dos cariocas ainda se recordarem das Casas da Banha. Daí a resposta ser a letra **d**. Não poderia ser a letra **c**, como possa parecer, porque o texto não fala de nenhum acordo proposto à família Velloso, apenas cita o acordo.

120) Letra c

A resposta ao item anterior se ajusta a esta questão. A chave da compreensão é a palavra **por isso**.

121) Letra e

Funcionamento virtual não quer dizer sem fins lucrativos, o que invalida a letra **a**. A letra **b** poderia ser a resposta se a preposição utilizada fosse **em**, e não **de**: não venderão em supermercado, o que poderia sugerir a venda virtual. As opções **c** e **d** são facilmente descartadas; o que o trecho afirma é que as vendas serão feitas apenas (veja a importância da palavra) virtualmente, isto é, pelo computador, e não em lojas, como antigamente.

122) Letra b

Trata-se de uma questão de coesão textual, ou seja, as devidas ligações que existem entre as palavras ou expressões de um texto. Na palavra **ressuscitá-la**, o pronome **la** é objeto direto, a coisa ressuscitada, isto é, as Casas da Banha. **Daquela, uma** e **desaparecida** referem-se também às Casas da Banha. Então, semanticamente, estão ligadas ao pronome **la**. Isso não ocorre com a palavra **pesquisa**.

Texto XXV

123) Letra e

O erro da primeira opção é que a GM não é empresa brasileira. A segunda está errada porque o texto diz que a fábrica de Gravataí será usada como piloto, ou seja, ainda vai acontecer. Na opção seguinte, o erro está na palavra **semelhante**; a fábrica de Gravataí não é semelhante ao que está sendo criado no mundo, ela será o modelo para as outras. A alternativa seguinte não tem o menor apoio no texto, que não fala em transformação da fábrica de Gravataí. A própria GM é que vai se transformar. A última alternativa está de acordo com o texto.

124) Letra c

Dizer que "a Internet passará a nortear todos os negócios do grupo" não significa que os consumidores não poderão comprar em lojas.

125) Letra a

O texto nos diz que a "Internet passará a nortear todos os negócios do grupo". Isso terá como partida a planta da fábrica brasileira, considerada piloto da transformação. Então, a resposta só pode ser a letra **a**. Na letra **d**, a palavra deveria ser **totalmente**, e não **parcialmente**, já que a fábrica do Rio Grande do Sul será o modelo para as demais espalhadas pelo mundo.

126) Letra d

Questão que dispensa comentários, pois se trata de sinonímia. **Implementação** é o mesmo que **realização**.

127) Letra c

O prazo estabelecido é o ano de 2000.

Texto XXVI

128) Letra b

A locução prepositiva **em virtude de** introduz termo com valor de causa. O relacionamento das conquistas com o sofrimento do povo é exatamente de causa e efeito. O povo sofreu por causa das conquistas, pois muita gente não voltou para casa.

129) Letra d

A metáfora existe na comparação feita entre o sal do mar e as lágrimas do povo português. Há, pois, uma fusão entre o mar, que simboliza as conquistas, e as lágrimas, que simbolizam o sofrimento. O poeta quer passar a ideia de que não haveria conquistas sem o sofrimento do povo, as duas coisas estão intimamente associadas.

130) Letra c

Apóstrofe é a figura que consiste em chamar, interpelar alguém ou algo. Veja, como exemplo, o conhecido verso de Castro Alves: "Deus, ó Deus, onde estás que não respondes?", em que o poeta está interpelando, chamando Deus.

Epíteto de natureza é um tipo de pleonasmo: leite branco, gelo frio, pedra dura; isto é, por sua natureza, o leite é sempre branco, o gelo sempre frio, a pedra sempre dura. **Sinestesia** é a figura que consiste em misturar sentidos (tato, visão etc.).; por exemplo: som colorido, mistura de audição e visão. As outras figuras já comentamos em questões anteriores. No poema, então, além da **metáfora**, encontramos uma **apóstrofe** (Ó mar salgado), um **epíteto de natureza** (mar salgado) e uma **metonímia** na palavra **Portugal**, palavra usada no lugar de **portugueses** (troca dos habitantes pelo lugar).

131) Letra c

Por causa da locução **em vão,** a resposta parece ser a letra **a**. O verso quer dizer que, apesar das orações dos filhos, muitos pais não regressaram. Mas o sofrimento do povo como um todo não pode ser considerado inútil, no momento em que o país conquistou, cresceu. A resposta só pode mesmo ser a letra **c**, pois, apesar das preces, muita gente perdeu seus entes queridos.

132) Letra e

O fato de se rezar em determinados momentos de aflição não significa necessariamente fé ou religiosidade. Qualquer um, mesmo sem ser religioso, pode orar em certos momentos da vida. É possível, assim, eliminar as alternativas **a** e **c**. O povo português é, como qualquer povo, inteligente. Mas nada no texto faz menção a isso. Elimina-se, então, a alternativa **b**. Também seria inadequado considerá-lo ambicioso, a partir dos elementos do texto. A resposta só pode ser mesmo a letra **e**: o povo demonstra grandeza e tenacidade ao sofrer pelo progresso do país.

133) Letra d

A resposta está, bem clara, na passagem: "Quem quer passar além do Bojador / tem que passar além da dor."; isto é, tem que vencer a dor.

134) Letra a

Nele se refere a mar. Entenda-se: é no mar que espelhou o céu.

Texto XXVII

135) Letra e

A resposta não pode ser a letra **a** porque os carros de bois dividiam a tarefa do transporte com as tropas de muares, como se pode constatar na linha 4. A letra **b** contém erro pois as tropas de muares é que surgiram no século

XVIII, não havendo citação da época do aparecimento dos carros de bois. A letra **c** está errada porque os carros de bois foram usados juntamente com as tropas, e não após elas. A letra **d** também não está correta porque o texto não afirma tal coisa, diz apenas que eles ligavam os núcleos de povoamento entre si e com as roças e lavouras. O gabarito é a letra **e** pois o texto fala de lamaçais e trilhas quase intransitáveis, que só as tropas e os carros de bois poderiam vencer.

136) Letra d

Como vimos nos comentários da resposta anterior, o estado ruim dos caminhos, por causa das chuvas (lamaçais) e do verão (ásperas trilhas), favoreceu o uso das tropas e dos carros de bois

137) Letra e

Os comentários das duas últimas questões se aplicam a esta. Vale destacar, aqui, dois trechos do texto: "... foram os carros de bois e as tropas os únicos meios de ligação..." (*l.* 7/8) e "De outra forma não se venceriam os obstáculos naturais." (*l.* 9 e 10)

138) Letra a

Questão de vocabulário. **Muares**, com possíveis variações de sentido, **mulos**, **burros**, **mus** e **bestas**. Os cavalos não têm relação com os muares.

139) Letra c

O único adjetivo que não se aplica àquele tipo de transporte é **nostálgico**. Nostalgia é a melancolia causada pela saudade da pátria, segundo os dicionários. Por extensão, melancolia causada por qualquer tipo de saudade. Nada no texto sugere um transporte nostálgico.

Texto XXVIII

140) Letra d

O liberalismo restringe as atribuições do Estado. Locke foi o primeiro teórico do liberalismo. Assim, deduz-se que ele achava necessário restringir as atribuições do Estado. Mas cuidado com letra **c**! Ela afirma que a participação de Locke foi apenas teórica; não é verdade, se levarmos em conta que ele foi perseguido a ponto de precisar refugiar-se na Holanda.

141) Letra b

Se o liberalismo exprime os anseios da burguesia, segundo o primeiro período do texto, os burgueses só poderiam ser simpáticos a ele. Eles não poderiam ter simpatia pelo absolutismo ou pelos Stuarts, absolutistas por excelência. Não se esqueça de que o liberalismo se opunha ao absolutismo. A perseguição de Locke foi feita pelos absolutistas, o que invalida também a letra **d**. Agora, observe a letra **c**: os burgueses não seriam simpáticos às atribuições do Estado, e sim às suas restrições, conforme o final do segundo período do texto.

142) Letra a

Deduz-se do texto que a Revolução acabou com o absolutismo, tanto é que Locke pôde regressar da Holanda. A implantação do liberalismo foi consequência imediata da queda do absolutismo.

143) Letra d

A palavra **valores** não é sinônima de **anseios**. O texto teria o seu sentido radicalmente alterado. Convém dizer que não há sinônimos perfeitos, em língua alguma. Sinônimos são termos de mesmo significado ou, pelo menos, muito parecido. O enunciado fala em alterar substancialmente, e isso ocorre, sem dúvida, na troca de **anseios** por **valores**.

144) Letra e

Essa questão já foi comentada anteriormente. É, inclusive, o tema do texto.

145) Letra c

O texto não diz quem foi Guilherme de Orange, mas ele foi chamado "para consolidar a nova monarquia parlamentar inglesa". Isso só poderia ocorrer se ele tivesse ideias liberais, pois o liberalismo estava se implantando naquele momento.

Texto XXIX

146) Letra d

A letra **a** pode parecer a resposta, mas contém um erro: as companhias de energia elétrica não se negaram a pagar os bônus. Segundo o texto, "... os consumidores não precisavam ter lançado mão da Justiça para poder ter a garantia desse direito" (*l.* 12/13), ou seja, as pessoas ficaram com medo de não receber, por isso apelaram; mas o texto não diz que as companhias se negaram a fazer o pagamento. A letra **b** é extremamente sutil e capciosa; não se trata de todos os tipos de consumidores, mas apenas dos consumidores de energia elétrica. As letras **c** e **e** não têm nenhum respaldo no texto. O gabarito só pode ser a letra **d**. Veja o que o texto diz a respeito do governo: "... não contou com tamanha solidariedade dos consumidores."

147) Letra e

A resposta desta questão está expressa no seguinte trecho: "Decididamente, os consumidores não precisavam ter lançado mão da Justiça para poder ter a garantia desse direito." (*l.* 12/13), ou seja, os bônus seriam pagos de qualquer forma, mesmo porque o próprio presidente da República garantiu isso.

148) Letra b

A palavra-chave para responder a essa questão é **permanente**, na linha 13. Permanente é algo que sempre ocorre.

149) Letra e

Ver os comentários da questão anterior.

150) Letra d

A resposta aparece, clara, no trecho: "Agem como se logo mais na frente não precisassem da população..." (*l.* 16/17); esse "logo mais na frente" refere-se a um futuro próximo. Eles não estão preocupados com o que virá, pensam apenas no presente.

151) Letra c

A Câmara de Gestão defende os interesses do governo, não das companhias de energia. O presidente não espera pagar, como afirma a opção **b**: o bônus, segundo ele, será pago. A letra **d** também está errada, porque não foi a Câmara de Gestão que garantiu o pagamento dos bônus, mas o presidente da República. A letra **e** não encontra nenhum apoio no texto. A resposta é a letra **c**. Basta reunir duas coisas: a redução do consumo de energia (1º parágrafo) e o trecho: "... para poder ter a garantia desse direito" (*l.* 13).

Texto XXX

152) Letra d

Se o setor automobilístico impulsiona a economia de um país, como se vê no primeiro período, ele é de capital importância. Portanto, a economia não pode ficar sem o setor automobilístico. Corroboram essa afirmação os números apresentados ao longo do texto.

153) Letra c

A resposta surge, bem nítida, no trecho: "É consenso entre os economistas..." Consenso é acordo de opiniões, e o texto não fala, em momento algum, que se trata de economistas apenas ligados ao setor automobilístico.

154) Letra e

A letra **a** não satisfaz pois o texto nos informa da importância do setor automobilístico na economia de "qualquer país" (*l.* 2). As letras **b** e **c** são absurdas, totalmente contrárias ao tema do texto, que é a importância desse setor na economia. A letra **d** poderia confundir, mas ela fala de sustento, ou seja, todas as despesas de um indivíduo para que ele se mantenha; o texto diz apenas que 5 milhões dependem, em maior ou menor grau, do setor automobilístico; depender em menor grau não pode ser entendido como tirar o seu sustento desse setor. A resposta é a letra **e** porque, como se afirma no último período do texto, 1 em cada 4 reais foi gerado no setor automobilístico, o que quer dizer que três quartos não tiveram relação com a indústria de automóveis.

155) Letra c

A questão se baseia na diferença de sentido entre duas expressões muito conhecidas: a princípio e em princípio. **A princípio** é uma locução que só deve ser usada com o sentido de **no começo**, que é o que ocorre com **a começar,** no trecho destacado. Por isso, **a princípio**, **começando**, **principiando** e **iniciando** podem ser usadas sem prejuízo do sentido. **Em princípio** equivale a **em tese**, **teoricamente**, não podendo, pois, substituir **a começar**.

156) Letra a

A resposta se encontra no trecho: "Até na construção civil a presença das rodas é enorme." Assim, a letra **b** fica automaticamente eliminada. Os 216 bilhões de dólares é a quantia movimentada pelo setor automobilístico, não apenas com os salários. A letra **d** é facilmente descartada. A letra **e** pode parecer a resposta, mas contém erro: o que o texto diz é que cada emprego em uma fábrica de automóveis gera outros 46 empregos indiretos, isto é, sem ligação direta com a fábrica; não se podem somar esses números, o que daria 47.

157) Letra c

A palavra **até** indica inclusão. A construção civil seria mais um segmento em que está presente o setor automobilístico. Assim, existem alguns segmentos.

Texto XXXI

158) Letra d

Os gregos antigos não conheciam o planeta Urano, que só foi descoberto em 1781. No inicio do texto se diz que os gregos e povos ainda mais antigos conheciam determinados planetas. A semelhança, segundo o texto, realmente existe (*l.* 3/4). A letra **d** é a resposta porque traz uma afirmação não contida no texto (veja o enunciado da questão). A maneira que eles tinham de fazer a diferença não dependia do uso de aparelhos; é, por sinal, o que afirma a opção **e**.

159) Letra c

No momento em que algumas coisas podem ser descobertas a olho nu, a resposta só pode ser a letra **c**.

160) Letra d

A locução **graças a** tem valor de causa; **mas também** indica soma (é igual a **e**); **apesar de**, concessão, oposição; **com**, modo; **em**, tempo. Só a preposição **por**, no trecho, indica causa: por ser própria → porque é própria.

161) Letra e

O trecho nos diz que os gregos e os povos mais antigos conheciam esses astros. Na letra **e**, com o emprego da locução prepositiva **através de**, o sentido se altera. A ideia passa a ser que alguém conhecia esses astros, por intermédio dos gregos e de povos mais antigos. Muda o agente da ação verbal.

162) Letra a

O texto diz que "as estrelas não variam de posição" (*l.* 6) e que "os planetas mudam de posição no céu" (*l.* 7). Também afirma que "as estrelas têm uma luz... que pisca levemente" (*l.* 8/9) e que "os planetas... têm um brilho fixo" (*l.* 9/10).

163) Letra d

O texto diz que o primeiro planeta muito distante da Terra a ser descoberto foi Urano. Já eram conhecidos Marte, Júpiter, Vênus, Saturno e Mercúrio. Assim, Plutão só pode ter sido descoberto depois de Urano.

164) Letra e

A resposta se encontra no seguinte trecho: "..."as estrelas, em curtos períodos, não variam de posição umas em relação às outras." Se elas não variam em curtos períodos, é que variam em períodos longos de tempo.

Texto XXXII

165) Letra c

Comparemos dois trechos do texto: "... o Rosa não mudou." (*l.* 6) e "É claro que houve mudanças desde sua descoberta pelos forasteiros." (*l.* 9/10). Por isso, uma pequena contradição do autor.

166) Letra d

No primeiro parágrafo, o autor nos fala que, em meados dos anos 70, a Praia do Rosa permanecia exclusiva de poucas famílias de pescadores. Então, ela não despertou a atenção de surfistas e exploradores no início dos anos 70.

167) Letra b

O autor apresenta, com naturalidade, as excelências da Praia do Rosa. Até o momento em que fala das baleias. Ele mostra uma certa admiração, quando repete, numa interrogação, a palavra **baleias**. Mais admirado fica por se tratar de uma espécie não muito comum, as baleias francas, "que chegam a impressionantes 18 metros e até 60 toneladas". As outras alternativas se eliminam naturalmente.

168) Letra d

A resposta da questão se encontra claramente expressa no seguinte trecho: "... esta região resiste intacta graças a um pacto entre moradores e donos de pousadas.". A locução prepositiva **graças a** introduz adjunto adverbial de causa. Assim, o que ocasionou a preservação do Rosa foi o pacto, que, inclusive, não permitiu a especulação imobiliária.

169) Letra d

A palavra **mesmo** que inicia o referido período tem no trecho um valor claramente concessivo, ou seja, sua oração se opõe à oração seguinte, que é a principal. **A despeito de**, **não obstante**, **ainda que** e **posto que** têm, todas elas, valor concessivo. Já a locução conjuntiva **contanto que** tem valor de condição. Seu emprego, naturalmente, altera o sentido do trecho, aliás, mais do que isso, deixa-o sem coerência.

170) Letra a

A palavra possui, num dado texto, valor denotativo quando empregada com seu sentido normal, primitivo, real. Por exemplo, a palavra **flor** em "A flor é bonita". Tem valor conotativo, quando usada com sentido especial, figurado. Como exemplo, a palavra **flor** em "Essa menina é uma flor". Uma menina não pode ser uma flor, se se tratar realmente do vegetal. Ela só pode ser entendida se desdobrarmos a frase numa comparação: "Essa menina é bonita como uma flor." A palavra **generosas**, no texto, não pode ser entendida como boas, caridosas etc. Literalmente, as ondas não podem ser generosas.

171) Letra c

A palavra **badalado** é um exemplo de linguagem descontraída, popular. Significa exatamente "muito falado". Convém lembrar que nem sempre é fácil distinguir a linguagem culta, seja literária, jornalística ou outra qualquer, da linguagem dita popular ou coloquial. Um bom dicionário pode ajudar, pois costuma fazer a distinção entre uma coisa e outra. Considere linguagem popular, por exemplo, as gírias de um modo geral.

Texto XXXIII

172) Letra d

A resposta se encontra no primeiro período do texto. Quando percebemos que a vida é difícil para todos, poupamo-nos da autopiedade. Cuidado com a opção **b**: na realidade, nós nos dispomos a ajudar os outros quando nos livramos da autopiedade, ou seja, quando percebemos que as outras pessoas também sofrem. Veja o que aparece na linha 7: "É melhor ter pena dos outros..."

173) Letra d

O texto, como um todo, fala que não devemos ficar chorando pelo caminho, culpando o que quer que seja pelo que nos ocorre de ruim. Devemos, sim, lutar para vencer as dificuldades, que são naturais em nossa caminhada. Observe o trecho seguinte: "Não vale a pena perder tempo se queixando dos obstáculos que têm de ser superados para sobreviver e para crescer." O autor afirma que os obstáculos têm de ser superados, e isso, naturalmente, pede esforço.

174) Letra e

A resposta está bem clara no trecho seguinte: "Ter pena de si mesmo é uma viagem que não leva a lugar nenhum." Autopiedade é ter pena de si mesmo e não leva a lugar nenhum, isto é, a nada.

175) Letra b

No final do texto, encontramos o seguinte: "A questão não é receber boas cartas, mas usar bem as que lhe foram dadas." Usar bem as cartas é o mesmo que saber jogar.

176) Letra d

É claro que todos esses sentimentos poderiam servir como resposta. No entanto, só uma opção tem realmente apoio no texto. A letra **d** é a resposta, como se observa no trecho: "... obstáculos que têm de ser superados para sobreviver e para crescer." (*l.* 6/7)

177) Letra e

Segundo o autor, para resolver problemas, devemos usar as nossas melhores qualidades, que são "capacidade de amar, de tolerar e de rir". (*l.* 10/11). Por isso a resposta é **amor** (capacidade de amar), **tolerância** (capacidade de tolerar) e **alegria** (capacidade de rir).

178) Letra c

Para o autor, as nossas dificuldades são uma coisa absolutamente natural, como se vê na linha 5. Se elas são naturais, são inerentes ao ser humano, não dependem de nós, portanto não as podemos evitar.

Texto XXXIV

179) Letra e

Alguns trechos sugerem essa postura do autor, principalmente o seguinte, nas linhas 15 e 16: "Agora as leis do mercado importam mais do que as leis da ética." As leis do mercado, evidentemente, dizem respeito ao capitalismo. Só que – e aí está a maior crítica – elas valem mais do que as leis da ética.

180) Letra b

A palavra-chave, aqui, é **liberdade**, intimamente associada à democracia. O questionamento – e isso está bem claro – é a quantidade de pessoas famintas, apesar da liberdade trazida pela democracia.

181) Letra e

O pronome pessoal "lhes" não tem como referente o termo "seus governantes", e sim "aqueles povos" (*l.* 23). Entende-se: "Mas é negado àqueles povos o direito de escolher...".

182) Letra d

Eles não são totalmente livres porque, como se vê no último parágrafo, não têm o direito de escolher um sistema social que não assegure a reprodução do capital privado

183) Letra c

Questão de sinônimo. Não há o que discutir. A palavra **ressaltar** significa **destacar**.

184) Letra c

O paradoxo pode ser entendido como uma contradição, pelo menos na aparência. Os termos que, com base no texto, possuem essa característica são **liberdade e fome**. A liberdade não deveria contribuir para o aumento da fome, conforme coloca o autor. Aliás, o texto se baseia nesse paradoxo, nessa contradição que se tornou uma triste realidade.

185) Letra c

A paráfrase, como já vimos, é uma reescritura em que se mantém o sentido básico do texto. Esta questão é delicada e, com certeza, vai enganar muitas pessoas. O problema é como entender "com o muro de Berlim". A tendência talvez seja achar que o autor quisesse dizer "com a queda do muro de Berlim", já que esse é um fato histórico que marcou a humanidade e é recente, comparado com a sua construção. Mas aí o texto não teria lógica alguma. Na realidade, o significado é de "com a construção do muro de Berlim". Só assim tem sentido o restante do trecho: "ruiu quase tudo aquilo que sinalizava um futuro sem opressores e oprimidos". Se fosse "com opressores", a ideia seria realmente de queda do muro de Berlim. A alternativa **c** apresenta, assim, uma mudança de sentido absurda ao afirmar "Com a queda do muro de Berlim".

Texto XXXV

186) Letra d

As opções **a** e **c** apresentam o mesmo tipo de erro: a gasolina brasileira não é sempre adulterada nos postos, pois, por amostragem, isso ocorre apenas em quatro postos, num total de doze; da mesma forma, não se pode afirmar que os donos de postos de gasolina adulteram a gasolina, porque disso se entende que todos fazem tal coisa, quando essa prática só pode ser atribuída aos inescrupulosos. A letra **b** não tem qualquer apoio no texto. A letra **e** afirma o contrário do texto (veja o que o autor coloca nas linhas 16 e 17). A resposta se encontra no seguinte trecho: "Pior: quando adicionado por especialistas, o solvente quase não deixa pistas." (*l*. 9/10)

187) Letra d

O IPT é o instituto que examina as amostras coletadas, como se vê no trecho "... segundo o laudo do IPT..." Os repórteres, claro, não são do IPT, mas da revista Quatro Rodas.

188) Letra e

O texto diz que a adulteração da gasolina é "indetectível em testes simples" (*l*. 10/11). Assim, a revista recorreu ao IPT para que ele, com a cromatografia, pudesse resolver o problema (veja as linhas 12-17). O fato de o instituto ser insuspeito não pode ser entendido como a causa da escolha, que seria, como o texto bem coloca, a capacidade do IPT de descobrir a adição fraudulenta de solventes à gasolina.

189) Letra b

É uma questão de sinonímia e coesão textual. **Segundo** é conectivo conformativo, ficando eliminada a letra **d**, pois **não obstante**, que equivale a **apesar de**, tem valor concessivo. **Com isso**, no trecho destacado, tem valor de modo, o que descarta as letras **a** e **e**; **apesar disso** tem valor concessivo, e **aliás**, retificativo. **Já que** é conectivo causal, equivalendo a **uma vez que**, que aparece nas duas opções que não foram eliminadas. A palavra **para** tem valor de finalidade, correspondendo a **a fim de**, ficando, então, como resposta, a letra **b**. A palavra **por**, se colocada no texto, assumiria um valor causal.

190) Letra e

Há erro na alternativa a porque os solventes só não podem aparecer em determinadas proporções. Veja o que se encontra no final do texto: "... quatro delas estavam adulteradas pela presença de solventes em proporções acima das encontradas na gasolina de referência da refinaria Replan...". A opção **b** não tem qualquer respaldo no texto. A alternativa **c** contém erro, porque, ao detonar o sistema de combustão, os bandidos lesam especificamente o consumidor. A opção **d** é absurda. A letra **e** está inteiramente de acordo com o texto. Eis o trecho que justifica a resposta: "... uma revelação esperada..." (*l.* 19).

191) Letra d

O texto diz que a gasolina de referência da Replan contém solventes, em proporções aceitáveis. Nesse caso, então, o solvente deixa de ser um veneno químico. Nenhum terrorista está adulterando a gasolina: a alternativa **b** é absurda. Nem todos os donos de postos são inescrupulosos; o problema da alternativa **c** é, pois, a generalização. Observe a passagem seguinte: "Com isso, esses bandidos estariam lesando os concorrentes (porque pagam barato pelos adulterantes)..." Esta é a justificativa de a resposta ser a letra **d**. A letra **e** não satisfaz, já que em nenhum momento houve a desconfiança de que o problema ocorresse em seu próprio carro, e sim nos postos de gasolina.

192) Letra a

Questão de sinonímia. **Deram de** equivale no texto exatamente a **começaram a**. Todas as outras palavras ou expressões alterariam o sentido do trecho.

193) Letra c

A gasolina ideal seria a da Replan porque ela apresenta solventes na proporção adequada. Não é propriamente uma questão de poucos ou muitos solventes, pois isso é relativo. O que conta é a proporção permitida.

Texto XXXVI

194) Letra b

O autor declara que "o otimista é um cara mal-informado" (*l.* 10). Para ele, o ministro afegão é otimista em crer numa invasão de turistas. Agora, juntemos tudo isso com o trecho seguinte: "Os umbrais do atraso que FHC anuncia transpor e os encantos turísticos do Afeganistão são boas intenções ainda distantes da realidade." A resposta, assim, só pode ser a letra **b**.

195) Letra d

O presidente FHC disse que "já vamos transpor os umbrais do atraso" (*l.* 4/5). Mais adiante, nas linhas 19 a 21, o autor afirma: "Quando Maria Antonieta perguntou por que o povo não comia bolos à falta de pão, também pensava que a monarquia havia transposto os umbrais do atraso." A comparação com FHC fica evidente na palavra **também**, no trecho destacado. **Também** une as duas pessoas, FHC e Maria Antonieta, no que toca à ideia de terem sido transpostos os umbrais do atraso. Daí a resposta ser a letra **d**. A letra **e** poderia parecer correta, mas está errada. Maria Antonieta não é comparada a um cara mal-informado, ela era mal-informada.

196) Letra c

Burra é uma palavra de pouco uso no português atual, com o sentido de cofre. **Erário** é dinheiro público. Assim, o trecho destacado tem o sentido de cofres do tesouro do Afeganistão. O crédito de esperança seria a possibilidade de haver, de acordo com o otimismo do ministro Abdul Rahman, uma invasão de turistas ávidos por conhecer Tora Bora e Candahar, o que encheria os cofres do país.

197) Letra d

Ao considerar o otimista "um cara mal-informado" (*l.* 10), o autor se vale de uma linguagem descontraída, coloquial. Mais precisamente no emprego da palavra **cara**, com o sentido de pessoa.

198) Letra e

O texto não diz nem sugere que eles estejam descontentes com a situação em seus países, ao contrário, uma vez que se mostram ambos otimistas. Para o autor, eles não têm visão social, por estarem equivocados em seus pontos de vista. O autor não os acusa de demagogos, apenas os considera mal-informados, o que nos leva a aceitar a alternativa **e** como resposta. A letra **d** é absolutamente inadequada em relação às ideias contidas no texto.

199) Letra d

A resposta da questão se encontra claramente colocada no trecho: "já vamos transpor os umbrais do atraso" (*l.* 4/5). A palavra **já** transmite nitidamente a ideia de que o país deixará logo de ser atrasado.

200) Letra c

O autor ironiza ao dizer que o ministro afegão poderia conseguir que muita gente visitasse as cavernas do país se contratasse um dos marqueteiros profissionais do Brasil, que prometem até eleger um poste para a Presidência do Brasil.

201) Letra e

Uma questão bastante sutil. Para alguns, parecerá que não há resposta. Acontece que só o ministro Abdul Rahman supervaloriza a capacidade turística do país; o presidente do Brasil fala em vencer o atraso, sem nenhuma citação ao setor do turismo.

Texto XXXVII

202) Letra c

Todo o texto fala da intolerância entre os homens. Na realidade, o fanatismo, também abordado, é uma consequência da falta de tolerância. O trecho que melhor explica a preocupação do autor com a intolerância é o seguinte: "Não há melhor antídoto contra a conduta intolerante que a liberdade..." (*l.* 14)

203) Letra b

Essa questão pede conhecimentos extratexto. O problema do Brasil, da Argentina, de Cuba e do Peru é de ditadura. O problema da Irlanda, mais precisamente da Irlanda do Norte, é a luta separatista envolvendo católicos e protestantes.

204) Letra e

A resposta se encontra, explícita, na passagem: "A solidariedade e a tolerância democrática, inexistentes no nosso tempo..." (*l.* 21/22)

205) Letra e

O antecedente do pronome relativo **que** não é a palavra **pluralidade**, colocada imediatamente antes dele, como possa parecer. Faça a substituição e você verá, pelo sentido, que o referente é **liberdade**: a liberdade consiste em defender ideias próprias.

206) Letra a

Nada no texto opõe o Brasil à Argentina. São apenas citados como países que passaram por problemas semelhantes no que toca à intolerância de seus governos autoritários.

207) Letra d

Questão de sinonímia. Basta consultar um bom dicionário para comprovar. O adjetivo **patológico** pode ser entendido como **doentio**, **mórbido**.

208) Letra c

Realmente muitos pensam que ser livre é fazer tudo aquilo que deseja, mas não é o que o texto nos diz. A letra **a** é absurda por si mesma. As alternativas **b**, **d** e **e** são parecidas, todas apontam para uma conduta egoística, que o texto procura combater. A resposta surge, clara, na passagem que segue: "... consiste em defender ideias próprias, mas aceitando que o outro possa ter razão." (*l.* 15/16)

Texto XXXVIII

209) Letra d

Todo o texto se baseia, com muito humor, na dificuldade que tem o autor em utilizar determinados aparelhos e objetos do mundo moderno: as torneiras de água quente ou fria, o *timer* nos videocassetes, a tecla *Num Lock* nos computadores.

210) Letra b

É uma questão fácil. O autor brinca com o conceito de modernidade e a possível dificuldade dos usuários de aparelhos modernos. Ele mesmo se diz incapaz de reconhecer coisas sabidamente simples.

211) Letra d

A hipérbole, figura de linguagem, aparece em quatro alternativas, de maneira mais ou menos evidente. Na letra **a**, que talvez possa confundir o leitor, ela se expressa na palavra **nunca**. Na letra **d** não existe hipérbole, pois o fato de alguém não saber programar o *timer* não constitui exagero algum.

212) Letra c

Com bom humor, o autor diz que, para saber usar a supertorneira, é necessário fazer um curso de aprendizagem bastante difícil. Daí ser ela um elemento complicador na vida dos usuários.

213) Letra c

As pessoas neuronicamente prejudicadas seriam aquelas com pouca inteligência, entre as quais ele, brincando, se inclui, já que não consegue fazer determinadas coisas aparentemente simples, como se vê ao longo do texto.

214) Letra d

No primeiro parágrafo do texto, o autor diz que o uso das letras Q e F marginalizaria os analfabetos, pois eles não reconhecem as letras; afirma também que o emprego das cores marginalizaria os daltônicos, que não conseguem distingui-las.

215) Letra c

O Boeing aparece apenas como ilustração de uma dificuldade sentida pelo autor. É claro que, em momento algum, ele fala na possibilidade de dirigir um avião.

216) Letra e

O autor afirma que não consegue gravar a posição das torneiras de água quente ou fria, entre outras coisas. É, nitidamente, um problema de memória.

217) Letra b

Questão de sinonímia. **Acuidade** pode, dependendo do texto, como este que estamos analisando, significar **perspicácia**, **sagacidade**, **agudeza de espírito**.

218) Letra a

Leia de novo o final do texto. Lá se diz que o autor estava confortável, ou seja, tranquilo, ao usar, por exemplo, o chuveiro. Aí surgem os novos tipos de torneira.

219) Letra d

O eufemismo aparece na expressão "neuronicamente prejudicadas", maneira mais suave de dizer **sem inteligência**, **ignorantes** etc.

Texto XXXIX

220) Letra c

Biotecnia é a técnica da adaptação dos organismos vivos às necessidades dos homens. **Exobiologia** é a ciência que estuda a possibilidade de vida extraterrestre. **Astrologia** é o estudo da influência dos astros no destino e no comportamento dos seres humanos. **Ufologia** é a ciência que trata da presença na Terra de naves extraterrestres, popularmente chamadas de discos voadores. **Astronomia** é a ciência que trata da constituição, da posição relativa e dos movimentos dos astros. A resposta, assim, só pode ser a letra **c**.

221) Letra d

O quarto parágrafo do texto mostra quando um astro entra na fase da maturidade. O exemplo dado é Antares, segundo o texto, "uma amostra de como ficará o Sol daqui a 4,5 bilhões de anos". Ou seja, o Sol ainda não se encontra na maturidade, porém na meia-idade.

222) Letra c

Uma questão de coesão textual. O período apresentado é formado por duas orações, sendo que a primeira indica causa, e a segunda, consequência. É aquela estrutura que se aprende em gramática: tal... que, sendo a oração do **que** consecutiva. Ora, se começarmos pela segunda oração, com a eliminação desse **que**, a oração seguinte será subordinada causal. A única conjunção que tem esse valor é **porque**.

223) Letra e

O erro da letra **e** consiste em se afirmar que o aumento de calor se dá até a morte da estrela. Veja o que se encontra no 4º parágrafo: "Seu raio chega a aumentar 50 vezes e o calor se dilui." (*l.* 25). Deduz-se, então, que o calor não aumenta continuamente até a morte do astro. Chega um momento em que ele, o calor, se dilui.

224) Letra e

Não há nenhuma informação no texto sobre Antares pertencer ou não à Via Láctea. O que se diz é que ela pertence à constelação de Escorpião. Com base no texto, como diz o enunciado, não se pode fazer a afirmação da letra **e**. Aqui, o conhecimento extratexto do leitor não vem ao caso. É necessário que o texto o diga. Mesmo que a opção fosse "pertence à Via Láctea", que é a verdade, ela continuaria a ser falsa, porque essa informação não é dada pelo autor.

225) Letra b

A resposta se encontra no último parágrafo, em especial no trecho: "... criando um corpo celeste extremamente denso chamado pulsar, ou estrela de nêutrons."

226) Letra e

Como se vê no último parágrafo, o buraco negro tem maior densidade do que a estrela de nêutrons, também chamada pulsar. As Plêiades são estrelas jovens, o Sol está na meia-idade, e Antares, na maturidade. São diferentes, mas são estrelas. As outras opções não oferecem maior dificuldade.

227) Letra b

As conjunções **porque**, **mas**, **ou** e **à medida que** introduziriam, na frase, valores de, respectivamente, **causa**, **adversidade**, **alternância** e **proporção**, alterando totalmente o sentido dela. A ideia é de **adição**, **seguimento**, **conclusão**, valores expressos pela conjunção aditiva **e**.

Texto XL

228) Letra d

Até por exclusão, chega-se naturalmente à opção **d**. As outras apresentam sentimentos que, em nenhum momento, o autor deixa transparecer: ódio, descontrole, apatia, medo. Na realidade, ele se mostra revoltado com a injustiça social, com os preconceitos etc. E angustiado, em face do sofrimento do povo brasileiro, que nada pode fazer.

229) Letra e

A maior revolta que o autor demonstra é exatamente o fato de mostrarem aos brasileiros os fatos históricos de maneira deturpada, escondendo-se a realidade.

230) Letra d

A alternativa diz que a história oficial, ou seja, a que é apresentada ao povo, tende à versão do fato, e não ao fato em si. Assim, a história acaba sendo mascarada, para enganar.

231) Letra c

Todo o texto expõe a dúvida do autor quanto à independência, que aqui deve ser entendida de maneira mais ampla, não apenas o rompimento histórico com Portugal. O Brasil, segundo o texto, não é independente, no momento em que o povo continua sujeito a decisões arbitrárias de governos autoritários. Assim, o povo não seria de todo livre. Aliás, nem os governantes, para o autor, são livres. Leia o último período do texto, que deixa tudo bem claro.

232) Letra e

Governar a sociedade sem a participação dela é ato de ditadura, seja de que tipo for. Opondo-se a isso, teríamos o governar com a sociedade, característica maior da democracia.

233) Letra a

Todas as coisas desagradáveis levadas a efeito contra o povo (negros, escravos, índios, mulheres, lavradores, operários), durante toda a história do país, apontam para a alternativa **a**. Não se pode esquecer que, segundo o autor, tudo sempre foi camuflado.

234) Letra d

A frase deve ser entendida não apenas como a dúvida quanto a que caminho seguir, num determinado local. No contexto, ela surge como a convicção de que ele não vai fazer as mesmas coisas erradas que muita gente faz. Quer buscar um novo caminho no que tange às atitudes a serem tomadas na sociedade. É por isso que a frase de Antônio Maria foi aproveitada pelo autor.

235) Letra b

Questão de significado de palavras. É inquestionável. **Indelével** é o que não se pode **delir**, ou seja, **apagar**.

236) Letra d

O texto é uma crítica ao atual governo brasileiro, apesar de citar os governos como um todo. E o enunciado da questão fala em problemas brasileiros da atualidade. Veja o trecho seguinte: "... a pátria navega a reboque do receituário neoliberal..." No momento em que o texto é produzido (2001), o Brasil tem um presidente que se diz neoliberal. É um componente extratexto importante, mas não chega a ser essencial.

237) Letra e

É um modo de mascarar a realidade. O que o autor chama de intelectuais de aparência progressista seriam aquelas pessoas de renome, falando em modernidade como meio de evolução social, mas que acabam transmitindo ideias preconcebidas de maneira camuflada, de tal forma que o povo possa julgar que tudo está como deveria ser. Mesmo porque, segundo o autor, esses intelectuais estariam dando "um toque de modernidade aos velhos e permanentes projetos da oligarquia" (*l.* 39/40). Ou seja, nem tão modernos assim.

238) Letra c

Oligarquia é uma palavra de origem grega que pode ser assim dividida: olig / arqu / ia. **Olig** significa **de poucos**, **arqu** quer dizer **governo** e **ia** é um sufixo formador de substantivo. Assim, a palavra quer dizer **governo de poucas pessoas**.

239) Letra c

A escravidão dos negros é citada no trecho: "... os gritos arrancados à chibata dos negros arrastados de além-mar..." (*l.* 26/27); a opressão dos índios, na passagem: "... ressoam os dos índios trucidados pela empresa colonizadora..." (*l.* 17/18); a discriminação da mulher, no trecho: "Índios, negros, mulheres, lavradores e operários não merecem a cidadania..." (*l.* 33/34); a fome do povo, na passagem: "... 50 milhões de pessoas que não dispõem de R$ 80 mensais para adquirir a cesta básica." (*l.* 35/36). Não há nenhuma citação ou alusão ao voto-cabresto do Nordeste.

240) Letra a

A casa-grande era a casa dos senhores; os escravos ficavam na senzala. O governo estaria na casa-grande, dominando o povo, como se este estivesse numa senzala.

241) Letra e

Todo o texto leva à ideia de que o povo nunca teve voz ativa no país. Sempre teve que aceitar o que lhe foi imposto. Daí a resposta ser a letra **e**, pois na democracia o povo tem participação ativa.

242) Letra d

Em todo o parágrafo, sente-se esse clima de esperança. Para o autor, nem tudo está perdido. O que melhor justifica essa resposta é a mobilização do Grito dos Excluídos. Se as entidades, religiosas ou não, estão agindo, ainda se pode ter alguma esperança.

Texto XLI

243) Letra d

É uma questão fácil. Todo o texto trata da discordância do autor em relação à famosa frase do astronauta. Aliás, isso é dito logo no primeiro período: "Ele não podia ter arrumado outra frase?". Depois, o ensaísta apresenta os seus argumentos.

244) Letra c

A resposta está na segunda metade do primeiro parágrafo, quando diz que a frase poderia ter sido "mais natural", "menos pedante", "mais útil" ou "mais realista".

245) Letra a

Observe que as opções **b**, **c** e **d** se opõem, pelo sentido, às outras duas. A dúvida maior fica por conta das alternativas **a** e **e**. Com uma leitura atenta, verifica-se que o autor, em nenhum instante, deixa transparecer que duvida de que o homem tenha ido à Lua. A resposta é a letra **a**, porque o enunciado fala em algo exótico, ou seja, estranho. Aconteceu, mas é estranho, decepcionante, não encanta mais as pessoas, como a viagem de Gulliver encantava, quando de sua publicação.

246) Letra c

A resposta está, direta e integral, no segundo período do segundo parágrafo: "Convencionou-se que eventos solenes pedem frases solenes."

247) Letra b

O que se afirma na opção **a** é descartado pelo ensaísta quando escreve que "a posteridade guarda também frases debochadas" (*l.* 11/12). O mesmo se aplica à alternativa **c**. A letra **d** pode confundir o leitor, mas o que ela apresenta não é a opinião do autor, como pede o enunciado, e sim uma convenção da sociedade. A última opção não tem nenhum apoio no texto. A alternativa **b**, que é a resposta, pode ser constatada no período: "É a história em sua versão, velhusca e fraudulenta,..." (*l.* 13)

248) Letra d

A questão é independente do texto. A metonímia é a troca de palavras quando entre elas existe uma relação objetiva, real. No caso da questão, a palavra **suor** está sendo usada no lugar de **trabalho**, ou seja, ocorreu a troca da causa pelo efeito.

Texto XLII

249) Letra d

As opções **a**, **b**, **c** e **e** são parecidas. São todas superficiais, valorizando a imaginação e a alegria das crianças, a ingenuidade e a poesia dos tempos passados. O autor vai mais além, e a resposta pode ser percebida, principalmente, no 6º parágrafo, onde a alma sugere a personalidade profunda, enquanto que os espelhos dizem respeito ao exterior, que nem sempre reflete o que vai na profundidade do ser.

250) Letra e

O item I é correto em função do que aparece no trecho: "Depois, ao crescer, descobrimos..." (*l.* 9). O item II está errado, e isso fica evidente no 3º parágrafo: "Não, nós sabíamos que não éramos aquilo!". Quanto ao item III, nada há no texto que garanta a sua autenticidade. Assim, somente o item I é correto, o que leva para a opção **e**.

251) Letra a

Com "Há casos, na vida" o autor apenas mostra que a situação é possível, mas não se pode pensar em generalização. Afinal, são alguns casos, apenas, situações particulares para as quais o texto chama a atenção. Na letra **b**, a palavra **aquilo** mostra bem o afastamento, diferentemente de **isto** e **isso**. A opção **c** também se baseia na noção de perto ou longe inerente aos demonstrativos: **isto**, proximidade total, refere-se ao que o falante é, enquanto **aquilo**, afastamento total, refere-se aos outros, afastados do falante. A letra **d** é clara: se temos um segundo eu, é porque existe um primeiro, original. Para a compreensão da alternativa **e**, veja a resposta da questão 249.

252) Letra b

A resposta fica nítida quando analisamos o início da pergunta: "Que pode...?" Ou seja, a alma não pode, mesmo porque é invisível, fazer nada contra aquilo que dizem dela, da mesma forma que nada pode fazer a pessoa diante de um espelho que lhe deforma a imagem. Aliás, todo o texto se baseia nisso.

253) Letra c

A resposta se encontra no quinto parágrafo, quando o autor pede ao leitor que tenha cuidado. A ideia é a seguinte: às vezes, as pessoas acabam acreditando naquelas imagens enganosas que fazem a seu respeito e, **consequentemente**, se despersonalizam, isto é, passam a assumir uma nova personalidade, um segundo eu. É a preocupação demonstrada pelo autor nesse parágrafo.

254) Letra a

"Por saber" equivale a "porque sabíamos", com a conjunção subordinativa causal **porque**.

Texto XLIII

255) Letra c

A afirmação destacada no enunciado cria suspense, e nesses casos aguarda-se algo que realmente surpreenda.

256) Letra a

O segmento reforça a palavra **porco**, uma vez que ela realmente causa surpresa, estranheza no leitor. É como se o autor quisesse dizer que não houve erro no emprego da palavra **porco**, realmente foi ela que o leitor leu.

257) Letra a

As opções **b**, **c** e **d** se excluem naturalmente. Mas também não caberia a letra **e**, porque a palavra **como** transmite certa surpresa com o acontecimento, o que nos garante que ele realmente é incomum, não sendo registrado como normal. Da maneira como o autor redigiu o trecho em destaque, realmente o próprio porco teria providenciado seu embarque. Com o sujeito indeterminado, não haveria tal interpretação absurda: como conseguiram embarcá-lo...

258) Letra b

Temos aqui um caso de catacrese. **Embarcar** é *entrar no barco*. Na falta de palavras específicas para entrar no avião, no trem, no ônibus etc., usa-se o mesmo **embarcar**. Fenômeno idêntico ocorre com **enterrar**, na opção **b**. O verbo quer dizer *entrar na terra*; no texto, é usado em relação à comida.

259) Letra d

Quando uma palavra se refere a elementos que já apareceram no texto, diz-se que tem valor anafórico; quando a referência é a elementos que ainda virão, seu emprego é catafórico (há autores que chamam os dois de anafórico). A palavra **coisas** se refere à estranha viagem de um porco na primeira classe de um Boeing 757.

260) Letra c

Segundo e **conforme** são sinônimos. Normalmente conjunções subordinativas conformativas, são aqui preposições acidentais, uma vez que não iniciam oração subordinada, mas um simples adjunto adverbial.

261) Letra e

Sem escalas é termo empregado usualmente no transporte aéreo. A questão não oferece dificuldades.

262) Letra e

Questão bastante complicada. Nas quatro primeiras alternativas, é nítida a ideia de geral e específico. Por exemplo, o Boeing 757 é um tipo de avião, a poltrona é um tipo de assento etc. Essa ideia não é clara na relação passageiro/cliente. Nem sempre o passageiro é um cliente. No carro de um amigo, você é o passageiro, mas não é cliente do amigo.

263) Letra e

A resposta se encontra na palavra **estressado**, na linha 10. A viagem de avião, por não ser algo normal para um porco, deixou-o estressado, tanto que começou a correr desesperado, até ser capturado e expulso.

264) Letra a

O porco fez uma série de coisas: correu, defecou, tentou invadir a cabine de comando. A última ação foi a entrada na cozinha. Realmente o verbo **acabar** está empregado com o seu sentido próprio.

265) Letra c

A letra **a** não cabe como resposta pois fala de outros aspectos, além dos de segurança e higiene. A letra **b** fala de "alguns aspectos", e não de todos. A opção **d**, entre outras coisas, emprega a palavra **somente**, que a elimina.

A letra **e** diz da revisão das aeronaves, como se tivesse havido algum risco para os passageiros sob esse aspecto. A resposta só pode ser a opção **c**, uma espécie de paráfrase do trecho destacado.

266) Letra a

O texto, como um todo, leva a essa resposta. A letra **b** não tem nenhum apoio no artigo; em momento algum o animal foi servido em bandeja ou convidado a colocar o cinto de segurança. A letra **c** tem lógica, mas não se compara, em termos de surpresa, com a viagem do porco na primeira classe. As duas últimas alternativas são desconexas, principalmente a opção **e**.

Texto XLIV

267) Letra b

Normalmente, o relatório é uma narração, expõe fatos para apreciação de uma autoridade qualquer. Pode apresentar alguns traços descritivos ou dissertativos (argumentativos), mas, por sua essência, é basicamente narrativo.

268) Letra a

As letras **b**, **c**, **d** e **e** referem situações específicas. Não é o caso, pois o autor foi designado para verificar as "denúncias de irregularidades" para que o seu superior pudesse tomar a decisão adequada.

269) Letra c

O autor valeu-se de uma linguagem inteiramente denotativa, objetiva, como convém a todo relatório. Não fez uso de linguagem figurada, nem se preocupou com o esmero do vocabulário. Todos os outros itens são facilmente localizados no texto. Respectivamente, temos: primeira linha, todo o texto, linhas 19 a 21 e linhas 22 e 23.

270) Letra d

Desdobrando a oração reduzida de gerúndio numa desenvolvida, temos: "Porque fui designado por Vossa Senhoria...". A conjunção **porque** introduz oração subordinada adverbial causal. A consequência se encontra na oração principal, cujo verbo é **submeto**.

271) Letra e

Volte ao texto e veja que "nesse sentido", "ocorridas" e "apreciação" (apreciação de) podem ser retiradas do texto sem qualquer alteração de sentido. Tente fazer o mesmo com as outras e não conseguirá.

272) Letra b

Em documentos como o relatório, é importante tudo aquilo que possa conferir veracidade ao texto, e as datas precisas colaboram sobejamente nesse sentido. É uma característica desse tipo de texto.

273) Letra c

Questão de sinônimos. **Infundada** quer dizer exatamente **sem fundamento**. É só conferir em um bom dicionário.

274) Letra a

É uma questão bem simples. Lendo o texto com um mínimo de atenção, verifica-se que essa frase pertence ao narrador, não a uma personagem qualquer. Além da fala geral do narrador, temos no texto as falas do encarregado do aeroporto e do acusado. Nenhum deles se pronuncia no antepenúltimo parágrafo, de onde provém o trecho destacado.

275) Letra b

Outra questão de sinônimos. **Cumpre** significa, no texto, **cabe**. Os outros termos são descabidos.

276) Letra c

A resposta só pode ser a letra **c**, embora também se possa pensar na opção **d**. Nesta última, diz-se que a irregularidade é "não prevenir o chefe", quando na realidade é "ter levado a máquina". Mesmo que tivesse prevenido o superior, o funcionário teria errado, pois não se pode usar um bem público para fazer serviços pessoais, ainda que na própria repartição.

277) Letra b

A frase apresenta uma concordância nominal fora dos padrões da língua portuguesa. **Vossa Senhoria** é palavra feminina; **preocupado**, um adjetivo masculino. A concordância está sendo feita com a ideia que se tem sobre a pessoa, ou seja, trata-se de um homem. É o que se conhece como silepse de gênero.

Texto XLV

278) Letra a

De certa forma, a questão pede algum conhecimento da literatura brasileira. A autora faz alusão a famosos versos de Carlos Drummond de Andrade: "No meio do caminho tinha uma pedra / tinha uma pedra no meio do caminho". Por isso ela disse que não estava fazendo imitação de poesia.

279) Letra c

Quando a autora diz que não há nada de poético na história que será contada, que é uma história triste, melancólica, nostálgica, deduz-se que só histórias de outra natureza, ou seja, harmoniosas, podem ser consideradas poéticas.

280) Letra b

Trata-se de uma questão delicada, que pode enganar, se nos deixarmos levar pela primeira impressão. O que fez com que a autora contasse a história foi ter visto, em um documentário, a foto do jardim onde a mulher afegã brincara quando criança. Isso fez com que ela se lembrasse da pequena amendoeira decepada. A história, pois, tem como ponto de partida esse fato; se não fosse ele, ela não teria sido narrada. A infância da autora pode até ser anterior (nada no texto garante isso), porém o que a questão quer é o ponto de partida cronológico da história, daí a resposta ser a letra **b**.

281) Letra c

A resposta se encontra no trecho: "O documentário, feito antes da guerra com os Estados Unidos, fora gravado em solo afegão..." O documentário era, pois, sobre a guerra civil, quando houve o início da devastação do país. A guerra contra os americanos aumentou-a.

282) Letra d

Tanto a autora quanto a mulher afegã choram a perda de um bem natural pela atuação do homem. No caso da autora, pela necessidade do progresso; no da afegã, pela destruição causada pela guerra. A letra **b** fala em "contiguidade temporal", mas o texto não permite qualquer dedução a esse respeito. Assim, sendo as outras opções descabidas, só podemos ficar com a letra **d**.

283) Letra b

A letra **b** sugere, em virtude da pontuação da frase, que a autora, criança na época, também ia soltar pipas. Observe que a única diferença entre essa reescritura e a frase do texto é a posição das vírgulas. A pausa dada à nova frase por meio de uma vírgula alterou o sentido.

284) Letra b

Denotativamente, raiz é a parte da planta que a prende ao solo. Figuradamente, passou a significar tudo aquilo que nos prende, nos fixa a um lugar ou a uma época. A autora do texto nos fala do passado, seu e da mulher afegã. As outras alternativas se excluem por si mesmas.

285) Letra d

A resposta dessa questão é óbvia. Não há sequer alusão, por breve que seja, à ocupação do espaço rural.

Texto XLVI

286) Letra b

A resposta só pode ser a opção **b** porque, segundo o texto, as peles eram importadas para os Estados Unidos. O que interessava aos exportadores eram tão somente as peles.

287) Letra d

O texto não fala sobre a maneira como os sapos eram caçados. Basta lê-lo uma outra vez para verificar isso. As outras opções estão perfeitas.

288) Letra d

Antônimos são palavras de sentido contrário, não apenas diferentes. Na letra **a**, as palavras não têm relação de sentido. Na **b**, temos dois sinônimos. Na **c**, que talvez engane algumas pessoas, elas não são antônimas. O antônimo de **diminuição** é **aumento**; **progresso** não quer dizer **aumento**. **Inimigos** e **adversários**, na letra **e**, embora parecidos, não chegam a ser sinônimos, e muito menos antônimos. Realmente, **adulto** é o contrário de **filhote**, quando a referência é a animais.

289) Letra a

A palavra **principalmente** indica que os termos citados a seguir são os mais importantes, mas não os únicos. Assim, entende-se que o sapo come, além de outros insetos, mariposas, grilos e besouros.

290) Letra d

É questão de coesão textual. É necessário voltar ao texto e buscar as palavras destacadas. Não é difícil: pede atenção, apenas. O pronome **isso** não se refere aos substantivos colocados antes dele, mas sim ao fato de os sapos estarem sendo caçados. Ou seja, a enorme caça aos sapos fez com que sua população diminuísse drasticamente.

291) Letra c

A locução **isto é** possui valor explicativo. Tem largo uso em português e é empregada entre vírgulas, quando no meio da frase, o que é mais frequente. Com medo de que o leitor desconheça o significado da palavra **voraz**, o autor resolveu explicá-la, utilizando-se da expressão **isto é** e indicando, então, um sinônimo, uma palavra mais simples: comilão.

292) Letra e

A questão trata do conhecimento dos radicais, contudo é muito simples. **Comilão** é o que come muito, logo pertencem à sua família linguística as palavras **comida** e **comestível**.

293) Letra e

O texto nos diz que primeiro houve a caça aos sapos (*l.* 1/2). Como consequência disso, ocorreu "drástica diminuição da população de sapos" (*l.* 4). Com a redução dos sapos, aumentou o número de insetos, já que não havia mais tantos sapos para devorá-los (*l.* 8/9). Então começaram a surgir problemas na região (*l.* 10-13), com a invasão dos insetos. A consequência das dificuldades trazidas pelos insetos foi a proibição da caça aos sapos (*l.* 19/20). É só ler o texto, procurando cada indicação colocada nos itens numerados. Assim se chega, sem problemas, à letra **e**.

294) Letra d

Tanto **boca** quanto **goela** referem-se, indiferentemente, a humanos e animais. A questão pede conhecimentos extratexto.

295) Letra a

A resposta é a letra **a** porque o texto se baseia nos problemas causados pela matança indiscriminada de sapos, a qual gerou um desequilíbrio ecológico que foi o aumento sem controle de determinados insetos.

Texto XLVII

296) Letra a

Com exceção da letra **d**, todas as opções, em princípio, servem como resposta. É aquele caso famoso de se ficar com a melhor. Se lermos o texto com muita atenção, veremos que seu objetivo é mostrar que em todas as épocas houve violência. Essa intenção do autor surge evidente no primeiro parágrafo, quando ele diz que "tendemos a acreditar que o mundo nunca foi tão violento como agora;...". A partir daí ele vai tentar mostrar que a coisa não é bem assim. Vários fatos citados, que parecem servir como resposta da questão, são particularidades que, reunidas, provam a tese do autor.

297) Letra b

O emprego das aspas se deve a vários fatores. Um deles é a necessidade de reproduzir, com fidelidade, palavras de outrem. Há, no texto, dois trechos em que o autor cita palavras de Michel Rouché. Daí a resposta ser a letra **b**.

298) Letra e

Questão de sinonímia. **Cotidiano** (ou quotidiano) é o mesmo que **dia a dia**. Não confunda este substantivo com a locução adverbial **dia a dia**, também sem hífen: estava evoluindo dia a dia.

299) Letra d

Muitos escritores usam essa técnica. Serve para aproximá-los de seus leitores. Com a primeira pessoa do plural, o autor se insere no conteúdo do texto, criando uma certa intimidade entre ele e os leitores.

300) Letra b

A resposta se encontra no trecho "... se fôssemos comparar o número de assassinatos que ocorriam naquele período, proporcionalmente à população mundial de então,..." (3º parágrafo).

301) Letra e

Questão de semântica, isto é, de significação. Não há, no advérbio **proporcionalmente**, noção alguma de tempo, e sim de modo (comparar de que modo?).

302) Letra c

Segundo e **conforme** são sinônimos. Veja os comentários da questão 260.

303) Letra e

Questão de paráfrase. A única frase que mantém o sentido da original está na opção **e**. Raciocine comigo: *o ato de matar não era reprovado* quer dizer que ele, o ato, *não tinha reprovação, era aprovado, tinha aprovação*. Partindo daí, pode-se eliminar quatro alternativas, sobrando, como resposta, a letra **e**.

304) Letra c

Também questão de paráfrase. *Ser comunicativo* não é *ter mais comunidade*, e sim *comunicação*.

305) Letra a

Observe que há, no enunciado, menção à classe gramatical: adjetivo violento. Assim, temos um substantivo (vingança) correspondendo a um adjetivo (violento). A resposta é a letra **a** porque o substantivo **violência** corresponde ao adjetivo **violento**. Em todas as outras opções, a segunda palavra não é adjetivo. Como se vê, a questão não é de formação de palavras, mas de classes gramaticais.

306) Letra c

Questão de semântica. **Interminável** é o que **não termina**, ou seja, que **não tem fim**.

307) Letra c

Cancioneiro refere-se especificamente a canções. **Pilha, monte e grupo** são coletivos gerais, não se referem a um único ser. **Hipódromo** não é coletivo, e sim o lugar onde se realizam corridas de cavalos.

308) Letra a

O que não permite que a expressão da letra **a** inicie o texto é a correlação de tempos verbais. Se o fizéssemos, teríamos a seguinte construção: *Assim que* *tiver sido realizada a vingança e assassinado o culpado da primeira morte, a mesma lógica passava a valer para parentes deste...*" Não há correspondência entre **tiver** e **passava**. Para que a frase ficasse perfeita, teríamos que usar o futuro do presente: **passará**. Uma coisa, nesta questão, chama a nossa atenção: não se deve simplesmente encaixar a palavra no trecho destacado; antes, é preciso voltar a ele e olhar o período inteiro. Faça sempre assim, em questões semelhantes.

309) Letra e

São as seguintes as palavras que causam intensificação, pela ordem de aparecimento: tão, tão, mais e bastante. São todas advérbios de intensidade. Na letra **e** isso não acontece.

Texto XLVIII

310) Letra c

Os destinatários do requerimento são os congressistas, por conseguinte a afirmação da letra **c** é falsa.

311) Letra e

Em nenhum momento o autor do requerimento fala na possível necessidade da edição de obras no idioma tupi-guarani. Uma releitura atenta mostrará isso.

312) Letra b

Questão de coesão textual. Na opção **a**, **fato** se refere à característica de empréstimo da língua portuguesa ao Brasil. Na letra **c**, **nosso país** tem como referente a palavra **Brasil**. Na alternativa **d**, **sua** refere-se a **suplicante**. Na opção **e**, **sua** tem como referente **povo**. Semelhante processo coesivo não se verifica com **proprietários da língua**, na letra **b**, que é a resposta.

313) Letra a

Até por eliminação, pode-se chegar à resposta. Na letra **b**, não se verifica no texto a presença de brasileirismos, termos próprios do nosso país. As letras **c**, **d** e **e** podem ser eliminadas, pois a linguagem do texto é culta, portanto formal, não apresentando palavras ou expressões de cunho popular. Na realidade, esta questão pede conhecimentos prévios sobre as diversas modalidades da língua.

314) Letra c

Trata-se de uma forma antiga, usada em requerimentos. A pessoa que escreve um requerimento está pedindo e, claro, aguardando deferimento, ou seja, aprovação do que é solicitado.

315) Letra a

No primeiro parágrafo, o autor do texto fala de si próprio e faz a solicitação objeto do requerimento.

316) Letra c

Os adjetivos que aparecem nas opções **a**, **b**, **d** e **e** têm valor objetivo, não dependem da opinião de quem quer que seja. Já a palavra **humilhante**, na opção **c**, tem um claro valor **subjetivo**, pois para muitos essa contingência pode não ser considerada humilhante. Trata-se da opinião do autor, por isso a resposta é a letra **c**.

317) Letra b

O autor foge à terceira pessoa ao empregar o pronome possessivo **nosso**, que se refere ao pessoal **nós**, primeira pessoa do plural.

Texto XLIX

318) Letra a

As opções **b** e **c** são semelhantes e vão de encontro à ideia central do tema, que é a preocupação real com a extinção de animais. As opções **d** e **e** também se assemelham e não têm apoio no texto, que é objetivo e não faz nenhuma menção a qualquer tipo de religiosidade. A letra **a** é a resposta porque, no primeiro parágrafo, o autor apresenta coisas que o homem não faz, mas deveria fazer, para que o equilíbrio fosse alcançado.

319) Letra b

A resposta se encontra, além do texto como um todo (e aí levaríamos em conta o que se conhece do homem a esse respeito, portanto um conhecimento extratexto), na preocupação em controlar a exploração das florestas (2º parágrafo), exploração esta feita evidentemente pelo homem e que tem causado problemas de desequilíbrio do meio ambiente.

320) Letra c

Os vocábulos adequados para cada item são, respectivamente: **harmoniosos** (por causa do masculino homens, presente na série) ou **harmoniosamente**; **desmotivadamente**; **recíprocas**, que é o gabarito; **equilibradas** (o verbo **estar** pede um adjetivo); **florestal**, que quer dizer **das florestas**, não deve ser utilizado aqui, pois se trata de um complemento nominal, e não adjunto adnominal.

321) Letra c

Se as pessoas retirarem das plantas apenas o que vão comer, não haverá desperdício de alimento, isto é, não vai faltar comida mais tarde. Essa é a ideia do trecho, por isso a resposta só pode ser a letra **c**. Talvez alguns pensem na letra **b**, mas ela estaria incentivando o desperdício. Veja bem: tiraríamos tudo o que pudéssemos, inclusive aquilo que não utilizaríamos, e Deus colocaria tudo de novo no lugar. Quer dizer: arrancaríamos todos os frutos de uma árvore, até mesmo os verdes, e no dia seguinte a árvore estaria de novo cheia de frutos. Absurdo!

322) Letra b

Trata-se de uma prática de redação. Quando se omite uma parte do texto que se está reproduzindo, colocam-se pontos, entre parênteses ou não, para que a omissão fique evidenciada. É uma questão de respeito ao texto de outra pessoa ou ao de si mesmo.

323) Letra a

As letras **b** e **c** são inteiramente descabidas. As letras **d** e **e** particularizam. Já a letra **a**, que é o gabarito, fala do equilíbrio como um todo, ou seja, ecológico, sem especificar nada.

324) Letra c

Os parênteses têm múltiplo emprego. No caso da questão, o autor quis particularizar a significação do termo: não se tratava da preocupação de qualquer povo, apenas do brasileiro. A letra **b** poderia confundir; não é, no entanto, uma explicação; a palavra **preocupação** não é explicada pelo vocábulo **brasileiros**, e sim particularizada. Veja um exemplo de explicação, posta entre parênteses: Meu amigo (brasileiro por opção) não gostou da brincadeira. Neste caso, o termo poderia também aparecer entre vírgulas.

325) Letra d

O que o último período diz, em outras palavras e resumidamente, é que o aumento populacional de uma espécie ocasiona a diminuição de outra, e vice-versa. A consequência lógica disso é a desarmonia populacional dessas espécies. As letras **a** e **b** não cabem como resposta, embora pareça, porque no período em questão temos apenas um exemplo do problema da extinção e do aumento populacional das espécies. O autor poderia usar quaisquer outros animais para isso.

326) Letra a

Se o aumento do número de piranhas é a consequência do extermínio do dourado (bem como da ariranha e do jacaré), como diz o exemplo do autor, no último período, a resposta só pode ser a letra **a**: a morte do dourado é a causa do aumento do número de piranhas.

327) Letra b

Todo o texto, praticamente, faz essa intimidação, mas ela fica bem evidente nos trechos: "... mas também evitar... espécies de animais..." (*l.* 9/10) e "E a extinção... meio ambiente..." (*l.* 14/15)

Texto L

328) Letra c

Questão de sinonímia. **Renunciar** e **abandonar** podem ser usados indiferentemente no texto. É claro que nem sempre esses vocábulos serão sinônimos. Se dissermos, por exemplo, "ele abandonou a cidade", o verbo **abandonar** não poderá ser substituído por **renunciar**. Vale dizer que não existem sinônimos perfeitos, em língua alguma.

329) Letra e

Temos aqui uma questão envolvendo coesão textual, ou seja, a ligação entre os componentes de um texto. Volte ao texto e veja que "alguém" é o ser que praticou um ato errado. Leia com atenção as frases destacadas nas opções da questão. A única em que o termo destacado não se refere a "alguém" é a última.

330) Letra a

Se o autor acha que ser tratado de maneira melhor do que se merece é um problema filosófico, é porque o ideal seria tratar a todos de acordo com as suas atitudes, o que nos leva para a letra **a**.

331) Letra b

Santo Agostinho dizia que devíamos detestar o pecado, mas não o pecador. O pecador, ou seja, quem cometeu um delito, é o agente; o pecado, isto é, o delito cometido, é a ação. Ele achava que o erro, o ato infeliz cometido é que deveria ser detestado por todos nós, nunca o indivíduo que o praticou. Assim, ele separava o ato do agente que o praticou.

Texto LI

332) Letra d

Questão de sinonímia. **Anacrônico** quer dizer **fora da moda**, **fora do uso corrente**.

333) Letra e

A preposição **com** possui inúmeros valores semânticos. Tem valor de companhia em frases do tipo: ele saiu com o irmão. No texto, não é nítida a relação, mas diríamos que seu valor nocional é de posse (país que tem regras obsoletas e vícios incrustados). O que não se pode aceitar é a ideia de companhia, que não existe no trecho em destaque.

334) Letra e

Na letra **a**, os empresários são criticados porque sempre lamuriam nas reuniões. Na **b**, o autor critica os empresários por quase não falarem no custo do capitalismo subsidiado. Na **c**, a crítica é aos grandes bancos por deixarem de pagar impostos. Na **d**, os empresários são criticados por causa da fraude ou do favor que os beneficiam. Não se depreende qualquer tipo de crítica na opção **e**.

335) Letra a

É necessário voltar ao texto, mesmo que a questão esteja calcada em um trecho. Este, por si só, não dá elementos para que se responda. É preciso saber quem paga. O texto diz, logo em seu primeiro parágrafo: "Sempre que se reúnem para lamuriar, os empresários falam no Custo Brasil, no preço que pagam para fazer negócios...". O sujeito de **pagam** é **eles**, ou seja, os empresários. Assim o trecho destacado nesta questão representa a opinião do empresariado.

336) Letra e

A resposta aparece nítida no trecho "... que nos impedem de ser modernos e competitivos". Só por curiosidade: o enunciado, por descuido, dá a resposta da questão anterior, quando diz "... que retrata a opinião do empresariado...".

337) Letra a

A resposta só pode ser a letra **a** porque todos os termos apresentados são colocados pelo empresariado como obstáculos aos seus negócios. Assim, deduz-se que se trata de deficiências que atingem a situação socioeconômica dos empresários, daí seus lamentos expostos em todo o primeiro parágrafo. As opções **c**, **d** e **e** são facilmente descartadas, porém a opção **b** poderia trazer alguma confusão. Ela não serve como resposta pois fala dos problemas do país, em geral, enquanto na realidade os empresários se lamentam pelos problemas que os atingem, não demonstrando preocupação com todos os tipos de problemas nacionais.

338) Letra c

O empresariado é, evidentemente, capitalista. Assim, lucrando com algo que traz prejuízos ao país (segundo o autor do texto), eles quase não falam a respeito, porque seriam naturalmente questionados.

339) Letra b

É necessário ler com muita atenção o trecho. "Coisas do populismo irresponsável" refere-se a três termos citados anteriormente: "trabalho superprotegido", "leis sociais ultrapassadas" e "outras bondades inócuas" Isso lembra (e aí temos a necessidade de conhecimento extratexto) o famoso **populismo**, tão citado em relação a determinados governos. A palavra **populismo** está usada ironicamente, pois as três coisas deram errado, tanto é que há o reforço da palavra **irresponsável**.

340) Letra d

A injustiça social ocorre porque, se alguns pagam, todos teriam de pagar impostos. Claro que para isso eu não preciso recorrer ao texto. Mas é perigoso raciocinar assim, pois o autor poderia estar contrariando, por qualquer motivo, esse axioma. Tente sempre localizar no texto. À vezes uma simples palavra ou expressão responde ao que se quer. Por exemplo, a palavra **escândalo**, no início do segundo parágrafo. Também nos dá essa ideia a expressão **pela fraude ou pelo favor**, algumas linhas adiante (há alguns favorecidos, outros não, eis a injustiça social).

341) Letra d

Subtributação pode ser entendida como o ato de tributar por baixo, de maneira reduzida. Por isso a resposta é a letra **d**, que fala de impostos reduzidos. A palavra não se refere ao não pagamento de impostos, o que elimina as alternativas **a** e **e**.

342) Letra a

O texto diz, no segundo parágrafo, que a subtributação sustenta o empresariado e ocorre por fraude ou favor. Ora, a fraude é cometida pelo interessado, que no caso é o empresariado. E quem dá favores que levem a uma subtributação só pode ser o governo, pois só ele tem esse poder.

343) Letra b

Lamuriar é chorar. No primeiro período do texto, a ação de lamuriar ou chorar é atribuída aos empresários.

344) Letra b

Ao favorecer o empresariado com a subtributação, o governo está colaborando com o roubo da elite, pois o dinheiro deixa de ser recolhido pelos cofres públicos, de onde sairia para bancar projetos sociais. Dessa forma, a população está sendo roubada.

345) Letra a

A subtributação, que é o pagamento de menos impostos, só existe porque há brechas no sistema tributário, devidamente exploradas para benefício do empresariado. Se não houvesse tais brechas, os empresários pagariam os impostos devidos.

346) Letra a

A resposta se encontra no trecho: "... mais lamentável e atrasado é o Desperdício Brasil, o progresso e o produto de uma minoria que nunca são distribuídos, que não chegam à maioria de forma alguma..." (3º parágrafo).

347) Letra b

A maioria, no texto, são os menos favorecidos; a minoria, aquela classe que possui em excesso. Com isso, a letra **a** é descartada, pois coloca dois grupos favorecidos. Na letra **c**, a palavra **economistas** destoa do que se imagina sobre uma classe poderosa, rica; **economista** é também trabalhador, pode ser rico ou pobre. Nas opções **d** e **e** houve inversão: primeiro os menos favorecidos, depois os privilegiados. Assim, a resposta só pode ser a letra **b**.

348) Letra d

Afetar a miséria à sua volta seria fazer algo para acabar com ela ou, pelo menos, diminuí-la, sendo que o caminho lógico para isso é o da utilização dos impostos, a tributação. Como eles não retornam devidamente à população, como diz a letra **d**, que é o gabarito, a miséria continua a mesma.

Texto LII

349) Letra d

O texto fala de inúmeros problemas brasileiros, em quase todos os seus parágrafos. Mas, nos dois últimos, muda o tom e mostra otimismo em relação ao que os jovens podem fazer pelo país. Isso fica bem claro no trecho: "Quem sabe sairá do acúmulo de energia renovada dessa geração a solução de problemas que apenas se perpetuaram no fracasso das anteriores?"

350) Letra e

A questão se reporta à ordem de aparecimento dos conceitos. Assim, temos: **gigantismo** na linha 2 ("gigante adormecido"); **idealização**, linhas 4/5; **expectativa**, linha 10 ("só restava então aguardar o futuro"); **otimismo**, linhas 17/18.

351) Letra b

Muitas vezes a expressão corrente não pertence à língua culta, sendo manifestação da inventividade e improvisação do falante. "Botar pra quebrar" é uma delas. Se a observarmos bem, veremos que ao pé da letra é destituída de significação, além de contar com a presença de uma forma contraída da preposição **para**, pra, igualmente sem guarida na língua padrão.

352) Letra b

Questão de sinonímia. **Postergar** significa, entre outras coisas, deixar atrás, preterir.

353) Letra b

Esta questão, na realidade, é independente do texto, tomado apenas como elemento motivador. Diferentemente do que ocorre com as outras palavras, **personagem**, sem alteração de sentido, pode ser masculino ou feminino: o personagem é o homem ou a mulher; a personagem, também.

354) Letra a

Outra questão de sinonímia. Não há o que discutir. **Viço** significa vigor de vegetação nas plantas. Figuradamente é juventude, fase da vida em que se tem muito vigor; **ousadia** é o mesmo que audácia.

Texto LIII

355) Letra c

A letra **a** não cabe como resposta pois, embora as revelações sejam recentes, o texto não diz que foram feitas dias antes da elaboração do artigo. Também não pode ser a letra **b**, pois o período não diz nada sobre o mal que seria, para os brasileiros, a revelação das informações. Para muitos, vai parecer que a resposta seja a letra **d**; acontece que o adjetivo **impostas** não se liga obrigatoriamente a um regime discricionário; isso pode ocorrer com regimes mais liberais, que sintam a necessidade de fazê-lo para o bem do povo. Quanto à letra **e**, nota-se, no texto, que "há mais de meio século" significa pouco mais de meio século; não há motivo para essa delimitação feita na alternativa, mesmo porque as informações são imprecisas. A letra **c** é a resposta, pois **restrições** é o mesmo que **limitações**, impostas aos imigrantes pelos governos citados.

356) Letra a

Quanto aos negros, a discriminação é racial; com relação aos judeus e aos asiáticos, religiosa e também racial, isto porque eles professavam religiões diferentes daquelas comuns em nosso país.

357) Letra c

O segundo período afirma que os atos cometidos contra negros, asiáticos e judeus foram injustos, e é essa injustiça que chocou o povo brasileiro.

358) Letra b

O autor diz que quem se chocou foram os amantes da democracia, portanto uma parcela da sociedade. Assim, o trecho expressa a opinião do autor bem como a desses brasileiros.

359) Letra c

A letra **b**, que parece ser a resposta, não é correta porque negros e judeus podem ser autenticamente brasileiros, mas não os asiáticos, que nasceram em outros países. O gabarito é a letra **c** pois todos eles podem se integrar àquilo que se chama de povo. Em verdade, o povo de um país não é formado apenas pelos que nasceram, mas também pelos que vivem ali, trabalhando pelo progresso e pelo bem geral, inclusive se submetendo às suas leis.

360) Letra d

O primeiro parágrafo fala do Brasil de meio século atrás; o segundo traz informações sobre o país na atualidade (veja a palavra "atual", logo no início).

361) Letra e

Algo está imune quando não pode ser afetado. Se a imigração atual está imune às manchas do passado, ou seja, não sofre mais com a discriminação do governo, deduz-se que o processo imigratório também é outro, em nada lembrando o daquela época citada no início do texto.

362) Letra d

O último parágrafo do texto diz que os imigrantes, bem-vindos a princípio, por reforçarem a mão de obra em períodos de expansão econômica, passam a ser, depois, alvos de violência e segregação. A letra **d** está errada porque afirma que a expansão provocou a saída desses imigrantes, o que não se lê no parágrafo que trata do assunto, como acima mostramos.

Texto LIV

363) Letra d

É uma questão de emprego de tempos verbais. O sentido da frase diz tudo. A união do presente do indicativo **vem** com o gerúndio **noticiando** confere essa ideia de ação no presente, mas que teve início há pouco tempo. Veja um outro exemplo: ele vem trabalhando exageradamente, ou seja, ultimamente (há pouco tempo) ele tem trabalhado exageradamente.

364) Letra e

Esta questão remete o candidato ao primeiro texto da prova, que, aqui no livro, é o texto anterior a este, ou seja, o de nº LIII. Ao compará-los, verificamos que ambos tratam de racismo, porém o segundo, o que agora estamos analisando, cita uma situação atual e concreta, a do jogador Juan. É, portanto, mais específico do que o outro. Por isso a resposta só pode ser a opção **e**. Vejamos, para um entendimento maior, as outras opções. A letra **a** está errada, pois o jogador Antônio Carlos não emprestou a sua mão de obra em uma época de expansão econômica: ele é jogador de futebol. A letra **b** não cabe como resposta, pois o primeiro texto fala de imigrantes, o que não ocorre com este texto. A letra **c** está errada, porque o segundo texto não trata de preconceitos religiosos, apenas raciais. A opção **d** não está correta já que não há menção no texto quanto a ser maioria o número de xenófobos e racistas na Europa.

365) Letra a

É uma questão de coesão, pois se baseia no emprego de um conectivo, o pronome relativo **cujo**. Essa palavra equivale sempre a um possessivo, indica posse ou parte de. Na letra **a**, que é a resposta, existe essa noção de posse, na expressão "deste time" (*A torcida deste time* é o mesmo que *a sua torcida*). Veja outro exemplo: Chegou o homem / A filha do homem (o mesmo que sua filha) foi contratada. Teríamos então: Chegou o homem cuja filha foi contratada.

366) Letra c

O autor está fazendo uso do imperativo para aconselhar o jogador. Não se trata, como possa parecer, de um simples alerta. É o valor do imperativo, que pode expressar ordem ou conselho, este quando de maneira mais veemente, ostensiva.

Texto LV

367) Letra b

A idade não é um fator importante para definir um profissional de sucesso, o que elimina as opções **a** e **d**. Na opção **c**, **médico paulista** é desnecessário, pois a especialidade está sendo citada. Na letra **e**, fala-se apenas **médico**, quando se sabe a sua especialidade, que deveria então aparecer. Assim, a letra **b** reúne os dados mais importantes: nome, especialidade e – a ideia central do texto – o sucesso.

368) Letra a

Uma pessoa de 51 anos já teve tempo de se tornar experiente em uma determinada atividade. A informação reforça a ideia de o sucesso ser duradouro.

369) Letra d

A resposta está no trecho: "... há três décadas ele mantém sua fama em ascendência". Isso explicita o sucesso duradouro; afinal, três décadas é muito tempo de sucesso.

370) Letra e

Não há relação alguma entre décadas e a idade do médico. O trecho fala de 3 décadas de fama e ascendência, simplesmente isso.

371) Letra d

O sucesso do médico é explicitado, no terceiro período, pelo tamanho de seu consultório e pela elegância da região em que ele se situa, além da grande quantidade de clientes atendidos.

372) Letra e

Questão pouco clara. O médico tem duas atividades: sua clínica e a Universidade de São Paulo. Na letra **a** as palavras se opõem porque, como professor, ele atende, em sua maioria, pacientes com problemas de tireoide, havendo aqui a oposição à palavra **endocrinologista**. Na letra **b**, temos oposição entre **clientes** e **pacientes**; a primeira palavra é reservada no texto para as pessoas atendidas em sua clínica, e a segunda para as que ele atende na Universidade. Na opção **c**, **emagrecimento** está associado ao atendimento na clínica particular; **doenças da tireoide**, na Universidade; na opção **d**, temos a mesma coisa: **marcar consulta** associa-se à clínica particular; **parar em suas mãos**, à Universidade. Segundo a banca do concurso, o gabarito é a letra **e** porque os números são absolutos: na clínica, 32.600 pessoas, não apenas com problemas de emagrecimento, mas também de tireoide, a sua outra especialidade; o mesmo pode ser dito para os milhares de pacientes atendidos na Universidade. Observe, esse é o detalhe, que nas duas situações o autor fala de maioria. De qualquer forma, cabe dizer que não é uma questão, em meu ver, bem formulada. Peço-lhe que não se preocupe com ela.

Texto LVI

373) Letra e

A resposta está, bem nítida, nas duas primeiras linhas do texto, principalmente no trecho: "Na doença é que descobrimos..." Adiante aparece, na função de aposto da palavra **ser**, o vocábulo **corpo**. A letra **c**, que pode confundir alguns, é incorreta porque fala em abismo intransponível, quando o texto diz que estamos encadeados a ele.

374) Letra b

Questão de coesão textual. A conjunção **mas** é adversativa, cria oposição. **Sozinhos** se opõe a **encadeados**. Se estamos encadeados, ligados a alguma coisa, não estamos sozinhos.

375) Letra a

Questão de paráfrase. Embora o trecho destacado admita outra interpretação (não podemos, por meio do nosso corpo, fazer com que nos entendam), a letra **a** corresponde ao seu sentido. Cuidado com a opção **d**; ela é genérica, enquanto o texto é específico, trata de cada um em particular, tanto é assim que o autor se inclui ao usar a primeira pessoa do plural.

376) Letra c

O modo subjuntivo apresenta o fato de maneira duvidosa, hipotética, diferentemente do indicativo. Ao dizer *eu canto*, a pessoa transmite a ideia de maneira real, indubitável, precisa: é o presente do indicativo; já ao falar *que eu cante*, transmite uma ideia imprecisa, vaga, pode ser que a ação não se concretize: é o presente do subjuntivo. Tal é o valor de **encontremos** no texto. Por isso a resposta é a letra **c**.

377) Letra e

Questão de coesão textual. Pela ordem, temos: seu → assaltante; quem → polvo; nos → seu antecedente não está expresso, seria nós; o qual → polvo (o pronome relativo **o qual** sempre concorda com o antecedente, que, então, não poderia ser **águas**). O gabarito é a letra **e**, pois o pronome átono **lo** (alteração de **o**), que significa **ele**, refere-se a assaltante: tornar o assaltante sensível.

378) Letra a

Questão de sinonímia. A palavra **senão** tem vários significados. No texto o seu sentido lógico só pode ser **ou**: ou à nossa desgraça. As outras opções se excluem naturalmente.

379) Letra b

Um polvo, evidentemente, não tem como entender o que se diz a ele. Seria uma atividade inútil. Popularmente, costuma-se usar a palavra **porta** para indicar essa inutilidade.

Texto LVII

380) Letra e

Questão de sinonímia. Não há o que discutir. **Longevidade** significa vida longa.

381) Letra a

Embora seja também uma questão de semântica, tem alguma dificuldade. **Raro** é o que existe em pouca quantidade. **Mínino** não se refere a quantidade, mas a tamanho: é superlativo absoluto sintético de **pequeno**. Assim, a substituição de **pouquíssimas** por **mínimas** implicaria mudança de sentido.

382) Letra c

É necessário sempre buscar elementos no texto. Não responda a nenhuma questão baseado no que você acha, na sua experiência de vida, pois isso vai levá-lo a erro numa questão deste tipo. A resposta é clara, claríssima, desde que você realmente releia o texto. Lá está: "Existências exemplares que souberam quando terminar!"

383) Letra d

Observe o emprego do demonstrativo **essa**. Ele remete a algo que passou no texto, no caso "que souberam quando terminar", ou seja, a consciência de saber quando morrer.

384) Letra c

A resposta está no trecho: "... empenhada que anda a medicina em proporcionar meras e miseráveis sobrevivências". Não se esqueça do que pedimos no comentário da questão 382. Você pode perfeitamente discordar do autor, até achar um absurdo a sua posição, mas precisa se voltar para o texto, apenas para o que o texto transmite.

385) Letra a

Questão de figuras de linguagem, com base na antonímia. A antítese foi definida no enunciado, cabe ao candidato apenas procurar os antônimos, que aparecem na opção **a**. **Exemplares** não é o contrário de **inúteis**, como possa parecer. A palavra significa *o que serve de exemplo*, não necessariamente que seja útil.

Texto LVIII

386) Letra b

O primeiro segmento mostra a ciência como algo bom para o ser humano. O segundo traz uma visão negativa ("concorre na obra de destruição") da ciência. O terceiro não a apresenta como algo positivo nem negativo. Por isso a resposta é a letra **b**.

387) Letra d

A análise sintática pode ajudar-nos a resolver a questão. A palavra **curiosidade** atua como aposto da palavra **desejo**. **Do desejo** é complemento nominal de **satisfação** (satisfação de quê?). Mas, se escrevermos a frase até o vocábulo **desejo**, sentiremos necessidade de uma explicação: que desejo é esse? a curiosidade. Dessa forma, a curiosidade é o desejo mais alto da nossa natureza.

388) Letra d

As três primeiras opções são facilmente eliminadas. O sentido real, se levarmos em conta todo o trecho, é de intensidade. Não se pode pensar em *mais espiritual* porque todo desejo é espiritual, é o espírito que quer.

389) Letra a

O futuro do presente tem exatamente esse valor indicado na opção **a**, que é a resposta. O que poderia suscitar alguma dúvida é a afirmação da alternativa **e**. Mas o texto tem caráter objetivo, não expressa em parte alguma a opinião do autor.

390) Letra e

Questão de sinonímia. O vocábulo **sorte** pode ser usado com o valor de **destino**.

391) Letra c

"Devia ter por fim o bem da humanidade" quer dizer que a ciência tem uma outra finalidade, que não o bem da humanidade (concorre na obra de destruição). Assim, a realidade (aquilo que a ciência faz) é diferente daquilo que seria a finalidade ideal (fazer o bem).

392) Letra d

Outra questão de sinonímia. **Concorre** pode ser substituído, no trecho, por **colabora**, sem alteração de sentido.

393) Letra a

A questão trata da correspondência entre as locuções adjetivas e os adjetivos. Só a letra **a** apresenta essa correspondência. **Humanitário** e **humanista**, são específicos, trazem implícita a ideia de bem feito a alguém. **Destrutiva** e **destruidora** podem ser usadas indistintamente no lugar da locução. **Homicidas** e **assassinos** são termos específicos: matam seres humanos. **Violentos** não tem cabimento. **Mortais** é vocábulo que indica algo que causa a morte, não necessariamente por intermédio de um matador.

394) Letra a

Há palavras que num texto expressam a opinião do autor. Procure ver se não há possibilidade de uma outra pessoa, no lugar daquela, pensar de maneira diferente. Por exemplo, se eu digo que um determinado indivíduo é maravilhoso, estou expressando a minha opinião, já que outra pessoa pode não achar. Agora, se eu digo que aquele indivíduo é gordo, mais alguém que olhe para ele vai ter de dizer a mesma coisa, porque ou se é gordo, ou não. O advérbio **infelizmente** tem esse caráter de subjetividade: pode ser que outra pessoa não ache aquilo uma coisa infeliz. Da mesma forma, o verbo **devia** expressa algo pessoal, e não geral. Todas as outras palavras têm valor objetivo, ou seja, não dependem da opinião do autor.

395) Letra e

Algo que consiga realizar tal façanha tem de ser considerado eficiente, abstraindo-se de valores morais. É mórbida porque atinge seres humanos, o que não é desejável. A resposta não pode ser a letra **a**, porque, embora se possa pensar em violência para o caso, não seria inútil, no momento em que atinge um determinado objetivo preestabelecido.

396) Letra d

É questão de coesão textual. A palavra **como** tem inúmeros valores. No trecho, introduz uma oração com sentido de comparação. Compara-se **ciência** com **casa**, mais precisamente o ato de fazer uma e outra coisa.

397) Letra c

Como se disse no comentário anterior, o autor compara **ciência** e **casa**, valendo-se de um conectivo comparativo, que é a conjunção **como**.

398) Letra e

Nos três segmentos, a ciência surge como uma atividade humana, para o bem ou para o mal, sujeita que está aos erros dos homens. As outras alternativas se excluem por si mesmas.

Texto LIX

399) Letra b

Questão muito delicada. Vamos começar pelo sentido da palavra **monolítico**, derivada de **monólito**. Este é o nome que se dá a qualquer obra feita de um só bloco de pedra. **Monolítico** que dizer, então, feito de um só bloco de pedra; sugere assim algo indivisível. No trecho destacado, a palavra tem sentido figurado, como também é figurado "pagar um preço altíssimo". O que se pode entender do trecho é que há pessoas que, como um monólito, não se dividem interiormente, olham apenas para um lado, por isso mesmo pagando um preço alto (sofrem muito por causa dessa atitude unilateral). Por conseguinte, a resposta só pode ser a letra **b**.

400) Letra a

Pecador é o que peca, que erra. **Descrente** é tão somente aquele que não acredita. Ser descrente não é ser pecador, não é ser errado em suas atitudes no mundo, diante de outras pessoas.

401) Letra c

A resposta se acha no trecho: "... vão rareando as convicções inabaláveis". Isto é, desaparece, em muitos de nós, aquela condição monolítica que algumas pessoas cultivam. O terceiro parágrafo acrescenta que essas perdas ocorrem na religião, na ciência ou na filosofia.

402) Letra e

Nesta questão, podemos eliminar logo as alternativas **c** e **d**, por absurdas. Não pode ser a letra **a**, uma vez que o texto não fala de verdades definitivas, muito ao contrário. A letra **b** não serve como resposta, porque nem todo progresso surge a partir da correção de erros anteriores, ele pode vir como uma complementação de conhecimentos já adquiridos, como se vê no quarto parágrafo. Por isso mesmo que acabamos de expor, com base no quarto parágrafo, o gabarito só pode ser a letra **e**.

403) Letra c

Vamos reportar-nos ao que é dito no sexto parágrafo: "É possível que essa onda já tenha tido alguns efeitos favoráveis à liberdade espiritual dos indivíduos, ao fortalecimento neles do espírito crítico". A liberdade espiritual seria a possibilidade de não se aceitar qualquer coisa imposta pela ciência, pela filosofia ou pela religião; o mesmo se pode dizer do espírito crítico, que, naturalmente, permite escolher entre o que se julga bom e o que se julga mal.

404) Letra d

Com o jogo de palavras apresentado, Brecht afirma que não há ceticismo absoluto; no momento em que você acredita que não crê, deixou de ser cético, por acreditar em algo. É contraditório.

405) Letra c

O texto é uma dissertação, em que o autor defende seus pontos de vista, apresentando argumentos que julga necessários para tal.

Texto LX

406) Letra b

A resposta pode ser localizada, com clareza, no segundo período, onde se destaca a expressão **sobrevivência e proliferação**.

407) Letra d

Precedente é o que vem antes. Assim, um sucesso sem precedentes é um sucesso que não teve outro igual, antes dele. Podemos entender, também, que a expressão **sem precedentes** quer dizer **sem igual**. Daí a resposta ser a letra **d**.

408) Letra c

O enunciado dá uma definição que serve tanto para homônimos como para parônimos. O texto serviu apenas para motivar a questão, tomando por base a palavra **precedente**. Diz-se que **precedente** e **procedente** são parônimos. Todas as alternativas apresentam palavras que têm parônimos ou homônimos: emergir/imergir, senso/censo, descriminação/discriminação, destratados/distratados, em vez de/ao invés de. Neste último caso, trata-se de expressões que podemos entender como parônimas, tal a sua semelhança. **Emergir** significa sair (de um líquido ou de algo), **imergir** quer dizer entrar (no líquido); **senso** é juízo, **censo** é recenseamento, pesquisa de opinião; **destratados** quer dizer tratados mal, **distratados** significa rescindidos (os contratos); **em vez de** é uma expressão que denota substituição, já **ao invés de** indica oposição. Na letra **c** houve troca no emprego dos parônimos, já que deveria ter sido usado o vocábulo **discriminação**, que significa separação. **Descriminação** é o ato de descriminar, absolver de crime.

409) Letra d

No trecho anterior a este, o autor diz que nenhuma espécie se iguala à humana em termos de sucesso alcançado (sucesso sem precedentes). Agora, no trecho do enunciado, o autor afirma que nenhuma outra espécie se iguala à humana no que toca à sobrevivência e à proliferação. Então, deduz-se que a sobrevivência e a proliferação é que medem o sucesso de uma espécie, o que nos leva para a opção **d**.

410) Letra b

Questão de coesão textual. **Nossa** refere-se ao substantivo **espécie**, e não ao vocábulo **proporção**. Observe o emprego de **isso**, na opção **c**: refere-se a um fato passado, e não a uma palavra ou expressão.

411) Letra e

Mais uma questão envolvendo os significados da palavra **como**. No trecho, ela pode ser substituída por **porque** e inicia oração subordinada adverbial causal. Isso quer dizer que a primeira oração do período é a causa do que ocorre na segunda, que então expressa uma consequência.

412) Letra a

Questão de sinonímia. **Proliferação** equivale, no texto, a **multiplicação**. Em todas as outras alternativas, não existem sinônimos.

413) Letra c

O texto destaca características próprias da espécie humana, como o controle da produção do próprio alimento e a sociabilidade e a mobilidade, estas por causa da capacidade de viver fora do seu ecossistema de nascença. São peculiaridades que distinguem a espécie humana de outras. Assim, o gabarito só pode ser a opção **c**.

414) Letra a

Questão de paráfrase. É quase imperceptível a diferença. O sentido da frase original é amplo: a espécie humana é um sucesso (no caso, sem precedentes); nenhuma outra se iguala a ela. Na variante, fala-se em sucesso da espécie humana, o que é mais restrito.

Texto LXI

415) Letra e

O texto não fala de possíveis dificuldades do menino nas aulas de leitura e gramática, não cabendo, pois, a letra **a** como resposta. Também não pode ser a letra **b** porque o desespero de que fala o texto ocorre porque o menino gostaria de estar lá fora brincando com o papagaio, não que quisesse e não pudesse comprá-lo. A letra **c** está errada pois ele não se encontrava de castigo, apenas estava com os livros nos joelhos. A letra **d** é errada porque ele e Raimundo estavam juntos, na escola. Na realidade, o texto apenas retrata as emoções de um dia de aula; por isso o gabarito é a letra **e**.

416) Letra c

A resposta se encontra no trecho "Agora que ficava preso, ardia por andar lá fora...". Ou seja, queria estar na rua, brincando com os colegas, e não na sala de aula. Talvez a alternativa que possa trazer dúvida seja a **d**. Mas não há essa indicação no texto, inclusive no diálogo ocorrido entre os dois colegas.

417) Letra b

O que está preso por uma corda imensa é o papagaio, não o menino-narrador. Isso é dito de maneira clara nas linhas 6 e 7. As outras relações são perfeitas.

418) Letra b

É uma questão de paráfrase, de certa forma já comentada na questão 416. A forma verbal **ardia** tem valor conotativo e expressa a ansiedade do menino em estar fora da escola, brincando com os colegas.

Texto LXII

419) Letra b

A principal comparação feita é a do tapete colocado por baixo da cadela e aquele por sobre o qual passará o candidato eleito. São rituais que aparecem num e noutro caso, mas que pouco interferem nos acontecimentos. Da mesma forma, tanto o parto de Big quanto a eleição presidencial custam caro. Por isso, a resposta só pode ser a letra **b**.

420) Letra a

Na primeira frase, o autor declara não ser sua a cadela, mas de um cunhado. Assim, não sendo ele o dono, não tinha qualquer obrigação para com o animal. Na segunda, ele repete que a cadela não lhe pertencia e entra com a conjunção adversativa **mas**, que introduz uma ressalva: Big estava para ter filhotes, e seu dono viajara, transferindo-se para ele, o autor, a responsabilidade de cuidar dela.

421) Letra c

O veterinário alegou que cobrara 90 mil cruzeiros por se tratar de 9 animaizinhos, saindo cada um a dez mil. Ele foi levado a reconhecer que o veterinário tinha razão. A oração "tive de admitir" equivale a "fui forçado a admitir", em virtude dos argumentos apresentados.

422) Letra b

Questão de paráfrase e de coesão textual. A classificação das orações desse período é, respectivamente: subordinada adverbial condicional, introduzida pela conjunção **se**; principal; coordenada sindética adversativa, iniciada pela conjunção **e** (com valor de **mas**); subordinada adverbial causal, com a conjunção subentendida. Na letra **b**, que é a resposta, a conjunção **caso** substitui o **se** (elas são sinônimas); a oração principal fica inalterada; a conjunção **mas** é usada em lugar de **e** (elas são sinônimas); a conjunção causal **pois**, que estava subentendida, aparece encabeçando a última oração. Assim, não houve alteração de sentido em relação ao período original.

423) Letra e

Questão de sinonímia, inquestionável, portanto. **Ungido** quer dizer **sagrado**.

424) Letra a

Se o autor diz que, numa determinada época, ainda não gostava de cachorros, é porque agora gosta, tendo havido uma mudança de atitude. A palavra que bem expressa a mudança é **ainda**. Nas outras opções, não se reconhece qualquer tipo de mudança de situação.

Texto LXIII

425) Letra a

A palavra **ferramenta** leva à ideia de instrumento, na tarefa de se entender o mundo atual.

426) Letra d

A palavra **grande**, no trecho, tem valor superlativo, equivalendo a **maior** (popularmente, **mais grande**). Observe que a palavra está precedida do artigo definido **a**. Isso só ocorre na letra **d**, onde podemos entender que "o entrevistado Alberto Manguel é um dos maiores conhecedores do valor da língua escrita".

427) Letra d

Os valores semânticos dos termos destacados são, respectivamente: finalidade, causa, tempo, acréscimo (gabarito), comparação.

428) Letra b

A comprovação de que a frase se refere aos dias atuais é a presença do verbo **predominam**, no presente do indicativo, bem como de outro verbo, na sequência do período, também no presente do indicativo: **é**.

429) Letra c

É uma questão extremamente complexa. Acredito que a banca do concurso tenha tido o seguinte raciocínio: as imagens já existem, enquanto a leitura cria imagens; como as imagens predominam, segundo o repórter, surge a oposição: *já existirem* e *serem criadas*, ou seja, por que criar imagens se elas já existem, inclusive predominando na comunicação atual?

430) Letra e

A letra **a** é evidente, por causa da palavra **superficialíssima**. Na letra **b**, o fato de a tendência ser geral e em todos os meios visivos representa, na visão do autor, uma coisa ruim, por não dar opções às pessoas. A letra **c** tem como ponto negativo o fato de as imagens prenderem a nossa atenção por um tempo muito reduzido, não nos deixando raciocinar em cima daquilo que é exposto. À opção **d** cabe a mesma observação do item anterior. Já na alternativa **e** nada há que possa ser entendido como negativo no que se refere à cultura de imagens.

431) Letra d

Neologismos são termos criados para preencher lacunas na língua. Com o passar do tempo, são incorporados ao idioma, sendo registrados pelos dicionários. O enunciado diz que os vocábulos **imagética** e **visivos** aparecem há pouco nos dicionários. Deduz-se, então, que são neologismos (se não, estariam lá há muito tempo) já reconhecidos oficialmente (pelos dicionários).

432) Letra a

A resposta se encontra, nítida, no primeiro período da resposta dada pelo entrevistado.

433) Letra a

Questão de semântica. Na frase da letra **a**, deveria ter sido usada a palavra **mandato**, poder político passado pelo povo por meio de uma eleição. **Mandado** é ordem judicial. Nas outras opções, temos, respectivamente: **imersos**: mergulhados (**emersos**: que vieram à tona); **cosidas**: costuradas (**cozidas**: cozinhadas); **imorais**: que atentam contra a moral (**amorais**: que não têm o senso da moral); **despercebidos**: sem ser percebidos (**desapercebidos**: desprevenidos).

434) Letra b

O autor estava falando sobre meios publicitários. Assim, **pintura** e **desenho**, apenas artes, devem ser eliminados. Dessa maneira, a resposta fica sendo a letra **b**, pois os três elementos se prestam à publicidade, sendo chamados pelo autor de visivos.

435) Letra b

Se Bill Gates propõe uma sociedade sem papel, não poderia usar um livro, que é papel, para dar essa mensagem. Ele se contradisse, pois deveria ter usado o computador.

436) Letra c

A opção **a** se encontra justificada nas linhas 6 e 7. O conteúdo da alternativa **b** pode ser conferido nas linhas 9 e 10. Confira o que diz a letra **d**, nas linhas 14 e 15. Quanto à letra **e**, pode-se dizer que o texto, em sua interpretação global, leva a tal conclusão. A própria contradição de Bill Gates justifica a impossibilidade de uma sociedade sem papel. Já a opção **c** não tem qualquer apoio no texto, o qual afirma que "a palavra escrita é, mais do que nunca, a nossa principal ferramenta para compreender o mundo". Principal, não única.

Texto LXIV

437) Letra d

Esta questão é de interpretação e de gramática. A opção **a** é evidente, mas precisa do que se diz no primeiro período do texto: "por um advogado desonesto". A alternativa **b** é correta, uma vez que o conectivo **como** indica o modo de se precaver de advogados desonestos. A letra **c** é perfeita pois a palavra **se** está indeterminando o sujeito. A alternativa **d** está errada, por isso é o gabarito, pois os advérbios (**como** é um advérbio interrogativo de causa) atraem obrigatoriamente os pronomes átonos, estando correta a colocação pronominal do título. A letra **e** está correta pois o infinitivo é pessoal e se encontra na terceira pessoa.

438) Letra e

Questão totalmente de gramática. A 3ª pessoa do singular do imperativo afirmativo é emprestada do presente do subjuntivo. Por exemplo: cante, cantes, cante, cantemos, canteis, cantem; assim, o imperativo de terceira pessoa será **cante** (você). O verbo **precaver-se**, que é defectivo, não se conjuga no presente do subjuntivo, logo não tem as formas correspondentes do imperativo.

439) Letra b

A finalidade do imperativo é dar uma ordem, um conselho, um pedido mais veemente etc. O mais comum é usá-lo para mandar, dar ordens a alguém. No texto, até em função da temática, o que a revista faz é aconselhar o leitor.

440) Letra b

A palavra **alguns** é a chave da questão. Com ela, tem-se a certeza de que existem outros procedimentos que não foram citados. As outras alternativas são descabidas, com exceção da última. Mesmo assim, não há por que errar a questão, pois se a revista publica o texto, só pode ser para dar aos leitores condições de se defenderem dos maus advogados.

441) Letra c

A resposta é evidente. *Não é possível* corresponde a *não há possibilidade.* **Posse**, embora tenha o mesmo radical de **possível**, mudaria o sentido da expressão, se fosse usada.

442) Letra a

Questão de coesão textual. É só voltar ao texto com atenção para acertar. *Não é obrigatório segui-la* corresponde a *Não é obrigatório seguir a tabela*; *registre-o no cartório* equivale a *registre o contrato no cartório*. Diz-se então que os referentes de **la** e **o** são, respectivamente, **tabela** e **contrato**.

443) Letra d

É uma questão de conhecimento de vocabulário. **Bimestral** é relativo a dois meses e quer dizer, precisamente, o que ocorre de dois em dois meses, a cada bimestre. Não confunda com **bimensal**, que se refere ao que ocorre duas vezes no mesmo mês.

444) Letra b

Não é fácil entender o enunciado. A questão pede a relação que existe entre as palavras **e** e **ou**, que aparecem ligadas por uma barra. No final do texto, temos "dar quitação e/ou receber valores". O que se quer dizer é *dar quitação e receber valores* e *dar quitação ou receber valores*, sendo válidas as duas coisas. Assim, a barra existente entre **e** e **ou** indica uma adição.

Texto LXV

445) Letra d

A resposta se encontra bem clara no trecho: "... bebês que dormem com a luz acesa têm três a cinco vezes mais possibilidades de sofrer de miopia..." Na verdade, esse é o tema do texto.

446) Letra b

A revista publicou a conclusão de uma pesquisa feita pela Universidade da Pensilvânia, nos Estados Unidos (*l.* 7/8). A pesquisa já havia sido divulgada pela revista inglesa *Nature* (*l.* 4). Assim, a resposta só pode ser a opção **b**.

447) Letra e

De acordo com é uma locução prepositiva que indica conformidade. A palavra que pode substituí-la sem prejuízo de sentido é **conforme**, que, nesse caso, é uma preposição acidental.

448) Letra c

Questão de conhecimento de vocabulário. **Fisiológico** é um adjetivo que se refere ao estudo das funções orgânicas. Para músculos, temos o adjetivo **miológico**.

449) Letra c

Segundo a pesquisa, as crianças que dormem no claro têm muito mais possibilidades de desenvolver a miopia, donde se deduz que as que dormem no escuro têm reduzidas possibilidades. Destas, diz o trecho destacado, apenas 10%

desenvolveram a miopia. Assim, com o vocábulo **apenas** o autor indica que são poucas as pessoas que contrariam o resultado da pesquisa.

450) Letra b

É uma questão de significado de palavras. Se algo é uma hipótese, é porque existe a possibilidade de se concretizar. Se fosse impossível, não seria hipótese.

451) Letra c

A conjunção **se**, nesse período, é condicional. Pode ser trocada por seu sinônimo, **caso**: caso a luz fique acesa, a criança tende a se distrair.

452) Letra e

Nesse tipo de questão, faça as trocas solicitadas e veja qual delas mantém o sentido e a correção gramatical. O gerúndio muitas vezes equivale a uma oração subordinada adjetiva, que é aquela normalmente iniciada por um pronome relativo. Veja um outro exemplo: *vi um menino brincando* é o mesmo que *vi um menino que brincava.*

Texto LXVI

453) Letra e

No trecho, o autor somente destaca a nobreza e a esperança trazidas pelos objetivos fundamentais. Os comentários feitos nas quatro primeiras alternativas fogem a essa colocação simples. O trecho não fala de mudanças necessárias, da impossibilidade de eles serem alcançados ou do fato de ainda não terem se tornado realidade. Não importa que ao longo do texto muitas coisas sejam colocadas nesse sentido. A letra **e** é a resposta pois fala de algo nobre, como na passagem, e do ponto de partida, que pode ser associado à esperança.

454) Letra a

Todo ideal é um sonho, que pode, ou não, realizar-se. A concentração ideal é, assim, um sonho.

455) Letra d

O quarto objetivo está exposto pelo autor no trecho: "A promoção do bem de todos, sem preconceito de origem, raça, sexo, cor, idade e quaisquer outras formas de discriminação...". Mais adiante diz que, se não houver graves sanções impostas às condutas contrárias, "a cobra raivosa do preconceito continuará agindo no coração de muitas pessoas". Assim, observa-se que tais pessoas são contrárias, por seu preconceito, ao quarto objetivo. Na letra **d**, o autor usou a locução **de encontro a** para expressar essa ideia contrária. Não a confunda com outra, parecida: **ao encontro de**, que não encerra qualquer valor de oposição. Por exemplo: *ele foi ao encontro do amigo* (na direção do amigo, para abraçar o amigo etc.) é diferente de *ele foi de encontro ao amigo* (esbarrou no amigo, ou foi contrário às ideias do amigo).

456) Letra c

Na opção **c**, gabarito da questão, o sonho estratosférico representa a opinião do autor a respeito dos objetivos terceiro e quarto, não tem nenhuma relação com a postura do governo. Nas outras, há sempre uma crítica ao governo atual.

457) Letra c

Referir as palavras de alguém especialista naquilo que o artigo expõe confere, sem dúvida, mais credibilidade. Imaginem que a revista tivesse veiculado a opinião de uma pessoa de outro ramo do saber, ou até, pegando-se um extremo, de um indivíduo iletrado, mesmo que de boa vontade. Os leitores não confiariam no que ele dissesse. Tratando-se, como é o caso, de um sociólogo, professor da Universidade de Coimbra, o artigo ganha maior respeito por parte de seus leitores.

458) Letra b

Como a estratosfera, camada situada acima de 12.000 metros, é de difícil acesso, o adjetivo **estratosférico** passou a indicar aquilo que é impossível de se atingir. **Utópico** quer dizer exatamente irrealizável, quimérico. Por isso, no trecho, os vocábulos são sinônimos.

459) Letra b

É uma questão de paráfrase. **Verberar** pode significar **condenar**, **polarização** é o mesmo que **concentração**; além dessas trocas, houve o acréscimo de **que ocorre**, que estava subentendido no trecho destacado. Não houve, portanto, mudança de sentido.

460) Letra a

Se você voltar ao texto, vai verificar que as condutas são contrárias ao 4º objetivo fundamental, previsto no art. 3º da Constituição. Esse objetivo trata da discriminação de toda espécie. O remédio (meio adequado e lícito para se alcançar determinado fim de direito, segundo o Aurélio) proposto pelo jornalista é exatamente a criminalização dessas condutas contrárias, ou seja, que as pessoas sejam apenadas, punidas pela prática de qualquer tipo de discriminação.

461) Letra b

Os parênteses são usados em inúmeras situações. Aqui servem para mostrar em que artigos (e suas divisões) fica proibida a discriminação entre homem e mulher.

462) Letra e

Os significados dos latinismos são os seguintes: **sic** – assim mesmo; **et alii** – e outros; **ad hoc** – para isso; **lato sensu** – em sentido amplo. A letra **e** está perfeita: **verbi gratia** corresponde ao português **por exemplo**.

463) Letra a

O texto é uma dissertação, pois está baseado nas ideias. Assim, como qualquer dissertação, apresenta os argumentos do autor. É apenas opinativo, não chega a criar polêmicas. Daí a resposta ser a letra **a**. Na realidade, bastaria que se dissesse **argumentativo**. A palavra **opinativo** poderia ser dispensada, por redundante.

Texto LXVII

464) Letra b

A resposta se encontra logo no primeiro parágrafo, no emprego da expressão "nossa infância". O autor está, no trecho, dirigindo-se aos leitores, por isso o emprego do possessivo **nossa**. Portanto, era uma expressão usada por ele e outras pessoas, em sua infância.

465) Letra a

A própria expressão **come e dorme** sugere a lentidão do jogador. Comer e dormir, jogando pouco, leva à ideia de morosidade desse tipo de jogador. E, para confirmar a resposta, as outras opções são facilmente descartadas; **apadrinhados** ou **privilegiados** seriam se estivessem sempre jogando, mesmo sem capacidade; se fossem importantes, não ficariam sem jogar.

466) Letra a

Na letra **b**, o autor critica os jogadores pelo fato de ganharem e quase não jogarem. Na opção **c**, pelo fato de serem colocados em campo quando o resultado já estava definido. Na alternativa **d**, por mergulharem no amadorismo. A letra **a** não apresenta qualquer tipo de crítica.

467) Letra c

Nesse trecho, o autor fala sobre a vida do jogador conhecido por come e dorme, repleta de facilidades: quase não jogavam, recebiam pagamento, tinham pouco compromisso no clube etc.

468) Letra b

O autor fala da transformação ocorrida com o time do come e dorme. Segundo ele, continua comendo, e comendo muito, mas não dorme. A transformação se deu "com as exigências cada vez mais severas do regime profissional" (*l.* 14/15).

469) Letra a

Questão de sinonímia. O verbo **ressurgir** (surgir de novo) é o mesmo que **reaparecer** (aparecer de novo). Não há qualquer tipo de dificuldade.

470) Letra d

Questão de antonímia, também sem dificuldade alguma. O adjetivo **severas** é o contrário de **brandas**. Diz-se que são dois antônimos.

Texto LXVIII

471) Letra b

A palavra **dentro** responde à questão. A mídia está dentro de quê? Do problema das drogas. Assim, de uma forma ou de outra, a mídia se envolve com o problema. A letra **e** poderia confundir um pouco; ela seria o gabarito se o título fosse *drogas: a mídia está por dentro*. Popularmente, **estar por dentro** é conhecer bem alguma coisa.

472) Letra c

O gerúndio, na frase, indica ação concomitante àquela expressa pela oração principal. É uma característica do gerúndio. A conjunção que exprime essa ação é **enquanto**. Prosseguindo a leitura, isso ficará provado com o emprego da forma verbal **ouvi**: *enquanto assistia, ouvi um raciocínio...*

473) Letra d

O emprego do gerúndio nesse trecho é idêntico ao da questão anterior. Veja que admite a troca por *enquanto tecia considerações...* Assim, a ação é concomitante, simultânea à expressa pela forma verbal **saía**.

474) Letra d

É uma questão de paráfrase. O trecho sublinhado aparece alterado. O único em que não há mudança de sentido, portanto é uma paráfrase, se encontra na opção **d**. As opções **a** e **b** são facilmente descartadas. A letra **c** não cabe, pois **não vir ao caso** não é **ter pouca importância**; uma coisa pode ser importante, mas não vir ao caso. Na letra **e**, o verbo **sair** não corresponde ao verbo **desviar**; quem se sai bem não desvia do assunto principal.

475) Letra e

Questão de sinonímia. Não há o que discutir. **Marginal** pode ser substituído por **paralelo**, sem que haja alteração de sentido: são sinônimos.

476) Letra b

A expressão **ou melhor** pode indicar retificação ou esclarecimento. Está usada no texto com o intuito de esclarecer a afirmação feita sobre a publicidade. Ela não está corrigindo algo que tenha sido dito. Veja um exemplo de retificação: Ele estuda Física, ou melhor, Matemática.

477) Letra a

Antes de mais nada, é preciso lembrar qual a tese do professor, que o autor do texto chamou de óbvia. A tese é que "a publicidade não pode tudo" (*l.* 7/8); em outras palavras: nem sempre nossos atos são influenciados pela publicidade. O argumento que a defende é o fato de muita gente cheirar cocaína embora não haja propaganda dessa droga na TV.

478) Letra d

O pensamento do professor é apoiado por algo que, naturalmente, o autor do texto considerou uma coisa lógica, ou seja, evidente: o fato de nem todo ato de consumo ser ditado pela publicidade.

479) Letra a

Em primeiro lugar, o início do parágrafo em que esse trecho se insere responde, sem problemas, à questão: "A favor da mesma tese...". Em segundo, porque confirma a ideia do professor de que a publicidade não consegue tudo em relação aos consumidores; embora ela tente fazer isso, o consumidor muitas vezes caminha por outro lado, pois guarda, como se vê mais adiante no texto, "alguma independência em sua relação com a publicidade..."(*l.* 23/24).

480) Letra a

Silogismo, segundo a Lógica, é a união de duas premissas, das quais, por inferência, se tira uma terceira, chamada conclusão. Por exemplo: Todo homem é racional (1ª premissa) / Paulo é um homem (2ª premissa) / Logo, Paulo é racional (conclusão). O silogismo proposto pela questão não é verdadeiro porque a primeira premissa é falsa: ela diz que toda publicidade muda hábitos, o que contraria o texto.

481) Letra e

Na letra **a**, a expressão "Por favor" faz o elo entre o autor e os leitores. Nas opções **b**, **c** e **d**, o autor se dirige ao leitor através de perguntas: "Tudo certo?", "Qual a conclusão lógica?" e "Moral da história?". Na última opção, não se usa semelhante recurso.

482) Letra d

Questão de sinonímia. **Soporífero** é o que produz sono; é usado, figuradamente, como **maçante**. Sinônimos que poderiam ter sido usados nas alternativas incorretas: impostas, confirmar, ilegítimas, independência.

483) Letra d

Esta é uma técnica comum entre os escritores: usar a primeira pessoa do plural para uma aproximação maior com os leitores. Já tínhamos visto, na questão 481, que o autor do artigo usa termos voltados diretamente para o leitor, como que para conversar com ele. O emprego da 1ª pessoa do plural só vem confirmar essa tendência do autor.

484) Letra b

A palavra **terrorista** sugere intimidação. Quando alguém diz, às vezes sem qualquer sustentação, que a empresa em que trabalha vai falir e todos ficarão, em consequência, desempregados, está metendo medo nas pessoas, intimidando-as em função da suposta iminência de uma derrocada financeira.

Diz-se, então, que foi terrorismo por parte daquela pessoa que espalhou o boato. Daí a resposta ser a letra **b**.

485) Letra c

O trecho destacado mostra dois tipos diversos de campanhas antidrogas: as soporíferas e as terroristas, sendo que todas fracassam. A opção **c** diz exatamente isso, só que se utilizando de outra construção: mesmo apelando para estratégias diferentes (soporíferas e terroristas), as campanhas fracassam.

486) Letra b

Mais uma questão em que a opção correta reescreve o trecho do enunciado. Veja bem: "ainda somos minimamente livres" equivale a *possuímos liberdade limitada*; "Nem que seja para consumir produtos químicos ilegais" é o mesmo que *ainda que a empreguemos mal* (a liberdade).

487) Letra b

O autor acha, contrariando o professor, que a mídia faz propaganda de drogas, ao falar do efeito que elas produzem. Veja a segunda metade do último parágrafo.

488) Letra d

A resposta se acha no trecho: "Embora não vejamos um comercial promovendo explicitamente o consumo de cocaína..., a verdade é que os meios de comunicação nos bombardeiam... com a propaganda não de drogas, mas do efeito das drogas" (terceiro parágrafo). Não se esqueça de que devemos procurar elementos no texto, mesmo que não concordemos com eles. Pelas alternativas apresentadas, a resposta só pode ser a letra **d**. A única que talvez suscite dúvidas é a opção **c**; acontece que as drogas são condenadas de maneira explícita, o que parece chocar-se com o gabarito.

489) Letra c

Questão de sinonímia. O professor estava fazendo apreciações sobre o provão. Assim, **considerações críticas** são **considerações de apreciação**. As outras opções se excluem naturalmente.

490) Letra a

Correspondência entre as locuções adjetivas e os adjetivos. Se, em vez de **debates**, usássemos **alunos**, a correspondência seria válida: **alunos universitários** é o mesmo que alunos **de universidades**. Com a palavra **debates**, em virtude de seu sentido, a correlação não existe. Nem sempre se pode trocar uma locução adjetiva por um adjetivo, e vice-versa.

Texto LXIX

491) Letra b

O texto nos diz que a lei exige que os ministros do STF e do STJ tenham reputação ilibada. É um paradoxo, porque para o ministro do TCU, corte hierarquicamente abaixo das outras duas citadas, há uma dupla imposição: reputação ilibada e idoneidade moral.

492) Letra c

A resposta já foi dada na questão anterior: ao ministro do TCU são exigidas duas coisas: reputação ilibada e idoneidade moral, diferentemente dos ministros do STF e do STJ, dos quais só se exige reputação ilibada.

493) Letra c

Algo tem caráter subjetivo quando depende de opinião, ou seja, obedece a padrões individuais, e não coletivos. Por isso a resposta é a letra **c**. A letra **e** fala em univocidade, que significa homogeneidade, inequivocidade. Uma coisa é unívoca quando não dá margem a interpretações diversas, a ambiguidades. Valores subjetivos não são valores unívocos, pois podem ser múltiplos, embora digam respeito ao indivíduo. Alguém pode ter sobre uma mesma coisa ideias variadas.

494) Letra d

Decoro é decência, dignidade, recato no comportamento. O chamado **decoro parlamentar** é a postura digna requerida para o exercício do cargo. Ora, se a conduta é irregular, houve falta de decoro, mesmo que isso não seja descoberto. Assim, é hipócrita quem se diz possuidor de decoro, quando o que ocorre é que suas ações indevidas não foram descobertas. O autor está denunciando essa hipocrisia.

495) Letra d

Estabelecer a coesão entre parágrafos é uni-los através de determinados elementos, os chamados conectores. A expressão "outras curiosidades" faz menção a elementos do parágrafo anterior, preparando o leitor para novas informações, acréscimos que serão feitos no atual parágrafo. Da mesma forma, "nada disso" conduz o leitor a algo citado no 2º parágrafo (já vimos que o pronome **isso** se presta a tal tipo de ligação).

Texto LXX

496) Letra d

A resposta se encontra no trecho; "... a fim de que possam garantir a continuidade da vida..."; **continuidade da vida** é o mesmo que **sobrevivência**.

497) Letra d

Trata-se de uma questão que pede, naturalmente, um conhecimento independente do texto, porém é muito simples. A criança precisa de que a alimentem, ou não sobreviveria. É claro que o mesmo pode ocorrer com os idosos, mas não é uma regra geral: há velhinhos que podem fazê-lo por si mesmos. A resposta realmente é a letra **d**.

498) Letra e

Questão de vocabulário. Procure sempre voltar ao texto e fazer nele as substituições propostas. Não tente resolver a questão apenas com base nas alternativas. **Na cidade**, que é um adjunto adverbial de lugar, não pode ser substituído por **urbanamente**, que transmitira à frase uma ideia de modo, inadmissível no contexto.

499) Letra a

É o sentido do trecho. Quando se diz "não são apenas", espera-se naturalmente que outros sejam citados adiante. Aí, volta-se ao texto para conferir. Lá encontramos: "... não são apenas de ordem material... Elas são também de ordem espiritual e psicológica" (*l.* 10-12). Note a correlação **apenas / também**.

500) Letra b

Esta questão leva em conta, ao falar de ordem espiritual, a ideia de religiosidade. Se fôssemos tomar o termo em seu sentido amplo, veríamos que todas as palavras apresentadas, por indicarem sentimentos, têm um caráter espiritual. **Crença** e **fé**, sob o aspecto da religiosidade, são valores de cunho espiritual, quase sinônimos, diria. Na opção **c**, elas aparecem juntas, não podendo estar aí a resposta. Como primeiro elemento do par, **crenças** só aparece na letra **b**, que é a resposta. E realmente, no desenvolvimento do texto, o autor separa a fé e as crenças, por meio da expressão "além disso" (*l.* 14/15), de todas as outras coisas, tão somente de caráter psicológico.

501) Letra a

Questão de paráfrase. O homem não pode viver fora da sociedade, pois isso é para ele uma necessidade. Tal é a ideia do trecho destacado. A letra **a** diz exatamente isso, com outras palavras. É uma questão de atenção, de leitura cuidadosa. Observe que as opções **b** e **e** invertem as coisas.

502) Letra b

O fato de se sentir sozinha faz com que a pessoa fique triste. Assim, a solidão é a causa da tristeza, daí a resposta ser a letra **b**. As três últimas opções têm o mesmo significado e invertem o sentido de causa e efeito.

503) Letra d

A ideia do trecho é esta: continuar sozinha faria com que ela enlouquecesse. Assim, a primeira oração é motivada pela primeira.

504) Letra c

O segmento sublinhado denota o privilégio de certos indivíduos (todas as necessidades de algumas pessoas são satisfeitas) em detrimento de outros (os que têm apenas algumas de suas necessidades satisfeitas). Privilégio significa desigualdade social.

Texto LXXI

505) Letra a

A resposta se encontra, bem nítida, no início do texto: "mais vale, no governo, a instabilidade que a irresponsabilidade". Ou seja, a irresponsabilidade vale ainda menos que a instabilidade. São palavras de Rui Barbosa, citadas pelo autor, que logo em seguida diz: "- essa nota dominante do presidencialismo". Adiante, confirmando a tese, diz Rui Barbosa: "Na irresponsabilidade vai dar, naturalmente, o presidencialismo."

506) Letra c

A questão exige do candidato conhecimentos da história recente do Brasil. Ela não dá ao candidato, em meu ver, condições reais de solução. Tudo indica que a banca faz, com a opção **d**, alusão ao parlamentarismo criado no Brasil logo após a posse de João Goulart, que lutaria, com sucesso, pelo retorno do presidencialismo. Mas, ficaremos com a letra **c**, que fala em um processo lento e complicado (*impeachment*) que quase não teve aplicação. Tal afirmação ignora o *impeachment* do presidente Collor, o qual já havia ocorrido na época em que o texto foi escrito.

507) Letra a

O que se afirma na opção **b** pode ser conferido no trecho, com palavras de Rui Barbosa: "a responsabilidade criada sob a forma do *impeachment* se faz absolutamente fictícia, irrealizável, mentirosa...". O que se afirma na opção **c** se encontra na passagem: "Defronta-se o sistema porém com um processo lento e complicado (o *impeachment*, conforme vimos)..." Já a afirmação da letra **d** tem apoio na passagem: "... depois de lembrar o *impeachment* nas instituições americanas como uma ameaça desprezada e praticamente inverificável..." Também nesta outra: "Sobre o *impeachment*..., que dorme 'no museu das antiguidades constitucionais' é ainda decisivo..." A afirmação da letra **a** não tem apoio no texto.

508) Letra c

O enunciado diz "referência explícita". Assim, no último parágrafo, único onde isso ocorre, temos "... a que é chamado o Executivo na forma parlamentar..."

509) Letra d

Questão de sinonímia. **Capitular** é o mesmo que **enumerar**, ou pelo menos pode ser. Na passagem destacada, realmente **capitulados** é sinônimo de **enumerados**.

510) Letra b

A resposta se encontra no trecho: "Tendo aludido... um dos nossos bons constitucionalistas retratou com suma clareza...". Ou seja, um dos nossos bons constitucionalistas é que fez a alusão.

Texto LXXII

511) Letra d

O primeiro parágrafo do texto diz que os dois princípios encarnam-se nos tipos do aventureiro e do trabalhador. Depois, acrescenta que eles (os princípios), nas sociedades rudimentares, distinguem os povos caçadores (ou coletores) dos povos lavradores. Assim, pode-se dizer que o tipo aventureiro está para os povos caçadores, assim como o tipo trabalhador para os povos lavradores. O caçador, por natureza, é aventureiro; o lavrador, por natureza, é trabalhador. Pode-se também resolver a questão por eliminação: as três outras alternativas não têm qualquer apoio no texto.

512) Letra c

A resposta se encontra na passagem, que se refere ao aventureiro: "- tudo, enfim, quanto se relacione com a concepção espaçosa do mundo, característica desse tipo". Como o trabalhador é o inverso do aventureiro, conforme se verifica em todo o texto, o contexto espacial do trabalhador é limitado; ele não se expande como o aventureiro. Por conseguinte, a resposta só pode ser a alternativa **c**.

513) Letra c

Aparentemente, uma questão que não está centrada no texto. As alternativas **a** e **d** são naturalmente eliminadas. A letra **b** pode ser eliminada pois qualquer tipo de controle não diz respeito ao aventureiro. Fica-se, pois, com a letra **c**; a busca dos horizontes distantes está relacionada com "a concepção espaçosa do mundo" (4º parágrafo), característica do aventureiro.

514) Letra c

No primeiro parágrafo, o autor cita os lavradores, situando-os nas sociedades rudimentares, bem como os caçadores. Mas não diz, em momento algum, que eles só existiram nessas sociedades. Aliás, o advérbio **já** nos ajuda bastante; ele quer dizer que desde aquela época os dois princípios se manifestavam, na distinção entre povos caçadores e povos lavradores, não se excluindo a possibilidade de esses povos existirem em outras épocas.

515) Letra b

Na alternativa **b**, houve uma inversão. **Deste lado** refere-se, por uma questão de coesão, ao elemento mais próximo: **trabalhador**. Só que pelo sentido deveria referir-se ao aventureiro. O mesmo problema se deu com o termo **daquele**, que, por um processo coesivo, se refere ao mais afastado: **aventureiro**, quando, na realidade, deveria referir-se ao trabalhador.

516) Letra b

A ética são princípios e normas de conduta. O trecho diz que o trabalho e a aventura possuem, ambos, a sua ética. Então, pode-se dizer que, para os dois, existem princípios e normas de conduta. Por isso a resposta é a letra **b**.

Texto LXXIII

517) Letra d

Quem consome remédio por conta própria mete-se em uma aventura perigosa, pois os males podem ser enormes. É como um esporte de alto risco, aliás esporte de âmbito nacional, em face da grande quantidade de pessoas que o praticam. Dessa forma, o autor condena a pouca seriedade com que tais pessoas consomem remédios sem a devida orientação médica.

518) Letra d

A ideia, quase imperceptível, é a seguinte: a expressão **por conta própria** colocada ao lado da palavra **leigos**, sem vírgula, passa a ideia de que eles são leigos por conta própria, e não que se medicam por conta própria.

519) Letra c

Veja o trecho seguinte, extraído do primeiro parágrafo: "... mas esse problema jamais atingiu contornos tão preocupantes no Brasil como atualmente." Mais adiante, no segundo parágrafo, ele afirma: "Diante desse quadro, o médico tem o dever de alertar a população para os perigos..."

520) Letra e

Trata-se de radicais de origem latina ou grega muito utilizados em português. O elemento **calc**, da palavra **cálcio**, é de origem latina e significa **pedra calcária**. Para **osso**, na língua portuguesa, temos o grego **oste(o)**, como em osteologia, e o latim **oss**, como em ossada.

521) Letra a

A conjunção **já que** (mais precisamente uma locução conjuntiva), na passagem destacada, tem valor de causa. **Uma vez que** pode ser usada em seu lugar sem alteração de sentido, pois também é conjunção (locução conjuntiva) causal. Na letra **d**, o que poderia substituir a palavra **para** é **a fim**.

522) Letra e

As palavras pertencem ao mesmo campo semântico quando se associam, de alguma forma, pelo sentido. Por exemplo: flor, jardim, espinho, perfume; não são sinônimas, estão ligadas por uma ideia comum. Da mesma forma, **arsenal**, **armas**, **guerra** e **combater**; a palavra **inveja** não está associada semanticamente às outras.

523) Letra b

O próprio verbo **acreditar** encerra esse caráter de subjetividade. Usado na 1ª pessoa do singular, confere o valor meramente opinativo para o autor do texto.

524) Letra b

A expressão *das vendas realizadas sem receita médica* amplia, esclarece a significação de *da venda* livre *de seus produtos*. Cabe à locução **isto é** ligar as duas. Tem, pois, caráter explicativo.

525) Letra b

Há trechos que justificam plenamente o gabarito, embora nem fosse necessário citá-los, em função do que o texto como um todo nos apresenta. Na linha 10, encontramos: "... o médico tem o dever de alertar a população...". Nas linhas 11 e 12: "... sem que necessariamente faça junto com essas advertências..."

526) Letra a

Quem escreve é um médico. Houve então a preocupação, por parte dele, de que o leitor não pensasse que a intenção do autor era conseguir novos clientes, exatamente aqueles que deixassem de se automedicar para procurar um médico. Isso seria, sem dúvida, falta de ética.

Texto LXXIV

527) Letra a

A história toda gira em torno desses dois personagens, sendo que a mulher tem menos importância no texto, já que não interfere no relacionamento do animal com a família; por ela ficaria tudo na mesma, até o fim. Assim, o título faz alusão aos dois personagens centrais.

528) Letra e

A palavra **maus-tratos** pressupõe algum dano físico a um ser qualquer. O homem se limitava a trocar, por questão de economia, o alimento da galinha, mas ela não ficava sem comer. As outras opções são facilmente localizadas no texto.

529) Letra b

A resposta se justifica pelo fato de a galinha continuar pondo os ovos, apesar de perder as regalias alimentares. Ela se conformava com a situação e prosseguia na sua função de poedeira de ovos de ouro.

530) Letra c

A passagem em destaque no enunciado nos diz que o homem era dono de uma galinha. Na letra **a**, afirma-se que a galinha vivia com o homem, o que não quer dizer que ele fosse seu dono. Na letra **b**, há uma generalização: o homem cria galinhas, não apenas aquela da história, alterando-se o sentido do trecho. A letra **d** é descabida. A letra **e** pode confundir um pouco; o fato de o homem criar uma galinha não garante que seja ele seu dono: pode-se criar um animal para uma terceira pessoa.

531) Letra d

Essa expressão é muito utilizada em histórias infantis exatamente com a função de indeterminar o tempo em que ela se passa.

532) Letra c

A informação de que a galinha botou um ovo de ouro, fato que a tornava um ser especial, é dada após a frase destacada no enunciado. Portanto, até ali, tratava-se de uma galinha normal, como qualquer outra.

533) Letra d

A resposta está presente, sem margem a dúvidas, no terceiro período do texto: "Um dia a galinha botou um ovo de ouro". E, como se observa pelo desenrolar da narrativa, não mais parou. A letra **c** fala em botar ovos de ouro antes da época própria, mas não existe essa época, pôs botar ovos de ouro é uma fantasia; o texto tem como base uma famosa história infantil, a de João e o pé de feijão.

534) Letra d

Os dois últimos períodos do primeiro parágrafo podem fundir-se em um só: *o homem ficou contente porque um dia a galinha botou um ovo de ouro*. A primeira oração se chama principal, e a segunda, começada por **porque**, subordinada adverbial causal. Logo, o fato de a galinha ter botado um ovo de ouro teve como consequência o fato de o homem ficar contente.

535) Letra c

Uma das funções principais do travessão é indicar a fala do interlocutor. Ele é usado inúmeras vezes no texto, pois o homem e a mulher conversam no decorrer da narrativa.

536) Letra a

A primeira providência da mulher, logo após a galinha botar um ovo de ouro, foi dar-lhe mingau, pão de ló e sorvete (*l*. 8).

537) Letra c

Evidentemente, as opções **b** e **e** são absurdas. Não poderia ser nem o homem, nem a mulher (opções **a** e **d**) pois, como personagens, sua fala seria introduzida por um travessão, ou mesmo colocada entre aspas. Outra possibilidade de um deles ser o responsável seria a construção da frase com discurso indireto; não é o caso: as palavras são mesmo do narrador.

Texto LXXV

538) Letra a

O autor do artigo lembra, no sexto parágrafo, que os criminosos são tidos como "coitadinhos, vítimas do sistema". No mesmo parágrafo, demonstra indignação e afirma que coitadinhos são "os milhões de brasileiros que sobrevivem com salários obscenamente baixos...". Assim, o título se refere aos dois tipos de "coitadinhos", daí o duplo sentido presente nele.

539) Letra b

A frase do Juiz titular da Vara de Execuções Penais demonstra a impotência da justiça e da sociedade em geral diante do crime organizado; assim, a sociedade se encontra, nos dizeres do autor, anestesiada e derrotada, ou seja, vendo as coisas ruins acontecerem sem poder fazer nada.

540) Letra d

A letra **a** não cabe como resposta, pois numa paráfrase não pode haver alteração de sentido. A opção **b** pode levar a erro; a palavra **principalmente**, no trecho destacado, indica que há outros, além dos coitadinhos de verdade, para os quais a dignidade tem de ser restaurada, enquanto a alternativa limita a extensão do pronome **todos** aos coitadinhos de verdade. A letra **c** está errada, porque a conjunção **ou** tem valor de alternância, e não de adição. A opção **e** contém erro já que, como comentamos, a dignidade deve ser restaurada para todos, não apenas para os coitadinhos de verdade. O gabarito realmente é a alternativa **d**, pois o uso de um idioma estrangeiro confere uma certa pompa à expressão, que na realidade se refere a criminosos.

541) Letra d

Eis aqui um emprego curioso do advérbio **sim**. O autor dá sua opinião sobre algo polêmico. Como que prevendo possíveis objeções e querendo que sua opinião seja aceita por todos, ele se utiliza da palavra como uma espécie de reforço. É como se ele dissesse: não adianta acharem o contrário, eles merecem sim.

542) Letra a

A ideia é a seguinte: o juiz dissera que a transferência de presos não resolveria o problema. No início do parágrafo seguinte, o autor escreve: "Digamos que não resolva". Com o verbo **digamos**, ele apresenta uma hipótese; é uma hipótese sobre um fato futuro (que não resolva, que não venha no futuro a ser resolvido). Só que o texto vai contra-argumentar, como se vê no trecho: "Mas não merecem um micrograma que seja de privilégios, entre eles o de determinar onde cada um deles fica preso." Ou seja, talvez a transferência não resolva, mas não se pode permitir que os próprios presos escolham onde querem ficar.

543) Letra c

"Adoráveis senhores" são os bandidos. Como bandido não tem nada de adorável, o autor usou a expressão querendo dizer exatamente o contrário. Isso só pode ser percebido no contexto.

544) Letra a

Questão de coesão textual. A palavra **que**, na alternativa **a**, não se refere a nenhum elemento anterior. Ela faz parte da locução conjuntiva **por mais que**, com a intercalação do adjetivo **hediondos**. **Por mais que** é o mesmo que **embora**: embora tenham sido hediondos...

Texto LXXVI

545) Letra c

A resposta da questão se encontra na passagem: "... a redução da violência exige mudança profunda no enfoque da administração dos problemas sociais pelos governos federal, estadual e municipal." A letra **c**, que é o gabarito, é um resumo desse trecho.

546) Letra a

Apesar de e **não obstante** são expressões de valor concessivo. É uma questão de sinônimos. Veja outro exemplo: *apesar do calor, usou o agasalho* (*não* *obstante o calor, usou o agasalho*). As duas partes da frase são opostas: não se usa, normalmente, agasalho quando faz calor.

547) Letra c

O segundo parágrafo apresenta um argumento de cunho social: o fato de morrerem, no país, em dez anos, mais pessoas do que nas guerras do Timor-Leste e de Kosovo juntas. Os dois últimos mostram argumentos de cunho econômico, ao citar, em dólares, o custo da violência.

548) Letra b

Nenhum escritor é obrigado a explicar o significado das siglas que porventura utilize. Se ele quiser, não explica nenhuma, mesmo que seu leitor não entenda nada do que ele escreve. Assim, para o redator, houve necessidade de explicar algumas. É só uma questão de bom senso.

549) Letra c

A expressão **e em menos tempo** reforça a ideia da violência, já evidente pelo fato de morrerem mais pessoas no país do que naquelas duas guerras juntas. Quer dizer: além de morrerem mais pessoas, as mortes ocorreram num espaço de tempo menor do que o das guerras citadas. Assim, torna-se clara a exagerada intensidade da violência no país.

550) Letra e

O estado de São Paulo é citado no texto em virtude dos altos índices de violência que abriga. Tão altos, que seus custos alcançam cerca de 3% do PIB. Logo, fica evidente que a violência nesse estado colabora, como se vê na alternativa **e**, para a elevação dos índices de violência no país.

Texto LXXVII

551) Letra a

O que se quer com esta questão é que se coloquem, no título, os adjetivos propostos, como a completá-lo. **Autoritário** é um adjetivo que significa dominador, ditatorial, impositivo. Teríamos, desse modo: que país autoritário! Não é essa a ideia do texto: nele nada sugere que o país seja autoritário. Mas é, sem dúvida, injusto, estranho, desigual e incoerente.

552) Letra d

As opções **a**, **c** e **e** especificam os gastos: com a educação, com salários da classe política e com investimentos. A opção **b** pode causar problemas; na realidade, ela também especifica, pois **pagamentos governamentais** são apenas uma espécie de despesa pública: a despesa que o Governo tem com pagamentos (mas há outros gastos do Governo além de pagamentos). A resposta é a letra **d**, pois os gastos públicos são quaisquer movimentações financeiras que o governo faça, isto é, são gastos gerais do Governo.

553) Letra a

Embora não haja no texto elementos reais para se comprovar a resposta (veja que o enunciado diz "mais plausível"), dá para se chegar a ela por eliminação. É a mais lógica de todas.

554) Letra e

Têm grande carga de subjetivismo (opinião do autor), pela ordem de aparecimento: barbaridades, loucura, humilhantes, delírio. Essas palavras estão no texto por conta do emocional do autor. Na opção **e**, nenhuma palavra possui semelhante característica.

555) Letra c

Segundo o texto, o Orçamento da União é um documento que prevê os gastos com a Câmara, com o Senado, com a Saúde e com a Educação. Não autoriza gasto nenhum, como diz a letra **d**, apenas mostra a movimentação financeira. As outras opções se excluem naturalmente.

556) Letra a

O texto tem como finalidade informar os seus leitores. É objetivo por ser um texto jornalístico. Não se pode afirmar que os dados apresentados são imprecisos e irresponsáveis, nem que escondem problemas do Governo; nada no texto sugere isso. Também não há elementos que digam ser desnecessários os gastos com a classe política, mas sim desproporcionais aos dos indivíduos em geral. A última opção é descabida.

557) Letra a

Tudo na Câmara ocorre em função da atividade dos deputados, mesmo porque sem eles não haveria a Câmara. Assim, dividindo-se a despesa geral da

Câmara (salário de deputados, assessores e funcionários, materiais utilizados, cópias xerográficas etc.) pelo número de deputados, chega-se ao que cada deputado custa ao país.

558) Letra c

O termo **rubricas** é técnico e se refere aos vários itens do Orçamento. O autor falara, até ali, sobre os gastos com a Câmara e o Senado, expressos por números astronômicos. Faz então uma comparação com outras rubricas, que são a saúde e a educação. A diferença é tão brutal, que o autor considerou um delírio os imensos gastos com a Câmara e o Senado.

Texto LXXVIII

559) Letra c

O dever que a imprensa tem de investigar (*l.* 9) caracteriza a intromissão de que nos fala o artigo. Uma de suas virtudes aparece logo depois, no trecho: "Mesmo que, às vezes, eles estejam enterrados em pontos remotos de suas biografias." Por isso, a resposta é a letra **c**.

560) Letra b

Se ela peca mais pela omissão, é porque ela se omite mais do que se intromete, isto é, ela se intromete pouco. Porém, nenhuma alternativa apresenta esse paralelo. A letra **d**, por exemplo, inverte os fatores. Na realidade, não interessa se há mais intromissão ou mais omissão, e sim que as duas coisas existem: ela tanto peca por uma, quanto por outra. Dessa forma, o gabarito só pode ser a letra **b**.

561) Letra d

A resposta se acha no trecho: "Esta revista marcou sua presença na vida brasileira justamente pela convicção que esse é um risco que vale a pena correr." Risco de quê? De investigar. Ou seja, o risco que os órgãos de imprensa correm com sua investigação ("risco de parecer persecutórios ou de estar patrocinando campanhas...").

562) Letra c

A resposta se encontra, nítida, no trecho: "Esta revista marcou sua presença na vida brasileira..."

Texto LXXIX

563) Letra b

O homem, segundo o texto, não age como o cão: se for beneficiado por você, ele lhe fará alguma coisa de ruim. É o sentimento chamado ingratidão, que consiste em não reconhecer o benefício recebido.

564) Letra d

Famigerado é o mesmo que famoso; **moribundo** o que está morrendo; **defunto** o que já morreu; **necessitado** o que tem necessidade; **faminto**, da alternativa **d**, é o que tem fome. A oração adjetiva **que morre de fome** representa uma hipérbole, um exagero, mas equivale a faminto.

565) Letra b

A palavra **se** tem valor nocional de condição, equivalendo a **caso**; a conjunção **e** tem valor semântico de adição; **que** é pronome relativo, não tem valor nocional; a preposição **entre**, que introduz um complemento nominal, não tem valor semântico. Na alternativa **b**, que é a resposta, a preposição **de** introduz um adjunto adverbial de causa, podendo-se dizer: morre por causa da fome. Assim, seu valor nocional ou semântico é de causa.

566) Letra d

Questão de coesão textual. A oração *e o tornar próspero* equivale a *e tornar o cachorro próspero*. Já a oração *ele não o morderá* vale por *ele não morderá você*. Assim, usando uma linguagem muito comum em concursos, **cachorro** e **você** são os referentes dos pronomes átonos usados adiante.

567) Letra e

Mero recurso estilístico. Sempre que possível, o escritor usa sinônimos ou expressões equivalentes para não repetir enfadonhamente determinados termos. Às vezes, é bom que se diga, faz exatamente o contrário: repete para criar expressividade. As quatro primeiras opções são facilmente descartadas, e a resposta só pode ser a letra **e**.

568) Letra d

No texto, o verbo **tornar**, embora transitivo direto (seu objeto direto é o pronome **o**), tem o valor de **transformar**, isto é, indica que seu objeto direto sofre uma transformação; está acompanhado de um predicativo, a palavra **próspero**. Na letra **a**, o predicativo é **armas**; na **b, rico**; na **c, estrangeiro**; na

e, **impacientes**. Na opção **d**, não há predicativo porque o verbo **tornar** é um simples verbo auxiliar, com o sentido de voltar (nunca mais voltou a falar).

Texto LXXX

569) Letra b

Os polos da divisão a que se refere o enunciado da questão são a vida boa e o sucesso. Assim, podemos localizar, ao longo do texto, os pares assinalados em cada alternativa. Opção **a**: "... saberíamos aceitar nossa condição..." (*l*. 6/7); "... no qual nossa condição poderia ser mudada e melhorada..."(*l*. 8/9). Opção **c**: "A vida boa, em princípio, é o ideal de felicidade das sociedades tradicionais..." (*l*. 13/14); "... e era o ideal da nossa antes da modernidade..." (*l*. 14). Opção **d**: "Para a vida boa, é necessário satisfazer o essencial..." (*l*. 15/16); "... ser insatisfeito é ser moderno." (*l*. 23). Opção **e**: "... a diferença correta entre as pessoas e o grupo social: 'os brasileiros' não são a mesma coisa que 'as pessoas' no Brasil." (*l*. 46-48). A opção **b** não tem apoio no texto.

570) Letra e

A opção **a** é pressuposta pelo trecho: "... e era o ideal da nossa antes da modernidade..." (*l*. 14). A opção **b** é pressuposta no trecho: "Como é possível?" (*l*. 29). A opção **c** é pressuposta pela passagem: "Pode, entretanto, parecer contraditória a essas a resposta..." (*l*. 43/44); o verbo **pode** pressupõe que haja contradições aparentes e contradições não aparentes. A opção **d** é pressuposta no trecho: "Surpreendentemente, os entrevistados parecem fazer a diferença correta..." (*l*. 46). O que se afirma na opção **e** não é pressuposto por nenhuma passagem do texto.

571) Letra c

Questão de coesão textual. Na linha 28, a expressão **em recente pesquisa** é um adjunto adverbial sem qualquer ligação com elementos passados ou que virão no texto. Nas outras opções, temos o seguinte: **em suma** introduz um resumo do que foi dito antes; **ao contrário** estabelece oposição entre o ideal de vida boa (todo o parágrafo anterior) e o ideal de sucesso; **mas** liga sua oração ao período anterior, criando uma ideia de adversidade, oposição; **então**, com valor de conclusão (equivale a **portanto**), liga a leitura feita por Roberto da Matta à pesquisa citada no parágrafo anterior.

572) Letra a

Dispensadora de destinos quer dizer **que concede destinos**, a **que faz concessão de destinos**. O termo **O que conta** quer dizer **o que vale**, **o que tem relevância**. Daí a resposta ser a letra **a**.

573) Letra c

Questão de coesão textual. A primeira correlação é errada, pois o pronome relativo **que** refere-se a **mundo**, e não a **desejo**. A segunda é correta, pois o pronome relativo **que** (igual a **a qual**) tem como antecedente a palavra **procura**. A terceira é correta, pois o pronome relativo **que** (igual a **os quais**) tem como antecedente o substantivo **itens**. A quarta é errada porque o pronome relativo **à qual** (na realidade preposição **a** mais pronome **a qual**) tem como antecedente **pergunta**, e não **resposta** (não se dá resposta a uma resposta, mas a uma pergunta). A quinta é correta pois o pronome relativo **que** (igual a **a qual**) refere-se à palavra **comunidade**. Resumindo, estão corretas a 2ª, a 3ª e a 5ª; erradas a 1ª e a 4ª. Por isso o gabarito é a letra **c**, que diz haver dois erros.

574) Letra e

A preposição **com** pode ser substituída sem alteração de sentido por **sob**: sob a condição de não querer demais. Também poderia ser trocada por **em**: na condição de não querer demais.

Texto LXXXI

575) Letra d

A expressão **aperto fiscal** é bastante usada hoje em dia e se refere a maior arrecadação fiscal de que o governo necessita para cumprir suas obrigações. A palavra **aperto** se deve ao fato de que o contribuinte será afetado, pois é ele que paga impostos e terá de pagar mais ainda.

576) Letra e

O título de qualquer texto jornalístico procura prender a atenção do leitor, para que ele leia a matéria. Enfim, tem de ser algo que desperte o interesse. No caso do título que estamos analisando, ele desperta o interesse dos leitores, pois destaca algo – o crescimento da dívida pública – que pode afetar diretamente a vida de cada um.

577) Letra b

A característica maior de um texto informativo é a objetividade. Sua finalidade, como o nome diz, é informar com precisão e credibilidade Este texto em especial apresenta dados precisos e cita organismos nacionais e estrangeiros, bem como pessoas renomadas e capacitadas para discorrer sobre o tema. Analisando as outras opções, temos o seguinte: a opção **a** é facilmente descartada; a **c** contraria a objetividade de um texto informativo, que não tenta criar suspense algum; a **d** fala que o texto trata de algo do domínio comum, o que não é verdade: poucas pessoas entendem realmente do assunto abordado; finalmente, a **e** fala de interesse momentâneo, o que é falso, pois um aperto fiscal pode se prolongar por muitos anos, afetando a vida das pessoas não apenas no momento em que o texto é publicado.

578) Letra c

Como é um texto informativo, apresentando dados e a opinião de especialistas, seu leitor busca nele exatamente uma atualização de conhecimentos. Repito: trata-se de um texto informativo, quem o lê quer somar as informações nele contidas às suas próprias.

579) letra e

O autor fala apenas do setor público; não há sequer alusões à iniciativa privada. Portanto, o gabarito só pode ser a letra **e**. As alternativas **b**, **c** e **d** são parecidas e se encontram disseminadas no texto, que tem como tema a situação econômica do país. A letra **a** é clara, pois o texto é cuidadoso com as informações, abonadas por especialistas e organismos conhecidos.

580) Letra c

É, como já dissemos, uma técnica que determinados escritores utilizam, para que o público de um modo geral possa compreender o texto. Mas não é um procedimento obrigatório.

581) Letra e

O parâmetro utilizado pelo autor para indicar o crescimento da dívida é o PIB. O melhor trecho em que isso se verifica é “Neste mês, a dívida deve superar os 53% do PIB...” (*l.* 4).

582) Letra e

Na opção **a**, a ameaça é o aperto fiscal; na **b**, o que o governo poderá vir a fazer para gerar ganhos (geralmente do bolso do trabalhador); na **c**, o crescimento iminente da dívida; na **d**, o aumento do superávit primário. Já na alternativa **e** não existe qualquer tipo de ameaça à população.

583) Letra c

Questão de vocabulário. **Superávit** é um latinismo que se opõe a **déficit** e quer dizer a diferença para mais entre uma receita (arrecadação) e uma despesa. A diferença para menos é o **déficit**.

584) Letra b

Questão de paráfrase. As alternativas **a**, **d** e **e** alteram flagrantemente o sentido do trecho original. A letra **b**, que é a resposta, mantém o sentido da passagem. Contudo, a letra **c** também parece manter o significado. Há duas coisas na opção que devem chamar nossa atenção. Dizendo *se a dívida crescer até 54% do PIB*, tem-se a ideia de que a dívida vai aumentar o equivalente a 54% do PIB, ou seja, seria somada a ela a importância correspondente a 54% do PIB. O certo é dizer *se a dívida crescer a até 54% do PIB*, isto é, o limite seria um valor equivalente a 54% do PIB. Uma outra coisa é que, com a ordem dada aos termos da frase, o pronome **seu** ficou ambíguo: refere-se à dívida ou ao PIB?

Texto LXXXII

585) Letra c

O autor do texto fala de hábitos alimentares de vários povos diferentes. Cada um come uma coisa e não admite comer outra. Assim, o último período tira uma conclusão, englobando, na palavra **todos**, os povos citados anteriormente.

586) Letra b

A palavra **onívoro** é formada por dois elementos latinos: *oni* (tudo, todos) e *voro* (o que come). Assim, **onívoro** é o que come tudo. O enunciado diz que o homem não é onívoro, então ele não come tudo.

587) Letra a

A simples inserção da forma verbal **era**, proposta na opção **a**, elimina a ambiguidade. Mas qual era a ambiguidade? A frase original tem dois sentidos: *o homem contemporâneo não é onívoro como era seu antepassado pré-histórico* ou *o homem contemporâneo não é onívoro como não era seu antepassado pré-histórico*. Usando-se **era** ou **não era** damos um só sentido ao trecho.

588) Letra c

Figurar na cozinha de alguém quer dizer fazer parte de sua alimentação, de seu cardápio. Se nem todos os animais e vegetais da região fazem parte da sua alimentação, é porque alguns não são comidos por ele, enquanto outros são, raciocínio que leva à alternativa **c**.

589) Letra d

Os povos do Oriente são citados como exemplo de devoradores de gafanhotos, larvas e besouros, mas o texto não diz do que eles não gostam; então eles podem ser onívoros, o que contraria a tese do texto, expressa no primeiro período.

590) Letra a

Hindu é sinônimo de **indiano**, o habitante da Índia. A palavra não se aplica apenas à religião conhecida como **hinduísmo**.

591) Letra c

Questão de vocabulário. A palavra **urbano** é o adjetivo referente à cidade. **Urbano** é o contrário de **rural**, que diz respeito ao campo. Assim, o homem urbano é o da cidade, é o não rural.

Texto LXXXIII

592) Letra d

O enunciado da questão se refere apenas ao título. A letra **a** pode ser eliminada, pois fala de grande parte da população, e o título diz de todos; além disso, ela se refere aos inúmeros miseráveis de nossa população, o que não se deduz do título, mesmo porque nem todos são miseráveis. As letras **b** e **c** podem ser facilmente descartadas. A letra **e** fala que a pobreza atinge a todos, o que sabemos não ser verdadeiro. Então o título só pode estar se referindo à preocupação e à responsabilidade que todos nós temos diante da miséria.

593) Letra b

Essa frase é o que se conhece como tópico frasal, aquela colocação que será analisada e ampliada ao longo do texto. Relendo-o atentamente, veremos que tudo gira em torno da resistência da miséria; as coisas ruins melhoraram no país, menos ela.

594) Letra a

O que se afirma na opção **a** não se encontra no texto. Vejamos as afirmações contidas nas outras opções: letra **b**: "A mais assustadora dessas manifestações é a criminalidade..." (*l.* 18/19); letra **c**: "... esteja confinada a bolsões invisíveis aos olhos dos brasileiros mais bem posicionados na escala social..." (*l.* 15/16); letra **d**: "Como entender a resistência da miséria no Brasil..." (*l.* 1) e "... enquanto a miséria se mantinha mais ou menos do mesmo tamanho, todos os indicadores sociais brasileiros melhoraram." (*l.* 3/4); letra **e**: "No decorrer das últimas décadas, enquanto a miséria se mantinha mais ou menos do mesmo tamanho..." (*l.* 2/3).

595) Letra a

As alternativas **b**, **c**, **d** e **e** cortam informações importantes e apresentam outras, acessórias, que não devem figurar em um bom resumo. A opção **a** é a resposta pois a frase é clara e objetiva, traduzindo fielmente o que se diz nas sete linhas iniciais do texto.

596) Letra b

Vamos localizar no texto: **frequência escolar**: linhas 4 a 6; **mortalidade infantil**: linhas 6/7; **analfabetismo**: linhas 6/7; **desempenho econômico**: linha 8. Quanto à **liderança diplomática**, não há no texto referência à quantidade; nas linhas 8-10, lê-se, apenas: "No campo diplomático, começa a exercitar seus músculos. Vem firmando uma inconteste liderança política..."

597) Letra c

É uma imagem utilizada pelo autor. **Exercitar os músculos** é uma expressão metafórica; seria preparar-se para exercer uma função difícil, da mesma forma que se preparam os músculos para uma disputa física. Atente para o emprego do verbo **começa**, batendo com **está iniciando**, da alternativa **c**.

598) Letra c

A resposta está no primeiro período do segundo parágrafo. Veja a estrutura: **Embora** inicia a primeira oração do período, cuja principal se encontra mais adiante: **a miséria é onipresente**. O texto poderia ter uma outra ordem: *A miséria é onipresente, embora em algumas de suas ocorrências...*

599) Letra a

A questão se baseia no emprego de antônimos, uma vez que a primeira parte das frases é sempre precedida de **não**. São antônimos: apática/dinâmica, vital/desimportante, universal/particular, ampliada/reduzida. Na letra **a**, **superficial** não é antônimo de **geral**, e sim de **profunda**. O antônimo de **geral** é **particular**.

Texto LXXXIV

600) Letra c

Ao dizer: "A ciência é o único campo do conhecimento humano com característica progressista." (*l.* 3/4), o autor coloca a ciência acima de tudo (arte, religião etc.). Ao argumentar ao longo do texto, faz comparações da ciência com esses outros segmentos da sociedade, como que para mostrar às pessoas que aquilo em que elas tanto acreditam são inferiores à ciência.

601) Letra a

Ao mencionar o vocábulo **progresso**, o autor retoma um termo usado linhas atrás, na tentativa de ressaltar a objetividade do seu emprego e, consequentemente, da própria ciência.

602) Letra a

Questão de semântica, que requer conhecimento das palavras. **Obsoleto** é um adjetivo que significa fora de uso, antiquado.

603) Letra d

As letras **a**, **c** e **e** podem ser facilmente descartadas. As outras duas talvez tragam alguma confusão. A letra **b** fala de mudança contínua, o que de certa forma ocorre com a ciência. Porém **mudança** é um termo vago, podendo referir-se a algo melhor ou pior. O texto fala em transformação para melhor. Se a pessoa se precipitar e não voltar ao texto, anotará essa opção. Vejamos como a resposta está evidente na seguinte passagem: "Tem características de autocorreção que operam como a seleção natural." (*l.* 11). A palavra **autocorreção** é utilizada na alternativa **d**. Não se deixe levar pela primeira impressão trazida pelas alternativas. Volte sempre ao texto, para conferir.

604) Letra e

O elemento **auto** da palavra **autocorreção** é de origem grega e significa de si mesmo, por si mesmo. A palavra quer dizer a correção de si mesma, ela própria se corrigindo. **Autogestão** e **autocrítica** não oferecem dificuldade; literalmente, **autômato** é uma máquina que age por si mesma; **autópsia** (ou autopsia) quer dizer exame de si mesmo. Já na palavra **autódromo**, **auto** é redução de **automóvel** e **dromo** significa lugar de corrida. Por isso a resposta é a letra **e**.

605) Letra d

Esta questão é independente do texto, tomado apenas como elemento motivador. É problema de significado das palavras. Os astrólogos trabalham com os astros, não no sentido científico da Astronomia, mas com referência à Astrologia; os médiuns, como se vê no espiritismo e em outras filosofias, como a umbanda e o candomblé, lidam com entidades espirituais (também caberia espíritos desencarnados); os místicos não são apenas os esotéricos, mas as outras palavras se excluem naturalmente.

606) Letra d

A resposta se encontra no trecho: "Tem características de autocorreção que operam como a seleção natural." A seleção natural é pertinente à Biologia. Mais adiante, ele diz que a ciência tem essa capacidade, ao compará-la à natureza. (*l.* 13/14)

607) Letra d

Questão de paráfrase. No trecho em destaque, a ciência é comparada à natureza pela sua capacidade de preservar os ganhos e erradicar os erros. Na alternativa **d**, temos uma grande mudança de sentido, trazida pela posição do termo **como a natureza**. Na nova frase, a comparação é feita apenas com base na capacidade de preservar os ganhos, ficando a ideia de que a natureza não consegue erradicar os erros.

Texto LXXXV

608) Letra a

A resposta está nítida na passagem: "E eis que bem ou mal ele está aí, encerrando de uma só vez a década, o século e o milênio, dando início a uma nova era, não importa que o calendário diga o contrário; miticamente, no imaginário de todo mundo, é assim." (*l.* 10-12). A divergência, em outras palavras, é a seguinte: para o imaginário do povo, o ano 2000 inicia um novo século e um novo milênio; para o calendário oficial, isso só ocorre no ano 2001.

609) Letra e

O verbo **sonhar** pressupõe, por si só, a ideia de algo distante, nebuloso, difícil de alcançar. Tal ideia vem reforçada pela palavra **impossível**. Assim, a sensação de impossível é justificada pelo afastamento no tempo: algo muito distante da pessoa parece um sonho, algo inatingível.

610) Letra e

Um percurso acidentado e dramático é aquele de quem sofre. O trecho da letra **e**, no texto, inicia o relato das dificuldades e do sofrimento de boa parte da humanidade no século XX.

611) Letra c

Num século complicado, com guerras e carnificinas em todas as regiões do globo, sobreviver confere, segundo o autor, "um certo ar de vitória". No último parágrafo, o trecho que melhor explica esse instinto de sobrevivência do homem é: "... demonstra que a vontade de vida da humanidade ainda foi maior do que sua pulsão pela morte."

612) Letra b

A conjunção **e**, normalmente aditiva, pode assumir valor de adversativa, passando a significar mas, porém, contudo, todavia, no entanto, entretranto etc. A conjunção **porque**, que nunca é adversativa, não pode ser usada no texto.

Texto LXXXVI

613) Letra a

É uma questão mal formulada, pois não deixa nítida a ideia de descrição contida no pretérito imperfeito. Mas o pretérito perfeito, por indicar uma ação extinta praticada por um elemento que não a senhora (e aí temos personagens), nos permite classificar o trecho como narrativo.

614) Letra a

O primeiro parágrafo se limita a mostrar o problema da senhora assaltada que, dias depois, atropela e mata o assaltante. É como uma introdução, que será retomada e desenvolvida nos parágrafos seguintes. Observe que essa explicitação começa logo no primeiro período, ligado ao parágrafo anterior pela palavra **ela**, que se refere à violência.

615) Letra e

Vamos localizar o que se afirma em cada alternativa. Opção **a**: "Ela segue regras próprias" (*l.* 7). Opção **b**: "... pois conduzem-se de acordo com o que estipulam ser o preceito correto" (*l.* 24/25). Opção **c**: "... condição prévia para que qualquer atitude criminosa possa ser justificada e legítima" (*l.* 27/28). Opção **d**: "Cria a convicção tácita de que o crime e a brutalidade são inevitáveis" (*l.* 12/13).

616) Letra c

A resposta se acha no trecho: "Em primeiro lugar, é preciso que a violência se torne corriqueira para que a lei deixe de ser concebida como o instrumento de escolha na aplicação da justiça." (*l.* 16-18) Na realidade, o enunciado apenas inverte o que aparece no trecho. O remédio de que fala a questão é "o instrumento de escolha na aplicação da justiça".

617) Letra b

No último parágrafo, o autor nos diz que quando as leis perdem o valor normativo e os meios legais de coerção ficam sem a força que deveriam ter, cria-se um vácuo, um vazio. Então, "indivíduos e grupos passam a arbitrar o que é justo ou injusto...", isto é, tomam a lei em suas mãos, já que ela nada consegue fazer. *Arbitrar o que é justo ou injusto* é o mesmo que *tomar a lei em suas mãos*.

618) Letra d

A cultura da violência dá origem a sistemas morais particularizados, em detrimento dos ideais comuns. Ou seja, cada um resolve o problema à sua maneira, e os ideais comuns deixam de existir.

619) Letra b

Questão de paráfrase, que pode enganar. Na realidade, o que é relativizado é o valor de infração do crime, e isso pode ser dito de várias maneiras. Na letra **b**, a simples troca do tempo verbal (é → foi) altera o sentido da frase original.

Texto LXXXVII

620) Letra d

A ciência e a técnica não levam em conta elementos propriamente humanos, como os sentimentos, que não podem ser medidos em laboratório, a religiosidade etc. Importante para a solução da questão é o trecho: "... utilizadas como estão...". Veja que a ideia é que elas deveriam ser utilizadas de outra forma, não como estão.

621) Letra c

É o valor do pretérito perfeito composto. Os tempos compostos são formados pelos auxiliares **ter** ou **haver** e o particípio do verbo principal. A união do presente (tem) com o particípio (revelado) constitui o pretérito perfeito composto. O valor desse tempo composto é exatamente esse. O que se quer dizer, para dar outro exemplo, com *ele tem estudado muito*? Que ele vem estudando repetidamente até o momento presente.

622) Letra b

Questão de sinonímia. **Ceticismo** (ou cepticismo) é o mesmo que **descrença**. Uma pessoa cética é aquela que não crê, descrente.

623) Letra d

O termo **não só** (não apenas, não somente) pede em correlação **mas também** (como também), e o nexo entre as duas orações será de adição. Por exemplo: *Não só pinta mas também compõe*, que quer dizer *pinta e compõe*.

624) Letra a

Para esse tipo de questão, procure ver quem (ou o que) contém e quem (ou o que) está contido. **Jovens** é o termo geral; **estudantes**, o específico. O termo **estudantes** está contido no termo **jovens**. Veja outro exemplo: trabalhador / pedreiro. **Trabalhador** é o termo geral, é o que contém; **pedreiro** é o termo específico, o que está contido.

625) Letra d

Questão de paráfrase. Importante é perceber que o pronome **ele** refere-se a **protesto**. As manifestações desse protesto eram mais clamorosas no passado, mas isso não quer dizer que ele, o protesto, tenha perdido em intensidade e universalidade. Bem entendido o trecho destacado, verifica-se que seu sentido permanece na alternativa **d**.

626) Letra c

O protesto dos anos 60 é um fato que tem como consequência o terror dos anos 70. As letras **a** e **d** serviriam como resposta se os componentes estivessem invertidos: efeito/causa e consequente/antecedente.

Texto LXXXVIII

627) Letra e

Muitas vezes um texto se inicia com uma pergunta à qual não se dará nenhuma resposta. É só uma forma de introduzir um assunto e, talvez, prender a atenção do leitor. Este texto não fala de tempo exato, mas indeterminado (pouco ou muito).

628) Letra d

A palavra **lugar-comum** (é esta a grafia perfeita da palavra: com hífen) significa chavão, coisa repetida, batida, que todos usam. Sabendo-se a significação do vocábulo, a resposta fica fácil.

629) Letra b

Veja a divisão das orações, por meio de colchetes: [É lugar comum a afirmação] [de que a Justiça é lenta], [de que os processos judiciais demoram excessivamente.] A segunda oração apresenta uma afirmação de ordem geral: a Justiça é lenta. A terceira, em relação a ela, apresenta uma das coisas em que é lenta, ou seja, explicita a ideia nela contida: os processos judiciais demoram excessivamente.

630) Letra d

A resposta à questão se acha no trecho: "... e contribuem para tornar a lentidão judicial uma 'verdade'." (*l.* 4 e 5) Quer dizer, os meios de comunicação de massa passam adiante essa ideia, que o autor está questionando, de lentidão por parte da Justiça. Aos olhos do povo, o que é uma possibilidade passa a ser uma verdade. É uma crítica do autor aos meios de comunicação de massa.

631) Letra a

Há, naturalmente, outros meios de comunicação. Porém, por seu grande alcance, os mais importantes são a imprensa escrita (jornais e revistas, basicamente), o rádio e a televisão. Convencionou-se chamá-los de meios de comunicação de massa.

632) Letra e

O que se coloca entre parênteses frequentemente se presta a dar esclarecimentos sobre termos passados no texto. Pela natureza do artigo e por serem bastante conhecidos das pessoas os meios de comunicação, o autor poderia, sim, ter prescindido de fazer a explicação.

633) Letra b

A posição inflexível dos meios de comunicação, segundo o autor, leva as pessoas a crer que a Justiça é lenta. Essa imagem negativa que eles passam da Justiça poderia ser atenuada se houvesse uma ressalva, com algo favorável a ela. Assim, o gabarito só pode ser a letra **b**.

634) Letra c

É uma questão de sinonímia e polissemia. Há palavras com vários sentidos; faz-se necessário analisar a frase para se saber com qual sentido um determinado vocábulo está sendo empregado. Como vimos na questão anterior, **ressalva**, no texto, seria uma espécie de exceção, algo bom em relação à Justiça, acusada por todos como lenta.

635) Letra c

Há vários motivos para se colocar uma palavra ou expressão entre aspas. Observa-se, ao longo do texto, que o autor não acha que a Justiça seja sempre lenta. Assim, para deixar clara a sua posição, destaca o termo com as aspas, chamando a atenção para ele, pois deve haver um motivo para que se faça tal coisa. Sem as aspas, poderia haver a ideia de que realmente, sem margem a dúvidas, a Justiça é lenta.

636) Letra a

Não podemos aqui nos ater somente ao trecho destacado: é necessário voltar ao texto. O pronome **Os** refere-se aos meios de comunicação de massa, citados no parágrafo anterior. Por *Os que assim procedem* pode-se entender aqueles que repetem a observação (a lentidão da Justiça), sem qualquer ressalva. Então, segundo a passagem destacada, os que agem dessa forma se apoiam, se justificam no grande número de casos morosos da Justiça. Verifica-se que a letra **a** diz exatamente isso, com outras palavras.

637) Letra a

Vamos destacar os argumentos presentes em cada alternativa. Na **b**: tem andamento célere; na **c**: terminam rapidamente; na **d**: mais rápidos; na **e**: acaba razoavelmente depressa.

638) Letra d

Ao dar garantias de igualdade, oportunidades para intervir e outras coisas mais, a Justiça retarda um pouco o andamento dos processos. Atente para o valor concessivo da locução **apesar de**. Poderíamos escrever assim: apesar desses fatores de morosidade, com frequência os procedimentos judiciais são mais rápidos...

639) Letra b

O "outro lado" da expressão é exatamente *quem sustente que a maioria dos processos acaba razoavelmente depressa*. Isso quer dizer que já foi citado um lado, que é *a maioria dos processos não acaba razoavelmente depressa*. Existe, pois, uma oposição, introduzida pela expressão **por outro lado**.

640) Letra a

Por serem minoria, os processos muito demorados podem ser considerados raros, tornando-se, assim, notícia. Então, deduz-se, quanto mais raro for o fato, tanto maior será o interesse do povo por ele. Daí a resposta ser a alternativa **a**.

641) Letra d

Logo após as perguntas, na primeira linha do 6º parágrafo, temos a chave desta questão: "Essas e muitas outras questões podem ser suscitadas a propósito." Então, elas são possíveis. Nenhuma delas terá resposta no texto, o que nos leva para a opção **d**.

642) Letra b

Ao longo do texto, o autor solicita que não se aceite passivamente a ideia, amplamente exposta pelos meios de comunicação, de que a Justiça é lenta. Se for constatado o problema, as medidas cabíveis serão tomadas (veja o último período do texto).

Texto LXXXIX

643) Letra d

A única oposição é de sentido, ou seja, semântica. São dois antônimos, palavras de sentidos opostos.

644) Letra a

Originalmente, **público** e **privado** são dois adjetivos: domínio público, domínio privado. No título, houve a substantivação dos vocábulos, em virtude do emprego do artigo **o**. Qualquer palavra, nessas circunstâncias, passa a substantivo: o não, o sorrir, o belo etc.

645) Letra b

Fato comum em textos é usar-se um ou mais períodos do primeiro parágrafo para especificar o título. O autor deste texto amplia os termos utilizados no título, começa a falar sobre eles exatamente no primeiro período, que é a introdução.

646) Letra b

Há vários recursos em português para explicar, retificar, confirmar afirmações feitas no texto. Geralmente se utilizam expressões colocadas entre vírgulas, sem função sintática, para tal fim: isto é, ou melhor, ou seja, aliás, digo, é claro, é evidente etc. É o que ocorre com a locução **é claro**, utilizada pelo autor. Observe que, se alterarmos a ordem, teremos algo completamente diferente: É claro que podemos atribuir esse interesse à perspectiva... sendo que *É claro* passa a constituir uma oração seguida de sujeito oracional.

647) Letra e

Vamos verificar essa localização temporal em todas as opções em que ela ocorre: opção **a**: da atualidade; opção **b**: revisão da Carta (uma época em que se queria fazer a revisão da Constituição); opção **c**: tão atual; opção **d**: nos últimos anos.

648) Letra b

A possibilidade de atribuir tal interesse à perspectiva de revisão da Carta é um argumento do autor que será descartado mais adiante, ao afirmar: "Mas a simples possibilidade de rever a Carta Magna não parece ser um fator decisivo para tornar esse debate tão atual." (*l.* 6/7)

649) Letra b

Na passagem destacada, nota-se um relacionamento de causa e efeito, estabelecido exatamente pela palavra **consequentemente**. A redefinição do papel do Estado é a causa; a sociedade civil (sua redefinição), a consequência. Observe que a alternativa **d** inverte a disposição causa/efeito das orações.

650) Letra b

O termo **não somente** inclui o Brasil nas sociedades industrializadas, o que nos leva à opção **b**. A palavra **peremptório**, na alternativa **a**, quer dizer definitivo, decisivo; o autor não foi peremptório ao dizer "Talvez seja mais sensato...". Na alternativa **c**, fala-se de opiniões sensatas, quando o autor atribuiu a sensatez ao ato de admitir. Na letra **d**, não há indicação alguma de possíveis diferenças entre o Brasil e as sociedades industrializadas. A letra **e** inverte as coisas: pelo texto, as modificações foram radicais também no Brasil.

651) Letra d

Questão de sinonímia. No texto, a única palavra que destoaria, alterando o significado, é **peças**. É claro que, em outro contexto, as quatro palavras propostas podem não ser consideradas sinônimas.

652) Letra d

A resposta surge nítida na última oração do texto: "... que devemos dispensar às eternas confusões de nossas despreparadas classes dirigentes."

Texto XC

653) Letra c

Confira a resposta no primeiro período do texto, donde sobressaem os trechos: "é coisa só de jardim zoológico" e "apenas antiguidade de museu". Mas a autora deixa claro que isso é o que "muita gente pensa", ou seja, não é a realidade.

654) Letra b

A mangueira é uma árvore grande e frondosa, que lembrou à autora um palácio; o verde, evidentemente, refere-se à cor de suas folhas. A autora usou uma metáfora, que é um tipo de comparação sem a presença do conectivo.

655) Letra e

A autora diz, na linha 41, que os ornitólogos "devem saber se isso é caso comum ou raro", o que descarta a letra **a**, que afirma o contrário. No último período do texto, ela diz: "Então, talvez seja mesmo só gagueira..." (**talvez** é advérbio de dúvida), o que elimina a letra **b**, que diz que ela concorda plenamente. Na linha 31, a autora diz que o bem-te-vi "deve ter viajado", ou seja, não tem certeza; isso invalida a opção **c**. Ao dizer, nas linhas 39 e 40, que o passarinho deve ser pequeno e que estuda a sua cartilha, ela descarta a possibilidade de ele ser experiente cantador, o que elimina a opção **d**. A resposta é a letra **e**, porque o segundo bem-te-vi altera algumas vezes a sua voz, como se vê no penúltimo parágrafo.

656) Letra a

Questão simples de semântica. **Um novo estilo** equivale a uma atitude moderna. Talvez a letra **d** possa causar algum problema, mas a palavra **mudança** tem caráter geral, e o texto fala de um tipo específico, que é a mudança de vida do homem na atualidade, em comparação com os tempos antigos.

657) Letra e

Pode ser que o vocabulário atrapalhe um pouco a resolução da questão. **Iminente** quer dizer *que está para acontecer*, e **iterativa** significa *repetida*. Na letra **e**, gabarito da questão, **deve ter viajado** é ação duvidosa. Ação obrigatória seria se disséssemos **tem de viajar**.

658) Letra c

A língua culta rejeita a colocação do pronome átono (me, te, se, o, lhe, nos, vos) antes do verbo, em início de frase; é erro de colocação pronominal. Também se poderia pensar na alternativa **a**, mas a linguagem coloquial tem sentido geral, enquanto a colocação pronominal é específica.

Texto XCI

659) Letra c

Não chega a haver várias comparações, como diz o enunciado da questão. Mas as ondas, mais precisamente a espuma que elas fazem, são comparadas, no primeiro parágrafo, a bichos, porque nascem e morrem. E o que lhes dá essa espécie de animalização, ou seja, o movimento, é exatamente o vento, empurrando-as para a areia.

660) Letra c

A resposta se encontra no primeiro parágrafo, do qual se infere que elas, sendo levadas pelo vento – e não podem fazer nada contra isso, pois são subjugadas –, aceitam passivamente a situação, como bichos alegres e humildes.

661) Letra c

Vamos analisar os componentes da opção **c**, que é a resposta da questão. Ao dizer: "... é um homem nadando", o autor lembra o que viu na praia, sendo, pois, um espectador; ao afirmar: "toda sua substância é água e vento e luz", age como um químico analisando os constituintes das espumas; quando escreve: "... mas dou meu silencioso apoio...", está julgando favoravelmente, sendo, dessa forma, o juiz.

662) Letra a

Trata-se de um recurso estilístico de grande efeito. O adjetivo **enérgica** não poderia, em princípio, determinar o substantivo **calma**; mas o que o autor quer é valorizar a calma com que o nadador avança na água: com tranquilidade, mas firme, sem hesitar.

663) Letra b

As alternativas **a**, **c** e **d** indicam, de modo claro, a admiração do autor: a perfeição estética, a virilidade e a grandeza. Já na alternativa **b**, o autor não deixa transparecer isso, já que tentar ser mais forte que o mar é, de certa forma, uma presunção.

664) Letra d

Questão de antonímia, sem margem a discussões. **Indolente**, **preocupado** e **atormentado** têm sentidos diferentes de **solidário**, mas não indicam o contrário. A resposta só pode ser a letra **d**.

665) Letra b

O autor narra o que se passa aos seus olhos. Da varanda de sua casa, ele vê o homem nadando.

Texto XCII

666) Letra d

No primeiro parágrafo, lê-se: "Muitas vozes têm se levantado em favor... da manutenção ou ampliação da Lei dos Crimes Hediondos...". Mais adiante, no mesmo parágrafo, encontra-se: "Embora sedutora... tal corrente aponta para o caminho errado...". Assim, fica evidente que o autor se mostra contrário a tal corrente de pensamento.

667) Letra b

O item I é incorreto, pois o povo, numa situação dessas, procura sempre pressionar os congressistas para alcançar os seus objetivos; não há, pois, coincidência. O item II é correto, e a chave do entendimento é a palavra **manutenção**: se há pessoas querendo a manutenção da lei, é porque sua vigência está sendo ameaçada. O item III não é correto, pois indica exatamente o contrário do texto: os que defendem a "doutrina da lei e da ordem" são aqueles que acham que o bandido é um facínora que age por opção.

668) Letra e

Questão de paráfrase. A letra **a** altera substancialmente o trecho. Na letra **b**, **dissuadir** não é o mesmo que **ratificar**. Na opção **c**, **combatido** é diferente de **restringido**, e **irracionalismo** é o contrário de **iluminismo**. Na alternativa **d**, as locuções prepositivas **a despeito de** e **em conformidade com** têm diferentes significados.

669) Letra c

Alusão ao movimento intelectual do século XVIII, conhecido como Iluminismo, caracterizado pela valorização da ciência e da racionalidade crítica. Esse século ficou conhecido como "Século das Luzes". Atente, na alternativa **c**, para a palavra **racionalistas**, que é a chave da resposta.

Texto XCIII

670) Letra e

Vamos localizar no texto os assuntos indicados nas alternativas. Opção **a**: "Os voluntários terão dois médicos à disposição para esclarecimento de dúvidas sobre Aids e doenças sexualmente transmissíveis." (*l.* 34/35). Opção **b**: "... essas pessoas deverão responder a questionários sobre seu comportamento com relação à Aids." (*l.* 30/31). Opção **c**: "... recrutamento de voluntários para testar uma vacina em milhares de brasileiros." (*l.* 7/8). Opção **d**: "... um projeto semelhante de verificação de incidência do HIV em homossexuais e bissexuais..." (*l.* 40/41). Quanto à opção **e**, cabe dizer que a OMS é citada uma vez, na linha 44, apenas como apoio ao projeto da Fiocruz.

671) Letra b

A opção **a** pode ser conferida nas linhas 3 a 6; a opção **c**, nas linhas 9 a 11; a opção **d**, nas linhas 19 a 21; opção **e**, nas linhas 3 a 8. Sobre os questionários citados na opção **b**, o texto diz o seguinte: "– O objetivo é saber quais são os fatores biológicos e comportamentais que predispõem à infecção..." (*l.* 32/33). Portanto, o que se afirma na alternativa **b** não aparece no texto, embora, a partir desses questionários, a avaliação possa vir a ser feita. Em outras palavras: o que se diz na opção **b** é correto, mas não se encontra no texto. Cuidado com esse tipo de questão!

672) Letra e

A resposta se encontra no último parágrafo. Segundo ele, o projeto pretende fornecer dados estatísticos (o mesmo que *verificar a incidência da Aids*), e os resultados ajudarão a calcular em que amostra da população (o mesmo que *um grupo de pessoas com características determinadas*) os testes serão realizados.

673) Letra c

A resposta está bem clara no trecho: "e receberão preservativos para evitarem a contaminação pelo vírus." (*l.* 36/37) A letra **b**, por causa da palavra **contaminação**, pode confundir, mas ela, realmente, traz um absurdo: "preservar a contaminação dos voluntários" quer dizer **garantir que eles continuem contaminados**. Se a frase fosse: "preservar os voluntários da contaminação", teríamos duas respostas na questão.

674) Letra c

A resposta aparece, muito clara, no trecho: "Os voluntários serão recrutados entre os indivíduos que procuram os Centros de Testagem Anônima..." (*l.* 15/16). Todavia, é melhor ficar desconfiado quando a resposta for tão evidente. Procure voltar um pouco no texto, para ver se há alguma armadilha. Realmente, esse trecho se refere ao teste que vai ser aplicado no Brasil, como se vê em algumas passagens do texto.

675) Letra d

No penúltimo parágrafo, vê-se que o projeto a que se refere o enunciado da questão foi iniciado pela Fiocruz, pela Secretaria de Saúde do Estado de São Paulo e pela UFMG. No último parágrafo, temos: "O projeto... tem o apoio da Organização Mundial de Saúde...". Assim, a resposta só pode ser a letra **d**.

676) Letra a

No segundo parágrafo, lê-se o seguinte: "Recentemente, nos Estados Unidos, uma vacina experimental atingiu as condições... mas não havia infraestrutura para recrutar os cerca de 20 mil voluntários necessários." Não há dúvida quanto à resposta da questão.

677) Letra a

Vejamos o seguinte trecho (4º parágrafo): "– Comparando a quantidade de pessoas atendidas nesses centros (1º dado do enunciado) com o número das que se interessarem em participar de um teste em larga escala (2º dado do enunciado), avaliaremos se a população a que se tem acesso é de tamanho suficiente (veja a palavra **suficiente** no enunciado) para o teste – disse."

678) Letra d

O texto cita duas vezes homossexuais e bissexuais, nas linhas 5, 6 e 41. Nas linhas 5 e 6, lemos: "... para determinar a incidência do HIV em homossexuais e bissexuais de 18 a 35 anos..." Não padece dúvidas quanto à resposta, portanto.

679) Letra b

Pelo que se entende do texto, o apoio ao projeto brasileiro, por parte da OMS, se faz apenas pelo empréstimo do nome, na esperança de dar mais credibilidade. O nome da instituição pode ajudar a levar adiante o projeto.

Texto XCIV

680) Letra d

O texto faz uma associação entre as definições de caráter negativo do consumismo e as ideias que as pessoas fazem dele. Para o autor, as definições do verbo levam as pessoas a ver o consumismo, num ato de preconceito, como um gesto pouco nobre (linhas 1 e 2).

681) Letra c

Observe o trecho seguinte, extraído do último parágrafo: "... o consumo se revela um método extremamente eficaz para integrar os excluídos e estender a cidadania a todos os brasileiros." *Estender a cidadania a todos os brasileiros* equivale a *transformar os consumidores em cidadãos*, como se vê na alternativa **c**.

682) Letra a

A resposta aparece na seguinte passagem do texto: "Mais do que isso, o entrincheiramento de consumidores no mercado doméstico fez, ao longo dos anos, com que a própria imagem do cliente se deturpasse no país." (*l.* 22-24)

683) Letra d

A classe **privilegiada** é a que o autor chama de abastada ("... na porção abastada da sociedade brasileira...", na linha 40); a classe **destituída** é aquela que não consegue acompanhar o consumismo dos privilegiados, gerando-se uma tensão entre as duas ("... acarretou um aumento das tensões em relação à porção destituída.", na linha 41).

684) Letra a

A expressão **não por acaso** serve como uma justificativa para o fato de os apologistas do consumo entre nós serem aqueles que podem exercer seu poder de compra.

685) Letra d

Aqui, faz-se necessário o conhecimento da expressão **estender o tapete vermelho**. Ela é utilizada quando alguém, por ser muito importante, é recebido com excesso de atenção e cuidado. É uma imagem utilizada pelo autor para designar, no texto, o tratamento especial conferido pelo vendedor ao comprador, consumidor em potencial.

686) Letra c

A resposta começa a se delinear no trecho: "Por que, enfim, tantas reservas em relação ao consumo?" (*l.* 14). A partir daí, o autor passa a responder à sua pergunta, explicando que reservas são essas. Mais adiante, ele diz: "A falta de um leque efetivo de opções de compra tem deixado os consumidores à mercê dos produtores no Brasil." (*l.* 16-18). Depois, nas linhas 29-31, ele diz que atitude é essa dos produtores (ter chiliques), de que fala o enunciado. Já a segunda explicação para as reservas em relação ao consumo aparece no trecho: "... os apologistas do consumo têm sido basicamente aqueles que podem exercer seu inchado poder de compra...". Ou seja, segundo o enunciado, a parte da sociedade que tem a prerrogativa do consumo.

Texto XCV

687) Letra b

Pelo que se vê no segundo período do primeiro parágrafo, a classe empresarial, no que toca a empregos, pensa em um mercado para país desenvolvido, enquanto os desempregados brasileiros são de nível de "quarto "mundo".

688) Letra a

Cidadania é algo que se conquista com valores éticos e morais. Existem vales-refeição, vales-transporte e outros mais, como forma de ajudar o trabalhador de baixa renda. O autor criou a palavra vale-cidadania (assim se deve escrever: com hífen), que evidentemente não poderia existir, para ressaltar a ideia de que todos precisam ter os mesmos direitos, todos precisam realmente ser cidadãos brasileiros.

689) Letra e

Vejamos o ponto de vista ético presente em cada alternativa. Na opção **a**, a adequada integração da sociedade; na opção **b**, o fato de a ciência e a tecnologia terem como parâmetro a sociedade; na opção **c**, a prioridade para o crescimento humano; na opção **d**, o desenvolvimento do país. Já na letra **e**, o crescimento não está vinculado a nada que expresse um ponto de vista ético; o comportamento de primeiro mundo não caracteriza a preocupação com o respeito e a ética.

690) Letra e

A locução prepositiva **apesar de** tem valor concessivo, indica oposição. Na letra **e**, a conjunção **ainda que** introduz uma oração adverbial concessiva, mantendo, assim, o sentido da locução.

691) Letra c

Os dois primeiros itens se encontram no segundo parágrafo:..."uma sociedade onde haja lugar, espaço e ocupação para todos os seus membros?" e "Seria uma forma de distribuir a riqueza...". O terceiro item fere o tema do texto, em que o autor pergunta: "Quando pensamos em emprego pensamos em crescimento, em integração no processo produtivo?". O quarto item pode ser lido no quinto parágrafo: "... como eliminar, num prazo digno, a miséria, a indigência e a fome?" O quinto item vai de encontro a tudo que se diz no texto; o próprio título fala em modernidade.

692) Letra d

Para resolver a questão, você precisa comparar dois textos: este e o anterior, que é o de número XCIV, pois ambos pertencem à mesma prova (Escriturário do Banco do Brasil). No texto XCIV, o autor opõe os consumidores de alta renda aos de baixa renda; neste texto, basicamente, os empregados e os desempregados, isto é, os excluídos (veja o primeiro período do segundo parágrafo).

Texto XCVI

693) Letra d

Muitos escritores utilizam a técnica de introduzir seus textos com perguntas, numa forma de atrair a atenção dos leitores, sem que haja respostas para elas. É o que se conhece por perguntas retóricas, aquelas que não precisam de respostas. Leia cada uma delas e comprove, no texto, o que acabou de ser explicado.

694) Letra b

Nem sempre é fácil perceber se o **ou** tem valor aditivo ou alternativo. Procure ver se é cabível a troca pela conjunção **e**, quando então se tem um valor semântico de adição. A única opção em que a palavra não equivale a **e**, ficando nítida a ideia de alternativa, é a **b**.

695) Letra e

Questão de sinonímia. **Galvanizar** significa dourar ou pratear; **ícone** é algo ou alguém representativo, nas artes, nos esportes etc.; **empulhação** entende-se por tapeação; **metamorfoseados** quer dizer transformados. O verbo **cercear**, da alternativa **e**, significa realmente impedir.

696) Letra a

Se a ação restritiva do Estado é inevitável (o Estado não pode permitir que os cidadãos façam tudo que querem, sob o risco de se criar o caos social), ele acaba agindo contra a liberdade dos cidadãos.

697) Letra b

A locução **em que pese a** (infelizmente mal utilizada pelo autor do texto, pois ela não se flexiona) equivale semanticamente a **apesar de**, tendo, pois, valor concessivo. A ideia é a seguinte: apesar das angustiantes restrições do contracheque, são as prateleiras abundantemente supridas que satisfazem a liberdade do consumo. Então, as prateleiras estão cheias de produtos, mas os salários não permitem muitas compras (restrições do contracheque).

698) Letra b

Os comunistas também são consumidores, também compram coisas. Dessa forma, o ideal comunista (viver com pouco, equilibradamente) é abalado pela pressão exercida pelos consumidores (os próprios comunistas) em função da tentação que representa um supermercado com as prateleiras cheias de produtos.

699) Letra b

Restritos quer dizer limitados, em menor número. Entende-se, então, que nos países totalitários há menos canais disponíveis do que nos países não totalitários.

700) Letra e

Questão de paráfrase. Segundo a frase destacada, filosofia, pornografia, arte e empulhação são consumidas. Na última alternativa, a colocação da palavra **como** altera o sentido, pois a ideia que a frase agora nos passa é a de que a filosofia e a pornografia são consumidas como sendo arte e empulhação. Nessa frase, desaparece a noção de soma que existe entre as quatro palavras.

701) Letra a

A palavra **neurônios**, na passagem destacada, tem emprego metonímico. Ela equivale mais ou menos a **sábios**; houve uma troca de palavras de caráter objetivo: os sábios, como qualquer um, possuem neurônios. “Essa questões”, que aparece no enunciado, equivale a **discussões sobre a liberdade**; colocar em choque é opor; “os melhores neurônios da filosofia” são “os maiores filósofos”. Por conseguinte, a resposta é a letra **a**.

702) Letra e

Na letra **a**, a crítica é feita aos consumidores em geral, cujo apetite pela burguesia foi atraído, corrompido; na **b**, a lei é chamada de capenga; na **c**, o autor chama o programa de imbecil; na **d**, critica o fato de se consumirem coisas ruins, como pornografia e empulhação. Nada há de crítica na opção **e**, que é a resposta.

703) Letra e

A liberdade de movimento se encontra em “tem o direito de mover-se livremente”; a liberdade de comunicação, em “fala o que quer”; a liberdade política, em “que vota”. A liberdade de consumo não aparece especificada, mas podemos entendê-la na reunião de todas essas características do cidadão contemporâneo. Já a liberdade religiosa, que é algo particular, não conseguimos depreender da passagem selecionada.

704) Letra d

Na letra **a**, a crítica é feita ao fato de o ideal comunista não ter sido forte o suficiente para resistir às tentações do consumo; na letra **b**, o autor critica o fato de que comer uma simples banana virou ícone de liberdade; na letra **c**, o fim do fervor revolucionário por causa da vontade de ter uma Vespa ou uma Lambreta; na letra **e**, a limitação do número de canais. Nada há de crítica aos regimes não democráticos na letra **d**. Não confunda! A ação restritiva do Estado, que é inevitável, não se refere especificamente àqueles de regime não democrático.

705) Letra e

O trecho pode ser entendido, com palavras mais simples, da seguinte forma: muitas pessoas, infelizmente, não se alegram com a alienação do comunismo. É claro que tais pessoas são aquelas que vivem em países não democráticos e não se sentem felizes com as restrições (alienação do comunismo) a elas impostas.

Texto XCVII

706) Letra c

É o exemplo de Los Angeles, "onde grupos sociais se organizaram...". O autor nos diz, ao longo do texto, que é necessário seguir esse exemplo de integração da cidade americana.

707) Letra b

O exemplo de Los Angeles abre caminho para o desenvolvimento da ideia da união que nós, brasileiros, precisamos ter. Nas linhas 4 a 6, lê-se: "Sem uma mudança radical de mentalidade (como fizeram os moradores de Los Angeles) jamais construiremos uma convivência tranquila e segura."

708) Letra e

A preposição **para** pode apresentar valores semânticos diversos. Na passagem destacada, ela indica a finalidade da organização dos grupos sociais. Equivale, como sempre ocorre quando tem esse sentido, a **para que**: para que se buscassem soluções.

709) Letra b

Questão de coesão textual. Entenda-se: para buscar soluções para problemas dos grupos sociais. Antecedente é o mesmo que referente, desde que já tenha sido utilizado no texto. Se ainda vai aparecer, o referente pode ser chamado de consequente.

710) Letra c

A primeira pessoa do plural engloba, no texto, o autor e seus leitores. É uma prática corrente entre os escritores; ela cria uma aproximação, uma intimidade, além de mostrar que o autor não se situa acima do leitor, ambos caminham juntos.

711) Letra b

Cada um por si quer dizer cada qual agindo voltado apenas para si próprio, sem se importar com a coletividade. É um ato individualista e, consequentemente, egoísta.

Texto XCVIII

712) Letra a

Se o compadrismo está levando o Brasil ao abismo, ele precisa ser erradicado para que a política do país atue de maneira mais positiva, sem favorecimentos.

713) Letra b

Isso pode ser comprovado no trecho: "Também a nossa política... que têm levado o Brasil à beira do abismo...". As palavras **nossa** e **Brasil** indicam que o texto foi produzido aqui e, por conseguinte, para que nós, brasileiros, o leiamos.

714) Letra a

O autor inverte, embora isso não seja fácil de perceber, a causa e o efeito. O compadrismo (os dicionários registram compadrice e compadrio) é que deu origem à nossa tendência para a aproximação e a camaradagem. Melhor ainda, ele é a própria aproximação e camaradagem. De qualquer forma, trata-se de uma questão discutível.

715) Letra b

A palavra **impregnada** tem, frequentemente, valor pejorativo, lembra **contaminação**. No trecho em que ela aparece ("Também nossa política anda impregnada desses mesmos sentimentos..."), o autor faz uma ligação entre os sentimentos, que são negativos, e a política, utilizando-se da palavra **impregnada**; é como se dissesse que nossa política está contaminada por esses maus sentimentos.

716) Letra d

As pessoas, acostumadas ao compadrismo, querem que o governo fique muito próximo delas, que ele seja pessoal, dando-lhes alguma vantagem, quando na realidade governo não é para isso, governo é para o coletivo, e não o individual.

717) Letra b

O texto é uma dissertação, basicamente a apresentação de argumentos por parte do autor, que defende suas ideias sobre os possíveis malefícios do compadrismo no governo.

Texto XCIX

718) Letra d

Se, como se vê na 1ª linha, o problema básico da economia logo estará sob um novo signo, é porque a mudança ainda não ocorreu. Na linha seguinte, ele diz que o país é semicolonial, agrário etc. Portanto, o que causou esse problema atual é o colonialismo, de que o país ainda não conseguiu se livrar (ele é semicolonial).

719) Letra b

A resposta se encontra, bem clara, no trecho: "estará em breve sob um novo signo." É a união do verbo no futuro do presente, que garante que a ação vai se realizar, com a locução adverbial **em breve**, que indica a proximidade da ação verbal.

720) Letra c

O texto afirma que o país passará de semicolonial para industrializado. A característica destacada no último período não diz respeito a país colonizado.

721) Letra c

Questão de sinonímia. Não há dúvida de que a palavra **básico** significa **fundamental**. De qualquer forma, como já dissemos, procure melhorar seu vocabulário.

722) Letra b

Na realidade, trata-se de dois radicais, e não um só, como afirma o enunciado da questão. **Agrário** tem o radical latino **agri**, que significa **campo**. Aparece em muitas palavras do português, inclusive em **agricultor** (o que cultiva o campo), **agrimensor** (o que mede o campo), **agreste** (relativo ao campo) e **agrícola** (relativo à agricultura), encontradas nas alternativas **a**, **c**, **d** e **e**. **Agridoce** é formado pelo radical **agri**, também latino, que quer dizer **ácido** ou **azedo**, mais a palavra **doce**, do latim **dulce**.

723) Letra a

O texto fala do problema básico de nossa economia, por isso a defesa é econômica; já a palavra **aparelhamento** sugere atividade militar.

724) Letra b

Levando-se em conta que a transformação ainda não se processou, ela só pode ser vista como uma promessa política, que pode realizar-se ou não.

Texto C

725) Letra a

Questão de semântica. A palavra **subsistência** significa realmente **meio de sobreviver**. Provém do verbo **subsistir**. Curiosidade: tanto no verbo quanto no substantivo, a letra **s** representa o som de **ss**, e não de **z**. Pronúncia: subssistir e subssistência.

726) Letra d

Questão de sinonímia. O verbo **prover** (não confunda com **provir**) tem vários significados, entre eles o de providenciar.

727) Letra d

Outra questão de semântica. A expressão **meio ambiente** quer dizer **espaço em que se vive**. Detalhe: escreve-se sem hífen, como aparece no texto e no enunciado da questão.

728) Letra c

Embora a letra **a** pareça ser a resposta, a ideia da oração reduzida de gerúndio é de meio, uma vez que os índios proveem sua subsistência por meio da utilização dos recursos naturais de seu meio ambiente.

729) Letra e

A coivara não é um recurso natural, e sim um processo agrícola que consiste em utilizar as cinzas provenientes das queimadas.

730) Letra c

A expressão **a grande maioria** indica a maior parcela de um todo. Se a maioria faz alguma coisa, uma outra parcela, a minoria, não faz. Daí poder afirmar-se que nem todos os índios praticam a agricultura.

731) Letra b

Após as queimadas, os índios utilizam as cinzas delas provenientes para fertilizar a terra. Como só há cinzas por causa das queimadas, estas são necessárias à fertilização.

732) Letra b

Há grupos tribais que se interessam pela pesca, enquanto outros se voltam para a caça. Assim, o interesse deles é diferente em relação à caça e à pesca. A letra **b**, que é a resposta, diz que os grupos tribais não possuem interesse idêntico pela caça e pela pesca, o que está de acordo com o trecho selecionado.

733) Letra b

A ideia é a seguinte: o fato de algumas tribos serem carnívoras faz com que sejam hábeis caçadoras. Assim, a causa é **serem carnívoras**; e a consequência, **serem hábeis caçadoras**. Pode-se entender ainda que a necessidade que elas têm de comer carne faz com que desenvolvam boas técnicas de caça.

Texto CI

734) Letra e

A preposição **por**, nesse trecho, tem valor nocional de causa. A preposição **após**, da letra **e**, conferiria à frase um valor de tempo (após o excesso de atividade, depois do excesso de atividade).

735) Letra d

A resposta se encontra no trecho: "... e também podem aprender uma língua humana". As outras semelhanças são facilmente localizadas no texto.

736) Letra d

Veja a resposta no trecho que segue: "... e também podem aprender uma língua humana." A alternativa que poderia confundir um pouco é a **c**. Acontece que o próprio trecho destacado neste comentário nos ajuda a ver que ela está errada. Se os golfinhos podem aprender uma língua humana, os homens podem falar com eles.

737) Letra d

Muitos escritores se dirigem diretamente aos leitores, tentando criar uma aproximação que possa favorecer o entendimento do texto. No caso presente, foi utilizado o imperativo, mas há outros meios de se conseguir esse efeito. Já vimos, por exemplo, que o escritor às vezes usa a primeira pessoa do plural, unindo-se, assim, aos leitores.

738) Letra b

É um processo anafórico (referência a algo passado no texto) de coesão textual. O terceiro período poderia começar assim: dizem que esses simpáticos golfinhos...

739) Letra d

A utilização da terceira pessoa do plural sem o sujeito presente na oração constitui o chamado sujeito indeterminado. Seu emprego, muitas vezes, transmite essa ideia de incerteza que se percebe no texto: pode ser que seja verdade ou não.

740) Letra d

O texto fala "na possibilidade de haver, no reino animal, outros tipos de inteligência além da humana". Logo depois, admite que os golfinhos é que possuem essa inteligência. Eles teriam, então, um <u>outro</u> tipo de inteligência. Portanto, como diz a opção **d**, são diferentemente inteligentes.

Texto CII

741) Letra e

A opção **a** está errada pois na última linha do texto o autor diz: "A CPI é um golpe contra a magistratura independente." A opção **b** está errada porque, como se vê no primeiro período do texto, quem clama por ampla reforma do Poder Judiciário é a magistratura. A opção **c** é incorreta porque a CPI foi instalada na mesma época da elaboração do texto, com se vê no terceiro parágrafo. A opção **d** não está certa, conforme se lê no trecho seguinte, início do segundo parágrafo: "Mas o legislador constituinte ignorou as propostas mais consistentes para destinar ao Poder Judiciário os instrumentos aptos...". A resposta é a letra **e**, pelo que se acha no último período do primeiro parágrafo.

742) Letra a

O que se afirma na letra **a** não é verdadeiro pois, segundo o exposto nas linhas 25 e 26, as elites no poder têm uma noção mesquinha em relação ao Poder Judiciário.

743) Letra c

Na letra **a**, houve uma inversão entre sociedade e Estado; quanto à letra **b**, o erro é que quem tem essa noção mesquinha, segundo o texto, são as elites no poder, não especificamente os congressistas; a letra **d** também não é correta, uma vez que a palavra **manto** é uma metáfora, podendo ser entendida como **proteção**; a letra **e** é absurda: o golpe não é da magistratura, e sim dos congressistas. Já a letra **c** está correta e pode ser justificada pelo trecho: "Agora, o poder que agiu de forma imprudente, desidiosa, se julga portador de autoridade moral para submeter o Judiciário..." (*l.* 14/15).

744) Letra c

Questão de sinonímia. A palavra **desidiosa** pode ser indolente, preguiçosa, negligente. Este último significado é o que a palavra tem no texto.

745) Letra b

Questão de paráfrase. No trecho original, é dito que um conjunto de sugestões foi levado <u>ao exame</u> da Assembleia Nacional Constituinte, isto é, para que ela o examinasse. Na opção **b**, escreve-se que a Assembleia levou <u>a exame</u>, donde se conclui que um outro órgão, não especificado, faria o tal exame.

746) Letra e

Questão de coesão textual. Eis a correlação perfeita: o pronome **sua** tem como referente Assembleia Nacional Constituinte; **lo** refere-se a Poder Judiciário; o referente de **seu** é magistrado; o referente de **cujos** é sociedade.

Texto CIII

747) Letra a

Essa impressão que o autor tem (ele diz "parecem") vai-se desenvolver por meio de inúmeras comparações entre os velhos da cidade e os do interior. Tal, inclusive, é o tema da crônica. A letra **d** pode confundir, porém ela é falsa pelo fato de falar em previsão, quando o autor apresenta tão somente as suas impressões a respeito da velhice.

748) Letra d

O item I é verdadeiro, podendo ser comprovado no trecho, início do segundo parágrafo: "Vejam-se as roupas dos velhinhos interioranos: aquele chapéu de feltro manchado..." O item II é falso; o que ocorre com os velhinhos da cidade é exatamente o contrário, como se verifica no trecho: "Na agitação dos grandes centros, até mesmo a velhice parece ainda estar integrada na correria..." (*l.* 4/5). O item III está correto, pois o autor vê no ato de levantar os braços um pedido simbólico ao tempo: "Parece suplicar ao tempo que diminua seu ritmo..." (*l.* 22).

749) Letra b

Em nenhum trecho da crônica, o autor diz que a vida é mais longa no interior. Chega mesmo a afirmar: "Não se trata da idade real de uns e outros, que pode até ser a mesma..." (*l.* 2/3)

750) Letra e

Ninguém ter tempo para de fato envelhecer é algo que não pode ser entendido literalmente. É como se a pessoa, com a evolução natural das coisas e com inúmeros afazeres, não mais se aperceba de sua própria velhice, ou, como diz a alternativa **e**, a própria velhice não tome consciência de si mesma. A letra **d** tem alguma lógica, mas ela alude apenas aos velhos do interior.

751) Letra c

Compasso é vocábulo de vários significados; usado figuradamente, tem o sentido de movimento cadenciado, andamento. É esse o sentido do texto. Assim, **fora do compasso** deve ser entendido como fora do andamento normal, ou, como na opção **c**, num distinto andamento.

Texto CIV

752) Letra b

Várias passagens do texto justificam o gabarito. Por exemplo, a citação de William Beckford, em 1787 (veja na linha 5); a popularidade dos autores rurais, hoje em dia (veja nas linhas 10 a 12); o historiador G. M. Trevelyan, em 1931 etc.

753) Letra a

O item I está correto pois, enquanto no primeiro parágrafo o sentimento do povo inglês em relação ao campo é de saudade e nostalgia, vontade de radicar-se novamente no campo, no segundo existe a preocupação com a conservação da natureza. O item II está errado, porque o autor não tira conclusões algumas com base nas ideias de Trevelyan, apenas as expõe. O item III está errado pois o historiador não se apresenta de maneira pessimista, apenas realista; mostrar coisas ruins não significa pessimismo, que é o sentimento segundo o qual as coisas vão dar errado, e isso não se encontra nas ideias dele.

754) Letra d

A pessoas que não considerassem a agricultura, por si só, um bem, alguém, tentando convencê-las, poderia perfeitamente perguntar: – Como teria progredido a civilização sem a limpeza das florestas, o cultivo do solo e a conversão da paisagem agreste em terra colonizada pelo homem? Sim, porque tudo isso é agricultura, daí sua importância.

755) Letra e

Os indígenas não são considerados povos civilizados. Os ingleses seiscentistas (século XVII) queriam cultivar as terras dos indígenas, que não o faziam. Entendiam que as terras eram selvagens, como selvagens eram seus habitantes. Levando a agricultura a elas, estariam levando a civilização.

756) Letra c

A letra **c** não tem qualquer apoio no texto, muito pelo contrário. Esse amor pela natureza selvagem se opõe ao cultivo da terra e à civilização. Veja, no segundo parágrafo, as colocações do historiador G. M. Trevelyan. Por causa da civilização, para ele, "tinha sido rápida a deterioração". Adiante, encontramos: "Defendia que as terras adquiridas pelo Patrimônio Nacional, a maioria completamente inculta, deveriam ser mantidas assim."

Texto CV

757) Letra c

As alternativas **a**, **b** e **d** podem ser descartadas com alguma facilidade, por não expressarem a ideia de "mais difícil" em relação ao bordado. Entre as outras duas, devemos ficar com a **c** pois o enunciado pede aquela que justifica com maior propriedade. A letra **c** atende bem ao enunciado, pois fala da vida própria das palavras e da sensibilidade que a pessoa tem de possuir para saber usá-las, o que expressa uma grande dificuldade para qualquer um. A dificuldade indicada na letra **e** não seria tão grande assim, mesmo porque nem sempre as palavras são ambíguas.

758) Letra d

A resposta encontra-se no período anterior: "Os pontos que vou fazendo exigem de mim uma habilidade e um adestramento que já não tenho." Os pontos a que se refere são os do bordado; a dificuldade como tecelã, de que fala a opção **d**, é a falta de habilidade e adestramento. O período seguinte se liga semanticamente ao anterior, estando implícita a conjunção **mas** (Mas esforço-me e vou conseguindo...).

759) Letra a

O sétimo período começa por "Assim, nesse momento" e termina em "que me rodeiam". As opções **b**, **c** e **e** podem ser eliminadas porque esse período não estabelece comparação, para mais ou para menos, entre os pontos do bordado e as palavras. A letra **a** cabe como resposta porque, além de igualar os pontos e as palavras, fala de algo adormecido na memória (esquecido, escondido na memória), exatamente com se vê em "... e descobrir... algo de delicado, recôndito e imperceptível...". Recôndito, vale dizer, é escondido.

760) Letra e

Gramaticalmente falando, o ideal seria que a autora tivesse usado **neste momento** nas duas situações. Mas, levando-se em conta o que nos diz o texto, há uma pequena diferença entre as duas: **Neste momento** indica o instante exato em que a autora começa a compor o texto; **nesse momento**, embora pareça a mesma coisa, não tem relação direta com o texto, mas com a vida da escritora, pois ela parte para uma lucubração filosófica. O trecho pode ser entendido da seguinte forma: assim, nesse momento da minha vida, enceto (inicio) duas lutas: com as linhas e com as palavras.

761) Letra e

O enunciado desta questão não é claro. O que a banca do concurso quer saber é qual conjunção poderia ser usada antes da oração "... de cuja existência tinha esquecido", sem lhe alterar o sentido. Realmente, se disséssemos *e de cuja existência tinha esquecido*, não haveria mudança de sentido.

762) Letra c

Outro enunciado confuso. **Abelhas alegres** é uma metáfora que justifica a significação do trecho: "... selecionando animadamente e com grande competência os novelos...". Veja a relação entre as duas colocações: as mulheres faziam a seleção animadamente, ou seja, alegres; e com competência, o que lembra as abelhas, sempre competentes em seu mister de produzir o mel.

763) Letra d

Questão de sinonímia. Não há o que discutir. **Preservada** pode ser substituída sem alteração de sentido por **intacta**: são sinônimos.

764) Letra b

A letra **b** fala de uma habilidade e um adestramento que a autora já não tem. Deduz-se que ela já os teve, daí a frase "... que minha pequena mão infantil executara."

765) Letra c

Questão de gramática, sem relação com a compreensão do texto. Já comentamos numa outra questão que os tempos compostos são formados pelo verbo auxiliar (ter ou haver) e o particípio do verbo principal. O tempo que forma o mais-que-perfeito composto é o pretérito imperfeito: tinha falado, havia estudado etc. Como o verbo da primeira oração é uma locução verbal, o mais--que-perfeito composto terá dois particípios: tinha estado pousado.

Texto CVI

766) Letra e

Ao longo do texto, o mito e o mundo moderno são colocados como elementos contrastantes. A ideia do autor é que o mundo moderno não mais leva em conta os mitos. A conjunção **e**, no título, em função de tudo isso, só pode ser entendida como um elemento de contraste.

767) Letra d

Como o autor do texto assume uma posição claramente favorável aos mitos, essa frase não pode ser entendida literalmente. Esse recurso de afirmar algo contrário ao que se quer realmente dizer chama-se ironia. É claro que só no contexto ela pode ser reconhecida, como acontece aqui.

768) Letra d

O último período do terceiro parágrafo diz que a pessoa vai sofrer quando, na velhice, tendo satisfeito suas necessidades imediatas (entenda-se materiais), olhar para dentro de si mesma e não reconhecer o seu centro, ou seja, aqueles "valores eternos", citados no período anterior, de que falam Platão, Confúcio, o Buda e Goethe, entre outros. Sob esse aspecto, a resposta passa a ser a letra **d**, que fala do sofrimento trazido pela preocupação com a vida interior.

769) Letra b

O particípio **suprimidas**, da passagem em destaque, refere-se às literaturas grega e latina e à Bíblia. As letras **a** e **c** não oferecem dúvidas, por absurdas que são. A opção **d** está errada, pelo emprego indevido da forma verbal **frustrou-se**. A letra **e**, embora pareça correta, peca pelo fato de falar em desaparecimento total da mitologia, enquanto o original diz que o que se perdeu foi a tradição de informação mitológica, o que é diferente. A resposta só pode ser a opção **b**.

Texto CVII

770) Letra d

Todo o texto leva a essa ideia de que a filantropia é algo positivo no mundo. O Brasil é um dos países que menos investem no social. Assim, o país precisa de que o próprio povo se dedique cada vez mais a tarefas sociais.

771) Letra b

A ajuda de índices conhecidos é um <u>instrumento</u> de aferição do grau de maturidade econômica de uma sociedade. Dessa forma-se, a preposição **com** tem valor semântico ou nocional de instrumento.

772) Letra d

Questão de sinonímia. A palavra **filantropia** poderia ser substituída, sem alteração de sentido, por **humanitarismo**. Elas são sinônimas.

773) Letra a

A "presença da filantropia", que aparece nessa passagem do trecho, refere-se indistintamente ao governo e ao povo, pelo menos não há nada que diga o contrário. O Brasil estaria, então, numa posição de inferioridade em termos de filantropia. Mas a afirmação do último período ("Há milhões de brasileiros dedicando-se a tarefas sociais") se opõe a essa afirmativa.

774) Letra c

A palavra **alguma**, colocada antes dos substantivos, tem valor positivo; colocada após eles, assume valor negativo, equivalendo a **nenhuma**. Observe que a inversão, na letra **c**, de *alguma coisa* para *coisa alguma* ocasiona uma mudança brutal de significado, a frase passa a ter o sentido oposto da outra. Isso sempre ocorre com o pronome **algum** (e flexões).

775) Letra e

O sufixo **or** da palavra **mensuradores** indica o agente da ação verbal, ou seja, **aqueles que medem**. Da mesma forma, **pintor** é o **que pinta**, **cantor** é o **que canta** etc.

Texto CVIII

776) Letra b

A resposta fica evidente no seguinte trecho: "Casar, para ela, não era negócio de paixão, nem se inseria no sentimento ou nos sentidos..." (*l*. 14/15)

777) Letra d

A personagem central do texto, Ismênia, vivia em função do que a sociedade e, em especial a mãe, lhe impunham. Como um autômato, ela fora preparada para o casamento. Sua submissão a tais valores sociais tirava-lhe os desejos, os sonhos, a felicidade, como se vê em inúmeras passagens do texto. Enfim, ela era simplesmente conduzida. Esse resumo serve para mostrar que estão corretas as alternativas **a**, **b**, **c**, e **e**. A letra **d** está errada, pois o texto é leve, bem-humorado (veja, entre outros, o trecho: "A Zezé está doida para arranjar casamento, mas é tão feia, meu Deus!..." (*l*. 28/29). E o autor ironiza, sutilmente, esse valores sociais a que as pessoas se apegavam na época, por meio dos sentimentos contraditórios da personagem.

778) Letra c

Ela não fora educada para sentir, mas para casar, sendo assim mera coadjuvante de uma sociedade que traçava previamente, por intermédio da família, o caminho que deveria seguir.

779) Letra d

Questão de paráfrase baseada no conhecimento de voz verbal. Na frase: "uma festa foi anunciada para o sábado", o verbo **anunciar** se encontra na voz passiva analítica ou verbal, que é aquela formada pelo auxiliar (ser) e o particípio (anunciada). Na letra **d**, a frase "anunciou-se uma festa para o sábado" apresenta o verbo na voz passiva sintética ou pronominal, que é aquela formada pela partícula apassivadora **se**. O sentido é o mesmo, até porque não houve mudança de tempo verbal.

780) Letra b

A comparação ou símile ocorre quando a frase apresenta um conectivo comparativo, geralmente **como** ou **que**. Por exemplo, *ele é forte como o pai*, em que há dois seres sendo comparados, atuando como conectivo a palavra **como**. Na frase da alternativa **b**, as irmãs são comparadas a Ismênia (a irmã nubente), utilizando-se o autor da conjunção comparativa **que**.

Texto CIX

781) Letra a

Se os genéricos fossem uma unanimidade nacional, entender-se-ia que <u>todos</u> os brasileiros os consideram uma medida positiva; como o enunciado diz *estão se tornando*, entende-se que <u>quase todos</u> os consideram assim.

782) Letra a

A resposta se acha, bem clara, no segundo período do texto: "Colheu (o Instituto) uma revelação surpreendente: 80% dos entrevistados já incorporaram essa alternativa a seus atos de consumo.", ou seja, grande parte da população (80%) já consome genéricos, daí a surpresa trazida pela pesquisa.

783) Letra b

Confira a resposta no item seguinte: "O ministro da Saúde, José Serra, obteve a melhor avaliação em toda a equipe de FHC."

784) Letra e

Pelo fato de custarem, em média, menos 30% do que os remédios tradicionais, os genéricos acabaram beneficiando a população de menor renda, aquela "que há anos era mantida à margem", sem condições de comprar remédios. Estar à margem é estar fora dos padrões ditos normais, marginalizado, destituído, e o normal é que as pessoas possam comprar seus remédios.

785) Letra d

Vamos localizar as alternativas no texto. Opção **a**: "Os medicamentos sem marca aprovados..." (*l.* 8/9). Opção **b**: "... em média, 30% mais baratos." (*l.* 10). Opção **c**: "Hoje, entre os fabricantes de remédios já aprovados, apenas um é de origem estrangeira." (*l.* 15/16). Opção **e**: "80% dos entrevistados já incorporaram essa alternativa a seus hábitos de consumo." (*l.* 3/4). A alternativa **d** não pode ser localizada no texto.

786) Letra b

Questão de vocabulário, no caso de siglas, que não depende do texto. **CPI** quer dizer Comissão Parlamentar de Inquérito. Cabe aqui ressaltar a importância da leitura, pois essa sigla é bastante utilizada pela imprensa brasileira.

787) Letra d

Os laboratórios multinacionais não tinham, por razões econômicas, interesse no sucesso dos genéricos, passando então a boicotá-los, ou seja, a torpedeá-los, como diz a alternativa **d**. Veja o trecho em que isso se mostra: "... que acabou inibindo um novo boicote dos laboratórios multinacionais – bem sucedidos na sua primeira investida, ainda em 1993." (*l.* 12/13)

788) Letra b

A palavra **apenas** poderia não ter sido usada. Seu emprego sugere uma espécie de admiração do autor, como se ele dissesse: realmente isso é muito pouco e, consequentemente, muito bom. É como também se ele exclamasse: apenas um!

789) Letra a

Se o autor fala em remédios já aprovados, é porque eles se submetem à aprovação de um órgão com competência técnica e legal para julgá-los; eles podem ser aprovados ou não.

790) Letra c

Questão de semântica. O trecho destacado poderia ser redigido, sem alteração de sentido, da seguinte forma: a nova realidade rendeu frutos políticos e ganhos econômicos. A locução prepositiva **além de** equivale à palavra **e**, conjunção aditiva.

791) Letra b

A palavra **inveja** está empregada em seu sentido denotativo, ou seja, comum, real, primitivo. As demais extrapolam o sentido original. Por exemplo, na letra **a**, **frutos** é algo que se come, mas não tem esse valor no texto. Diz-se então que tem um sentido conotativo ou figurado. O mesmo ocorre com os termos **abrindo as portas**, **disparou** e **colheu**.

792) Letra d

Na alternativa **a**, o verbo **acabar** quer dizer tão somente ter fim, sendo dispensável o que segue no texto: a pesquisa da Vox Populi acabou. Nas alternativas

b e **c**, o verbo **acabar** significa vir de terminar uma ação, ter terminado há pouco; **acabamos de ler o texto**, da letra **b**, quer dizer que o ato de ler terminou há pouco, sendo que raciocínio idêntico se aplica à opção **c**. Na opção **e**, o verbo é pronominal e significa exaurir-se. No trecho destacado no enunciado, o verbo **acabar** está seguido de um gerúndio, que indica exatamente como a coisa vai acabar; na alternativa **d**, que é a resposta, a palavra **bem** assume esse mesmo valor (modo, como no caso do gerúndio) por causa do sentido do verbo **acabar**. Veja que se pode colocar no lugar dele uma oração de gerúndio: isso não vai acabar trazendo uma coisa boa (ou, mais claro, vai acabar não trazendo uma coisa boa).

Texto CX

793) Letra b

Pelo contrário, o autor diz que o silêncio é um privilégio das plantas e das pedras. Veja o trecho em que isso aparece: "Entretanto, elas e as pedras reservam-se o privilégio do silêncio..." (*l.* 3/4)

794) Letra b

Na letra **a**, **crispação** e **silêncio** referem-se, ambas, às árvores; na opção **c**, **paisagem** e **impermeabilidade**, as duas, também se ligam às árvores; na alternativa **d**, **cuidados** diz respeito aos homens, enquanto **solitário** se liga às árvores (tronco); na opção **e**, **atmosfera** refere-se aos homens, porém **mudez**, às plantas.

795) Letra e

O enunciado da questão alude a uma figura de linguagem conhecida como prosopopeia ou personificação. Ela só não ocorre na palavra **domesticidade**, que não diz respeito às árvores, mas aos homens.

796) Letra a

Entretanto é uma conjunção adversativa, sinônima de **mas**; **então**, no texto, equivale a **consequentemente**, e é uma conjunção conclusiva.

Texto CXI

797) Letra b

O texto fala sobre duas coisas: as mortes causadas pela água e as provocadas pela Aids. O título faz menção apenas à primeira, isto é, a uma parte do conteúdo.

798) Letra a

Questão de semântica. **Contaminado** quer dizer corrompido, viciado, contagiado; **insípido** vem do latim *insipidu*, é aquilo que não é sápido, ou seja, que não tem sabor; **insosso** provém do latim *insulsu* e significa sem sal; **natural** não oferece problema; **potável**, do latim *potabile*, significa que se pode beber.

799) Letra c

Essa técnica, comum em textos informativos, transmite confiança e credibilidade ao leitor. Evidentemente, não é obrigatória, como diz a letra **a**; as letras **b** e **e** são facilmente descartadas; a letra **d** também está errada porque a responsabilidade é sempre de quem escreve (a fonte, confirmando isso, pode ter sido citada indevidamente, sem que o leitor venha a perceber).

800) Letra e

Morrerão de doenças pode ser entendido como "morrerão por causa de doenças". Assim, **de doenças** é um adjunto adverbial de causa, tendo valor semântico de caũsa a preposição **de**. O mesmo ocorre na opção **e**, onde **de frio** equivale a "por causa do frio", tendo o **de** valor semântico ou nocional de causa.

801) Letra d

O texto fala que 76 milhões de pessoas morrerão por causa da água, ao passo que a Aids matará, no mesmo período, 65 milhões. Então, está claro, menos pessoas morrerão por causa da Aids.

802) Letra a

As crianças são apenas parte dessas pessoas; não se pode dizer que o termo **crianças** substitui ou se refere diretamentente a **pessoas**.

803) Letra d

Vamos lembrar que o título é "Água insalubre". O autor discorre sobre o tema, buscando alertar a população para um problema grave. Mas esse problema não é muito conhecido, não é divulgado devidamente. Então, ele faz uma comparação com a Aids, que é algo sempre em evidência, com a finalidade de chamar a atenção das pessoas para a gravidade do problema da água.

804) Letra b

Questão que não se baseia no texto. A resposta é a letra **b** porque, quando se prepara a comida, a água é usada para lavar o alimento e participar do cozimento. Ao ingeri-lo, a água, naturalmente, vai junto. As outras são evidentes: ninguém bebe água da lavagem das calçadas, do banho diário, da lavagem de roupas e da limpeza da louça, ocorrendo apenas o uso.

805) Letra b

O texto procura apenas informar o leitor, é uma dissertação de cunho informativo. A palavra **preditivo** significa "aquele que prediz". O texto faz uma previsão (e não predição, que tem um cunho místico) baseada no estudo de uma instituição científica.

806) Letra c

A conjunção **enquanto** é temporal e pode ser usada entre os dois períodos, que têm entre si uma noção de tempo: "... pelo uso e ingestão de água contaminada, enquanto, no mesmo período, serão registrados 65 milhões...". Quanto à letra **b**, vale dizer que não se trata de uma conjunção, e sim de uma locução prepositiva. A conjunção, no caso, seria **apesar de que**, que também não poderia ser usada na frase.

807) Letra b

Mesmo é um pronome demonstrativo e, como tal, remete a algo passado no texto: "até 2002". **Igual** é um adjetivo, qualifica o seu substantivo. Um exemplo mais simples: *ele fez o mesmo trabalho* (indicação de um trabalho já citado) não tem o mesmo sentido de *ele fez o trabalho igual* (o trabalho está sendo confrontado com outro trabalho, é o oposto de **diferente**).

808) Letra d

As pessoas podem ser crianças ou adultos. Se as crianças serão as mais afetadas, é porque os adultos serão os menos afetados. Não há dificuldade alguma.

Texto CXII

809) Letra c

As referências ao mundo do teatro são feitas nos itens I e IV, no emprego, respectivamente, das palavras **atores** e **artistas**. O item III pode confundir um pouco, por causa da palavra **criatividade**. Esta, no entanto, pode ser aplicada a qualquer ramo de atividade humana, ou seja, não apenas os artistas e autores teatrais são criativos.

810) Letra d

Todo o texto é um protesto contra o abandono das crianças de rua, impedidas de progredir e dar, no futuro, uma efetiva contribuição à sociedade. Com a pergunta, o autor se mostra indignado pelo fato de o país negar às crianças e jovens a oportunidade do progresso a que todo indivíduo tem direito.

811) Letra e

A palavra **atores** é uma metáfora com base na criatividade desse grupo de profissionais. Assim, as alternativas **a**, **b** e **d** devem ser eliminadas, pois tratam da atividade de ator, denotativamente falando. A opção **c** é inteiramente descabida, não tendo qualquer relação com o texto. Realmente, ser ator na vida significa fazer alguma coisa de bom, dar vazão à sua competência e criatividade, sendo isso o que se nega às crianças e jovens, segundo o autor.

812) Letra b

A palavra **apenas** é uma palavra denotativa de exclusão. Se a criatividade, a inteligência e os dons são usados, de acordo com o texto, apenas para sobreviver, é sinal de que eles deveriam ser usados também para outras coisas, ou seja, deveriam ser mais bem empregados, como diz a opção **b**.

813) Letra e

A palavra **artistas** nada tem de pejorativo no texto. Ao contrário, ela está sendo usada para destacar a criatividade das crianças e dos jovens. A letra **c** pede algum conhecimento extratexto, a oposição que se criou na sociedade entre o asfalto (onde teoricamente estariam as pessoas com melhor situação financeira) e o morro, que lembra indevidamente as favelas e abriga cidadãos de menor poder aquisitivo. Quanto à letra **d**, a ligação apontada é exata e constitui um processo de coesão textual. As alternativas **a** e **b** não oferecem dúvidas.

814) Letra d

Essa questão é delicada, pela semelhança de algumas opções. Não se esqueça de que ela está centrada no trecho em destaque, e não em todo o texto. A palavra-chave é **alternativas**, que também se encontra na opção **d**, embora no singular. A ideia é a seguinte: como essas crianças não têm oportunidades de vida, acabam optando pela alternativa do crime, como meio de sobrevivência.

815) Letra b

Algo possível é algo sobre o qual se pode ter esperança. Reforça a ideia o fato de que custa pouco. Outra maneira de ver: **esperança** vem do verbo esperar, ter expectativa. Só se espera alcançar alguma coisa quando ela é possível.

BIBLIOGRAFIA

Bibliografia

ACADEMIA BRASILEIRA DE LETRAS. *Vocabulário ortográfico da língua portuguesa.* 5. ed. São Paulo: Global, 2009.

ANDRÉ, Hildebrando Afonso de. *Gramática ilustrada.* 4. ed. São Paulo: Moderna, 1991.

BECHARA, Evanildo. *Moderna gramática portuguesa.* 37. ed. Rio de Janeiro: Lucerna, 1999.

FERNANDES, Francisco. *Dicionário de verbos e regimes.* 33. ed. Porto Alegre/Rio de Janeiro: Globo, 1983.

FERREIRA, Aurélio Buarque de Holanda. *Novo dicionário Aurélio da língua portuguesa.* 4. ed. conforme a nova ortografia. Curitiba: Editora Positivo, 2009.

HOUAISS, Antônio, VILLAR, Mauro de Salles e FRANCO, Francisco Manoel de Mello. *Dicionário Houaiss da língua portuguesa.* 1. ed. com a nova ortografia da língua portuguesa. Rio de Janeiro: Objetiva, 2009.

JOTA, Zélio dos Santos. *Dicionário de Linguística.* 2. ed. Rio de Janeiro: Presença/INL, 1981.

LEITÃO, Luiz Ricardo e LIMA, Ronaldo. *Interpretação de textos.* Rio de Janeiro: Cooautor, 1995.

MICHAELIS. *Moderno dicionário da língua portuguesa.* São Paulo: Melhoramentos, 1998.

PIMENTEL, Ernani Filgueiras. *Intelecção e interpretação de textos.* 17. ed. Brasília: Vest-Con, 1999.

ROCHA LIMA, Carlos Henrique da. *Gramática normativa da língua portuguesa.* 20. ed. Rio de Janeiro: José Olympio, 1979.

WALDECK, Sérgio e SOUZA, Luiz. *Roteiros de comunicação e expressão.* 5. ed. Rio de Janeiro: Eldorado, 1980.

Outras Obras de

Renato Aquino

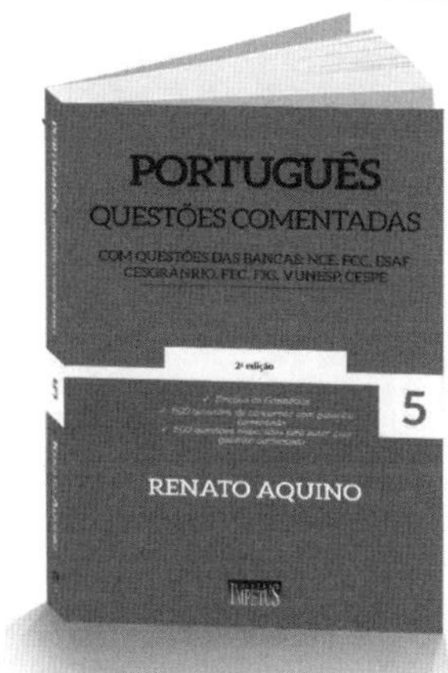

EDITORA IMPETUS

Rua Alexandre Moura, 51
24210-200 Gragoatá Niterói - RJ
Telefax:(21) 2621-7007

www.impetus.com.br

Esta obra foi impressa em offset 75 gr/m².